Michael Gentschy

Yoga
und christliche Spiritualität

Ein Werkbuch

Verlag J. Pfeiffer · München

CIP-Titelaufnahme der Deutschen Bibliothek

Gentschy, Michael:
Yoga und die christliche Spiritualität: ein Werkbuch / Michael Gentschy. – München: Pfeiffer, 1989
ISBN 3-7904-0549-3

Satz und Layout: PC-Print, Robert Führlbeck, München
DTP-Lohnbelichtung: Printshop Schimann, Pfaffenhofen/Ilm
Fotos: Fotostudio G. Bachmeyer, 8359 Ortenburg
Gesamtherstellung: Manz AG, Dillingen
Umschlagentwurf: Kurt Steinacher
© Verlag J. Pfeiffer, München 1989
ISBN 3-7904-0549-3

Wenn Ihr's nicht fühlt,
Ihr werdet's nicht erjagen.

J.W. v. Goethe (Faust I, 1. Szene)

Den Theologiestudenten und -studentinnen
der Diözese München-Freising gewidmet

Danksagungen

Daß es überhaupt zu diesem Buch gekommen ist, verdanke ich vor allem dem Interesse der Theologiestudentinnen und Studenten der Diözese München-Freising, die mich immer wieder zum Schreiben drängten und motivierten. Ihnen ist darum das Buch gewidmet.

Besonderer Dank gilt Sr. Ishapriya (Sacré Coeur), meiner langjährigen Lehrerin und Begleiterin. Sie hat mir den Yoga von christlicher Seite her erschlossen.

Mein Dank gehört auch alljenen, die mit ihrer sachlichen Kritik und vielen wertvollen Anregungen wesentlich zum Inhalt und zur Gestaltung des Buches beitrugen: allen voran Dr. Gottfried Juppe – niemand hat die Stunden gezählt, die wir gemeinsam mit der Durchsicht des Manuskriptes verbrachten – aber auch Wolfgang Buschbaum für sein engagiertes Lektorieren, Robert Führlbeck, Prof. Dr. Horst Bürkle, Dipl. Theol. Hans Liebl, Sr. Maria Neubrand und Markus Spring, der mir bei technischen Problemen mit der Textverarbeitung stets geduldig weitergeholfen hat.

Last not least möchte ich mich ganz herzlich bei den »Yogins« und »Yoginis« bedanken, die für die Abbildungen Modell gestanden haben: Doris von Klot, Karin Gräfin von Kageneck, Volker Auer und Robert Führlbeck.

München, Herbst 1988   *Michael Gentschy*

INHALT

Vorwort

Das Angebot an östlichen Meditations- und Körperpraktiken wächst von Jahr zu Jahr. Immer mehr Menschen des abendländischen Kulturkreises interessieren sich für Yoga. Vieles spricht dafür, daß es sich hier nicht nur um eine Modeerscheinung handelt. Der Yoga hält Antworten auf existentielle Bedürfnisse bereit – auch für den westlichen Menschen: Yogische Körperübungen helfen, Verspannungen zu beseitigen und steigern Vitalität und allgemeines Wohlbefinden. In der Stille der Meditation vermag der streßgeplagte Mensch wieder zu sich selbst zu finden. Der Yoga versteht Körper und Seele als Einheit – eine Betrachtungsweise, die auch die westliche Medizin zur Zeit wiederentdeckt. Schließlich können yogische Körperübungen und Meditation den einzelnen für das Spirituelle öffnen.

Vielen erscheinen die christlichen Gemeinschaften nicht als der geeignete Ort für solche existentiell bedeutsamen Erfahrungen. Sie befürchten, daß ein Zuviel an Dogma und Moral den Freiraum persönlicher Entfaltung einengen könnte. Kein Wunder also, wenn sich heute viele Suchende den östlichen Religionen zuwenden, die sich als »Religionen des Weges« verstehen. Von hier erwarten sie sich konkretere Lebenshilfen als von den christlichen Kirchen. Letztere betrachten diese Tendenzen mit Sorge und ziehen gegen die asiatischen Heilslehren und Praktiken zu Felde – nicht zuletzt, da sie um ihre Mitglieder fürchten. In Yogakursen und Gesprächen mit Menschen, die sich zu den östlichen Praktiken hingezogen fühlen, habe ich den Eindruck gewonnen, daß viele der an Yoga Interessierten den Kirchen zwar kritisch gegenüberstehen, aber dennoch – und in letzter Zeit sogar verstärkt – nach Möglichkeiten Ausschau halten, wie sie den Yoga mit dem Christentum verbinden können, das sie als ihre geistige Heimat erkennen. Nicht wenige Yoga-Praktizierende haben bereits einen neuen Zugang zum Christentum gefunden, andere suchen ihn noch. Die Kirchen, die ja nicht Selbstzweck sind, sondern den Menschen dienen sollen, sind aufgerufen, Brücken zu bauen. Dieses Anliegen will das vorliegende Buch aufgreifen. Es entstand aufgrund vielfältiger Anfragen, die in letzter Zeit an mich als Theologen und Yoga-Praktizierenden gerichtet wurden, sowohl aus den Reihen der Theologen als auch von Menschen, die den christlichen Kirchen gegenüber auf Distanz gegangen sind.

Bei der Lektüre der Yoga-Literatur fällt auf, daß es zwar viele Bücher gibt, die sehr präzise die Körperpositionen und Atemtechniken vorstellen, die man in unseren Breiten vor allem mit dem Begriff »Yoga« verbindet. Aus diesen Büchern erfährt man jedoch meist ebenso wenig über die Dimensionen des Yoga in seinem Ursprungsland Indien wie über die Lebensregeln, die zumindest im klassischen Yoga unverzichtbare Voraussetzung für geistiges Vorankommen sind und eine unerschöpfliche Quelle von Lebenshilfen erschließen. Manche Autoren, die zumeist bestimmten Organisationen hinduistischen Kolorits angehören, vermischen in ihren Schriften östliche Philosophie mit westlichem Gedankengut, ohne tatsächliche Integrationsarbeit zu leisten. Vieles, was dort behauptet wird, bleibt für den westlichen Leser undurchsichtig und wird daher entweder abgelehnt oder kritiklos als neues Dogma anerkannt. Vor allem Menschen, die ein gebrochenes Verhältnis zur Verkündigung der christlichen Kirchen haben, neigen zu letzterem. Einige Bücher versuchen zwar dem abendländischen Christen tatsächlich einen Zugang zum Yoga zu eröffnen; sie bleiben jedoch häufig bei einer theologische Reflexion stehen und führen kaum in die Praxis. Viele dieser Bücher scheinen mir von dem Anliegen geprägt zu sein, den Yoga gegenüber dem offiziellen Lehramt »salonfähig« zu machen. Sie bauen den Menschen, die zwar am Christentum interessiert sind, jedoch mit dem Lehramt nicht mehr viel anfangen können, kaum Brücken. Wieder andere christliche Autoren stehen dem Yoga ablehnend gegenüber, oder sie neigen zu vorschnellen Synthesen, die dann entweder zugunsten des Christentums oder der indischen Weltanschauung ausfallen. Ich möchte in diesem Buch versuchen, solche Einseitigkeiten zu vermeiden und sowohl Grenzen als auch Möglichkeiten einer Begegnung zwischen Yoga und Christentum erörtern.

C.G. Jung, der zweifellos kein schlechter Kenner und erst recht kein Gegner östlicher Geistigkeit war, warnt eindringlich vor einer grenzverschiebenden Verwischung von Gegensätzen zwischen Ost und West und vor vorschnellen Synthesen:

> »Wer da glaubt, östliche Anschauungsformen unmittelbar übernehmen zu können, der entwurzelt sich selbst, denn sie drücken die abendländische Vergangenheit nicht aus, sondern bleiben blutleere, intellektuelle Begriffe, welche die Saiten unseres tieferen Wesens nicht zum Erklingen bringen. Wir wurzeln im christlichen Boden.«[1]

---

1   C.G. Jung, Aionion, Zürich 1951, S.254f.

Diese Aussage führt mitten hinein in die Thematik des vorliegenden Buches: Was kann der Yoga für den vom Christentum geprägten Abendländer bedeuten? Lassen sich die yogischen Methoden vom Christen ohne weiteres übernehmen? Ist der Weg von Yoga und Meditation notwendig verbunden mit den Zielen der hinduistischen Religionen bzw. mit deren Anschauungsformen und führt er zur Weltflucht? Oder könnten östliche Methoden wertvolle Hilfen sein auf der »Hinreise«[2] des Menschen zu seiner Identität, ohne die auch die vom Christentum stets geforderte »Rückreise« in die Welt und ihre Verantwortung nicht wirklich angetreten werden kann. Wäre es gar möglich, daß der Yoga dem Christen zu einer vertieften Erfahrung von Interpersonalität verhilft, die sich in der Begegnung zwischen Mensch und Mensch oder Mensch und Gott – d.h. in der Liebe – ereignet?

Ohne einiges Wissen über die Geschichte, die Philosophie und die Rolle des Yoga in seinem Ursprungsland Indien lassen sich die eben gestellten Fragen wohl kaum befriedigend beantworten.

Ziel dieses Buches ist es darum, dem interessierten Abendländer bzw. dem Christen den klassischen Yoga von möglichst vielen Seiten her nahezubringen und Wege aufzuzeigen, wie östliche Spiritualität die christliche Glaubens- und Lebenspraxis bereichern kann, ohne die Identität des Christentums zu bedrohen.

Dieses Buch soll ein Sachbuch sein, das auch vom interessierten Laien verstanden werden kann. Darum wurde ein Mittelweg eingeschlagen zwischen einer allzu wissenschaftlichen Erörterung und einer Simplifizierung der vielen Abendländern nicht geläufigen hinduistischen Konzepte. Die Sanskrit-Begriffe[3] werden immer wieder im Text erklärt, so daß ein ständiges Nachschlagen im Glossar nicht nötig ist. Weiterführende Literatur ist in den Fußnoten angegeben. Wem der theoretische Teil zunächst zu schwierig erscheint, kann die Kapitel über die philosophischen Grundlagen des Yoga überblättern und mit dem prakti-

---

2 Vgl. Dorothee Sölle, Die Hinreise, Stuttgart [6]1981. Die »Reise« ist ein altes Bild für die Erfahrungen der Seele auf dem Weg zu sich selbst. Die Autorin beschreibt die »Hinreise«, die in Meditation und Versenkung angetreten wird als die Hilfe der Religion auf dem Weg des Menschen zu seiner Identität, betont jedoch, daß der christliche Glaube den Schwerpunkt stets auf die »Rückreise« in die Welt der Verantwortung verlagert. Aber dieser Glaube braucht eine tiefere Vergewisserung als die, die wir im Handeln erlangen: eben die »Hinreise«. Aktion und Kontemplation stehen im Christentum in enger Wechselbeziehung.

3 Zur Aussprache der Sanskrit-Begriffe siehe Glossar. Ich habe im Textteil eine Schreibweise gewählt, die dem Laien die Aussprache erleichtern soll. Im Glossar findet sich dann die wissenschaftlich exakte Transkription.

schen Teil beginnen. Dort wird immer wieder auf die Theorie verwiesen, so daß der Leser selbst bestimmen kann, ob und wann er sich mit dem theoretischen Fundament des Yoga beschäftigen möchte.

Zu Beginn des Buches wird der Frage nach dem Sinn und der Begründung einer Begegnung zwischen östlicher und westlicher Spiritualität nachgegangen. Ein weiterer Teil handelt von der Geschichte, dem soziokulturellen Kontext und der Philosophie des Yoga in seinem Ursprungsland Indien. Der dritte Teil des Buches ist vorwiegend der Praxis gewidmet. Anhand des achtfachen Yogapfades des Weisen Patanjali[4] wird der Weg des klassischen Yoga erklärt.

Die meisten Kapitel des praktischen Teiles beginnen mit einer Hinführung zum jeweiligen Thema, die der westliche Leser aus seiner eigenen Lebenserfahrung leicht nachvollziehen kann. Es folgen eine knappe Erläuterung des Gegenstandes aus der Sicht der indischen Philosophie und der Versuch einer Begegnung von westlicher Psychologie und christlicher Spiritualität mit dem Yoga. Einen wichtigen Bestandteil dieses Buches bilden konkrete Anleitungen für eine christliche Yogapraxis. Für theologisch Interessierte sind vor allem die letzten beiden Kapitel von Bedeutung.

Das vorliegende Buch versteht sich als Werkbuch, d.h. als ein Buch, mit dem der Leser arbeiten kann und soll. Weil der Yoga stets den ganzen Menschen mit all seinen Fähigkeiten und Möglichkeiten einbezieht, nehmen dabei sowohl die Ratio bzw. die kritische Reflexion einen wichtigen Platz ein als auch die körperlichen Praktiken und die Meditation, d.h. letztlich die »Arbeit der Leserin und des Lesers an sich selbst«.

Den theologisch geschulten Lesern und Leserinnen wird auffallen, daß ich für die Vergleiche zwischen Yoga und Christentum vor allem das Johannes-Evangelium und die Schriften von Augustinus heranziehe. Dies halte ich im Kontext dieses Buches für durchaus legitim: Bereits im Neuen Testament liegt keine einheitliche Theologie vor. Während bei Lukas das soziale Element in den Vordergrund tritt, gibt das Matthäus-Evangelium einen Einblick in die Auseinandersetzung zwischen Juden und Christen. Das Johannes-Evangelium spricht vor allem Menschen an, die eine mystische oder philosophische »Ader« haben. Gerade in unserer Zeit des Individualismus tut es not, daß das Chri-

---

4 Dieser Yogapfad wurde um Christi Geburt schriftlich im Yogasutra festgehalten, das allgemein als Grundlage aller Yogasysteme anerkannt ist.

stentum die ihm von Anfang an eigene Pluralität wiederentdeckt, eine Pluralität in der religiösen Praxis, wie sie – nebenbei bemerkt – eines der auffallendsten Merkmale auch der indischen Religiosität ist. Je nach seiner Anlage und seinen Fähigkeiten stehen dem Menschen viele Wege zu Gott offen. Die Theologie des Johannes kommt gewiß dem heute bei vielen Menschen erwachenden Interesse an der Mystik entgegen. Eugen Biser bezeichnet die »neue Innerlichkeit« als einen »Angelpunkt« in der sich heute abzeichnenden glaubensgeschichtlichen Wende[5] und schließt sich damit dem prophetischen Satz Karl Rahners an: »Der Fromme von morgen wird ein 'Mystiker' sein, einer, der etwas 'erfahren' hat, oder er wird nicht mehr sein.«[6] Wenn ich mich also häufig auf Johannes beziehe, so bedeutet dies nicht, daß ich hier den einzig möglichen Zugang zur christlichen Spiritualität sehe, sondern, daß ich hier im besonderen Berührungspunkte mit der heute im Abendland präsenten indischen Geistigkeit entdecken kann. Ähnliches gilt für den heiligen Augustinus, der dem Johannes-Evangelium in besonderer Weise zugetan war[7]. In der christlichen Mystik nimmt der große Kirchenlehrer gewiß eine Schlüsselposition ein. Die Lebensgeschichte des Augustinus spiegelt die existentielle Auseinandersetzung zwischen dem christlichen und den anderen Weltbildern seiner Zeit wider. Er selbst hatte während seiner manichäischen Phase eine dualistische Weltsicht kennengelernt und fand dann über den Neuplatonismus mit seinem Monismus zum Christentum. Nach dem Motto »was gut ist, das behaltet« (1 Thess 5,21), integrierte er Elemente aus den nicht-christlichen Lehren. So nahm durch den großen Kirchenvater ein genuin christlicher Weg Konturen an, der schließlich in einer positiven Mystik[8] gipfelt, die für das christliche Abendland bestimmend geblieben ist. Auch die Religionen Indiens mit ihren Yogapraktiken bewegen sich zwischen Dualismus und Monismus. Es ist daher

---

5   Eugen Biser, Die glaubensgeschichtliche Wende, Styria Verlag 1986, S.118.

6   Ebd., S.282, vgl. Karl Rahner, Schriften zur Theologie VII, Einsiedeln-Zürich-Köln 1962, S.22.

7   Mindestens 1000 mal erwähnt Augustinus den Anfang des Johannes-Evangeliums in seinen Werken. (vgl. Aurelius Augustinus, Aufstieg zu Gott, Hr. von Ladislaus Boros, Olten 1982, S.25).

8   Im Gegensatz zur »negativen« Mystik, die als ein Hineintauchen des Menschen in ein All-Einheitsbewußtsein oder in die apersonale Leere beschrieben wird, spielt für die Schilderung dessen, was der christliche Mystiker in der Versenkung erfährt, das personale Element eine wichtige Rolle: In der Stille des Seelengrundes entdeckt er Gott. Diese Gottesbegegnung kann schließlich zur Unio Mystica, der Einswerdung mit Gott führen.

von besonderem Interesse zu erfahren, welche Synthesen Augustinus gelungen sind. Offensichtlich sind sie ihm geglückt. Sonst hätte ihn die Kirche wohl nicht als Kirchenlehrer anerkannt.

Zum Schluß noch zwei persönliche Bemerkungen:

Dieses Buch versteht sich eher als ein erster, tastender Versuch und nicht als fertige Synthese – ich hoffe, es wird sie auch nie geben. Es soll dazu beitragen, eine sachliche und fruchtbare Diskussion anzuregen, besonders zwischen Christen, die sich der traditionellen kirchlichen Lehre verbunden und verpflichtet wissen und denjenigen Menschen, die sich – gewiß nicht aus Boshaftigkeit oder Uneinsichtigkeit – von dieser Lehre ab- und dem spirituellen Osten zugewandt haben. Einen solchen Dialog – er erfordert die Bereitschaft, den Dialogpartner in seinem guten Willen und mit seinen Erfahrungen ernstzunehmen – halte ich nach vielen Gesprächen mit Vertretern beider Seiten für ein Gebot der Stunde. Aus diesem Grund habe ich das erste Kapitel dem Dialog gewidmet.

Die Leserinnen mögen mir verzeihen, wenn ich mich – besonders bei der Erörterung theologischer Fragen – eines eindeutig patriarchalisch geprägten Vokabulars bediene. Beim Schreiben dieses Buches ist mir die Diskrepanz zwischen der eigenen spirituellen Erfahrung und den geschichtlich gewordenen Möglichkeiten, diese Erfahrungen sprachlich auszudrücken, besonders schmerzlich bewußt geworden. Ich befand mich somit in dem Dilemma, entweder eine völlig neue theologische Terminologie zu entwickeln – mit dem Ergebnis, daß ich dem geschichtlich gewordenen Christentum nicht mehr hätte gerecht werden können – oder die alte Begrifflichkeit beizubehalten, und dabei das Risiko einzugehen, daß viele Menschen mit dieser Terminologie nicht mehr zurechtkommen. Ich habe mich nach einigen tastenden Versuchen für das letztere entschieden – nicht zuletzt auch wegen der Zitate – und vertraue darauf, daß die Leserinnen und Leser dieses Buches dennoch verstehen, was ich meine, wenn ich Worte wie »Vater«, »Sohn«, »Meister« etc. verwende.

I. Yoga: Umfassende Lebenshilfe auch für den Abendländer

Die weite Verbreitung, die der Yoga seit dem 2. Weltkrieg auch in Europa gefunden hat, läßt sich nicht als Modeerscheinung abtun. Zu lange dauert der »Yoga-Boom« schon an, zu vielfältig sind die Gründe, Yoga zu praktizieren, und zu unterschiedlich sind die Menschen, die Yoga üben. Der große Zuspruch, dessen sich der Yoga im Westen erfreut, erklärt sich wohl am ehesten aus konkreten positiven Erfahrungen, die viele Abendländer mit dem Yoga gemacht haben.

Der Yoga umfaßt drei Erfahrungsbereiche: den körperlichen, den psychischen und den geistig-religiösen.

Ein Großteil der Yoga-Praktizierenden begnügt sich mit den positiven gesundheitlichen Effekten der Körper- und Atemtechniken. Der Yoga bietet Möglichkeiten wirkungsvoller Prävention und Behandlung verbreiteter Zivilisationskrankheiten. Vor allem Menschen in sitzenden Berufen leiden häufig an Haltungsschäden, Verspannungen, Kopf- und Rückenschmerzen. Hier schafft der Yoga Linderung. Yogaübungen haben auf den Stoffwechsel, die Konzentrationsfähigkeit, die Beweglichkeit, die Vitalität, kurzum auf den gesamten Organismus wohltuende Wirkungen. Im praktischen Teil dieses Buches werden solche Übungen und ihr therapeutischer Effekt beschrieben. Yoga kann im Gegensatz zu vielen Sportarten von jedem praktiziert werden: von Kindern, älteren Menschen, Schwangeren, ja sogar von Behinderten. Unter Anleitung eines erfahrenen Yogalehrers lassen sich die Übungen an jede Konstitution anpassen. Schon die Körperübungen sind jedoch wesentlich mehr als nur Gesundheitsgymnastik: Die bewußte Wahrnehmung, die Sensibilisierung für körperliche und seelische Prozesse und ein ausgewogenes Verhältnis von Spannung und Entspannung sind bezeichnend für die Yoga-Praxis.

Der ganzheitliche Ansatz des Yoga kommt hier voll zum Tragen: Wie die moderne psychosomatische Medizin geht auch der Yoga davon aus, daß Körper und Seele aufs engste miteinander verbunden sind. Wer Yoga übt, lernt, im »Buch« seines Körpers zu lesen. Innere Ängste, Unsicherheiten, aber auch Stabilität und Ausgeglichenheit etc. drücken sich körperlich aus. Der Körper lügt nicht. Neben dem diagnostischen Moment ist Yoga jedoch vor allem Therapie: Beim Üben stellt sich zusehends ein wohltuender Effekt auf die Psyche ein.

Wer z.B. lernt, aufrecht, stabil und entspannt dazustehen, wird diese Haltungen plötzlich auch in seinem Inneren wiederentdecken und sie in den Alltag mit hineinnehmen. Darüber hinaus hilft eine regelmäßige Yoga-Praxis, mit einem der zentralen Probleme unserer modernen Zivilisation zurechtzukommen: der beständigen Reizüberflutung. Die Körper-, Atem- und Konzentrationstechniken ermöglichen es dem Geübten, seine Wahrnehmung bewußt zu steuern und störende Reize mehr und mehr auszuschalten. In der Meditation kann es schließlich zur Erfahrung einer tieferen Wirklichkeit kommen, mit der sich sogar tiefsitzende, den Menschen lähmende Ängste lösen.

Damit führt der Yoga bereits in den geistigen, bzw. den religiösen Bereich hinein. Angesichts einer sich immer komplexer darstellenden Welt und einer Technologie, die die schleichende oder abrupte Vernichtung unseres Planeten in den Bereich des Möglichen rückt und angesichts der In-Frage-Stellung vieler früher als selbstverständlich angenommener Werte und Normen drängt sich nicht wenigen Menschen die Frage auf nach dem Sinn menschlicher Existenz. Rationale Antworten befriedigen nicht restlos. Sinnerfahrung ist Evidenzerfahrung. Yogische Methoden können den Menschen in die Tiefe seines Selbst führen, wo ihm eine solche Erfahrung zuteil wird. Die Deutung dieser Erfahrung wird sich dann freilich in den einzelnen Kulturkreisen unterscheiden. Sie ist abhängig vom jeweiligen religiösen und kulturellen Kontext, den der Meditierende weder verleugnen kann noch soll. Dieses Buch möchte dazu beitragen, auch solche Unterschiede deutlich zu machen und dem Abendländer einen Yogaweg aufzuzeigen, bei dem er seine Prägung durch das Christentum nicht verdrängen muß, sondern sie vielleicht sogar ganz neu entdeckt.

Viel Gewinn kann der abendländische Christ auch aus dem sorgfältigen Studium der yogischen Lebensregeln und aus den aszetischen Anweisungen ziehen, die einen unverzichtbaren Bestandteil des Yoga bilden. Ethik und Moral erscheinen hier nicht als Einengung und als unverständliche Ver- oder Gebote, sondern als konkrete Hilfen, ohne die man sich nicht auf den spirituellen Weg begeben kann. In den Schriften des Yoga werden sie nicht nur einsichtig gemacht, sondern der Suchende findet hier auch konkrete Hilfen für die Praxis des täglichen Lebens. Wenn man unter Leben mehr versteht als die bloße physische Existenz, so gibt es kaum eine »lebens«-nähere Ethik als die yogische. Ihre Weisungen lassen auch die christliche Ethik in neuem Licht erscheinen. Dieser Aspekt wird im folgenden einen breiten Raum ein-

nehmen, – nicht zuletzt, da viele Autoren von Yogabüchern diese
»spirituellen Kostbarkeiten« schlichtweg übersehen haben.

Zusammenfassung

Der Yoga bietet dem Menschen in dieser streßgeplagten, unübersichtlichen Welt wertvolle Lebenshilfen. Er baut körperliche Leiden, Spannungen, Streß und innere Unruhe ab und eröffnet so dem Übenden Zugänge zur Erfahrung einer tieferen, in der Hektik des modernen Alltags häufig verlorengegangenen Realität. Dem Christen kann eine angemessene Yogapraxis, wie sie im vorliegenden Buch vorgestellt wird,
zu einer vertieften Glaubenserfahrung verhelfen und ihm neue oder
bisher zu wenig beachtete Dimensionen im eigenen Glauben erschließen.
Eine so tiefgreifende Begegnung zwischen Kulturen bzw. zwischen
Religionen verlangt ein behutsames Vorgehen, um voreilige Schlüsse
und Mißverständnisse zu vermeiden. Den konkreten Überlegungen zu
einer Begegnung von Yoga und Christentum ist darum ein ausführli-
ches Kapitel über Sinn, Ziel und Methode des Dialoges vorangestellt.

II. Grundlagen für eine Begegnung von Yoga und Christentum

Als vor rund zweihundert Jahren die Royal Asiatic Society gegründet wurde, waren es kaum mehr als eine Handvoll Kunsthistoriker und vor allem Linguisten, die sich der systematischen Erforschung der indischen Kultur und Sprache widmeten.

In der Romantik erwachte dann ein tiefes Interesse an den religiösen Ideen des Ostens, getragen von einer Sehnsucht und von der Ausschau nach dem »lux ex oriente«. Diese geistige Strömung erreichte in der Philosophie Schopenhauers einen gewissen Kulminationspunkt.

Mit Ausnahmen einiger engagierter früher Missionare wie Roberto de Nobili, Ziegenbalg, die Gruppe um Carey, die wichtige Beiträge zur Indologie und vor allem zur Inkulturation des Christentums in Indien leisteten, zeigten die christlichen Kirchen bis weit ins zwanzigste Jahrhundert hinein kaum Interesse, ja sogar Mißtrauen und Ablehnung gegenüber den religiösen Traditionen des Ostens. So mußte z.B. im 17. Jahrhundert Roberto de Nobili – er hatte versucht, als Christ die hinduistische Lebensweise anzunehmen – sein Experiment wegen des Widerstandes der römisch katholischen Kirche bald wieder aufgeben.

Seit den 60er Jahren unseres Jahrhunderts läßt sich jedoch seitens der großen christlichen Kirchen eine radikale Kehrtwendung von der Distanzierung hin zum Dialog feststellen. Wo liegen die Wurzeln dieses bemerkenswerten Gesinnungswandels?

Durch die modernen Transport- und Kommunikationsmittel ist die Welt überschaubarer geworden. Die Konfrontation mit anderen Weltanschauungen und Kulturen findet gewissermaßen vor der eigenen Haustüre statt, beispielsweise in Form der Begegnung mit Gastarbeitern und Sektenmitgliedern oder auf Bildungsreisen bzw. dem »Asientrip« der jüngeren Generation. »Die Anwesenheit ganzer Gemeinschaften von Menschen anderen Glaubens in Ländern, die traditionell christlich gewesen sind, ...die Yogaschulen und Zentren einiger östlicher Religionen in den Großstädten der Welt – all das kann nicht übersehen werden, insbesondere nicht der Eindruck, den sie auf junge Leute sowie auf Menschen machen, welche die Institutionen des traditionellen Christentums ablehnen.«[1] Nach Meinung von Karl Rahner kann man »wohl mit Recht sagen, daß die Situation eines dialogischen Gegenübers unter den universellen Gesinnungen und Weltanschauungen erst heute in *unserer* geschichtlichen Stunde gegeben ist«[2] und daß sie den Dialog unumgänglich macht.

Gleichzeitig läßt sich ein Niedergang der moralischen und religiösen Autorität der traditionellen Kirchen beobachten. So wird in letzter Zeit immer wieder der Vorwurf laut, die institutionalisierten, traditionsgebundenen Religionen seien zu schwerfällig, um auf die Nöte und Probleme unserer modernen, pluralistischen Gesellschaft adäquat eingehen zu können. Die kirchlichen Lehren werden von vielen Menschen nicht mehr ernst genommen. Die christlichen Gemeinschaften scheinen derzeit theologisch nicht genügend ausgerüstet zu sein, um im 20. Jahrhundert bestehen zu können[3]. Individualismus und Liberalismus fördern eine Auflösung der bürgerlichen Sozialstruktur. Das Abweichen von religiösen Normen kann kaum mehr mit wirksamen Sanktionen belegt werden. In einer solchen Situation sind die Kirchen aufgerufen, zu handeln, um nicht zu riskieren, ihren Platz in der modernen Gesellschaft zu verlieren. Das »Aggiornamento« des Zweiten Vatikanischen Konzils[4] und die Arbeit des Ökumenischen Rates der Kirchen (ÖRK) dokumentieren eindrücklich eine Entwicklung, die wegführt vom Dogmatismus und einem gesunden Pluralismus auch innerhalb der Kirchen den Weg bereitet.

Einen zweiten bedeutungsvollen Faktor für die Begegnung bildet eine neue Missionstheologie: Aufgrund der Überbetonung der Gnade (sola gratia) konnte die evangelische Theologie lange Zeit Religionen des »Weges« – als solche verstehen sich die meisten indischen Religionssysteme – nicht akzeptieren. Der erlösenden Heilstat Gottes in Chri-

---

1   S.J. Samartha in seinem Vortrag »Dialog als ständiges Anliegen der Christen« vor dem Zentralausschuß des Ökumenischen Rates der Kirchen in Addis Abeba 1971, veröffentl. in : H.J. Margull, S.J. Samartha (Hrsg.), Dialog mit anderen Religionen, Frankfurt 1972, S. 149; R. Hummel hat in seinem Buch »Indische Mission und neue Frömmigkeit im Westen, Stuttgart 1980« aufgezeigt, wie die indischen Religionen im Westen Fuß fassen.

2   Karl Rahner, Der Dialog in der pluralistischen Gesellschaft, in: Joh. B. Metz (Hrsg.), Weltverständnis im Glauben, Mainz 1965, S.287-297 (290).

3   Vgl. P.D. Devanandan, Preparation for Dialogue, Bangalore 1960, S.178. M. Mildenberger meint, daß die Volkskirchen und Institutionen an Haltekraft verlieren, da eine allgemeine Tendenz zum Individualismus und Subjektivismus vorherrscht. (Denkpause im Dialog, Frankfurt 1978, S. 11).

4   Vgl. Vat.II, Unitatis redintegratio (Ökumenismusdekret) 16 und Lumen Gentium (Dogmatische Konstitution) 23.

stus wurde alles, dem Menschen so gut wie nichts zugetraut. Lange Zeit beharrte die katholische Kirche mit ihrem Sakramentalismus – sie wähnte sich über Petrus und seine Nachfolger im alleinigen Besitz der Schlüssel zum Himmelreich – auf dem vieldiskutierten »extra ecclesiam nulla salus«[5]. Sowohl von katholischer als auch von evangelischer Seite war man also nicht in der Lage, auch anderen Religionen positive Aspekte abzugewinnen, geschweige denn sie als mögliche Heilswege anzuerkennen. Eine solche Sicht scheint heute der Vergangenheit anzugehören. Man beginnt zusehends die spirituellen Reichtümer nichtchristlicher Religionen zu entdecken und zu schätzen und erkennt, daß das Christentum sich »inkulturieren« muß, wenn es in anderen Kulturkreisen wirklich Fuß fassen will. Man spricht sogar davon, daß Christus sich in den Denk-, Lebens- und Erlebnisweisen dieser Völker inkarnieren muß. Dieser Ansatz bleibt nicht ohne Rückwirkungen auf das abendländische Christentum, in dem sich seither tiefgreifendere Änderungen ankündigen, als sie die Theologen zur Zeit des Konzils in ihren kühnsten Träumen hatten vorausahnen können.

Unter den für die gegenwärtige Situation bedeutungsvollen Faktoren nimmt die Sinnsuche des westlichen Menschen im Zeitalter des »Postmaterialismus« eine besonders wichtige Position ein. Immer mehr Menschen halten nach Werten Ausschau, die Bestand haben. Die westlich-anthropozentrische Denkweise mit ihrer Machbarkeitsideologie und ihren sich deutlich abzeichnenden Folgen – allen voran der Teufelskreis von Konsum, steigenden Produktionsraten, Umweltzerstörung, Ausbeutung der dritten Welt und Krieg – ist hierzu nicht mehr in der Lage. Auch die Kirchen, die als soziale Gebilde nicht außerhalb dieser Welt stehen, blieben von den gesellschaftlichen Veränderungen der vergangenen zwanzig Jahre nicht verschont. So wurden z.B. viele derjenigen Männer, die heute den Gemeinden vorstehen, der Mode der Zeit entsprechend eher zu Managern ausgebildet als zu Seelenhirten, und sie können daher der Rolle eines »Pater spiritualis«, eines geistlichen Begleiters kaum mehr gerecht werden. In einer solchen Situation gewinnen die spirituellen Systeme und die charismatischen Persönlichkeiten des Ostens für viele westliche Menschen zunehmend an Bedeutung. W. Bühlmann stellt sogar die Frage, ob heute nicht »alle Wege nach Asien« anstatt nach Rom führten[6], d.h. ob man sich in Sa-

---

5 D.h. »Kein Heil außerhalb der (katholischen) Kirche.«
6 Walbert Bühlmann, Alle haben denselben Gott, Frankfurt 1978, S.11.

chen Religion nicht mehr und mehr von den traditionellen abendländischen Kirchen und ihren Dogmen abwende, um im Osten Lehre und Weisung für das geistige Leben zu suchen. Viele Menschen im Westen öffnen sich den asiatischen Heilswegen, da sie hier das zu finden scheinen, was sie in den Kirchen vermissen:»Religiöse Philosophie und Spekulation, eine integrale Sicht der Welt und des Menschen, praktische Anleitung zu Meditation und Versenkung, systematisches Training der Seelenkräfte, vielleicht auch Mystik...«[7] Th. Ohm stellt sogar zur Diskussion, ob nicht Asien heute der Kirche einen ähnlichen Dienst erweisen könnte wie einst die Reformation[8]. Es bleibt zu hoffen, daß dieser Dienst nicht im Schisma endet, sondern zu vertiefter Reflexion auf die eigenen Grundlagen und so zur Selbstfindung beiträgt. Die Kirchen können heute den Ruf nach einem offenen interreligiösen Gespräch nicht länger überhören.

A. Grundsätzliche Gedanken zum Dialog

a) Der Mensch ist von seinem Wesen her auf den Dialog hin angelegt. Als instinktarmes Lebewesen gewinnt er sein Selbst- und Weltverständnis fast ausschließlich in und aus der Beziehung zu seinen Mitmenschen. Er lernt überwiegend von und mit anderen. Heute, da – bedingt durch die modernen Kommunikations- und Transportmittel – die »Welt kleiner« geworden ist, findet Begegnung nicht nur im Rahmen der Familie und des eigenen Volkes, sondern auch zwischen den Menschen verschiedenster Kulturkreise statt.

b) Martin Buber hat in seiner Dialogphilosophie eindrücklich die Bedeutung zwischenmenschlicher Begegnung vor Augen geführt. Im Dialog werden nicht nur beide Seiten bereichert, sondern im »Zwischen«, d.h. in der Begegnung der Freiheiten von »Ich« und »Du« konstituiert sich laut Buber ereignishaft Sinn[9].

c) Dies kann auch für die Begegnung von Osten und Westen gelten, insofern sie getragen ist von Menschen, die zu einem ernsthaften Dialog bereit sind. Wahrer Dialog schließt stets auch die Bereitschaft mit

---

7 Klaus Klostermaier, Hinduismus, Köln 1965, S.25.
8 Th. Ohm, Asiens Ja und Nein zum westlichen Christentum, München 1960, S.214.
9 Vgl. M.Buber, Werke Bd.1, München (1962) S.269-288; 405.

ein, sich neuen Erkenntnissen zu öffnen und sich zu verändern. Ein Beispiel soll das erläutern:

> In Osten und Westen haben sich zwei sehr unterschiedliche Auffassungen von Technik entwickelt. Während man bei uns Okzidentalen die Technik als Mittel versteht, das Außen, die Natur zu beherrschen (um nicht von ihr beherrscht zu werden), sind im Orient seit altersher Techniken erprobt worden, die auf die Beherrschung des menschlichen Innenlebens abzielen: asketische Praktiken und Techniken der Innenschau. In beiden Fällen waren auch große Probleme die Folge. Im Westen führte die hybride Machbarkeitsideologie in die Sinnkrise und in die ökologische Misere. Im Osten wurde weder der Welt noch den sozialen Problemen gebührend Beachtung geschenkt, da man der Ansicht war, die wahre Realität sei ohnehin nur im Inneren des Menschen zu finden. Heute zeigt sich mehr denn je, daß beide Arten von Technik komplementär sind und sich ergänzen müssen, um der Menschheit ein würdiges Dasein zu ermöglichen. Der Westen braucht die Weisheit des Ostens und der Osten das technische Know How des Westens.

d) In der Kommunikation des Gespräches erschließt sich den Dialogpartnern ein vertiefter Zugang zur eigenen Wirklichkeit, zur Wirklichkeit schlechthin, und damit letztlich zur Transzendenz[10]. Für Karl Rahner bedeutet der Dialog den »Sieg über die eigene Enge«[11], denn eine sich auf die Zukunft hin als offen verstehende Weltanschauung »lernt und bereichert sich in diesem Dialog, sie holt selbst ihre eigenen Möglichkeiten in diesem nie endenden Dialog immer mehr ein; sie kann sich selbst am Dialogpartner und in ihm immer mehr erkennen und vollziehen, sie lernt so erst, was sie immer schon weiß. Voraussetzung ist nur, daß sie ihr eigenes, jetziges geschichtliches Stadium nicht mit ihrem absoluten Wesen und dem ganzen geschichtlichen Auftrag ihres Werdens schlechthin identifiziert.«[12] Der Gedanke des Offenbarwerdens des immer schon Gewußten und die Relativierung der geschichtlichen Perspektive gehören zu den wichtigsten Paradigmen indischen Denkens. Es scheint mir für den christlich-hinduistischen Dialog von großem Interesse, wenn Rahner die ebengenannten beiden Grundannahmen aufs engste mit seinem Dialogansatz verbindet.

---

10 Vgl. F. Schleiermacher, Dialektik, Hrsg.: H. Odebrecht, (1942), S.XXf.
11 Karl Rahner, Der Dialog in der pluralistischen Gesellschaft, a.a.O., S.294.
12 Ebd. S.292.

B. Theologische Begründung des Dialoges

Sowohl auf protestantischer als auch auf katholischer Seite haben Theologen gute Begründungen für den Dialog erschlossen:

Der evangelische Theologe Ernst Benz vertritt die Idee von der »fortlaufenden Offenbarung«. Dies bedeutet, daß die Religionsgeschichte auch nach Christus – z.B. in der Begegnung mit den Religionen – weitergeht[13].

1967 wurde auf der Konferenz von Kandy, die unter dem Thema »Christen im Dialog mit Menschen anderer Religionen« stattfand, die Begegnung auf der Basis des gemeinsamen Menschseins begründet. Hier erklärte man auch, daß das Verhältnis von nichtchristlichen Religionen und christlichen Kirchen eine Entsprechung in natürlichem und übernatürlichem Heilsweg habe[14].

S.J. Samartha findet schließlich gut fundierte theologische Gründe, um den Dialog als ein dauerndes christliches Anliegen zu rechtfertigen:

a) Die Inkarnation Gottes in Christus ist Gottes Dialog mit den Menschen. Im Dialog stehen heißt, dieses Werk unter den Menschen weiterzuführen. b) Das Angebot wahrer Gemeinschaft, wie es im Evangelium durch Vergebung, Versöhnung und Neuschöpfung vorhanden ist, und von der Kirche weitergetragen wird, führt unausweichlich zum Dialog. c) Da der Kirche der Geist verheißen ist, der sie in alle Wahrheit leiten wird, und da sie nicht das Monopol an Wahrheit besitzt, bedarf sie des Dialoges, zumal sich der christliche Glaube nie monologisch vollzieht[15].

Das »World Council of Churches« nimmt die Gedanken Samarthas auf und formuliert 1978:

»Da wir im Dialog ein umfassenderes Verständnis von unserem eigenen Glauben und ein tieferes Verständnis von unseren Nachbarn gewinnen können, fürchtet die Hoffnung den Dialog nicht.«[16]

---

13 E.Benz, Ideen zu einer Theologie der Religionsgeschichte, Mainz, 1960.

14 EMZ 24 1967, S.83-88.

15 Vgl. S.J.Samartha, Dialog als ständiges Anliegen der Christen, Vortrag vor dem Zentralausschuß des ÖRK 1972 in Addis Abeba, in: H.J. Margull, S.J.Samartha (Hrsg.), Dialog mit anderen Religionen. Material aus der ökumenischen Bewegung, Frankfurt 1972, S.142-156.

16 S.J. Samartha, Courage for Dialogue, Genf 1981, S.16.

Diese Begründung, welche die christliche Theologie nicht als fertiges Gebilde, sondern als »Theologie auf dem Weg« versteht und somit offen ist für Bereicherungen durch den Dialog mit anderen Religionen, legitimiert in besonderer Weise das Anliegen dieses Buches, nämlich dem Christentum durch die Begegnung mit dem Yoga neue Anstöße zu vermitteln.

Von Seiten der katholischen Theologie erhält der Dialog seine Fundierung vor allem durch Karl Rahners Begriff von den »anonymen Christen«[17] und durch die Aussagen des Zweiten Vatikanischen Konzils. Nach einem längerem theologischen Reflexionsprozeß kam man auf katholischer Seite zu der Überzeugung, daß sich die Manifestation Gottes in dieser Welt nicht auf die christlichen Gemeinden, Kirchen und Schriften beschränkt, sondern daß sie – wenn auch mit graduellen Unterschieden – in allen religiösen Gemeinschaften stattfindet. In der Konstitution über die nichtchristlichen Religionen spricht die katholische Kirche u.a. mit Hochachtung von den Hindus:

»So erforschen im Hinduismus die Menschen das göttliche Geheimnis und bringen es in einem unerschöpflichen Reichtum von Mythen und in tiefdringenden philosophischen Versuchen zum Ausdruck und suchen durch aszetische Lebensformen oder tiefe Meditation oder liebend-vertrauende Zuflucht zu Gott, Befreiung von Enge und Beschränktheit unserer Lage... Die katholische Kirche lehnt nichts von alledem ab, was in diesen Religionen wahr und heilig ist. Mit aufrichtigem Ernst betrachtet sie jene Handlungs- und Lebensweisen, jene Vorschriften und Lehren, die zwar in manchem von dem abweichen, was sie selber für wahr hält und lehrt, doch nicht selten einen Strahl jener Wahrheit erkennen lassen, die alle Menschen erleuchtet.« Darum mahnt sie ihre eigenen Mitglieder, »daß sie mit Klugheit und Liebe, durch Gespräch und Zusammenarbeit mit den Bekennern anderer Religionen sowie durch ihr Zeugnis des christlichen Glaubens und Lebens jene geistlichen und sittlichen Güter und auch die sozial-kulturellen Werte, die sich bei ihnen finden, anerkennen, wahren und fördern.«[18]

---

17 Karl Rahner, Das Christentum und die nichtchristlichen Religionen, in: Schriften zur Theologie Bd.V , Einsiedeln-Zürich-Köln 1962, S.136-158 (S.154).

18 Nostra Aetate 2, zit. nach: Rahner/Vorgrimler, Kleines Konzilskompendium, Freiburg, 13. Aufl. 1979, S.356f.

Bei aller Anerkennung der Werte, die es in den anderen Religionen gibt, macht die Kirche jedoch auch deutlich, daß es ihre eigene Aufgabe ist, unablässig zu verkünden »Christus, der ist 'der Weg, die Wahrheit und das Leben' (Joh 14,6), in dem die Menschen [aus christlicher Sicht] die Fülle des religiösen Lebens finden, in dem Gott alles mit sich versöhnt hat.«[19]

Dieser ausgewogene Konzilstext eröffnet gute Chancen für die Begegnung von Yoga und Christentum, in der das Christentum weder das Eigene zu verleugnen braucht, noch die Reichtümer der hinduistischen Tradition abwerten muß.

Die Begegnung mit anderen Religionen endet dann nicht zwangsläufig im Identitätsverlust oder in einem konfusen Synkretismus. Sie muß im Gegenteil als ein »wachsender hermeneutischer Prozeß« aufgefaßt werden, der mitten hineinführt ins Zentrum einer umfassenden Katholizität[20]. So kann denn auch Eugen Biser in seinem Versuch, die künftige Gestalt des Christentums zu umreißen, fordern:

> »Es muß 'dialogisch' im Sinne eines die heraufkommenden Ausprägungen lateinamerikanischer, asiatischer und negroider Provenienz umgreifenden Selbstverständnisses sein; und es müßte sich angesichts dieser 'Ausweitung' zu der Erkenntnis durchringen, daß das Ziel des damit geforderten 'inneren Ökumenismus' nur in Akten einer entscheidenden Rückbesinnung auf die biblischen, insbesondere auf die paulinischen Denkmodelle zu erreichen ist.«[21]

Zusammenfassend kann man sagen, daß aus christlich-theologischer Sicht der inter-religiöse Dialog als »die Antwort des christlichen Glaubens auf Gottes rettende Gegenwart in den religiösen Traditionen der Menschheit« und als »Ausdruck der festen Hoffnung auf die Sinnerfüllung aller Dinge in Christus«[22] angesehen werden muß.

Es liegt auf der Hand, daß es bei einer Begegnung von Yoga und christlicher Spiritualität nicht um irgendwelche oberflächlichen Synthesen gehen kann. Vielmehr wird es auf christlicher Seite ein wichtiges Ziel sein, in der Begegnung mit dem Yoga tiefere Dimensionen

---

19 Ebd., S.356.
20 Vgl. Horst Bürkle, Meeting of Religions II, in Aykara, T.A. (Hrsg.) Meeting of Religions, Bangalore 1978, S.25-30.29.
21 Biser, a.a.O., S.302.
22 . Bericht der C.B.I.C. Konferenz, Kalkutta 1974, S.147.

des eigenen Glaubens zu entdecken. Wenn es zur Übernahme yogischer Praktiken in die christliche Spiritualität käme, so wird dieser »christliche Yoga« nicht den Anspruch erheben dürfen, in allem mit den hinduistischen Yoga-Varianten konform zu gehen. Es wird ein neuer, echt christlich-kontemplativer Weg sein, ein Weg zum Vater in Jesus Christus, »der ist der Weg, die Wahrheit und das Leben«[23].

Das Christentum hat von der Frühzeit an Elemente aus anderen Kulturen und Religionen angenommen und integriert, ohne seine Identität zu verlieren. Es sei hier nur an die Hellenisierung erinnert, bei der sich das ursprünglich vom Judentum geprägte Christentum der griechischen Geistigkeit öffnete. Warum sollten nicht heute ähnliche Prozesse möglich sein? Wenn sich die Christen dabei immer wieder auf das Zentrale des eigenen Glaubens besinnen, brauchen sie meiner Meinung nach nicht zu befürchten, ihre Identität einzubüßen.

C. Beispiel einer gelungenen Integration

Dem Hinduismus ist es gelungen, christliches Gedankengut nahtlos zu integrieren. Es sei anhand eines Beispiels veranschaulicht, daß solche Integrationen nicht notwendig mit einem Identitätsverlust einhergehen müssen, sondern im Gegenteil manche zu wenig beachtete Dimension im eigenen Glauben in neuem Licht erstrahlen lassen können:

Dem aufmerksamen Beobachter der neohinduistischen Ethik wird auffallen, daß die Nächstenliebe, welche die Christen immer als ein Spezifikum des Christentums ansehen, im modernen Hinduismus sowohl praktiziert als auch theoretisch in der tiefsten Erfahrung begründet wird, die dem Hindu zuteil werden kann, nämlich in der *advaitischen* (nicht-dualistischen) Erfahrung. Hier erkennt er, daß sein Selbst identisch ist mit dem *Brahman*, dem Absoluten. Als logische Konsequenz folgt aus der *Brahman-Atman*-Lehre, daß alle Menschen in ihrem Wesenskern mit dem *Brahman* identisch sind. Dabei spielt es keine Rolle, ob sie sich dessen bewußt sind oder nicht. Je mehr der Yogin in der spirituellen Erfahrung wächst, desto eher wird er zu echter Nächstenliebe fähig, da er in seinem Gegenüber – ja selbst noch in seinem ärgsten Feind – das Selbst erkennt, das ja auch seinen eigenen Wesenskern bildet. Wie könnte er dann noch sein Gegenüber hassen? Aus-

---

23 Vgl. Nostra Aetate 2 (a.a.O.) S.356.

sprüche Jesu wie: »Liebe Deinen Nächsten wie (als) dich selbst« (Mt 19,19) oder »Was Ihr dem Geringsten meiner Brüder getan habt, das habt ihr mir getan« (Mt 25,40), werden von den Hindus gemeinhin in diesem Sinne verstanden.

Der Indologe und Theologe Paul Hacker hat aufgezeigt, daß dieser Gedankengang und der von ihm ausgehende Impuls zu sozialem Handeln für den Hinduismus trotzdem lange Zeit praktisch nicht relevant war. Erst die Begegnung mit dem Christentum gab dem Hinduismus den entscheidenden sozialen Anstoß. Es ist interessant zu verfolgen, wie es dem Hinduismus gelang, ohne Aufgabe der eigenen Denkstrukturen christliche Elemente aufzunehmen[24]. In den Jahren 1893 und 1896 wurde ein der Ethik Schopenhauers entstammender Gedankengang, der heute zum Allgemeingut des Hinduismus gehört, von Paul Deussen, einem Schüler Schopenhauers, nach Indien – vor allem zu Vivekananda, einem der bedeutendsten Reformatoren des Hinduismus – reportiert. Es geht um die zwischenmenschliche Auslegung der *Tat-tvam-asi*-Formel. Diese Formel besagt, daß das Selbst eines jeden Menschen *(Atman)* identisch ist mit dem Absoluten *Brahman*. Wenngleich die soziale Interpretation gut in die hinduistische Philosophie paßt und heute zum Allgemeingut im Neohinduismus geworden ist, so darf nicht übersehen werden, daß die zwischenmenschliche Auslegung der *Tat-tvam-asi*-Formel im Hinduismus über lange Zeit nicht aktuell war: Bis weit ins 19. Jahrhundert hinein hatte der Hinduismus kaum soziale Ambitionen. Das zentrale Thema war stets die Befreiung des Individuums aus dem Kreis von Geburt und Wiedergeburt. Durch die christlichen Missionen lernte der Hinduismus die christliche Ethik kennen, in deren Mittelpunkt die *aktive* Nächstenliebe steht. Jesus verkündetete sie in der positiven Fassung der goldenen Regel (Mt 7,12): »Alles, was ihr von anderen erwartet, das tut auch ihnen.« In der Konfrontation mit dem Christentum vernahmen die Hindus auch aus ihrer eigenen Tradition den Aufruf zum *Mit*-leid im wahrsten Sinne des Wortes. Es spricht für sich, daß am Anfang der neohinduistischen Reformbewegung ein Buch mit dem Titel »The Precepts of Jesus, The Guide to Peace and Happiness«[25] stand. Ram Mohan Roi, der Vater des modernen Hinduismus, nahm die Ethik Jesu zum Ausgangspunkt

---

24 Paul Hacker, Schopenhauer und die Ethik des Hinduismus, in: Saeculum 12 (1961), S.366-399.
25 Kalkutta 1820. Zu deutsch: »Die ethischen Weisungen Jesu. Der Führer zu Frieden und Glück.«

für seine Reformbestrebungen. Die ursprünglich individualistische Ethik der Hindus wird plötzlich in eine soziale Pflichtethik mit spiritueller Fundierung umgedeutet und mit der goldenen Regel des Matthäus-Evangeliums (Mt 7,12) in Verbindung gebracht. Man wird Paul Hacker zwar nicht zustimmen können, wenn er diese zwischenmenschliche Auslegung als ein Novum im Hinduismus bezeichnet. Diese Deutung findet sich nämlich schon in den Upanishaden[26]. Die Umsetzung des theoretischen Gedankenganges in die Praxis war jedoch wirklich neu: Seitdem betreiben neohinduistische Reformbewegungen soziale Einrichtungen (Krankenhäuser, Schulen etc.).

Der christliche Theologe könnte nun fragen, ob die hinduistische Begründung der Nächstenliebe ganz dem christlichen Verständnis von Liebe entspricht. Letzteres hat ja die Andersheit bzw. die Personalität des Gegenüber und nicht die Identität als Ausgangspunkt.

Trotz der unterschiedlichen theoretischen Konzepte in Bezug auf die Personalität eröffnete der Kontakt mit dem Christentum dem Hinduismus einen wichtigen Aspekt in der eigenen Religion ganz neu: Die Idee von der Nächstenliebe ist auf so vollkommene Weise in das hinduistische Gedankengebäude integriert worden, daß man, wüßte man nicht um die historischen Tatsachen, niemals auf den Gedanken käme, sie sei nicht Urgestein der indischen Religiosität. Sollten nicht auch umgekehrt solche Übernahmen für das Christentum möglich sein, falls sie zu einer Bereicherung führen würden?

Bei derartigen Rezeptionsvorgängen wäre jeder übertriebene Purismus fehl am Platze. Die ursprüngliche Bedeutung des rezipierten Gedankengutes kann im neuen Kontext in veränderter Form auftreten. Ein von Christen praktizierter Yoga wird sich stets in wesentlichen Punkten vom Yoga der Hindus unterscheiden. Die qualifizierte theologische Reflexion wird die Praxis begleiten und verändern. Eine gute Kenntnis der eigenen wie auch derjenigen Religion, aus der man Gedankengut und Praktiken übernimmt, ist in jedem Fall unerläßlich. Da ich voraussetze, daß das Christentum den Leserinnen und Lesern dieses Buches eher vertraut ist, werde ich zunächst auf den Yoga im hinduistischen Kontext eingehen.

---

26 Vgl. Isa Up.6.

III. YOGA: Theoretische Grundlagen

A. YOGA: Begriffsklärung und kleiner historischer Überblick

1. Zum Begriff »Yoga«

Unter »Yoga« verstehen die Hindus im Grunde genommen jede religiöse Praxis, die zur Erlösung bzw. zur Befreiung des Menschen führen kann. Da der Hinduismus sehr unterschiedliche religiöse Strömungen unter einem Dach vereint, gibt es auch eine Vielzahl von Yoga-Varianten, die von einem rein geistigen über einen mehr körperorientierten Yoga bis hin zum Yoga der tätigen Nächstenliebe reichen.

Das Wort »Yoga« leitet sich vom Sanskrit-Verbum »*yuj*« (anschirren, anspannen) ab, das vermutlich auf die gleiche indogermanische Wurzel wie das lateinische Wort »*jugum*« (Joch), zurückgeht. Das Bild vom Joch veranschaulicht zwei zentrale Eigenschaften der spirituellen Wege Indiens: Zum einen den Aspekt des Sich-Anschirrens, des Sich-in-die-Disziplin-Nehmens, also den *Weg*, und zum anderen den Aspekt des *Zieles*, der Einheit mit dem Absoluten. Analog einem Joch, das zwei Zugtiere miteinander verbindet, sollen auch die Yogapraktiken Göttliches und Menschliches vereinen. Dazu muß sich der Mensch selbst »an die Kandare nehmen«, d.h. sich in den spirituellen Disziplinen üben. Der Weg und das Ziel stehen also in enger wechselseitiger Beziehung[1]. Ohne tief in sich eine Idee vom Ziel zu haben, könnte der Mensch nach indischer Auffassung gar nicht nach dem Ziel fragen und würde niemals den Aufbruch wagen. Andererseits gewinnt das Ziel um

---

1   Besonders aufschlußreich ist für diesen Kontext das Sanskrit-Wort »*Gati*«, das sowohl mit »Weg« wie mit »Ziel« als auch mit »Art und Weise der Fortbewegung« wiedergegeben werden kann.

so mehr an Konturen und Bedeutung, je ernsthafter der Mensch sich auf den Weg dorthin begibt. Die implizite Präsenz des Zieles ist somit die grundlegende Bedingung für den Aufbruch: Im Grunde genommen ist »alles schon da«, es muß nur im Prozeß des Yoga realisiert werden. Je konsequenter der Schüler übt, um so deutlicher wird das Ziel und je deutlicher das Ziel wird, um so leichter fällt dem Übenden der Weg.

Dieser Gedankengang ist auch in der christlichen Mystik bekannt. Theresa von Avila hat ihn in ihrem Gartengleichnis formuliert: Wenn sich jemand auf den geistlichen Weg begibt, so ist es, als wolle er einen Garten anlegen, in dem Gott sich aufhalten kann. Gott selbst ist es, der zu roden und zu pflanzen beginnt. Er gibt den ersten Anstoß. Dann aber muß sich der Mensch selbst bemühen, ein guter Gärtner zu werden. Die große Mystikerin beschreibt dann vier Arten, den Garten zu bewässern. Sie entsprechen den Stufen des spirituellen Lebens:

> »Erstens kann man das Wasser in einem Gefäß selbst aus dem Brunnen emporziehen, was eine große Mühe ist. Zweitens kann man sich eines Schöpfrades bedienen, wie ich es manchmal tat; das ist schon weniger anstrengend und man hat mehr Wasser. Drittens kann man es aus einem Fluß oder Bach ableiten; das ist sehr viel wirkungsvoller, denn die Erde wird besser durchtränkt, und man muß nicht zu häufig bewässern, so daß dem Gärtner viel Arbeit abgenommen ist. Viertens, wir müssen überhaupt nichts mehr tun, weil der Herr es kräftig regnen läßt; und das ist unvergleichlich viel besser als alles Vorhergenannte.«[2]

Zu einer ähnlichen Erfahrung kommt auch der klassische[3] Yogin: Das innere Wirken des Zieles treibt ihn zum Aufbruch. Dann gilt es – zunächst in harter Arbeit, d.h. in Askese, Konzentration etc. – Körper und Geist zu trainieren. Auf den letzten Stufen des Yoga, vor allem in der Meditation und im Samadhi tritt die Anstrengung und Bemühung immer mehr zurück und der Übende macht die Erfahrung, daß eine höhere Macht in ihm am Werk ist. Der Unterschied zur christlichen

---

2 Theresa von Avila, Vidia 11,6f, zit. nach: Theresa von Avila, »Ich bin ein Weib – und obendrein kein Gutes«, Ein Portrait der Heiligen in ihren Texten, ausgewählt, übers. und eingeleitet von Erika Lorenz, Herderbücherei [5]1987, S.45.

3 Wenn ich im folgenden vom »klassischen Yogin« spreche, so beziehe ich mich dabei auf den Yogin, der dem achtstufigen Pfad des Patanjali folgt. Dieser Pfad – er bildet die Grundlage für den Hauptteil dieses Buches – wird noch ausführlich besprochen werden. Daneben gibt es eine Vielzahl anderer Yoga-Varianten, die im folgenden Abschnitt über die geschichtlichen Hintergründe des Yoga zur Sprache kommen werden.

Mystik ist freilich der, daß der Mystiker den Weg vom Glauben zur Erfahrung beschreitet, während der klassische Yogin versucht, sich zuerst in eine rezeptive Haltung einzustimmen. Hier macht er die Erfahrung, daß eine Kraft in ihm am Werk ist, die sein kleines Ego bei weitem übersteigt. Auch im klassischen Yoga ist es somit letztlich nicht der Yogin, der sich mit Gott vereint, sondern Gott, der (bzw. das) »ganz Andere« ergreift Besitz vom Yogin und nimmt ihn in seine Geborgenheit auf. Yoga zu praktizieren bedeutet für den Übenden vor allem, daß er sich dieser Kraft Gottes öffnet[4].

Daneben ist in Indien auch der *Bhakti-Yoga* sehr verbreitet, d.h. der Weg der liebenden Hingabe an einen persönlichen Gott. Davon wird im Kapitel über *Ishvarapranidhana*[5] noch näher die Rede sein.

Exkurs: Selbsterlösung durch Yoga?

An dieser Stelle soll auf einen Vorbehalt von Seiten des Christentums gegen den Yoga eingegangen werden: Ist Yoga Selbsterlösung?

Die unterschiedlichen indischen Yogawege versuchen, den individuellen Anlagen der Menschen gerecht zu werden, indem sie aktivere und passivere Wege zu Gott ermöglichen. Die Gnade spielt dabei jedoch stets eine wichtige Rolle. Folgendes Bild kann dies verdeutlichen: Die Inder unterscheiden zwischen »Katzenweg« und »Affenweg«. Während sich das Katzenbaby völlig passiv von der Mutter tragen läßt, krallt sich das Affenbaby am Leib der Mutter fest. Trotzdem ist es jedesmal die Mutter, die es trägt. Das Naturell des Menschen, der den *Bhakti-Yoga* praktiziert, den Weg der liebenden Hingabe an einen persönlichen Gott, entspricht eher dem des Katzenkindes; der Weg des klassischen Yogin wird mit dem Verhalten des Affenkindes verglichen. In beiden Fällen steht immer eine liebende, zumeist als personal erfahrbare letzte Wirklichkeit im Hintergrund, die den Menschen trägt. Angesichts der Tatsache, daß auch der klassische Yogin letztendlich das Wirken der Gnade erfährt und daß die Mehrzahl der Inder von vornherein den *Bhakti*-Weg bevorzugt, wird man das häufig von

---

4 Wer sich allerdings des subtilen Unterschiedes zwischen dem Handeln Gottes und dem menschlichen Handeln nicht bewußt ist, der läuft Gefahr, sich selbst für Gott zu halten. Dieser Versuchung sind immer wieder sowohl Yogins als auch christliche Mystiker erlegen. Jeder, der sich auf den inneren Weg begibt, ist daher aufgerufen, wachsam zu sein und seine Unterscheidungskraft zu schärfen.

5 Vgl. S.138ff.

christlicher Seite vertretene alte Vorurteil überprüfen müssen, daß die
östlichen Religionen grundsätzlich auf Selbsterlösung abzielen.

Auch auf Seiten der christlichen Theologie müssen sich Werke und
Gnade nicht unbedingt widersprechen. Folgender Gedankengang aus
der johanneischen Theologie – er wird im Schlußkapitel dieses Buches
noch ausführlich erläutert werden – steht der indischen Auffassung
sehr nahe: Das Ziel ist von Anfang an in jedem Menschen gegenwärtig
und befähigt ihn quasi gnadenhaft zum Aufbruch: Wenn man davon
ausgeht, daß im kosmischen Christus des Johannes-Evangeliums die
Erlösung der ganzen Welt bereits im Keim enthalten und im historischen Jesus Christus tatsächlich geschehen ist, jedoch vom einzelnen
Menschen jeweils neu angenommen und erfahren werden muß[6], so eröffnen die verschiedenen Arten von Yoga Wege, die das Von-Anfang-
an-Gegebene in der menschlichen Erfahrung zum Eigenen werden lassen[7]. Auch der Christ steht in der Freiheit, dieses Von-Anfang-an-Ge-
gebene bzw. die Gnade nicht anzunehmen – und er macht, wie die
Praxis zeigt, immer wieder Gebrauch von dieser Möglichkeit, die mit
der Freiheitssituation des Menschen notwendig gegeben ist. Ein
»christlicher Yoga« will nichts weiter als den Menschen in die Tiefe
seiner selbst führen, d.h. zu dem »Licht«, das gnadenhaft, von Gott her
»einen jeden Menschen erleuchtet« (vgl. Joh 1,9).

Letztendlich läßt sich dem gegen den Yoga vorgebrachten Vorwurf
der Selbsterlösung entgegenhalten, daß er auf einem für das anthropo-
zentrisch- abendländische Denken typischen Mißverständnis beruht,
das nicht zwischen dem »Ich« (Ego) und dem »Selbst« differenziert.
Für den Hindu ist das Selbst (*Atman*) das wahre Wesen des Menschen.
Es ist durch das Anhaften des Ego an die Dinge der Welt verdunkelt
und will aus der harten Schale des Materialismus erlöst werden. Kein
Hindu würde auf den Gedanken kommen, daß das »Ich« sich selbst
erlöse.

---

6 Vgl. Joh 1,1ff: »Im Anfang war der Logos, und der Logos war bei Gott, und der
   Logos war Gott. Im Anfang war er bei Gott. alles ist durch den Logos geworden, und
   ohne den Logos wurde nichts, was geworden ist. In ihm war das Leben, und das
   Leben war das Licht der Menschen. Und das Licht leuchtet in der Finsternis, und die
   Finsternis hat es nicht ergriffen... Das wahre Licht, das jeden Menschen erleuchtet,
   kam in die Welt. Er war in der Welt und die Welt ist durch ihn geworden, aber die
   Welt erkannte ihn nicht. Er kam in sein Eigentum, aber die seinen nahmen ihn nicht
   auf. Allen aber, die ihn aufnahmen, gab er die Macht, Kinder Gottes zu werden...«

7 Eine solche Sichtweise könnte dazu beitragen, die zwischen der katholischen und
   evangelischen Theologie umstrittene Frage einer Lösung näherzubringen, ob nun der
   Mensch allein durch die Gnade, oder auch durch seine Werke erlöst wird.

2. Kurzer geschichtlicher Überblick[1]

Wie eben angedeutet, umfaßt der Begriff »Yoga« ein weites Spektrum an spirituellen Praktiken. Der folgende Abschnitt soll einen kleinen Einblick vermitteln in die historische Entwicklung des Yoga.

Die frühesten Wurzeln des Yoga sind wohl im 2. Jahrtausend v.Chr. in der Industalkultur zu finden. Ausgrabungen in den Städten Mohenjo Dharo und Harappa (im heutigen Pakistan) haben Siegel und Statuetten zutage gefördert, auf denen zum ersten Mal der ikonographische Typus eines Yogin im Lotussitz erscheint. Als um 1800 v.Chr. die Arier, ein Reitervolk, vom Norden her ihre über ein Jahrtausend währende Invasion ins Indus- und Gangestal beginnen, wird die Industalkultur und mit ihr die alte Religion von derjenigen der Eroberer verdrängt: Die vier *Veden* werden zwischen 1200 und 800 v.Chr. verfaßt[2]. Sie gelten auch heute noch in Indien als heilige Offenbarungsschriften. Neben den Mythen von der Entstehung der Welt umfassen die Veden vor allem Hymnen an die Naturgötter, Opfergesänge und rituelle Anweisungen. Mit der vedischen Religiosität, die vor allem den von den arischen Brahmanen verwalteten Opferkult in den Vordergrund stellt, bekommt der Yoga eine rituelle, magische Ausprägung. Yoga bedeutet hier das »Anjochen der Götter im Ritus«, d.h. man versucht, durch genaue Befolgung geheimer Rituale sich die Götter gefügig zu machen. Der Meinung der arischen Brahmanen nach können die Götter durch den Ritus gezwungen werden, dem Opfernden Sieg im Kampf, gute Ernten etc. zu garantieren.

Seit dem 8. Jahrhundert v.Chr. beginnt eine eher spekulative Periode den vedischen Ritualismus abzulösen. Man stellt die Frage nach dem Urgrund bzw. nach der Kraft, die hinter den die Naturkräfte repräsentierenden Göttern am Werk ist und gelangt somit zu dem auch heute noch in Indien zentralen Begriff des unpersönlichen *Brahman*.

In dieser Zeit entsteht unter der nicht-arischen Bevölkerung eine Strömung, die sich gegen das brahmanische Opfermonopol wendet. Weise hatten durch Askese und tiefe Meditation in der Einsamkeit ihren *At-*

---

1 Siehe Zeittafel Anhang I.

2 Vgl. Heinrich Zimmer, Philosophie und Religion Indiens, Suhrkamp Taschenbuch Wissenschaft Bd.26, 1973, S.300-319. Dieses Buch ist in verständlicher Sprache geschrieben und eignet sich gut als Einführung in die indische Philosophie.

man entdeckt: Das unsterbliche Selbst des Menschen. Die Seher *(Rishis)* versprechen jedem, der diesen *Atman* erkennt, Befreiung aus den Leiden seiner Existenz. Schließlich kommen die Weisen zu der Erkenntnis, daß das *Brahman*, d.h. der Urgrund alles Seienden als *Atman* in jedem Menschen gegenwärtig ist. Die *Upanishaden* geben ein beredtes Zeugnis dieser Lehren[3]. Die Ursprünge der Yogapraxis als körperlich-geistiges Training gehen wohl auf diese Tradition zurück. So verlieren die Brahmanen zusehends an Einfluß.

Im 5. Jahrhundert v.Chr. popularisieren Buddha und Mahavira (der Gründer der Jaina Religion[4]) den Gedanken der Erlösung durch Erkenntnis weiter und untergraben damit das Kastenwesen und das brahmanische Opfermonopol endgültig. Als im 3. Jahrhundert v.Chr. Kaiser Ashoka den Buddhismus zur Staatsreligion erhebt, scheint das Ende der brahmanischen Religion in Indien gekommen.

Die Brahmanen geben jedoch nicht auf. Sie schaffen in den folgenden Jahrhunderten eine breit angelegte Synthese, in der die verschiedenartigsten religiösen Anschauungen und Praktiken friedlich nebeneinander existieren können. Erst seit dieser Zeit kann man vom Hinduismus sprechen. Bereits im 5. Jahrhundert n.Chr ist der Buddhismus wieder aus Indien verschwunden[5].

In die Zeit der brahmanischen Synthese fällt die Periode der Sutren, d.h. der aphoristischen Zusammenfassung der sechs philosophischen Systeme Indiens. Zwei dieser Systeme spielen für den Yoga eine wichtige Rolle: Die *Samkhya-Philosophie* des Kapila und das *Yogasutra* des Patanjali, in dem die alte Weisheit vom Yoga systematisch entfaltet und ein konkreter spiritueller Weg beschrieben wird. Diese beiden Systeme gelten als grundlegende Werke für den Yoga. Auf sie bezieht sich auch der Hauptteil dieses Buches.

In denselben Zeitraum fällt auch die Entstehung der *Bhagavadgita*, des wohl populärsten Zeugnisses indischer Religiosität. Die stark weltflüchtigen Tendenzen, die mit den *Upanishaden* begonnen hatten und durch den Buddhismus noch verstärkt worden waren, hatten dazu geführt, daß immer mehr Menschen ihre weltlichen Pflichten vernachläs-

---

3 Vgl. Zimmer, a.a.O., S.319-339. Eine ausgezeichnete, gut kommentierte Textauswahl der *Upanishaden* wurde harausgegeben von: Bettina Bäumer, Befreiung zum Sein: Auswahl aus den Upanishaden, Benzinger Verlag 1986.

4 Vgl. Zimmer, a.a.O., S. 171-254. Zimmer beschäftigt sich ausführlich mit dem Jainismus und weist nach, daß die Wurzeln der asketischen Techniken über den Jainismus bis in die vorarische Periode zurückreichen.

5 Vgl. H.v. Glasenapp, Die Philosophie der Inder, Stuttgart [4]1985, S.66-75.

sigten, um sich auf den Pfad der Erlösung *(Moksha)* zu begeben. Gegen diese Geisteshaltung wendet sich die *Bhagavadgita*[6]. Ihre Botschaft lautet: »Handle in dieser Welt, aber schau' nicht auf die Früchte deiner Taten.« Die Gita verkündet damit vor allem einen Yoga der Tat: den *Karma-Yoga*. Neben diesem Yoga kennt die Gita jedoch noch zwei weitere Yoga-Arten: den Erkenntnisyoga *(Inana-Yoga)* und den Yoga der liebenden Hingabe an einen persönlichen Gott *(Bhakti-Yoga)*. Während der *Inana-Yoga* im wesentlichen dem Yoga des Patanjali entspricht und eher einen Weg für Asketen darstellt, ist der *Bhakti-Yoga* in Indien zum Weg der Massen geworden. Vor allem einige große Heilige im 15. und 16. Jahrhundert haben zur Popularisierung dieses Yoga beigetragen. Die Verehrung und Hingabe der *Bhaktas* richtet sich vor allem an *Krishna* oder *Rama*, Verkörperungen des Gottes *Vishnu*, der für die Erhaltung der Welt zuständig ist[7].

Während zwischen dem dritten vorchristlichen und dem fünften nachchristlichen Jahrhundert Philosophien und Religionen in Indien zu einer Hochblüte gelangen – besonders unter der Gupta-Dynastie in Nordindien (320-500 n.Chr.) – beginnt ab 500 n.Chr. langsam der politische und religiöse Verfall. Dies kann auch durch einige große Denker und Heilige (z.B. Shankaracarya und Ramanuja) nicht aufgehalten werden. Die Hunnen-Einfälle, die das Land bedrohen, werden vom unaufhaltsamen Voranschreiten des Islam abgelöst, der nicht nur den Buddhismus ganz aus Indien verdrängt, sondern bald ganz Nordindien mit Schreckensherrschaft regiert. Im 14. Jahrhundert fallen dann auch noch die Mongolenhorden Dschingis Khans plündernd in die Gangesebene ein. Es verwundert nicht, daß sich der kulturelle und religiöse Schwerpunkt des Hinduismus damals von Nord- nach Südindien verlagerte, und daß man sich unter dem Eindruck der allgemeinen Katastrophenstimmung mehr und mehr im *Kali-Yuga*, dem Zeitalter der zerstörenden Göttin *Kali* wähnte[8]. Den Niedergang des *Dharma*, der kosmischen Ordnung, begleitet nach Ansicht der Inder auch ein Schwinden der Erkenntnisfähigkeit des Menschen, wie sie im Meditationsyoga vorausgesetzt und entfaltet wurde. Der zur Erkenntnis nicht mehr fähi-

---

6   Vgl. Zimmer, a.a.O., S.339-365.

7   In der Praxis spielen dabei kleine Gebete mit Hingabecharakter *(Japa)* eine wichtige Rolle.

8   Es ist dies die letzte von vier Perioden des sich ständig wiederholenden kosmischen Zyklus. Sie ist gekennzeichnet von einem vollständigen Zerfall der kosmischen Ordnung *(Dharma)*, der mit dem Untergang der Welt endet.

ge Mensch muß von den noch verfügbaren Mitteln ausgehen: seinem Körper, seiner Sexualität und dem Ritus. Metaphysische Spekulationen und ethische Normen sind dabei eher hinderlich. In diese Zeit fällt das Aufkommen der tantrischen Yogavarianten, die ab dem sechsten nachchristlichen Jahrhundert die Gestalt einer panindischen »Mode« annehmen.

Während der Buddhismus an die nördlichen Grenzen des Reiches gedrängt wird und dort assamesische, birmesische und tibetanische Elemente assimiliert, kommt der Hinduismus nach vielen Jahrhunderten wieder in Tuchfühlung mit den religiösen Traditionen der Urbevölkerung auf dem Dekkan, dem zentralindischen Hochland, wo die Muttergottheit seit altersher eine wichtige Rolle spielt. Zum ersten Mal nimmt die Muttergottheit in den hinduistischen Religionen den Vorrang ein. Jede Frau wird zur Inkarnation der *Shakti*, der kreativen Energie Gottes. Dies blieb nicht ohne Auswirkungen auf den Yoga.

Besonders im *Shivaismus*, der im Gegensatz zum *Bhakti-Weg* der *Vishnuiten* die klassische Yoga-Tradition fortführt, spielt die *Shakti* als weiblicher Gegenpart Gottes und dynamisches Prinzip des die statische Energie verkörpernden *Shiva* eine zentrale Rolle. Hier liegen die Wurzeln des *Kundalini-Yoga*. Wenn der Körper einschließlich der »Subtil-Physiologie«[9] durch die yogischen Methoden gereinigt ist, steigt die als *Kundalini*-Kraft bezeichnete, an der Wurzel der Wirbelsäule ruhende dynamische *Shakti*-Energie auf und vereinigt sich mit der statischen, männlichen Energie, deren Sitz am Scheitel des Menschen lokalisiert wird. Es kommt zu einer Transformation des Individuums, die mit einer Überwindung von Zeit und Raum einhergeht.

Auch der *Hathayoga*, also die körperlichen Praktiken, die im Westen vorwiegend mit Yoga assoziiert werden, wurzelt im Transformationsgedanken. Er vollzieht sich in mehreren Stufen: Zunächst wird durch Körper- und Atemübungen und durch verschiedene Reinigungsübungen der menschliche Körper vervollkommnet. – Meist wird der *Hathayoga* im Abendland bis zu dieser Stufe gelehrt. – Der echte *Hathayogin* geht jedoch viel weiter. Er lernt, die Energien in seinem durch Übung optimierten Körper bewußt zu steuern. Ziel ist die Einung der

---

9 Unter Subtil-Physiologie versteht man den Energiekörper bzw. den feinstofflichen Körper des Menschen. Ähnlich wie die chinesische Medizin, kennen auch die Inder »Energiebahnen« im menschlichen Körper, die man zwar erfahren, jedoch nicht anatomisch nachweisen kann. Wenn die Energie nicht frei fließen kann, wird auch der grobstoffliche Körper krank. Die östliche Medizin setzt daher mit ihren Behandlungsmethoden am feinstofflichen Körper an.

Gegensätze, die erreicht ist, wenn männliche und weibliche Energien sich miteinander verbunden haben. So überwindet der Erleuchtete Raum und Zeit, d.h. er transzendiert den Kosmos. Dem korrespondieren auf der mythologischen Ebene die vielfältigen Darstellungen der geschlechtlichen Vereinigung von *Shiva* und *Shakti* in den südindischen Tempeln. Sie sind als Symbol für die vollkommene Harmonie zu verstehen, die durch den Ausgleich der Gegensätze, d.h. durch die Vereinigung der beiden Urkräfte zustandekommt.

Die rituellen und sexuellen Praktiken des *Tantrismus*[10], wie sie vor allem im nördlichen Buddhismus, aber auch im Hinduismus, entwickelt wurden, haben dasselbe Ziel. Die tantrische Meditation baut auf einer Konzentrationstechnik auf, bei der sich der Adept Schritt für Schritt mit einer hilfreichen Gottheit identifiziert. Der Mensch soll eine Gottheit anbeten, indem er selbst zur Gottheit wird.

Es wird einsichtig, weshalb der menschliche Körper im *Tantrismus* und im *Hathayoga* eine derart wichtige Position innehat: Der Körper wird zum Werkzeug, um den Tod zu überwinden. Die Bemeisterung des Körpers bzw. seine Transformation in einen »göttlichen Körper« setzt eine gute Kenntnis der groben und subtilen Physiologie voraus. Darum spielt das Wissen von den Organen und ihren Funktionen in den Texten des *Hathayoga* eine ebenso wichtige Rolle, wie der Einblick in die *Chakras* und das System der *Nadis*, der Energiebahnen im menschlichen Körper. Wenngleich die Verfasser der mittelalterlichen Yogaliteratur auch auf bereits bekannte Techniken und Kenntnisse zurückgreifen, so begegnet in der Systematisierung und in der Geisteshaltung, die durch die Texte durchscheint, doch etwas Neues: Aus älteren Texten kann man schließen, daß die *Chakras* in der indischen Tradition bekannt waren; die Texte des *Hathayoga* verlagern jedoch den Schwerpunkt von einem geistigen Yoga hin zum technischen. Zum ersten Mal werden genaue systematische Abhandlungen über die Subtil-Physiologie verfaßt. Besonders in den tantrischen Yogaformen spielt der *Guru*, der geistige Führer, eine überragende Rolle.

Im 15. und 16. Jahrhundert scheitern mehrere Versuche, Islam und Hinduismus zu verbinden (Kabir, Guru Nanak, Akbar). Für den Hinduismus beginnt die Hochzeit der *Bhakti*-Frömmigkeit mit Heiligen

---

10 Der Ethnologe und Philosoph M. Eliade hat sich eingehend mit dem Tantrismus und seinem Einfluß auf den Yoga beschäftigt. Sein Buch darf als eines der Standardwerke des Yoga gelten. Vgl. Mircea Eliade, Yoga. Unsterblichkeit und Freiheit, Frankfurt a. M. 1977, bes. S.208ff.

wie Ramananda und Chaitanya. Der *Bhakti-Yoga*, der Yoga der liebenden Hingabe an Gott, wird zusehends zum Weg der Massen.

Im 19. Jahrhundert erfährt der Hinduismus wesentliche Anstöße durch die Begegnung mit dem Christentum. Mission, politische und ethisch-soziale Themen bestimmen die große neohinduistische Reformbewegung, die seit Vivekananda, dem großen Boten des Hinduismus im Westen, auch auf das Abendland übergreifen und den Yoga zum indischen »Exportartikel Nummer Eins« machen[11].

Seit den frühen 60er Jahren gibt es in Indien christliche Klöster *(Ashrams)*, die versuchen, den Yoga in die christliche Lebenspraxis zu integrieren[12].

Zusammenfassung

Der kurze historische Überblick macht deutlich, wie vielfältig die Facetten des Yoga sind. Während der Yoga nach Patanjali – auch *Raja-Yoga* (der königliche Yoga) genannt – den Menschen über die Meditation zur Kenntnis seines wahren Wesens führen will, legt der *Karma-Yoga* das Schwergewicht auf das selbstlose Handeln in dieser Welt. Der *Bhakti-Yoga* betont den Weg der liebenden Hingabe an Gott. In den mittelalterlichen Yogaformen wie *Tantra-, Kundalini- , Hatha-* und *Kriya-Yoga* liegt das Schwergewicht auf körperlichen Praktiken, Atem- und Reinigungsübungen. Besonders bei letzteren könnte der Eindruck von Selbsterlösung entstehen. Die letztgenannten Yogaformen haben im Westen weite Verbreitung gefunden.

Es liegt auf der Hand, daß sich nicht alle Yogavarianten gleichermaßen dazu eignen, Eingang in die christliche Spiritualität zu finden. Die vornehmlich *guru-* und körperorientierten Formen werfen dabei mehr Probleme auf als der *Bhakti-*, der *Karma-* oder der *Raja-Yoga*.

Der *Raja-Yoga*, um den es in diesem Buch vor allem geht, bietet sich mehr als andere Yogaformen an, die spirituelle Praxis der Christen zu bereichern. Es wird klar werden, daß es sich hier um einen sorgfältig und folgerichtig aufgebauten Lehrpfad handelt, der zeitlose Gültigkeit beanspruchen darf. Dies gilt vor allem dort, wo er bei der Analyse der menschlichen Psyche und der conditio humana ansetzt.

---

11 Otto Wolff hat den Rezeptionsprozeß indischen Gedankengutes anschaulich in seinem Buch »Christus unter den Hindus« (Gütersloh 1965) dargestellt.

12 Der vom französischen Benediktiner Henry Le Saux gegründete Shantivanam Ashram in Südindien spielt hier eine wichtige Rolle.

B. Die Stellung des Yoga in der indischen Gesellschaft

Viele Abendländer, die Yoga praktizieren, wissen nur wenig über den religiösen und gesellschaftlichen Kontext des Yoga in seinem Ursprungsland. Ein solches Wissen ist jedoch nötig, zumal wenn man die östliche Praxis sinnvoll im Westen integrieren will.

Für den Inder gibt es drei Komponenten, die seine Position in dieser Welt bestimmen: den *Ashrama-Dharma*, das sind die Pflichten, die er in Abhängigkeit von seinem Alter zu erfüllen hat, die vier Lebensziele *(Purushartha)* und die Zugehörigkeit zu einer Kaste *(Varna)*[1].

1. Die altersabhängigen Verpflichtungen

Der *Ashrama-Dharma* beschreibt die unterschiedlichen Pflichten, die der Mensch in Abhängigkeit von seinem jeweiligen Alter *(Ashrama)* zu erfüllen hat. Bevor ein junger Mensch in den *Grihastha Ashrama*, den Stand der Ehe bzw. des Familienvaters tritt, muß er sich mehrere Jahre lang im sogenannten *Brahmacarya Ashrama* unter Leitung eines *Guru* geistig auf die Anforderungen des Lebens vorbereiten. Wenn die eigenen Kinder alt genug sind, um selbst für ihren Lebensunterhalt zu sorgen, ziehen sich die Eltern im Stadium des *Vanaprastha Ashrama* vom Berufsleben und den häuslichen Pflichten in die Einsamkeit des Waldes zurück und widmen sich wieder mehr dem spirituellen Leben. Im letzten Lebensstadium, dem *Samnyasa*, verzichtet der Mensch endgültig auf alle irdischen Güter, ja sogar auf seinen Lebenspartner und ein Dach über dem Kopf, um als wandernder Bettelmönch in den Zustand der Befreiung *(Moksha)* einzugehen. Das letzte Lebensstadium gilt als die angemessene Zeit für den Yoga.

Yoga darf also im klassischen indischen Verständnis nicht vorzeitige Weltflucht sein. Die Pflichten des Menschen in der Welt gehen vor. Dieses Ideal bleibt bestehen, obschon inzwischen auch viele jüngere Hindus das Mönchsgewand anlegen.

---

1 Vgl. Zimmer, a.a.O., S.146-154.

2. Die Lehre von den vier Lebenszielen

Die Lehre von den Lebensaltern hängt eng zusammen mit der *Purush-artha*-Doktrin, der Lehre von den vier Lebenszielen[2]. Das sind: *Kama* (sinnliche Freuden, wie sie in Kunst, Musik, Literatur und Sexualität erlebt werden), *Artha* (Wohlstand und weltliche Macht), *Dharma* (das kosmische Gesetz, das ein Regulativ hinsichtlich *Kama* und *Artha* darstellt) und schließlich *Moksha*, das Streben nach Transzendenz und absoluter Freiheit, das die übrigen drei (empirischen) Lebensziele übersteigt. In der Lehre von den *Ashrama-Dharma* und den *Purushartha* wird das typisch hinduistische Prinzip von der »progressiven Realisation des Geistes« deutlich: Um als *Samnyasin* sich dem Yoga widmen und um *Moksha* erlangen zu können, hat der Mensch zuvor den drei großen ethischen Verpflichtungen *(Rina)* nachzukommen: Gemäß der ersten, während des *Brahmacarya Ashrama* erfüllt der junge Mensch durch das Studium des *Veda* seine Pflicht *(Rishi-Rina)* gegenüber den *Rishis*, den vedischen Sehern, durch die sich die Wahrheit geoffenbart hat. Während dem *Grihastha Ashrama* genügt der Mensch den Verpflichtungen gegenüber den Vorfahren *(Pitr-Rina)*, indem er für den Fortbestand seiner Familie, seines Volkes und damit der menschlichen Rasse im allgemeinen sorgt. Im *Vanaprastha Ashrama* kommt er in Gebet und Opfer den Forderungen der Gottheiten nach *(Deva-Rina)*.

Jedes Lebensalter gilt dem Hindu als Übungsfeld für seine spirituelle Entwicklung bzw. für die Suche nach dem Selbst. In diesem Sinne dient der *Brahmacarya Ashrama* dazu, den jungen Menschen zu befähigen, die vielfältigen Anforderungen, die *Kama* und *Artha* während des *Grihastha Ashrama* an ihn stellen, in Einklang mit dem *Dharma* zu erfüllen. Nur wer gelernt hat, mit *Kama* und *Artha* innerhalb der vom *Dharma* gesetzten Grenzen umzugehen, besitzt die innere Freiheit, sinnlichen Freuden, Wohlstand und weltlicher Macht endgültig zu entsagen, d.h. auf diejenigen Dinge zu verzichten, welchen während der Periode des *Grahastha Ashrama* eine durchwegs wichtige und positive Funktion zugeschrieben wird. Dann erst kann er sich im *Vanaprastha Ashrama* durch Gebet, Askese, Opfer oder Yoga auf das Leben des Wandermönches vorbereiten, das zur Erlösung führt.

Wenn sich ein Mensch dann dem spirituellen Leben und dem Yoga ganz widmen möchte, legt er seine weltliche Kleidung ab und nimmt

---

2   Ebd., S.44-50.

das safranrote Gewand (*Diksha*) der indischen Mönche von seinem *Guru* an. Damit wird er quasi ein von allen Kastenzwängen freier Kastenloser, d.h. jemand, der innerhalb der menschlichen Gesellschaft keinen festen Platz mehr hat. Bei der Initiationszeremonie wird wie bei den Totenriten die Katha Upanishad rezitiert. Das safranrote Gewand soll an die in Indien übliche Leichenverbrennung erinnern[3]. Der Mönch hat damit quasi seinen physischen Tod bereits im Leben vorweggenommen. Er ist »der Welt abgestorben«. Folgerichtig wird ein Mönch nach seinem physischen Tod nicht mehr verbrannt, sondern bestattet oder dem Fluß übergeben.

Wer mit offenen Augen durch Indien geht, dem stellt sich die Frage, inwieweit Momente der Weltflucht und des Heils-Egoismus hinter den asketischen Praktiken stehen. Eine erste Antwort deutet sich in folgendem Sachverhalt an: Der in Indien omnipräsente *Samnyasin* hat zwar der Welt entsagt, erfüllt aber trotzdem in der indischen Gesellschaft eine nicht zu unterschätzende Rolle: Als Wanderer zwischen Erde und Himmel gibt er seinem Volk ein lebendiges Zeugnis von dem, was den Menschen in seiner tiefsten Tiefe ausmacht und wozu er berufen ist.

3. Das Kastenwesen

Ein wichtiger Faktor im Leben der Hindus ist der *Varna-Dharma*, d.h. die Kastenethik. Vergleichbar dem Lehr-, Wehr- und Nährstand bei Platon gliedert sich die indische Gesellschaft nach einem funktionalen Schema: Die Priester *(Brahmanen)*, die Krieger *(Kshatriyas)*, die Kaufleute und Bauern *(Vaishyas)* und die dienstleistenden Berufe *(Shudras)*. Die *Brahmanen* sind im ursprünglichen Sinne jene Mitglieder der Gesellschaft, die sich durch Weisheit, Wissen und die Fähigkeit zu lehren auszeichnen. Es ist eine verbreitete Ansicht bei den Hindus, daß man mit günstigem *Karman* als *Brahmane* wiedergeboren wird und so die Möglichkeit hat, sich dem Yoga und dem Studium der Schriften des befreienden Wissens zu widmen. Die *Kshatriyas*, die Angehörigen der Kriegerkaste, sollen mit Mut und Stärke der Gesellschaft Schutz und Sicherheit bieten. Kaufleute und Bauern *(Vaishyas)* sorgen für die wirtschaftliche Lebensgrundlage des Staates. Die

---

3 Die feuerrote Farbe des Mönchsgewandes ist zugleich auch ein Symbol für die spirituelle Glut des Asketen.

Dienstleistungen obliegen den *Shudras*. Durch das harmonische Zusammenspiel aller ist das Gemeinwohl gewährleistet[4].

Es kann hier nicht näher darauf eingegangen werden, weshalb sich aus dem ursprünglichen hohen Ideal einer »komplementären Gemeinschaft«, die auf Zusammenarbeit durch Ergänzung basiert, das rassistische, sozial diskriminierende System der *Jatis*, d.h. der über 3000 Unterkasten entwickeln konnte, gegen das Mahatma Gandhi so vehement zu Felde zog und das noch heute das Gesicht Indiens prägt. Es liegt sogar die Vermutung nahe, daß diese staatsphilosophische Konzeption von den arischen Eroberern gefördert wurde, um ihre Vormachtstellung ideologisch zu untermauern.

Zusammenfassung und Schlußfolgerung

Aus dem vorher Gesagten wird klar, daß Yoga einen bestimmten Platz im Gesamtkontext der hinduistischen Religion und der indischen Gesellschaft einnimmt, und daß er in seinem Ursprungsland nicht als Mittel zur voreiligen Weltflucht verstanden wird. Wer seine Pflichten in der Welt nicht gewissenhaft erfüllt hat, für den ist streng genommen die Zeit des Yoga noch nicht gekommen. Das muß man wissen, wenn man im Abendland, dessen gesellschaftliche Strukturen sich von denjenigen Indiens wesentlich unterscheiden, die Übername yogischer Praktiken erwägt. Eine zeitgemäße, auch dem christlichen Ideal entsprechende Folgerung könnte sein, die Techniken der Introspektion und Meditation des Yoga zu nutzen, um dem abendländischen Menschen einen Weg aus der Hast und Konfusion des Alltags in die Tiefe zu weisen, einen Weg zu sich selbst bzw. zu Gott. Die Kontemplation darf jedoch nicht Endziel sein, sondern sie sollte wieder hinführen zu konkretem Handeln in dieser Welt. Um es auf zwei kurze Formeln zu bringen: »Kontemplation und Aktion«, oder »Leben und Handeln aus der Tiefe.«

---

4 Vgl. Gesetzbuch des Manu, II,236: »Wissenserwerb ist die heilige Pflicht des Brahmanen. Der Schutz der Schwachen ist die Aufgabe des Kshatriya. Die Sorge um das materielle Wohl seines Volkes ist die Verpflichtung des Vaishya. Wer von Natur aus keine dieser Fähigkeiten besitzt, hat als Shudra diesen Dreien zu dienen.«

C. Ein Ausflug in die indische Philosophie

1. Die drei Qualitäten der Materie (Gunas) [1]

Der Mensch in seiner psychophysischen Konstitution unterliegt vielfältigen Rhythmen. Nicht nur die Frau hat ihren Zyklus, auch der Mann ist einem Biorhythmus unterworfen. Rhythmen erstrecken sich sowohl über kleine als auch über längere Zeiteinheiten. Sie bestimmen den Lauf des Tages, den Zyklus des Mondes, die Jahreszeiten und lassen sich sogar während eines gesamten Menschenlebens feststellen. Wer einen spirituellen Weg geht, tut gut daran, diese Rhythmen bei sich selbst zu beobachten und zu nutzen. So kann er Überforderungen oder Unterforderungen vermeiden. Wer stets gegen die eigenen Rhythmen lebt, dessen Körper und Seele geraten aus dem Gleichgewicht.

Die indische Philosophie und die aus ihr abgeleiteten, erfahrungsorientierten spirituellen Systeme messen der Erforschung und Beschreibung dieser Rhythmen einen wichtigen Stellenwert bei. Während die Veden die Erfahrung der äußeren Welt, d.h. der Natur betonen und nach dem suchen, was hinter all den wechselnden Phänomenen des kosmischen Geschehens steht, um schließlich das *Brahman* zu entdecken, machen sich die Seher der *Upanishaden* auf den Weg nach Innen und stoßen dabei auf den unvergänglichen *Atman*, das wahre Selbst als Kern des Menschen. In den Jahrhunderten um Christi Geburt wurden die sechs philosophischen Systeme Indiens formuliert, in denen sich das Denken sowohl der Veden als auch der Upanishaden widerspiegelt. Es war die *Samkhya*-Philosophie, die sich in ihrer *Guna*-Lehre eingehend mit den oben beschriebenen Rhythmen bzw. mit den drei ständig wechselnden Grundqualitäten der Materie beschäftigt. Bis heute ist die Ontologie und Kosmologie dieser Philosophie in Indien bestimmend geblieben. Es ist unerläßlich, sie zu kennen, denn die Yoga-Techniken sind nur von hier aus wirklich zu verstehen. Die *Guna*-Theorie gehört mit zu den wichtigsten Grundlagen für das Verständnis der indischen Spiritualität überhaupt.

---

1   Vgl. Zimmer, a.a.O., S.268f.

Die *Samkhya*-Philosophie, die im nächsten Kapitel systematisch entfaltet werden soll, geht von folgender menschlichen Erfahrung aus: Alles, was in der Welt existiert, besteht nur in Polaritäten. Tag und Nacht, heiß und kalt, männlich und weiblich u.s.w. Alles unterliegt der ständigen Veränderung. Es ist ein ewiges Werden und Vergehen. Ausgehend von dieser Erkenntnis machten sich die indischen Weisen auf die Suche nach dem, was nicht der Veränderung unterliegt. Dies, das Ewige, Absolute beschreibt die *Samkhya*-Philosophie als »*Purusha*«, das Kernwesen des Menschen[2].

So entwickelte sich ein – auf den ersten Blick – dualistisches System, das zwischen Geist *(Purusha)* und Materie *(Prakriti)* unterschied. Diese Unterscheidung nehmen die meisten indischen Heilswege jedoch eher als »Arbeitshypothese« an, ganz einfach weil sie sich in der Praxis als hilfreich erwiesen hat[3]. Sie gibt eine Erklärung für den als leidvoll erfahrenen Zustand, in dem sich der Mensch völlig mit der sichtbaren Welt identifiziert und sein wahres Wesen verkennt. Aufbauend auf die Existenzanalyse der *Samkhya*-Philosophie will der Yoga einen Weg aus dem Dilemma weisen.

Während der Geist ewiges, unwandelbares, reines Bewußtsein ohne Eigenschaften ist, unterliegt die – stets unbewußte – Materie einem beständigen Wandel. Was letztere anbetrifft, unterscheidet die indische Philosophie nochmals zwischen »grobem« (die Elemente, Körper etc.) und »feinem« Stoff. Auf der Ebene des feinstofflichen Substrates spielen sich unsere psychischen Vorgänge ab. Auch das, was die Inder als Energiekörper bezeichnen – ihm kommt im Zusammenhang mit den *Pranayamas*, den yogischen Atemtechniken eine wichtige Bedeutung zu – gehört dieser Ebene an. Der feinste Teil dieses feinstofflichen Körpers, *Buddhi*[4], das innere Erleben bzw. die Einsicht, ruht auf

---

2 Die vedantische Philosophie nennt es *Atman* bzw. *Brahman*.

3 Letztlich überwindet die *Advaita*-Philosophie den Dualismus der *Samkhya*-Philosophie, indem sie Geist und Materie als die beiden Seiten ein und desselben Blattes, des *Brahman*, erkennt.

4 Ich vermeide es hier, *Buddhi* mit »Intellekt« zu übersetzen, da dieser Begriff heute im allgemeinen Sprachgebrauch degeneriert ist und häufig mit »Ratio« verwechselt wird. Versteht man »Intellekt« jedoch im ursprünglichen Sinn als »*intus legere*«, d.h. als ein inneres Vernehmen bzw. ein »In-den-Dingen-Lesen«, so kommt man der indischen Auffassung von *Buddhi* schon bedeutend näher. Was die indische Philosophie als *Buddhi* bezeichnet, findet eine Analogie in dem »Seelengrund« des heiligen Augustinus. Für den großen Kirchenlehrer ist dieser Seelengrund die tiefste Schicht des Menschen. Hier berühren sich Gott und Mensch. Von hier aus erfährt die Seele und schließlich der gesamte Mensch die Erleuchtung von Gott her *(Illumination)*.

dem *Purusha*, der letzten bleibenden Wirklichkeit, die durch den *Buddhi* in das menschliche Wesen hineinstrahlt und ihm einen Blick auf seine wahre Identität gewährt[5].

Die Materie – und damit auch der feinstoffliche Körper, d.h. auch die psychischen Vorgänge – unterliegt dem unausweichlichen Gesetz der drei *Gunas*: *Rajas*, *Tamas* und *Sattva*. Sie verursachen den beständigen Wandel in der Natur und im psychophysischen Substrat des Menschen[6].

Rajas bewirkt das Entstehen und das Wachsen; es ist das Unruhige, Vorwärtsstrebende, Energetische, aber auch das Zornesmütige und Gewaltsame.

Tamas bestimmt all das, was Energie nimmt, müde, schlapp und depressiv macht. Es ist das düstere Element, das den Menschen nach »unten« zieht. Es herrscht vor allem in der grobstofflichen Welt vor und drängt den Menschen immer mehr hinein in den Teufelskreis von Unwissenheit und falschen Identifikationen mit der Welt.

Sattva steht für das Ausgeglichene, das Gleichgewicht, das Freundliche, Leichte, Lichte und das Helle.

Diese Eigenschaften sind im gesamten materiellen Bereich wirksam. Ein reifender Apfel hat z.B. die Eigenschaft von *Rajas*; wenn er ausgereift ist, herrscht *Sattva* vor, und wenn er verfault, ist *Tamas* am Wirken.

Die Eigenschaften der Gunas und ihre Wirkungen auf den menschlichen Geist lassen sich mit folgendem Bild illustrieren:

Im Zustand von *Tamas* gleicht unser Geist einem trüben, schmutzigen Wasser, das keinen Blick auf den Grund erlaubt.

Herrscht *Rajas* vor, so ist der Geist unruhig, wie ein vom Sturm gepeitschtes Wasser.

Ein Geist in *sattvischer* Verfassung ähnelt einem klaren, stillen Bergsee, dessen Grund in allen Einzelheiten erkennbar ist.

---

5 Im Anhang 2 ist in einem Schema die Weltsicht der Samkhya-Philosophie dargestellt.

6 Wenn im folgenden immer wieder vom »psychophysischen Substrat« des Menschen die Rede sein wird, das der Yoga optimieren will, so ist dabei stets die Einheit von feinstofflichem und grobstofflichem Körper des Menschen gemeint.

Ein Text aus der *Bhagavadgita* erläutert eindrucksvoll die Guna-Theorie und stellt eine Beziehung her zu der in Indien geläufigen Lehre von der Reinkarnation[7]:

>»Sattva, Rajas, Tamas – dies sind die aus der Prakriti hervorgegangenen Gunas, o Starkarmiger. Sie binden den unvergänglichen Bewohner des Leibes an den Körper. Unter diesen Gunas ist Sattva wegen seiner Makellosigkeit strahlend und leidlos, aber es bindet durch Hängen am Glück und durch Hängen am Wissen, o Sündloser! Rajas, wisse, ist das Wesen der Leidenschaft; es erzeugt den Durst und das Anhaften. Es bindet den Verkörperten durch das Hängen am Werk, o Sohn der Kunti. Tamas, wisse, ist aus dem Nichtwissen entstanden und verblendet alle Verkörperten. Es bindet durch Sinnenrausch, Faulheit und Schlaf, o Bharata. Sattva bindet an das Glück, Rajas an das Handeln, o Bharata; Tamas jedoch verhüllt das Wissen und bindet an den Rausch der Sinne und der Sorglosigkeit. Sattva wird vorherrschend, o Bharata, wenn es Rajas und Tamas überwältigt; ebenso Rajas, wenn es Sattva und Tamas überwältigt und desgleichen Tamas, wenn es Sattva und Rajas überwältigt. Wenn in allen (Sinnes-) Toren in diesem Körper das Licht des Wissens aufleuchtet, dann hat, so wisse man, Sattva zugenommen. Begierde, Tatendrang, Unternehmen von Taten, Unruhe, Verlangen – diese entstehen, wenn Rajas zunimmt, o Bester der Bharatas. Finsternis (des Geistes), Untä-

---

7   Es geht hier nicht darum, diese Lehre zu vertreten oder zu diskutieren. Da sie für das Verständnis des Yoga im indischen Kontext wichtig ist, darf sie jedoch nicht unerwähnt bleiben. Der Christ kann sich ohne weiteres von der *Guna*-Lehre und vom Yoga überhaupt inspirieren lassen und konkrete Hilfen für sein geistliches Leben erhalten, ohne die Lehre von der Reinkarnation mitzuübernehmen, die in dem Zitat aus der *Gita* anklingt. Man muß jedoch den zeitlosen spirituellen Gehalt der *Guna*-Lehre von dem kultur- und religionsgeschichtlich geprägten Hintergrund unterscheiden: Während die Hindus die Meinung vertreten, daß der Mensch je nach dem bei seinem Tode vorherrschenden *Guna* wiedergeboren werden muß, hat die katholische Theologie die Lehre vom Fegefeuer entwickelt, nach der diejenigen, welche in ihrem diesseitigen Leben zu keiner klaren Entscheidung für Gott gelangt sind, sich einem Reinigungsprozeß unterziehen müssen. Die beiden Positionen haben jedoch etwas gemeinsam: Beide nehmen an, daß nur in dem Leben, das der Mensch auf dieser Erde hat, eine grundlegende, den ganzen Menschen verändernde Entscheidung getroffen werden kann. Sie ist verbunden mit einem neuen Welt- und Selbstverständnis. Der Hindu wie der Christ wird sich, ausgehend von dieser Erfahrung, nicht mehr vollständig mit der Welt und ihren durch die *Gunas* geprägten Gesetzmäßigkeiten identifizieren. Der große Theologe Karl Rahner wagt sogar die vorsichtige Frage, ob unter diesem Gesichtspunkt für eine "gemäßigte Seelenwanderungslehre nicht doch auch innerhalb der christlichen Dogmatik von der Fegfeuerlehre her ein Platz frei wäre." Vgl. Karl Rahner, Schriften zur Theologie Bd. 14, Zürich-Einsiedeln-Köln 1980, S.447-449 (S.448).

tigkeit, Berauschtheit und Verblendung – diese entstehen, wenn Tamas zunimmt, o Sprößling des Kuru. Wenn der Bewohner des Leibes bei vorherrschendem Sattva zur Auflösung geht, dann gelangt er in die makellosen (Himmels-)Welten derer, die um das Höchste wissen. In Rajas zur Auflösung gelangt, wird er (in der Menschenwelt) unter den am Werk Haftenden wiedergeboren; in Tamas dahingegangen, wird er (in der Tier- und Unterwelt) in dumpfen Mutterschößen wiedergeboren. Die Frucht guter Handlung, sagt man, ist Sattvika und makellos; die Frucht des Rajas aber ist Leid; die Frucht des Tamas ist Unwissenheit. Aus Sattva entsteht Wissen, aus Rajas nur Begierde; aus Tamas entstehen Berauschtheit, Verblendung und Unwissenheit. Nach oben (in die Himmelswelt) gehen die in Sattva Stehenden; in der Mitte (in der Menschenwelt) verweilen die Rajasika; die in der Tätigkeit des niedrigsten Guna lebenden Tamasika sinken hinab (in die Tier- und Unterwelt). Wenn der (in rechter Weise) Sehende keinen anderen Täter als die Gunas sieht und (sein eigenes Selbst) erkennt, das jenseits der Gunas ist, gelangt er zu Meinem Sein. Schreitet der Bewohner des Leibes über diese drei Gunas, aus denen der Körper entsteht, hinaus, so wird er von Geburt, Tod, Alter und den Leiden befreit; er erlangt Unsterblichkeit.« (14,5-20)

Das Rad der *Gunas* kommt also nie zum Stillstand. Eines der *Gunas* herrscht jeweils vor. Die Yogatechniken gehen – wie die Aussagen der *Gita* verdeutlichen – davon aus, daß der Mensch nur dann sein wahres, ewiges Selbst erfahren kann, wenn sich sein psychophysisches Substrat im Zustand von *Sattva* befindet, wie es z.B. in der tiefen Meditation der Fall ist. Wenngleich die yogischen Techniken einen *sattvischen* Zustand im Menschen anstreben, muß am Ende auch noch die Identifikation mit *Sattva* überwunden werden, denn auch *Sattva* gehört der unbeständigen Materie an. Es mag dem Yogin zwar länger als dem »Durchschnittsmenschen« gelingen, den *sattvischen* Zustand aufrechtzuerhalten; dennoch wird *Sattva* immer wieder in *Tamas* oder *Rajas* übergehen. Solange der Mensch sich durch sein Ego, das dem feinstofflichen und damit ebenfalls den *Gunas* unterworfenen Bereich zugehört, vollständig mit seinem psychophysischen Substrat identifiziert, ist er dem ewigen Wechsel der *Gunas* völlig ausgeliefert und muß darum immer wieder neu geboren werden. Darum sollen der Körper und die seelischen Vorgänge in einen Zustand der Ausgeglichenheit und des Friedens versetzt werden, in dem der Mensch sein wahres Wesen, den *Purusha* erfährt. Dann durchstrahlt der *Purusha* das psychophysische Substrat des Menschen wie die Sonne einen makellosen Kristall.

Dies versucht der Yoga auf vielerlei Weise herbeizuführen: Die *Asanas* (Körperübungen) und die *Pranayamas* (Atemtechniken) sollen den Körper so weit zur Ruhe bringen, daß er der Meditation nicht mehr im Wege steht.

Ferner hat man die einzelnen Nahrungsmittel in Hinblick auf das jeweils in ihnen vorherrschende *Guna* eingeteilt. So soll der Yogin z.B. »*rajasische*« und »*tamasische*« Nahrung meiden, »*sattvische*« Nahrung hingegen bevorzugen.

Jeder kann die Erfahrung machen, daß z.B. Fisch, Kaffee, Tee, Eier, scharfe Gewürze, Salz, aber auch hastiges Essen etc. die Triebsphäre stark anregen, während Knoblauch, Zwiebeln, Fett, Fleisch, Alkohol, überreife verdorbene und andere schwerverdauliche Nahrung müde und abgeschlagen machen. Darum ist für den Yogaschüler *sattvische* Nahrung von Vorteil. Sie besteht aus Getreide, Sprossen, Vollkornprodukten, Milcherzeugnissen, Obst, Gemüsen, Nüssen, Hülsenfrüchten, Honig und Kräutertees, ist demnach ähnlich aufgebaut wie die sogenannte Vollwertnahrung.

Auch die Tageszeiten sind den *Gunas* unterworfen. Während am Tag *Rajas* vorherrscht, ist die Nacht durch *Tamas* geprägt. Darum soll der Yogin vornehmlich zu den Übergangszeiten von Nacht und Tag bzw. Tag und Nacht meditieren. In Indien nennt man diese Zeiten darum auch die Stunde des *Brahman*. Hier wirkt *Sattva*[8].

Auch die Ethik des Yoga zielt darauf ab, den Menschen in *sattvische* Verfassung zu bringen – insbesondere die alles überragende Forderung nach Gewaltlosigkeit *(Ahimsa)* im Denken, Reden und Tun. Wer in innerem Unfrieden lebt, kann weder meditieren noch – beten. Jesu Forderung, sich mit seinem Bruder zu versöhnen, bevor man sich religiösem Tun zuwendet und die Botschaft von der Gewaltlosigkeit in der Bergpredigt haben die gleiche Zielrichtung.

Auf theoretischer, philosophischer Ebene formuliert Patanjali, der Verfasser des *Yogasutra* das Ziel des Yoga: Der Mensch soll in *sattvische* Verfassung versetzt und somit für die Erleuchtung vorbereitet werden. Dazu muß er lernen, sich (sein Selbst) weder mit der Außen-

---

8   Diese Praxis entspricht übrigens auch den monastischen Gebräuchen im Christentum, wo man die wichtigsten Horen bei Anbruch des Morgens und am Ende des Tages betete.

welt, noch mit seinen seelisch-geistigen Vorgängen zu identifizieren[9], die ja stets dem Kreislauf der *Gunas* unterworfen sind.

Im YS[10] I,2 heißt es (dies ist eine erste Definition von Yoga):

> »Yoga ist das allmähliche Zur-Ruhe-Kommen-Lassen der mentalen Aktivitäten.«[11]

Wenn das Denken und Wollen zur Ruhe gekommen ist, ähnelt der vorher trübe, undurchsichtige *Buddhi* nun einem klaren, spiegelglatten See, in dem sich der ewige Geist, *Purusha*, spiegelt. So erkennt der Schüler plötzlich seine wahre Identität, seinen *Atman*. Diese Erfahrung wirkt sich dann wiederum auf sein Leben in dieser Welt aus: Wer einmal sein wahres Wesen erkannt hat, bindet sich nicht mehr an die Dinge dieser Welt. Er steigt und fällt nicht mehr mit dem ewigen Kreislauf der *Gunas* und kann als Zeuge des Absoluten hier auf Erden weilen und andere begleiten.

a) Christliche Parallelen

Vor allem über das Johannes-Evangelium mit seinem Entscheidungsdualismus lassen sich Analogien zur *Guna*-Doktrin finden. Die Verse 12f. des Johannes-Prologes sind hierfür besonders geeignet:

> »Allen aber, die ihn aufnahmen, gab er die Macht, Kinder Gottes zu werden, allen, die an seinen Namen glauben, die nicht aus dem Blut, nicht aus dem Willen des Fleisches, nicht aus dem Willen des Mannes, sondern aus Gott geboren sind.«

Der »Wille des Blutes« und der »Wille des Fleisches« sind die triebhafte, animalische Natur des Menschen. Diese Natur, die der Yoga mit dem grob-stofflichen Substrat des Menschen, d.h. mit seinem Körper gleichsetzt, unterliegt vor allem *Tamas*. Der »Wille des Mannes« läßt sich mit dem Ego des Menschen in Verbindung bringen, der Ursache für die selbstherrliche Homo-Faber-Mentalität. Hier wirkt nach der Yoga-Lehre vor allem *Rajas*. Die Erfahrung des »aus Gott Geborenseins« macht der Mensch im Zustand von *Sattva*, d.h. wenn er innehält

---

9   Vgl. YS I,3f.

10   Im folgenden verwende ich »YS« als Abkürzung für »*Yogasutra*«.

11   Ein europäisches Pendant zur Lehre von den *Gunas* findet sich bei Adalbert Stifter im Vorwort zu seinen »Bunten Steinen«. Es ist das »Sanfte Gesetz«, in dem der Dichter ausdrückt, was er jeweils auf der physischen und psychischen Ebene »für groß« hält — es ist durchwegs das, was *Sattva* entspricht — und was nicht. Letzteres trägt *tamasische* und vor allem *rajasische* Züge.

und sich weder völlig mit seinem Äußeren, noch mit seinem Ego identifiziert. Hier blickt er auf seinen Seelengrund und entdeckt sein wahres Selbst, das in Gott ruht. Jesus ist der Mensch, der wahre »Sohn«, der, obwohl er wie jeder andere Mensch in dieser, von den drei *Gunas* beherrschten Welt lebte, nie seine wahre Identität verloren hat. In Ihm, in seiner Güte, Liebe, Freundlichkeit und Sanftmut – alles Eigenschaften von *Sattva* – begegnet dem Glaubenden der Ursprung. Wer Christus aufnimmt, d.h. wer sich von Ihm nach seinem Bilde umgestalten läßt, wird falsche Identifikationen ablegen, die ihn daran hindern, sich seines eigentlichen Wesens, seiner Gotteskindschaft, bewußt zu werden. In indischer Terminologie würde dies heißen: Wer Jesus Christus aufnimmt, überwindet sowohl *Tamas*, die Verblendung, als auch *Rajas* – das, was ihn unruhig macht – und gelangt somit in einen *sattvischen* Zustand, in dem erst die Erfahrung des Selbst und die Gottesbegegnung möglich wird.

Auch Johannes zielt auf die »Erkenntnis« ab. Diese Erkenntnis versteht er jedoch nicht im Sinne der Gnosis. Während die Gnosis den Weg der Selbsterlösung durch Wissen beschreitet, spielen im Christentum der Glaube und die Gnade die zentrale Rolle. Wie aus den zitierten Versen des Johannes-Prologes hervorgeht, kommt die Initiative Gottes demjenigen Menschen entgegen, der den Logos bei sich aufnimmt.

Von Seiten der christlichen Theologie kann man einen weiteren Zugang zur *Guna*-Lehre finden: Augustinus weist immer wieder auf die Unbeständigkeit aller materiellen Existenz hin und fordert den Menschen auf: »Prüfe die Wandlungen der Dinge. Du findest immer nur War und Wird.«[12] »Die einzelnen Güter sind und sind nicht. Sie haben keinen Bestand, sondern sie vergehen und fließen dahin.«[13] An anderer Stelle schreibt er:

> »Seht, wie kein Bestehen unseres Leibes ist. Die Kindheit flieht dahin in die Knabenzeit. Du suchst nach der Kindheit und es ist keine Kindheit mehr da, weil schon an die Stelle der Kindheit die Knabenzeit getreten ist. Auch sie wandert in das Jünglingsalter hinüber. Du suchst nach der Knabenzeit und du findest sie nicht. Der Jüngling wird zum Mann. Und du suchst den Jüngling und findest ihn nicht....Nicht also steht je unsere

---

12 Augustinus, Joh. Ev. 38 (10). Der gesamte zehnte Abschnitt des 38. Vortrages über das Johannes-Evangelium handelt von der Unbeständigkeit allen materiellen Seins.
13 Ders., Ps.127 (15).

Lebenszeit still. Überall ist Ermüden, überall Erschlaffen, überall Verwesen.«[14]

Angesichts der erschütternden Erkenntnis der Vergänglichkeit und Unbeständigkeit allen materiellen Seins fordert Augustinus den Menschen auf, das zu suchen, was nicht der Wandlung unterliegt: »Binde dein Herz an die Ewigkeit Gottes, und mit ihm wirst auch du ewig sein.«[15]

Was Christen sicher vom Yoga lernen können, sind konkrete Hilfen, wie der Mensch die *sattvische* Verfassung, d.h. Seelenruhe finden kann, durch die ihm der Blick auf das eröffnet wird, was nicht der Vergänglichkeit unterliegt. Augustinus formuliert diesen Vorgang in dem Satz: »Zuerst gehe von dem was außen ist zurück zu dir selbst.«[16]

Die Erfahrung, die dem Christen im Zustand der ungetrübten Offenheit auf seinen Ursprung hin aufleuchtet, muß dann allerdings von der des Yogin unterschieden werden, obwohl beiden die Versuchung der Selbstvergottung innewohnt, eine Gefahr, die mit der mystischen Erfahrung Gottes im menschlichen Selbst stets einhergeht. Der personalen Gotteserfahrung, wie sie dem echten christlichen Mystiker zuteil wird, steht bei den Hindus häufiger eine eher apersonale »All-Einheitsmystik« gegenüber, in der sich der Yogin entweder ganz verliert oder sich selbst zu Gott erklärt. Wer sich dieses Unterschiedes und der Versuchung des Menschen, »sein zu wollen wie Gott«, bewußt ist, mag getrost und ohne Bedenken yogische Methoden anwenden.

b) Anstöße für die Praxis

Eine sehr große Hilfe für spirituelles Leben kann für den Übenden die Selbstbeobachtung im Lichte der *Guna*-Lehre darstellen. Es gilt zu beobachten, was in einem selbst vorgeht. Wer erst einmal seine Rhythmen kennengelernt hat, kann sich auch befähigen, kreativ mit ihnen umzugehen, und er wird mehr und mehr Vertrauen zu sich selbst gewinnen. Mit der Zeit wird der Übende diese Rhythmen benutzen, ohne sich mit dem jeweiligen Zustand völlig zu identifizieren. So entrinnt er der Sklaverei der Situation, und das eigene, von den *Gunas* völlig unberührte Selbst kommt mehr und mehr zum Tragen.

---

14   Ders., Ps.62 (6).
15   Ders., Ps.91 (8).
16   Ders., Sermo 330,3.

Wer die Bedeutung der Rhythmen erkannt hat, wird versuchen, seinen Tagesplan den tatsächlichen Bedürfnissen von Körper und Seele anzupassen, falls er bemerkt, daß dieser dem eigenen Rhythmus zuwiderläuft. Er wird den Nutzen eines geregelten Tagesablaufes erkennen und versuchen, sich nicht von der Hektik des Alltags treiben zu lassen. Auf diese Weise wird er z.B. die beste Zeit für die Meditation herausfinden und seine guten Vorsätze, regelmäßig zu meditieren, leichter durchhalten. Jemand, der sich bewußt geworden ist, daß er bei Neumond oft einem »Tief« unterliegt, wird gut daran tun, in dieser Zeit seinen Terminkalender nicht zu dicht zu belegen. Gegen den eigenen Rhythmus zu leben kann krank machen. Wer dies weiß, kann dementsprechend manche Krankheiten von vornherein vermeiden.

Ebenso unerläßlich ist es, sich mit der Ernährung zu beschäftigen und mit den Wirkungen, die bestimmte Speisen auf das allgemeine Wohlbefinden, auf die Leistungsfähigkeit und die spirituelle Praxis haben. Auch Fasten kann einen hohen Stellenwert bekommen, zumal man in dieser Zeit an Sensibilität für die eigenen Rhythmen gewinnt.

Die Meditation eignet sich besonders gut dazu, das Wirken der *Gunas* wahrzunehmen. Während man im normalen Tagesablauf die Aktivität der *Gunas* kaum bewußt zur Kenntnis nimmt und somit das Denken und Handeln von ihnen bestimmen läßt, kann man in der Meditation diesen Vorgang wie in einer »Laborsituation« beobachten. Wer meditiert, lernt wahrzunehmen, welches *Guna* gerade bei ihm dominiert, aber er bleibt Beobachter und schreitet nicht sofort zur Handlung. Wenn Gedanken und Gefühle aufsteigen, so wird er sich bemühen, sie einfach nur zu beobachten, ohne sie zu verdrängen. Auf diese Weise wird er zu der Erkenntnis kommen, daß die Dinge und Stimmungen, die sein alltägliches Handeln bestimmen, ebenso gehen, wie sie gekommen sind, und daß »etwas in ihm selbst ist«, das nicht in den Sorgen und Freuden dieser Welt »aufgeht«. Er kann die Erfahrung machen, »*in* dieser Welt, aber nicht *von* dieser Welt« (Joh.17,16) zu sein. Diese Unabhängigkeit wird sich dann auch im Alltag auswirken. Sie kann das Leben verändern.

2. Die Samkhya-Philosophie, philosophische Fundierung des klassischen Yoga [17]

a) Allgemeine Verständnisgrundlagen

Von jeher hat sich der Mensch die Frage nach dem Woher, dem Wohin und dem Sinn seines Daseins gestellt. Es ist der Geist, durch den er sich vor den Tieren auszeichnet, sein Geist, der die Fähigkeiten des Denkens, des Fragens, der Selbstreflexion, des Erkennens und des Wollens einschließt. Verbunden damit ist allerdings ein tragischer Konflikt: Im Gegensatz zu allen übrigen Lebewesen *weiß* der Mensch, daß all seinem Streben und Handeln in dieser Welt Grenzen gesetzt sind und daß er sterben muß, insofern er Materie ist. Darum leidet er. Und er leidet bewußt. Er lebt in der Spannung, einerseits ganz »in dieser Welt« zu sein und andererseits doch stets ein »Fremder auf Erden« zu bleiben. Augustinus, den diese Tragik immer wieder beschäftigt hat, deutet eine christliche Lösung an: »Sterbliches kann mich nicht sättigen. Zeitliches macht mich nicht satt. Ewiges muß Gott mir schenken, Ewiges gewähren: Seine Weisheit, sein Wort...«[18]

Sind Religion und Philosophie nur eine Strategie, um mit dem grausamen Bewußtsein der Vergänglichkeit leben zu können, oder ist tatsächlich etwas im Menschen, das nicht der Vergänglichkeit anheimfällt? In seinem »Buch von der Liebe« versucht Ernesto Cardenal Antwort auf diese Frage zu geben. Der tragische Ausdruck der Suche des Menschen nach Gott äußert sich für ihn als »Suchtphänomen«. Der Mensch, dessen Seele unendlich ist und darum mit Endlichem nicht zufriedengestellt werden kann, sucht häufig am »falschen Ort«:

> »Alle Menschen werden mit einem verwundeten Herzen und mit einem unstillbaren Durst geboren. 'Wie dürres Land lechzt meine Seele Dir entgegen' (Psalm 142). Der Vorgang des Essens und Trinkens wurde vom Schöpfer als materielles Symbol dieses Hungers und Durstes nach Gott eingesetzt. Dieser Durst nach Gott widerspiegelt sich als innere Unruhe auf den Gesichtern aller Menschen, die die Straßen, die Läden, die Kinos und Bars bevölkern. Alle Welt trägt einen Wunsch mit sich, viele

---

17 Eine verständliche Einführung in die *Samkhya-Yoga*-Philosophie gibt Heinrich Zimmer (a.a.O., S.255-299).

18 Augustinus. Ps.102 (10).

Wünsche, eine Unendlichkeit von Wünschen: noch ein Gläs-
chen, noch ein Stück Kuchen, noch ein Blick, noch ein Wort,
noch ein Kuß, noch ein Buch, noch eine Reise. Mehr und
immer mehr. Alle Gesichter verwundet von Unruhe und Wünschen. Aber wir, die wir aus der Sklaverei dieser Wünsche
entronnen sind, fühlen uns wie aus den Konzentrationslagern
der Nazis oder von der Zwangsarbeit in Sibirien befreit. Der
Mensch denkt immer, mit ein wenig mehr hätte er schon
genug, aber immer wünscht er dann doch noch mehr und mehr.
Er denkt, mit einem Häuschen, einem Wagen, einem verständ-
nisvollen Ehepartner und gutgeratenen Kindern wäre er zufrieden, aber dann geht er doch immer wieder mit der gleichen
Unruhe aus dem Haus. Er sucht immer neue Dinge mit immer
gleicher Sucht. Mit immer gleicher Gier kauft er seine Zeitung,
die er dann fortwirft, und immer wird er gleich unbefriedigt
bleiben. Es ist wie eine Krankheit, die ihn zwingt, immer mehr
und mehr zu essen, ohne daß er jemals satt würde. Platon hat
einmal gesagt, der Mensch sei wie ein zerbrochenes Gefäß, das
sich nie füllen läßt. Die Sinne mögen sich an Genüssen überes-
sen, die Seele bleibt doch immer unbefriedigt. Die irdischen
Freuden bleiben an der Peripherie des Körperlichen und drin-
gen nicht bis zur Seele vor. Sie verschlimmern höchstens ihren
Durst, weil sie fühlt, daß der Kelch der Freude nicht einmal bis
an ihre Lippen gelangt ist. Es ist, als ob wir uns mit einer Nahrung sattessen wollten, die nichts hergibt, oder uns mit Wein
betrinken, der nicht trunken macht. Die Nahrung füllt uns
zwar, aber unser innerster Hunger wird nicht gestillt, sondern
eher angefacht. Wir können überdrüssig werden, aber niemals
satt. Und so, wie wir uns von der Tiefe eines Brunnens überzeugen, wenn wir einen Stein hineinwerfen und seinen Auf-
prall nicht mehr hören, so können wir uns von der Tiefe unserer Seele überzeugen, wenn die Dinge in sie hineinfallen und
einfach verschwinden, ohne daß ein Echo nachklingt, ohne daß
wir sie fallen hören. Weil Gott auf dem Grund jeder Seele
wohnt, ist die Seele unendlich und kann mit nichts gefüllt werden als mit Gott... Die Menschen sind mit den Dingen dieser
Erde nie zufrieden, weil sie nicht für sie geschaffen wurden.
Die Tiere befriedigen ihre Notdurft und brauchen nicht mehr.
Sie spüren keinen Durst nach Unendlichkeit in sich und diese
Erde ist ihr Himmel... Unser Sein aber ist entworfen worden,
um Gott zu lieben, um Ihn zu besitzen und Ihn zu genießen,
wie die Makrele entworfen wurde zum Schwimmen und die
Möwe zum Fliegen. Und so wie das Telefon erfunden wurde,

um damit zu telefonieren und nicht zu irgendeinem andern
Zweck, so ist der Mensch auch nicht zum Genießen dieser
Erde, sondern zum Genießen Gottes erschaffen. Und darum
sind wir nur mit Gott glücklich. Obwohl wir Gott nie gesehen
haben, sind wir wie Zugvögel, die an einem fremden Ort geboren, doch eine geheimnisvolle Unruhe empfinden, wenn der
Winter naht, einen Ruf des Blutes, eine Sehnsucht nach der
frühlingshaften Heimat, die sie nie gesehen haben und zu der
sie aufbrechen, ohne zu wissen, wohin.«[19]

Auch die indische Philosophie hat versucht, der existentiellen Gebro-
chenheit und dem Sehnen des Menschen auf den Grund zu gehen. Man
wird dieser Philosophie wohl am ehesten gerecht, wenn man sich zu
Anfang ihr Grundanliegen bewußt macht: Zu Beginn allen indischen
Philosophierens steht nicht die Liebe zur Weisheit (Philosophie), sondern die Liebe zum Sein (Philousie). Die Fragestellung ist demnach
immer eine praktische. Die philosophischen Systeme Indiens versuchen, Antworten auf die eben angesprochenen existentiellen Fragen
des Menschen zu geben.

So ist auch das Interesse der *Samkhya*-Philosophie weniger auf den
Bereich der Metaphysik oder der Theologie gerichtet, als vielmehr auf
die Analyse der Situation, in der sich der Mensch erlebt. Ziel ist es,
dem Suchenden eine »psychologische Kur« zur Heilung seiner existentiellen Leiden zu verschreiben.

Samkhya und *Yoga* bilden eine Einheit[20]. Darum werden die beiden
Systeme in den meisten philosophiegeschichtlichen Abhandlungen gemeinsam beschrieben[21]. Während die *Samkhya*-Philosophie versucht,
aus einer detaillierten psychologischen Analyse heraus ein umfassen-
des Verständnis von Mensch und Welt abzuleiten und so zu einem
theoretischen Erkenntnisweg gelangt, geht es im *Yoga* um die praktischen Konsequenzen dieser Weltsicht. Im *Yogasutra* des Patanjali
wird ein spiritueller Weg vorgestellt, der den Schüler lehrt, den Welt-

---

19 Ernesto Cardenal, Das Buch von der Liebe, Gütersloh 1987, S.49-51.

20 Vgl. *Bhagavadgita* 5,4f: »Denken *(sankhya)* und Andacht *(yoga)* scheiden nur die
Toren, doch die Weisen nicht; ...durch Denken und durch Andacht wird derselbe
Standpunkt doch erreicht. Denken und Andacht sind nur eins, – wer das erkennt, der
hat recht erkannt.« Wenngleich die Gita hier noch nicht unbedingt die Systeme von
Saymkhya und *Yoga* vor Augen hat, so gibt die Aussage der beiden Verse doch einen
deutlichen Hinweis auf die Gemeinsamkeiten von *Samkhya* und *Yoga*.

21 Vgl.Heinrich Zimmer, Philosophie und Religion Indiens, Suhrkamp Tb. Wissenschaft 1973, S.255-299, Surendranath Dasgupta, A History of Indian Philosophy,
Cambridge 1922, S.208-273.

prozeß im Sinne einer projektiven Umkehr bis an seinen Ursprung, den »Ort« der Erfahrung des wahren Selbst zurückzuverfolgen.

Vermutlich leitet sich das Wort *Samkhya* von der Wurzel »*khya*« (nennen, heißen) und dem Präfix »*sam*« (zusammen) her, was soviel bedeutet wie »Aufzählung«, denn dieses System entwickelt eine Methode des Denkens bzw. des Analysierens und Auflistens der Grundkonstitutiva der Welt.

b) Das zentrale Anliegen des klassischen *Samkhya*

Bei dieser Analyse der conditio humana geht die *Samkhya*-Philosophie ähnlich wie Buddha von der Frage nach der Ursache des menschlichen Leides *(Duhkha)* aus. Da sie den Menschen als seinem wahren Selbst entfremdet erkennt, forscht sie gründlich nach den Ursachen dieser Entfremdung und zeigt einen Erkenntnisweg zur Überwindung des leidvollen Zustandes auf: Das Leid entsteht durch falsche Identifikationen mit den sich stets wandelnden Dingen der äußeren Welt und durch das Anhaften an den Sinnesobjekten. Der Erlösungsweg führt dementsprechend über die Nicht-Identifikation.

Ausgehend von dieser Grundannahme lehrt die klassische *Samkhya*-Philosophie einen metaphysischen Dualismus, der zwischen zwei Prinzipien unterschiedlichen Ursprungs unterscheidet: Der ungeistigen, unbewußten, aber dynamischen Urnatur *(Prakriti)* steht eine Vielheit rein geistiger, bewußter, individueller, unstofflicher, physisch inaktiver Geistmonaden[22] *(Purusha)* gegenüber. Die *Prakriti* bringt sowohl das sichtbare Universum hervor als auch alle psychischen Potenzen wie Denken, Fühlen, Wahrnehmen und Wollen. Die Materie umfaßt daher nach Ansicht der Hindus den »grobstofflichen« Bereich, d.h. das sichtbare, meßbare physikalische Universum und einen »feinstofflichen« Bereich, die Sphäre der Seele bzw. den inneren Menschen. Beide Bereiche unterliegen, insofern sie materiell sind, den Gesetzen der Materie *(Guna* s.o.). Damit geht die *Samkhya*-Philosophie im Gegensatz zum Christentum von einem Modell aus, in dem ein vergänglicher Leib und eine vergängliche Seele dem absoluten Geist gegenüberstehen bzw. ihn zeitweise beherbergen und dabei häufig verbergen. Was der Inder mit Seele *(Jiva)* bezeichnet (es ist der Träger von *Karman*, den Folgen menschlicher Taten), gehört also dem kontingen-

---

22 Geistmonade = letztes, einheitliches, in sich geschlossenes, vollendetes Wesen nichtstofflicher Natur.

ten, dem vergänglichen Bereich an. Wenn der Mensch zur Erkenntnis seines wahren Wesens *(Purusha, Atman)* gelangt ist, und dann kein *Karman* mehr ansammelt, verliert der *Jiva* seine Funktion und löst sich auf. Solange noch *Karman* vorhanden ist, verläßt nach Ansicht der Hindus der *Jiva* beim Tod den grobstofflichen Leib, um in einem anderen Körper wiedergeboren zu werden.

Ausgehend von der Betrachtung der indischen Lehre von der den *Guna*s bzw. der Veränderung unterworfenen *Prakriti* (Materie), die sowohl den grobstofflichen, als auch den feinstofflichen bzw. seelischen Bereich umfaßt, läßt sich ein Vergleich zu Augustinus ziehen. Er beschreibt die Seele ebenfalls als vielfältige Natur:

> »Auch das geistige Geschöpf, wie etwa die Seele, ist zwar im Vergleich zum Körper einfacher, ohne Vergleich aber mit dem Körper vielfältig. Somit ist auch sie nicht einfach, denn deshalb ist sie einfacher als der Körper, weil sie sich nicht nach Art einer stofflichen Masse über einen bestimmten Raum hin ausdehnt, sondern im gesamten Körper ganz und zugleich in jedem seiner Teile ganz ist. Und wenn darum etwas, was die Seele spürt, in einem wenn auch noch so kleinen Teil des Körpers geschieht, so spürt sie es ganz, obgleich es nicht im ganzen Körper geschieht. Aber auch in der Seele ist Kunstfertigsein ein anderes als Trägsein, dies ein anderes als Sichkonzentrieren, ein anderes als die Gedächtniskraft, ein anderes als die Furcht, die Begierde, die Freude oder die Traurigkeit. Und da sowohl das eine ohne das andere, wie das eine mehr, das andere weniger in der Seele sein kann und weil Unzähliges in unzähligen Abstufungen sich in der Natur der Seele finden kann, so ist es offenbar, daß sie nicht eine einfache, sondern eine vielfältige Natur ist.«[23]

Auffallend ist, daß Augustinus hier eine Lehre vertritt, die der eben beschriebenen *Samkhya*-Philosophie sehr ähnelt. Während jedoch letztere – wie gleich gezeigt werden wird – die Lösung der existentiellen Zerrissenheit des Menschen darin sieht, daß dieser sein wahres Wesen, den *Purusha* erkennt, findet die Seele bei Augustinus endgültige Ruhe in Gott, d.h. in der Unio Mystica von Mensch und Gott.

Im Gegensatz zum *Purusha*, dem reinen Geist, der das Kernwesen des Menschen bildet, ist die *Prakriti* ständig dem Werden und Vergehen unterworfen. In der menschlichen Wahrnehmung geht die Geistmo-

---

23 Augustinus, De Trinitate VI,6 (8).

nade eine scheinbare Verbindung mit der Materie ein. So entsteht menschliches Bewußtsein, das immer mehr die wahre Identität des *Purusha* vergißt und falsche Identifikationen aufbaut. Die *Samkhya*-Philosophie illustriert diesen Vorgang mit dem Bild eines klaren, farblosen Kristalls, der die Farbe des Hintergrundes anzunehmen scheint, vor dem man ihn betrachtet. Der zentrale Ort, an dem dann diese Fehlidentifikation des Menschen mit der *Prakriti* stattfindet, ist *Ahamkara* (wörtlich »Ich-Macher«), das reflexive Ich, von dem noch ausführlich die Rede sein wird. Um dieses Ego, das zugleich Enthüller als auch Verhüller der wahren Natur des Menschen ist, geht es beim Yoga: Über den Prozeß des Yoga gelangt die Monade wieder in den Urzustand zurück, den sie im Grunde genommen niemals aufgegeben hat, d.h. sie realisiert ihr eigenes Wesen.

Auch wenn Geist und Materie im Weltprozeß nicht tatsächlich miteinander in Berührung kommen und keinerlei substantielle Veränderung erfahren, hat das Leben in dieser Welt einen tiefen Sinn. Obwohl die Fehlidentifikation von *Purusha* und *Prakriti* im Menschen zu unendlichem Leid und Verstrickungen führt, bietet die Begegnung von Geist und Materie dem *Purusha* die Möglichkeit, am Ende strahlender und seiner selbst sich bewußter zu erscheinen. *Purusha* und *Prakriti* werden mit einem Lahmen und einem Blinden verglichen, die sich in einem großen Wald befinden. Sie benötigen einander, um aus dem Wald herauszukommen. Danach geht jeder seiner Wege.

Diese dualistische Lehre des klassischen *Samkhya* wird in der späteren indischen Philosophie stark abgewandelt: Man übernimmt zwar die Konzepte von *Purusha* und *Prakriti*, von den drei *Gunas* und vor allem die Psychologie des *Samkhya*-Systems, denn sie eignen sich hervorragend, die menschliche Erfahrung der Entfremdung begrifflich zu fassen und zu deuten. Letztlich wird jedoch der Dualismus überwunden, indem man sowohl Materie als auch Geistmonaden aus Gott bzw. aus dem allgemeinen Urgrund *(Brahman)* hervorgehen läßt.

c) Der Evolutionsprozeß in der Samkhya-Philosophie[24]

Der Evolutionsprozeß der *Prakriti (Tattva-Parinama)* umfaßt mit seinen 23 Gliedern *(Tattva)* sowohl die Grundelemente des sichtbaren Kosmos als auch die psychologischen Prinzipien. Dreizehn dieser

---

24 Schematische Darstellung siehe Anhang II. Vgl. auch Zimmer, a.a.O., S.294-297.

Glieder sind die Grundlage der feinstofflichen Welt bzw. der inneren Wahrnehmung, des Wollens, Fühlens, des Erinnerns und des Denkens im Menschen. Das Bindeglied zwischen dieser feinstofflichen und der grobstofflichen äußeren Welt, die sich aus den fünf Elementen Erde, Wasser, Feuer, Luft und Äther zusammensetzt, bilden fünf feinstoffliche Elemente *(Tanmatra)*. Letztere lassen sich als Qualitäten von Erde, Wasser, Feuer etc. beschreiben.

Der Entwicklungsprozeß von Mensch und Kosmos führt von der unmanifesten Form der Materie *(Mulaprakriti)* über eine Art »kosmisches Bewußtsein« *(Buddhi)* bis hin zur Entstehung des Ich-Bewußtseins *(Ahamkara)*, das untrennbar verbunden ist mit der Bewußtwerdung des grobstofflichen Substrates, d.h. der sichtbaren Welt. Dabei lehrt die Evolutionstheorie *(Parinama-Vada)* der *Samkhyas*, daß jedes Produkt bereits vor seiner Entstehung in seiner Ursache vorgeformt ist. Es geht hier also um die Entfaltung der einen *Prakriti* und nicht um eine Vielheit von Substanzen. Die gesamte Evolution ist bereits in der Urmaterie *(Mulaprakriti)* angelegt. Ähnlich dem neuplatonischen Emanationsprinzip ist mit dem Abstieg des Geistes in das grobstoffliche Substrat ein Voranschreiten des düsteren *Tamas* verbunden. Während in *Buddhi*, der ersten Emanation der *Prakriti*, noch *Sattva* vorherrscht, wird die phänomenale Welt und deren Wahrnehmung *(Bhoga)* nach Meinung der *Samkhyas* von *Tamas* geprägt.

Wie kommt die *Samkhya*-Philosophie zu diesem Weltbild?

Die *Samkhya*-Philosophie geht beim Aufbau ihres Weltbildes vom *Ahamkara*, dem reflexiven Ich aus und fragt sowohl zurück nach dem, was diesem Ich zugrundeliegt, als auch nach vorne nach der äußeren, »objektiven« Welt, wie sie über die Sinne erfahren wird. Der *Ahamkara* ist somit der Angelpunkt der *Samkhya*-Philosophie. Dieses Ich ist in der gemein-menschlichen Wahrnehmung das Subjekt, das Zentrum der Erfahrung und damit vor allem auch der Erfahrung von Vergänglichkeit und Leid.

Die innere Welt:

In der Meditation kann sich ein Zustand tiefer Versenkung und eine Art All-Einheitsgefühl einstellen. Ein Bewußtseins-Zustand kann erreicht werden, in dem die Trennung von Subjekt und Objekt aufgehoben ist. Der normale Wachzustand des Menschen – das reflexive Ich, dessen Haupteigenschaft darin besteht, zwischen Subjekt und Objekt zu unterscheiden – wird durch eine tiefere Schau der Wirklichkeit abgelöst. Diese innere Wahrnehmung – die Inder nennen sie *Buddhi* (Einsicht) – wird für den ursprünglichsten Zustand des Menschen gehalten. Darum lassen indische Denker die Evolution von hier ihren Ausgang nehmen. Hier befindet sich der entscheidende Berührungspunkt von Geist und Materie. Hier liegt der Schlüssel zur wahren Identität des Menschen.

Ich-Bewußtsein, Einsicht, Denkfähigkeit *(Ahamkara, Buddhi, Manas)*

Durch den *Buddhi* beginnt sich also nach Meinung der *Samkhyas* die *Prakriti* zu manifestieren. Dieser *Buddhi* bildet zusammen mit dem reflexiven Ich *(Ahamkara)* und der Fähigkeit zu denken *(Manas)* das »innere Instrument« *(Antahkarana)*. Im Yoga wird dieses Dreigespann als einheitliches inneres Organ, als Mental[25] *(Citta)* beschrieben.

Das Heraustreten des *Ahamkara* (des Selbstbewußtseins) aus dem *Buddhi* ist ein wichtiger Schritt hin zur grobstofflichen, nur über die Sinne erfahrbaren Welt. Auf dieser Stufe tritt das archaische Identitätsbewußtsein des *Buddhi* in den Prozeß der Ich-Werdung ein. Das Ich realisiert: »Ich bin das Subjekt der Erfahrung«, »Ich habe einen Körper« etc. Diese Ich-Setzung bestimmt von nun an alle menschliche Erfahrung *(Bhoga)*. Indem sie zwischen Subjekt und Objekt differenziert, wird sie in gewisser Weise zum Urheber sowohl der subjektiv erfahrbaren inneren Prozesse, wie des Sich-Erinnerns, des Denkens, Fühlens, Wollens etc., als auch der äußeren Welt. Es ist daher verständlich, daß die *Samkhyas* in ihrem aus der Erfahrung abgeleiteten System sowohl die subjektive Psyche als auch die äußere Welt aus *Ahamkara* hervorgehen lassen.

Gleichzeitig mit der Denkfähigkeit *(Manas)* entstehen die fünf Sinnesfähigkeiten *(Buddhindriya)* und die fünf aktiven Fähigkeiten *(Karmindriya)*. Sie bilden zusammen mit dem *Ahamkara* die subjektive Psyche[26].

---

25 Ich werde ab hier den im Deutschen zwar nicht besonders geläufigen, jedoch eindeutigen Begriff »Mental« für den menschlichen Geist verwenden. Er entspricht dem englischen »mind« und umfaßt das Denken, Sich-Erinnern und das Wollen. Das deutsche Wort »Geist« kann leicht zu Mißverständnissen führen, da es zu viele, z.T. sehr unterschiedliche Bedeutungen hat.

26 Es ist wichtig, zwischen diesen elf *Fähigkeiten* der subjektiven Psyche, die dem feinstofflichen Bereich angehören, und den dazugehörigen *Organen* zu unterscheiden, die von den grobstofflichen Elementen geformt werden.

Die fünf Sinnesfähigkeiten bezeichnen die *sensorischen* psychophysischen Prozesse, die sich auf die Objekte der äußeren Welt richten und von ihnen Sinneseindrücke empfangen, während die fünf aktiven Fähigkeiten das *motorische* psychophysische Geschehen umfassen, das auf die Objekte der Sinneswahrnehmung reagiert. Diese über die Sinne empfangenen Impulse bedürfen der Koordinierung und Interpretation durch das psychische Instrument, das, wie beschrieben, aus *Buddhi* (der Einsicht, dem inneren Erleben) und *Ahamkara* (dem reflexiven Ich) besteht. Die Brücke zwischen physischer Reaktion und der psychischen Dimension des Menschen wird durch *Manas*, das Denkvermögen, hergestellt, das Anteil an der Natur beider hat. *Manas* prägt Aktion und Wahrnehmung und setzt das Bewußtsein von *Buddhi* und das Selbstbewußtsein des *Ahamkara* im physischen Bereich um.

Die äußere Welt:

Das reflexive Ich kann nicht in einem Vakuum existieren. Der *Ahamkara* erfährt sich erst durch ein Gegenüber, in dem er sich spiegelt. Diese Erfahrung findet, wie eben beschrieben, über die Sinnes- und Tatvermögen und über *Manas*, die Fähigkeit der Wahrnehmung und des Denkens statt. Darum läßt man im *Samkhya* parallel zu den 13 psychischen Fähigkeiten aus *Ahamkara* die fünf feinstofflichen Elemente *(Tanmatra)* »hervorgehen«, d.h. Laut *(Shabda)*, Tasterlebnis *(Sparsha)*, Form und Farbe *(Rupa)*, Geschmack *(Rasa)* und Geruch *(Gandha)*. Aus den fünf feinstofflichen Elementen gehen schließlich die grobstofflichen Elemente, Äther, Luft, Feuer, Wasser und Erde hervor, also der sichtbare Kosmos. Hier dominiert *Tamoguna*.

d) Ursache und Überwindung des menschlichen Leidens

Metaphysische Unwissenheit und die folgenschwere Verquickung von Geist und Materie durch das menschliche Ego führen dazu, daß der Mensch, der seinem Wesen nach *Purusha* ist, sich mit den unterschiedlichsten Erscheinungsformen von *Prakriti* identifiziert. Nur durch korrektes Wissen *(Jnana)* kann diese leidvolle Identifikation überwunden werden.

Ahamkara steht gewissermaßen am entscheidenden Punkt zwischen dem befreienden Wissen *(Jnana)* und der phänomenalen Erfahrung *(Bhoga)*. *Ahamkara* nimmt somit eine ambivalente Position ein: Einerseits spaltet *Ahamkara* die Welt in Subjekt und Objekt und verleitet den Menschen, sich mit der materiellen Welt und mit seinem subjektiven Erleben dieser Welt zu identifizieren. Andererseits findet in *Ahamkara* auch der Prozeß der Selbst-Wahrnehmung und der kritischen Reflexion statt, der den Yogin schließlich dazu drängt, nach seinem wahren Wesen Ausschau zu halten. Darum umfaßt das Ich-Bewußtsein auch das Realitätsprinzip, welches das Selbst vom Nicht-Selbst unterscheidet. So ist das Ego beides: Enthüller wie auch Verhüller des wahren Selbst.

In *Ahamkara* wird die Aufgabe der *Prakriti* besonders deutlich: Vor allem aufgrund der Erfahrung des Leides, das entsteht, wenn der Mensch sein psychophysisches Substrat überbewertet, führt die *Prakriti* den Suchenden zur Erkenntnis dessen, was er *nicht* ist und setzt ihn auf die »Fährte«, die ihn zur Realisierung seines eigentlichen Wesens führt.

Der *Ahamkara* bildet somit das Schlüsselelement im theoretischen Erkenntnisprozeß der *Samkhya*-Philosophie. Dieses Ich-Bewußtsein veranlaßt das Individuum nicht nur dazu, eine Schein-Identität aufzubauen, sondern es gibt ihm – bedingt durch die leidvollen Erfahrungen, die eine solche Identifikation nach sich zieht – auch den Anstoß, nach einer authentischeren Identität Ausschau zu halten. Im *Ahamkara* findet die »Einladung zur Erleuchtung« statt. Hier trifft der Yogin die Entscheidung, befreiendes Wissen *(Jnana)* zu suchen und die Totalidentifikation mit seiner phänomenalen Erfahrung *(Bhoga)* abzubauen. *Jnana* ist von völlig anderer Art als rationales Wissen, das zwischen Subjekt und Objekt unterscheidet. Es ist dieser existentielle Erkenntnisakt, in dem sich der Yogin als reiner *Purusha* erfährt und sich der unveränderlichen und unvergänglichen Wesenheit und Unabhängigkeit des *Purusha* bewußt wird. Dieser Erkenntnisakt findet im *sattvischen Buddhi* statt, also auf einer Stufe, die dem reflexiven Ich noch vorausliegt.

Auch der Yoga betrachtet den Menschen unter der Perspektive des Ich-Bewußtseins und entwickelt von hier aus sein praktisches System. Ziel der yogischen Methoden ist es, den *Buddhi* in *sattvische* Verfassung zu versetzen, denn nur in diesem Zustand ist nach Ansicht der *Samkhya-Yoga*-Philosophie die Erkenntnis des wahren Kernwesens des Menschen möglich, das durch den reinen *Buddhi* hindurchstrahlt.

Auch der christliche Mystiker versucht, die psychophysischen Vorgänge zur Ruhe zu bringen und den Seelengrund (vgl. *Buddhi*) transparent zu machen. Im Unterschied zum Yogin erfährt er dort jedoch noch etwas anderes: die gnadenhafte Begegnung mit Gott. Augustinus bringt dies mit folgenden Worten zum Ausdruck:

> »Du aber mein Gott warst noch innerer als mein Innerstes und höher als mein Höchstes.«[27]

An späterer Stelle wird auf die Unterschiede zwischen christlicher Mystik und yogischer Meditationserfahrung ausführlich eingegangen[28].

Zusammenfassung

Der spirituelle Prozeß in *Samkhya* und *Yoga* läßt sich somit als von *Ahamkara*, dem reflexiven Ich ausgehende Involution, d.h. als Rückkehr zum Ursprung bezeichnen. Die Materie hat dabei dienende Funktion. Wenn sich ein *Purusha* zu einem reflexiven Ich *(Ahamkara)* entfaltet, so erwacht menschliches Bewußtsein. Wenn sich die Materie im meditativen Akt des Yogin wieder zurückfaltet, so ist ein weniger verstricktes und darum klareres Bewußtsein das Ergebnis, ein Bewußtsein, das um sich selbst weiß und somit keines Objektes mehr bedarf, um sich zu erkennen. Darum ist in diesem Zustand eine neuerliche Verstrickung und Mißidentifikation von *Purusha* und *Prakriti* nicht mehr möglich: Die vorübergehende empirische Identifikation des *Purusha* mündet in eine metaempirische, bleibende Identität.

Für den westlichen Leser mag dies alles sehr kompliziert erscheinen, und er wird sich vielleicht die berechtigte Frage nach dem Bezug zur eigenen Erfahrung stellen. Sie soll darum an dieser Stelle nochmals aufgegriffen werden.

Die *Samkhya*-Philosophie will Aufschluß geben über die Ursachen menschlichen Leidens. Ihre Grundthese lautet: Wer seine Identität ausschließlich draußen, also in der vergänglichen Welt sucht, gerät in vollständige Abhängigkeit von dieser Welt, d.h. in die Gefangenschaft der Materie. Wer nach Befreiung oder Erlösung sucht, muß darum lernen, seine Identität nicht aus der Welt der Dinge abzuleiten, sondern seinen Blick nach innen zu richten, auf die Erfahrung des reinen, *sattvischen Buddhi*, wo ihm sein wahres, unvergängliches Wesen (*Atman/Purusha*/Selbst) entgegenleuchtet. Was die indische Philosophie

---

27 Augustinus, Confessiones III,6 (11).
28 Vgl. S.134f.

mit *Buddhi* (Einsicht) bezeichnet, läßt sich mit dem »Seelengrund« bei Augustinus vergleichen, in dem der Mensch von Gott »erleuchtet« wird. Der Blick nach innen spielt demnach auch in der christlichen Askese eine wichtige Rolle. Wer seine Gedanken stets umherschweifen läßt und wessen Sinne vornehmlich nach außen gekehrt sind, der überhört im Trubel des Alltags nur allzuleicht die Stimme des Herzens. Die Techniken des Yoga können dem Menschen Wege nach innen erschließen, d.h. Wege zur Erfahrung des in Gott ruhenden Selbst und damit Wege zur Gotteserfahrung.

D. Der klassische Yoga nach Patanjali

Während die *Samkhya*-Philosophie allein von der Analyse der Psyche und des Kosmos ausgeht und die Frage nach Gott nicht stellt – man bezeichnet sie fälschlicherweise häufig als »atheistisch« im Sinne einer Verneinung Gottes – wendet sich der Yoga des Patanjali dem Theismus zu.

> »Deshalb sind« – so folgert der in Südindien beheimatete Bischof Sundaresan – »die acht Stufen des Raja-Yoga für alle diejenigen hilfreich, die einen theistischen Glauben besitzen, noch mehr aber für Christen: es konnten Veränderungen gemacht werden, um ihn auf die verschiedenen Glaubensrichtungen abzustimmen. Das Ziel ist die Vereinigung des atman (des menschlichen Geistes) mit dem paramatman (dem höchsten Geist). Die acht Stufen sind ausgerichtet, um dies zu erlangen, sie sind als Vorbereitung dazu da, um dieses höchste Ziel der Vereinigung zu erreichen. Das christliche Ziel ist die Vereinigung mit Christus, 'in ihm wohnend und er in uns'... Weder ist Yoga Ersatz für die Erlösung, noch nimmt er den Platz von Gottes Gnade ein. Er dient nur als eine wertvolle Methode, sich selbst in der Gottseligkeit zu üben und sich profanen Altweibergeschichten zu widersetzen. Er ist dazu da, sich in der Gottseligkeit üben zu können (1. Tim 4,6-7), ein besserer Christ zu werden und die Reichtümer und Schätze im Evangelium zu finden (2.Tim 2,1 - 7).«[1]

Diese vielversprechenden Aussagen werfen die Frage nach konkreten Wegen für die Praxis auf. Der Hauptteil dieses Buches wird versuchen, solche Wege zu eröffnen.

Zuvor muß jedoch das klassische System des *Raja-Yoga* vorgestellt werden. Es bildet die Grundlage für alle Yogavarianten, die sich im Laufe der Zeit entwickelt haben.

---

1 C.S. Sundaresan, Christlicher Yoga, Eine Erklärung, übers. v. Christoph Veigl, hrsg. v. Albrecht Frenz, Ulm 1981 S.19-20. Teile dieser Erklärung — auch der zitierte — sind auch abgedruckt in: Albrecht Frenz, Christlicher Yoga, Stuttgart 1985 S.40f.

1. Das Yogasutra des Patanjali – Verfasserschaft und Entstehungsdatum

Das wichtigste und älteste Textbuch des Yoga, das *Yogasutra*[2], wird von der Tradition einem Grammatiker namens Patanjali zugeschrieben, den die indische Mythologie als Verkörperung des allwissenden mythischen Schlangenkönigs Sesha betrachtet. Nach neueren Erkenntnissen der Indologie kommt dieser Patanjali, der Grammatiker, aber nicht als Verfasser des *Yogasutra* in Frage. Es darf vielmehr als gesichert gelten, daß die Wurzeln des Yoga weit vor die Abfassung des *Sutra* zurückreichen. Es bleibt jedoch das herausragende Verdienst des Schöpfers der Aphorismen, mehrere sehr alte, ursprüngliche Traditionen meisterhaft kompiliert zu haben. Darum gilt sein Buch noch heute als *das* grundlegende Werk des Yoga. Die Mehrzahl der Forscher setzt die Entstehungszeit um das 3. Jh. n. Chr. an.

2. Ziel, Aufbau und Inhalt des Yogasutra

Der Verfasser des *Yogasutra* versucht zunächst einen psychologischen Schlüssel zum Verständnis der existentiellen Situation des Menschen zu liefern: Der Mensch leidet, da er sich über sein Ego völlig mit der unbeständigen Materie identifiziert und in den Sorgen dieser Welt aufgeht. Der Yoga soll Wege eröffnen, diesen Zustand zu ändern.

Das *Yogasutra* ist – so wie es spätestens seit Vyasa, dem ersten Kommentator, vorliegt – in vier Kapitel unterteilt.

---

2 »*Sutra*« (wörtl. Faden) bedeutet Leitfaden, Aphorismus, kurzer Merkspruch oder ein Werk, das aus solchen Merksprüchen besteht. Die Systeme indischen Denkens wurden in den Jahrhunderten um die Zeitenwende in solchen *Sutren* zusammengefaßt, die dann von den Schülern als Gedankenstütze auswendig gelernt wurden. Es liegt im Wesen der Sutren, daß sie der Erklärung durch einen Kundigen (*Guru/Acharya*) oder eines Kommentars bedürfen. So ist im Laufe der Jahrhunderte ein umfangreiches Kommentarwerk zu den Sutren entstanden. Wichtige Quellenwerke sind: James Haughton Woods, The Yoga-System of Patanjali, Or the Ancient Hindu Doctrine of Concentration of Mind, Harvard Univ. Series, 1.Ed. 1914, Reprint Delhi 1977; Rama Prasada, Translation of Patanjali's Yogasutras with Commentary of Vyasa and the Gloss of Vacaspati Misra, Delhi Reprint 1982; Deutsche Textübertragungen: Hartmut Weiß, Quellen des Yoga, Bern-München-Wien 1986, S.68-97; Patanjali, Die Wurzeln des Yoga, Die Yoga-Sutren des Patanjali mit einem Kommentar von P.Y. Deshpande. Mit einer neuen Übertragung der Sutren aus dem Sanskrit, hrsg. von Bettina Bäumer, Bern-München-Wien [4]1982) Ein weiteres großes deutschsprachiges Standardwerk über den Yoga einschließlich Übersetzung des Yogasutra stammt von J.W. Hauer, Der Yoga, Ein indischer Weg zum Selbst, Stuttgart 1958.

I. *Samadhi Pada.* Es besteht aus 51 Sutren und handelt vor allem vom Ziel des Yoga, d.h. von der Versenkung.

II. *Sadhana Pada.* Zusammen mit den ersten Versen des dritten Kapitels wird hier in 55 Sutren der praktische Weg zur Befreiung aufgezeigt.

III. *Vibhuti Pada.* Hauptinhalt der 55 Sutren dieses Kapitels bilden die übernatürlichen Kräfte (*Siddhi*), die der Yogin entwickeln kann.

IV. *Kaivalya Pada.* Hier wird in Anlehnung an die *Samkhya*-Philosophie in 34 Sutren die philosophische Grundlage für das Hauptanliegen des Yoga vermittelt: die endgültige Befreiung durch Nicht-Identifikation des Selbst mit den Bewegungen des unsteten Geistes.

a) Das Kapitel über die Erleuchtung *(Samadhi Pada)*

Strenggenommen enthält schon das erste Kapitel das Wesentliche des Yoga, während in den übrigen Kapiteln »nur« Einzelheiten expliziert werden. Bereits im 2.Vers dieses Kapitels wird eine erste Definition von Yoga gegeben: Yoga ist das »allmähliche Zur-Ruhe-Kommen der Denkbewegungen« *(Citta Vritti Nirodhah)*. Wenn sich der Yogin nicht mehr mit den Fluktuationen seiner Gedanken identifiziert, dann kommen diese allmählich zur Ruhe und er erkennt sein wahres Selbst.

Exkurs: »Citta«

Das »*Citta*«, das der Yoga zur Ruhe bringen will, umfaßt die Summe aller inneren Vorgänge des Menschen. Es ist ein einheitliches Denk- und Wahrnehmungsorgan, das mit dem Kernwesen des Menschen *(Purusha)* bis zu seiner Erlösung verbunden ist. Insofern es dem Bereich der Urnatur *(Prakriti)* angehört, ist es dem ununterbrochenen Lauf der drei *Gunas* unterworfen, die für den ständigen Wechsel der Vorstellungen und Gemütsregungen *(Vritti)* sorgen. Da sich der Mensch mit seinen *Vrittis* identifiziert, wird er immer tiefer in die wechselnden Manifestationen der *Prakriti* verstrickt. Nach Auffassung der Inder bestimmen diese *Vrittis* wie in einem Regelkreis auch das Wesen des *Citta*. Sie hinterlassen jene unbewußten latenten Eindrücke *(Samskara)*, die jederzeit wieder akut werden können und dann neue *Vrittis* hervorbringen. In psychoanalytischer Terminologie ausgedrückt bilden die *Samskaras* das machtvolle Unbewußte, das immer wieder hervorbricht und das Denken, Wahrnehmen, Fühlen und Wollen des Menschen bestimmt. Praktisches Ziel des Yoga ist es, die *Vrittis* zu analysieren und schließlich zu bezähmen. Ähnlich wie die psychoanalytische Theorie geht auch der Yoga davon aus, daß es nicht genügt, nur mit dem Verstand die Verstrickungen zu erkennen, sondern daß es eines tiefgreifenderen, den ganzen Menschen umfassenden Läuterungsprozesses bedarf. Im *Samadhi* (Erleuchtung) des Yoga ist das *Citta*, d.h. das Instrument des Denkens, völlig ruhiggestellt und in seiner *sattvischen* Verfassung erfahrbar. Nun kann der *Purusha*, das wahre Selbst, von der Denksubstanz unterschieden werden, die nichts weiter ist als ein Produkt der *Prakriti*. Das von allen *Samskaras* und *Vrittis* befreite *Citta* gleicht einem reinen Kristall, durch den das Wesen des *Purusha* unverfälscht hindurchscheint.

In den Versen 5-11 werden diese Denkbewegungen näher erläutert[3]. Die Verse 12-28 geben Aufschluß, wie das Denken zur Ruhe gebracht werden kann: Durch Übung *(Abhyasa)* und Verzicht *(Vairagya)* – dies sind Schlüsselbegriffe des Yoga, auf die an anderer Stelle noch näher eingegangen werden wird – und durch die Selbsthingabe an Gott[4]. Von Vers 29 bis Vers 40 werden die Hindernisse aufgezählt, die sich dem Yoga-Übenden in den Weg stellen, und Möglichkeiten zu deren Überwindung erörtert[5]. Der Rest des Kapitels ist der Beschreibung des

---

3   Es handelt sich um: a) richtiges Erkennen, b) Mißverständnis (z.B. wenn man in der Dunkelheit einen auf dem Weg liegenden Stock für eine Schlange hält), c) Einbildung (wenn man glaubt, daß eigene Vorstellungen oder ungeprüfte Aussagen anderer der Realität entsprechen), d) Tiefschlaf (auch der Tiefschlaf hinterläßt noch *Vrittis*, denn sonst könnte man z.B. nicht sagen: »ich habe gut geschlafen.«) und e) Erinnerung (das Nichtaufgeben früher erfahrener Wirklichkeit).

4   *Ishvarapranidhana*, die Hingabe an Gott, spielt in der Yoga-Tradition eine zentrale Rolle. Ich werde im Schlußkapitel noch näher darauf eingehen, wie das absolute, transzendente Prinzip *(Nirguna Brahman)* analog zur Logos-Christologie des Johannes-Evangeliums über das »Wort« der Welt Gestalt gibt und sich in ihr erfahrbar macht. Dieser *Logos* läßt sich mit dem *Ishvara* der Yogins vergleichen. »Der ihn offenbarende Name ist OM.« (YS 1,27) In der Murmelmeditation *(Japa)* dieses Lautes gewinnt der Yogin das kosmische Bewußtsein des *Ishvara*, in dem alle Dualitäten aufgelöst werden. In der letzten Stufe wird dann auch noch dieses kosmische Bewußtsein transzendiert. Es mündet wie die Silbe *OM* ins Nicht-Manifeste, ins Schweigen des Absoluten.

5   Lt. YS I,30 sind die neun Hindernisse auf dem Yogaweg: Krankheit (eher im Sinne von Gemütskrankheit verstanden), Starrheit, Zweifel, Nachlässigkeit, Faulheit, Gier, falsche Anschauung, Unfähigkeit, das Wesen des Yoga zu erkennen und das »Nicht-am-Ball-Bleiben«, wenn man einmal mit dem Yoga in Kontakt gekommen ist.

Samadhi gewidmet, d.h. desjenigen Zustandes, den zu erreichen das Ziel des Yogin ist[6]. Es ist die irreversible Erfahrung vollkommener Harmonie, in der Subjekt und Objekt in eins fallen. Am Ende soll selbst das Bewußtsein von diesem Zustand ausgelöscht werden, da ein solches Bewußtsein bereits wieder den Keim weiterer Identifikationen in sich trägt.

Betrachtet man das erste Kapitel als Ganzes, so fällt auf, daß bereits in seiner Struktur der typisch yogische erkenntnistheoretische Ansatz vorhanden ist: Gleich zu Anfang wird eine vorläufige Zieldefinition des Yoga gegeben. Es folgt eine systematische Entfaltung des Weges, der zu diesem Endzweck führt und eine Beschreibung der Hindernisse, die dem entgegenstehen. Am Ende steht dann eine vollständigere und reichere Definition des eingangs vorgestellten Zieles. Bereits in der äußeren Form des *Yogasutra* kommt so der Gedanke von der »inneren Gegenwart des Zieles als Bedingung für den Aufbruch« zum Ausdruck. Weg und Ziel stehen somit in enger Wechselwirkung. Je konsequenter der Schüler den Weg geht, um so klarer tritt das Ziel hervor, und je mehr das Ziel an Kontur gewinnt, um so entschlossener wird er den Weg gehen können. Dieser Gedankengang bildet auch den Ausgangspunkt für die yogische Ethik.

b) Das Kapitel über die Yogapraxis *(Sadhana Pada)*

Das zweite Kapitel zeigt konkrete Wege, auf denen das im ersten Kapitel gesteckte Ziel erreicht werden kann. Der wichtigste Weg wird nun systematisch in YS II,29 – III,3 entfaltet. Er bildet die Grundlage des klassischen Yoga.

---

6 Die Verse 40-51 erklären die verschiedenen Stufen von *Samadhi*, die der Aspirant bis zu seiner endgültigen Befreiung zu durchlaufen hat. Das Anhalten der Bewegungen des Mentals ist der Ausgangspunkt, von dem aus sich der *Samadhi* voll entfaltet. Mit der Erfahrung des Yogin, daß Subjekt und Objekt in eins gefallen sind, stellt sich kosmisches Bewußtsein ein. Hier lauern die letzten Gefahren für den Yogin: Die Identifikation seines reinen *Citta* mit diesem leidlosen, wonnevollen Zustand und die Erinnerung an den Weg der Überwindung der leidvollen Zustände, den er gegangen ist. In der Erinnerung ist noch ein Keim *(Bija)* für weitere Vorstellungen enthalten, die dazu führen können, daß Subjekt und Objekt wieder auseinanderfallen, wodurch der Yogin Gefahr läuft, den seligen Zustand wieder zu verlieren. Darum nennt man diese Stufe von *Samadhi* »Sabija Samadhi« (*Samadhi* mit Keim, YS I,46). Erst wenn durch tiefe Meditation auch noch die letzten Reste der Erinnerung an die Subjekt-Objekt-Spaltung und damit des unterscheidenden Denkens ausgelöscht wurden, stellt sich der höchste, unverlierbare *Samadhi*, die »keimlose Versenkung« ein (*Nirbija Samadhi*, YS I,51).

Kurze Darstellung des achtgliedrigen Yogapfades:

Der achtgliedrige Pfad läßt sich in drei Hauptabschnitte unterteilen:

– den Teil, der sich mit dem »Außen« des Menschen, also mit seinem sozialen Umfeld und mit dem Körper beschäftigt,

– den Teil, der die Psyche, also den inneren Menschen zum Thema hat

– und den Teil, der von der Versenkung und von der Erfahrung einer absoluten, letzten Identität des Menschen handelt.

Ziel des achtstufigen Pfades ist es, den Suchenden über den *Samadhi* in den Zustand von *Kaivalya*, der endgültigen Befreiung, zu führen.

Schematische Darstellung:

A) *Bahiranga-Sadhana*: Die Disziplinen, die sich mit der äußeren Umgebung und mit dem Körper beschäftigen.

1. *Yama*	das soziale Umfeld betreffende, allgemeingültige moralische Gebote
a) *Ahimsa*	Gewaltlosigkeit (vgl. Joh 13,34; Mt 5,21-24)
b) *Satya*	Wahrhaftigkeit (vgl. Mt 5,37; 23,27f; Lk 12,2)
c) *Asteya*	Nicht-Besitz-Ergreifen (vgl. Mt 6,19-34)
d) *Brahmacarya*	Keuschheit bzw. rechter Umgang mit den Trieben (vgl. Mt 19,11f)
e) *Aparigraha*	Nicht-Horten (vgl. Mt 6,25-34; Lk 12)
2. *Niyama*	individuelle Disziplin
a) *Sauca*	Reinheit von Körper, Gedanken und Herz (vgl. Mt 5,8; Joh 13,6ff)
b) *Samtosha*	Genügsamkeit (vgl. Lk 12,22-32)
c) *Tapas*	Askese, innere Glut (vgl. Mt 13,44-46; 25,1-13)
d) *Svadhyaya*	Studium heiliger Schriften, verbunden mit dem Studium des eigenen Selbst (vgl. Lk 4,4.8.10.12 parr.)

e) *Ishvarapranidhana* Selbsthingabe an Gott (vgl. Mt 6,10;26,42 parr.; Joh 4,34)

3. *Asana* Körperpositionen (vgl. 1 Kor 6,19f)

B) *Antaranga-Sadhana*: Die Disziplinen, die sich mit dem Inneren bzw. der Psyche des Menschen beschäftigen.

4. *Pranayama* Atemkontrolle (vgl. Gen 2,7; Ps 104,29f; Joh 20,22)

5. *Pratyahara* Zurückziehen der Sinne von den Objekten (vgl. Mt 6,6; 1Kor 6,12-20)

C) *Antaratma-Sadhana*: Die Disziplinen, die sich mit dem innersten Selbst beschäftigen (vgl. Mt 6,6; 14,23; Mk 1,35; 6,46 parr.)

6. *Dharana* Konzentration (vgl. Sir 51,13ff)

7. *Dhyana* Meditation

8. *Samadhi* Vereinigung

Kurzkommentar:

Dem YS II,28 zufolge will der achtgliedrige Pfad als eine Methode verstanden werden, die das Bewußtsein schrittweise von allen Täuschungen befreit *(Asuddhi-Ksaya)*, im Schüler das Licht der Erkenntnis entzündet *(Jnana-Dipti)* und ihn so zur unterscheidenden Schau *(Viveka-Khyati)* befähigt, d.h. zu einer Sichtweise, die präzise zwischen den Wirkungen der drei *Gunas* und dem Selbst *(Purusha)* unterscheidet. Mit anderen Worten: In demselben Maße, wie im Menschen Mißverständnisse und Mißkonzeptionen beseitigt sind – sie werden als ein Produkt der Unwissenheit *(Avidya)* angesehen – kann sich ein neues Weltverständnis entwickeln, das nun auf »richtigem Wissen« *(Jnana)* beruht. Dieser Prozeß setzt sich fort, bis eine neue bzw. geschärfte Wahrnehmung dem Übenden das Tor zu jener letzten Freiheit öffnet, welche die Yogins »*Kaivalya*« nennen.

Hinsichtlich der Frage, ob sich der Schüler in der Praxis streng an die vorgegebene Reihenfolge der acht Glieder halten muß, werden unterschiedliche Auffassungen vertreten: Einerseits kann man den hier verwendeten Begriff »*Anga*« (Glied) als Hinweis verstehen, daß weniger die Sequenz als vielmehr die enge Verbundenheit der einzelnen Glieder im Vordergrund steht; andererseits läßt sich in der Anordnung der Glieder durchaus ein wohldurchdachtes Aufbauschema erkennen, das den Suchenden stufenweise von der äußeren Realität der *Prakriti* ins Innerste seines Selbst führt. Beide Sichtweisen schließen sich nicht aus, sondern ergänzen sich. In den folgenden Kapiteln dürfte deutlich werden, daß ein Übender, der die äußeren Glieder nicht gemeistert hat, keinen Zugang zum innersten Bereich finden kann. Ein Mensch, der sich dessen bewußt ist und den übrigen Gliedern nicht zuwiderhandelt, wird jedoch an jeder beliebigen Stelle des Pfades mit dem Üben beginnen können.

Einem jeden Bereich sind spirituelle Disziplinen zugeordnet, in denen sich der Suchende üben muß. Die Übung nennen die Inder »*Sadhana*«. Der Lebenspraxis wird besonders im klassischen Yoga eine wichtige instrumentelle Funktion zugeschrieben: Wie das Pflügen des Feldes unumgänglich ist, damit die Saat auf gut bestelltem Boden aufgehen kann, so ist auch ein von ethischem Handeln geprägtes Leben unverzichtbare Voraussetzung für die tiefere spirituelle Erfahrung. Dieser Tatsache wird das Aufbauschema des klassischen Yogasystems von Patanjali gerecht, indem es die ethischen Voraussetzungen (*Yama* und *Niyama*) an erster Stelle beschreibt.

Allen Forderungen voran steht das Postulat, niemals und auf keinerlei Weise (weder im Denken, noch im Reden oder Tun) irgendeinem Lebewesen Schmerz zuzufügen. Im *Yogasutra* II/35 heißt es:

> »Wenn man in der Gewaltlosigkeit *(Ahimsa)* gegründet ist, (schafft man eine Atmosphäre des Friedens), so geben alle, die in die Nähe kommen, die Feindschaft auf.«

Gemeint ist eine umfassende Haltung allem Seienden gegenüber. Durch das Praktizieren von *Ahimsa* werden Körper und Seele in einen *sattvischen*, d.h. friedfertigen, ausgeglichenen Zustand gebracht. Dieser Zustand kann nur erreicht werden, wenn man innerlich wie auch äußerlich keine Feindschaften hegt, die das Feuer des Zornes und der Gewalt entfachen können. Niemand kann in Ruhe meditieren, wenn er in seinem Herzen böse Gedanken gegen einen anderen hegt, oder wenn er fürchten muß, daß ein anderer ihm etwas zuleide tun könnte. Auch die christlichen Mönchsväter kannten die subtile Eigendynamik, die sich selbst durch kleine Ursachen wie z.B. feindselige Gedanken im Herzen entwickeln kann und beschrieben sie als Phantasmata. Die Haltung einer umfassenden Gewaltlosigkeit steht auch hier in direkter Beziehung zum spirituellen Wachstum und Ziel.

Darum muß sich *Satya*, die Wahrhaftigkeit, der *Ahimsa* unterordnen. *Satya* ist die Tugend, seine Worte, Gedanken und Taten in Übereinstimmung zu bringen. Lieblos und in destruktiver Absicht geäußerte Wahrheiten bedeuten einen Verstoß gegen das *Ahimsa*-Postulat.

Auch *Asteya* reicht weit über das Gebot, nicht zu stehlen, hinaus. Der Wunsch nach fremdem Eigentum soll an der Wurzel ausgelöscht werden.

Aparigraha, das Horten von Eigentum, wird ebenfalls als Hindernis auf dem Weg des Yogin gesehen, denn Eigentum bringt Verpflichtungen und Sorge mit sich (vgl. Lk 12,13ff). Es geht hier darum, nichts anzuhäufen oder aufzuheben, was man nicht unmittelbar zum Leben braucht. Wer zuviel »Gepäck« mit sich herumschleppt, kann keine anstrengende und weite »Reise« unternehmen. Dies gilt ebenso für den ideellen bzw. intellektuellen Bereich. Man kann es sich als Yoga-aspirant einfach nicht leisten, »materielle Güter und geistige Vorteile« anzuhäufen »zum Schaden der eigenen Identität und auf Kosten der Mitmenschen, und trotzdem hoffen, die Wirklichkeit der menschlichen Situation zu erkennen.«[7]

Die Aufforderungen, nicht zu stehlen und nicht zu horten, sind ebenso wie die übrigen drei *Yamas* ein existentieller Imperativ. Für den Suchenden, der sich auf den Weg des Yoga begibt, ist diese Forderung jedoch ohne egozentrische Anstrengung erfüllbar, denn er trägt tief in sich die Sehnsucht nach endgültiger Befreiung, und er besitzt eine Ahnung von einem letzten Ziel, dem Brahmanbewußtsein, aus dessen Perspektive sich alle materiellen Güter wie von selbst relativieren. In der Sprache der Bibel würde dies bedeuten: Wer um den »Schatz im Acker« (Mt 13,44) weiß, gibt gerne alles andere auf, um den Acker und damit den Schatz zu erwerben.

Brahmacarya wird oft als sexuelle Enthaltsamkeit gedeutet. Richtiger ist jedoch, daß *Brahmacarya* darauf ausgerichtet ist, den gesamten Be-

---

7   Bäumer, Die Wurzeln des Yoga, a.a.O., S.125f.

reich des menschlichen Trieblebens besser kennen und steuern zu lernen.

Betrachtet man die *Yamas* im Ganzen, so wird deutlich, daß bei der Ethik des Yoga grundlegende Haltungen im Vordergrund stehen und nicht Einzelgebote.

In diesem Sinne ist dann auch *Sauca*, die Disziplin der Reinheit, zu verstehen. Nicht was in den Menschen hineingeht, macht ihn unrein, sondern die bösen Gedanken, Worte und Werke, die aus dem Herzen kommen (vgl. auch Mt 15,18f und Mk 7,21).

Samtosha, die Genügsamkeit, wirkt sich im Leben des Yogin vor allem dahingehend aus, daß er die eigenen Grenzen und Mängel akzeptiert und nicht gewaltsam versucht, das Glück festzuhalten. *Samtosha* findet eine Entsprechung in der christlichen Tugend der Demut (*humilitas*).

Tapas, Askese üben, bedeutet, die innere Glut, den göttlichen Funken am Leben zu erhalten, anstatt ständig neue Strohfeuer der Begeisterung zu entzünden. Wer aus dieser Glut lebt, wird fähig, die Gegensätze wie Hitze und Kälte, übergroße Freude und Trauer etc. mit Gleichmut zu ertragen.

Svadhyaya, das Selbst-Studium, soll sich mit solchen Schriften beschäftigen, die Befreiung *(Moksha)* zum Thema haben. Es schließt immer auch das Studium der eigenen Person, des eigenen Selbst im Spiegel dieser heiligen Schriften ein.

Ishvarapranidhana, die liebende Hingabe an Gott, wird vom *Yogasutra* (I,23) sogar als selbständiger Weg anerkannt und empfohlen. Es ist ein Weg, der allen Menschen offensteht. Diese Hingabe vollzieht sich vor allem beim Meditieren mit der Silbe *OM* bzw. mit dem Namen Gottes. Auch im Christentum ist eine solche Meditationsweise nicht unbekannt. In der Praxis des Jesus-Gebetes der orthodoxen Kirche wird dieser Weg beschritten. Der Christ findet hier einen besonderen Ansatzpunkt, wenn es gilt, yogische Techniken mit christlichen Inhalten zu verbinden[8].

Die dritte und vierte Stufe des Systems bezeichnen diejenigen Körper- und Atemübungen, die man seit geraumer Zeit im Abendland vor allem mit dem Begriff »Yoga« verbindet. Ursprünglich war mit *Asana* wohl hauptsächlich der Lotussitz gemeint, wie die Verse 46-48 im

---

8   In den Kapiteln über die Konzentration und die Meditation wird noch ausführlicher auf die christliche Japa-Meditation eingegangen werden. Auf Seite 256 sind einige Meditationsformeln für Christen aufgeführt.

zweiten Kapitel des *Yogasutra* belegen. Ziel der *Asanas* ist es, den Leib in eine für die Meditation günstige Verfassung zu bringen[9].

Prana läßt sich als Lebensenergie beschreiben, die eng mit der Atmung verbunden ist. Wenngleich der *Prana* nicht als eine meßbare, fest definierte Energie im naturwissenschaftlichen Sinne mißverstanden werden darf, so ist er doch im subjektiven Erleben des Übenden erfahrbar als ein Strömen von vitaler Energie, als Wärme, Kribbeln etc. Diese »Energie« über den Atem zu steuern, ist das Ziel des *Pranayama*[10]. *Pranayama* steht darum an jener Stelle im *Yogasutra*, wo der innere und der äußere Bereich sich berühren. Richtiges Atmen bringt Körper und Seele in ein Gleichgewicht, das die Grundlage bildet für die Sammlung des Geistes.

Diesem Zweck dient auch das *Pratyahara*, das Zurückziehen der Sinne von den Objekten. Nicht Weltflucht oder eine Abwertung der Materie sind das Thema von *Pratyahara*, sondern der sinngerechte Umgang mit den Dingen. *Pratyahara* findet darum eine Entsprechung im augustinischen »uti, non frui« (Gebrauche die Dinge der Welt, aber hänge dein Herz nicht an sie). Die Welt ist gut, weil von Gott geschaffen. Ebenso sind es die Sinne und das menschliche Selbst. Wenn sich die Sinne jedoch krampfhaft an die weltlichen Dinge klammern und nicht mehr von ihnen lassen können, wird der Mensch unfrei; er neigt zu falschen Identifikationen. Ziel des *Pratyahara* ist es demnach, den Menschen von falschen Anhaftungen zu befreien.

Die letzten drei Yoga-Glieder führen in den geistigen Bereich. *Dharana* bedeutet Sammlung bzw. Fesselung des Denkens an *einen* Punkt. Hier wird die Vielfalt der Objekte und Sinneseindrücke ausgeschaltet und die Konzentration auf einen einzigen Betrachtungs-Gegenstand gerichtet. Nach Patanjali kann dieser sowohl ein inneres als auch ein äußeres Objekt sein. Der Übende wird je nach seiner Disposition und

---

9 Die zahlreichen Yogapositionen, die wir kennen, entspringen einer anderen Tradition, die besonders ab dem 6.Jh. n. Chr. an Bedeutung gewann, als man nicht mehr glaubte, daß der Mensch zur Erkenntnis des Selbst gelangen könne. Darum ist es hier das Ziel, den Körper mittels höchst komplizierter Techniken mehr und mehr zu transformieren und zu reinigen, um die Heiligkeit in einem göttlichen Körper zu realisieren. Den Kulminationspunkt erreichte diese Strömung im *Tantrismus*.

10 Eine solche Verbindung von Atem und Lebensenergie bzw. göttlichem Hauch kennen auch andere Traditionen wie z.B. die jüdisch-christliche. Begriffe wie *Ruah*, *Pneuma*, *Spiritus* bezeichnen sowohl den Atem als auch den Lebenssodem, d.h. den göttlichen Hauch, der den Menschen lebendig macht.

dem Grad seiner spirituellen Entwicklung ein Bild, eine kleine Meditationsformel *(Mantra)*, einen Ton, eine Stelle aus den heiligen Schriften oder auch den Atem wählen. So wird er schrittweise frei von jeder Ablenkung.

Dieser Vorgang geht in die yogische Meditation *(Dhyana)* über[11]. Hier werden äußere Strukturen immer unwichtiger. Der Meditierende wird mehr und mehr eins mit dem Meditationsobjekt. Auf dieser Stufe tritt das menschliches Bemühen in den Hintergrund. *Dhyana* mündet schließlich in den *Samadhi*, einen Zustand des Ruhens im eigenen Selbst bzw. in Gott. Es ist ein irreversibler Zustand der *Unio*, der jenseits aller Irrtumsmöglichkeiten liegt. Er ist das Ziel des Yoga.

Wichtig für das Verständnis des Yogasystems ist es, zu begreifen, daß der *Samadhi* auf allen Stufen präsent ist und gewissermaßen als Antrieb wirkt. Wenn auf der ersten Stufe die Forderung aufgestellt wird nach Gewaltlosigkeit, Wahrhaftigkeit, rechtem Umgang mit der Sexualität, Nicht-Stehlen und Nicht-Besitzergreifen von etwas, das man nicht unmittelbar zum Leben benötigt, so geschieht dies immer in Hinblick auf das zu erreichende Ziel. Analoges gilt für die übrigen Stufen.

c) Das Kapitel über die supranormalen Kräfte *(Vibhuti Pada)*

Das dritte Buch des *Yogasutra* beschreibt überwiegend magische und okkulte Kräfte *(Vibhuti, Siddhi)*, die sich aus der Yogapraxis ergeben können. Es handelt sich um Phänomene wie Hellsehen, Hellhören, die Einsicht in frühere Leben, Gedankenlesen, Levitation[12] und Kenntnis von Vergangenheit und Zukunft. Das Auftreten solcher Phänomene wird von den Hindus als Indiz dafür angesehen, daß der Yogin zum Meister über die *Prakriti* bzw. über Raum und Zeit geworden ist. Es steht außer Zweifel, daß sich durch asketische Praktiken tatsächlich solche Phänomene einstellen können. Sie bilden allerdings eine nicht zu unterschätzende Gefahr und Versuchung für den Yogin, da sie ihm ein gewisses Maß an Macht über den äußeren Bereich gewähren und

---

11 In der christlichen Tradition bezeichnet man das, was der Yoga unter Meditation *(Dhyana)* versteht, als Kontemplation und das, was der Yoga unter Konzentration *(Dharana)* versteht, als Meditation. Näheres siehe die Kapitel über Konzentration und Meditation (vgl. S.252).

12 Überwindung der Schwerkraft, »Fliegen«. Verschiedene Modegurus, wie z.B. Mahesh Maharishi Yogi mit seiner Transzendentalen Meditation (TM) preisen für viel Geld Techniken an, die solche Phänomene bewirken sollen. Dies hat wenig zu tun mit einem gediegenen Yogaweg, sondern eher mit der Sensationslust des westlichen Menschen, mit der manche Gurus gute Geschäfte machen.

ihn zum Mißbrauch dieser Macht oder zu Stolz und Überheblichkeit verleiten. So lenken sie den Übenden vom höchsten *Samadhi* ab[13]. Seriöse *Gurus* warnen daher vor Praktiken, die derartige Fähigkeiten anstreben. Gurus, die ihre »Kunden« mit dem Versprechen übernatürlicher Kräfte oder Erfahrungen werben, diskreditieren sich selbst. Vieles von dem, was sie versprechen, ist nichts weiter als Betrug. Sie versuchen nicht selten, ihre Anhänger durch einseitige, proteinlose Nahrung, Schlafentzug und bestimmte Meditations- und Atemtechniken in psychoseähnliche Zustände zu versetzen, die sie dann als höheres Bewußtsein deuten. Häufig enden solche Experimente für die Schüler in der Nervenklinik.

In diesem Kontext muß auf die Unterscheidung zwischen dem niederen und dem höheren Yoga hingewiesen werden. Der niedere Yoga – auch als »Yoga der linken Hand« bezeichnet – kommt ohne Ethik aus; die Ethik wird hier sogar als Hindernis empfunden. In Indien gibt es viele Yogins, die diese Art von Yoga praktizieren, um übernatürliche Kräfte bzw. Macht über Dinge und Menschen zu erlangen. Im Gegensatz dazu strebt der Yogin der »rechten Hand« ausschließlich nach der Erleuchtung bzw. der Befreiung von Illusion und von der Bindung an die niederen Existenzebenen. Für ihn spielt die Ethik (*Yama* und *Niyama*) eine zentrale Rolle. Im Kapitel über die Wahrhaftigkeit[14] habe ich versucht, anhand von Beispielen darzustellen, wie tatsächlich im Leben eines Menschen, der den Pfad des Yoga einschließlich der Ethik verfolgt, »Wunder« geschehen können, und daß diese »Wunder« für eine psychologische Deutung offen sind.

Ich werde nicht weiter auf das *Vibhuti Pada* eingehen, da es für die Thematik dieser Abhandlung von sekundärem Interesse ist, möchte jedoch eindringlich davor warnen, aus Neugier oder Sensationslust übernatürliche Erfahrungen im Yoga zu suchen. Nicht Freiheit, sondern innere und äußere Abhängigkeiten wären die Folge.

d) Das Kapitel über die Befreiung *(Kaivalya Pada)*

Das vierte Kapitel gilt als erkenntnistheoretischer Nachsatz zu den ersten drei Teilen des *Yogasutra*, die ja mehr an der Praxis als an metaphysischen Spekulationen interessiert sind. Da im vierten und fünften

---

13   Vgl. YS III,37 und 50f.
14   Vgl. S.104ff.

Jahrhundert n.Chr. die buddhistische Spekulation ihren Höhepunkt erreichte, mußten sich vermutlich auch die Yogins der philosophischen Diskussion stellen. Das *Kaivalya Pada* konnte ihnen als Handreichung dienen, sich einigermaßen in diesem intellektuellen Kampf zurechtzufinden. Zu Beginn dieses Kapitels wird die Evolution des individuellen menschlichen *Citta* aus dem einen Ur-*Citta* dargestellt (Verse 2-5). Danach wird der Weg zur Befreiung des *Citta* erläutert. In den Versen 7-12 werden Wesen und Wirken des *Karman* erklärt, und in den darauffolgenden Sutren erfährt der Leser etwas über das Weltverständnis des Yoga. Es unterscheidet sich nicht wesentlich von dem der *Samkhya*-Philosophie.

IV. Die Praxis des klassischen Yoga

A. Grundsätzliches zur Art und Weise des Übens und zum Umgang mit den Hindernissen

1. Die Hindernisse (Klesha)[1] auf dem Yogapfad

In seinem berühmten Schauspiel schildert Hugo von Hofmannsthal den reichen »Jedermann«, der zeitlebens seine Identität aus seinem Besitz hergeleitet hat. Im Anblick des Todes muß er erkennen, daß er nichts von all seinem Reichtum mitnehmen kann und daß er die Zeit seines Lebens schlecht genutzt hat. Nur durch den Glauben an die Gnade Gottes wird er im letzten Moment gerettet.

Fast alle spirituellen Traditionen haben das Ziel, diesen »Jedermann«, der in jedem Menschen lebt, wachzurütteln aus dem Zustand des Schlafes bzw. der Unwissenheit, in welcher er seine Identität aus dem unmittelbar Greifbaren, dem Nächstliegenden, d.h. ausschließlich aus der materiellen Welt abzuleiten sucht. Besonders in den westlichen Gesellschaften, wo der Tod und die Frage nach den letzten Dingen aus dem Alltagsleben verdrängt worden sind und wo die Werbung täglich dem Menschen suggeriert, er könne durch den Besitz dieses oder jenes Gegenstandes glücklicher werden, wird eine nahezu perfekte Phantasmagorie aufgebaut. Da der in diesem Denken gefangene Mensch kaum Zugang zur Erfahrung des Selbst und damit zur Gelassenheit des Seins findet, ist er ständig damit beschäftigt, sich die Welt im Habensmodus anzueignen; und da alles im Habensmodus Angeeignete stets in Gefahr ist, wieder verloren zu gehen, lebt der Habensmensch in ständiger Verlustangst und »Sorge um den morgigen Tag« (vgl. Mt 6,34). Er wird viel wertvolle Lebensenergie darauf verwenden müssen, Scheunen und Mauern zu bauen, um das Erreichte zu schützen und zu verteidigen. Tief in seinem Inneren wird er – vielleicht ohne es sich selbst einzugestehen – doch immer wissen, daß Leben *mehr* ist. Da er nicht gelernt hat, nach innen zu horchen, wird er dieses Mehr wieder in ge-

---

1 Vgl. Zimmer, a.a.O., S.266-276 und Bäumer, a.a.O., S.92-96.

wohnter Weise »draußen« suchen, im Konsum und in letzter Verzweiflung in der Sucht, die nichts anderes ist als eine mißglückte Form der Suche des Menschen nach bleibender Erfüllung[2].

In den Lehrversen über die Hindernisse auf dem spirituellen Weg versucht Patanjali, der Autor des *Yogasutra*, die Mechanismen bzw. die Hindernisse aufzudecken, die den Menschen dazu verleiten, sich in der Welt der Dinge zu verlieren, anstatt nach seinem wahren Wesen zu suchen. Patanjali geht dabei streng rational vor. Nicht Moral oder Dogma stehen daher im Vordergrund, sondern die für »Jedermann« leicht einsichtige Analyse derjenigen Prozesse, die zur Entfremdung des Menschen von seinem wahren Selbst führen. Die Einsicht in diese Vorgänge ist der erste Schritt auf dem praktischen Yogapfad, der im folgenden noch näher geschildert werden wird.

Daß Patanjali der Beschreibung der *Kleshas*, der Hindernisse auf dem Weg des Yogin, eine wichtige Stellung in seinem *Sutra* einräumt, mag mit einer Grunderfahrung zusammenhängen, die in vielen kontemplativen Traditionen thematisiert wird: dem Phänomen, daß sich gerade demjenigen in gesteigertem Maße Hindernisse in den Weg stellen, der sich intensiv um spirituelles Wachstum bemüht. Während die Mönchsväter diese Erfahrungen mittels des Dämonenmodells zu erklären suchten – der Teufel, dem ein »sicherer Braten« zu entschwinden droht, bietet noch einmal all seine Kräfte auf, um den Frommen zurückzugewinnen – kommt die Psychologie ohne ein solches Modell aus. Sie deutet die Versuchungen und Hindernisse als Teile des Unbewußten, die durch kontemplative und introspektive Techniken an die Oberfläche des Bewußtseins gelangen können. Als erfahrungsorientierter Weg benennt auch der Yoga solche Hindernisse und gibt dem Suchenden das nötige asketische Werkzeug an die Hand, damit er den gesteigerten Triebimpulsen nicht wehrlos ausgeliefert ist. Wer um diese Prozesse weiß, wird sich nicht gleich entmutigen lassen, wenn seine Bemühungen nicht sofort fruchten.

Patanjali beschreibt und analysiert diese Hindernisse genau und nimmt dem Schüler die gefährliche Illusion, daß der Yogin frei von Anfechtungen sei. Als Trost und Ermutigung erfährt der Schüler, daß diese Hindernisse, wenngleich nicht ganz überwunden, so doch durch das Praktizieren der ersten Glieder des Yoga, d.h. durch rechte Lebensführung, in ihrem schädlichen Einfluß eingedämmt werden können.

---

2 Vgl. S.55-57.

Im YS.II,3-9 heißt es:

»Die fünf Hindernisse (wörtl. Leidenschaften[3], innere Spannungen) sind: Nichtwissen, Ichverhaftung, Begierde, Haß und
Selbsterhaltungstrieb. / Das Nichtwissen ist die Grundlage für
die übrigen (vier), ob sie nun schlummern, geschwächt, gespalten oder in voller Aktivität sind. / Nichtwissen ist, wenn man
das Vergängliche für unvergänglich, das Reine für unrein, das
Leidvolle für Freude, das Nicht-Selbst für das Selbst hält. / Unter Ichverhaftung versteht man, wenn sich der Betrachter
fälschlich ganz mit dem Betrachteten identifiziert. / Begierde
ist, wenn man sich an das klammert, was Vergnügen macht./
Haß (Abneigung) ist dasjenige, dem Leid folgt. / Der Selbsterhaltungstrieb (das Hängen am Leben) ist ein angeborener In-
stinkt des Selbstgefühls. Von ihm sind selbst Wissende nicht
frei.«

Die in YS II,3 beschriebenen fünf *Kleshas* spannen – ganz im Sinne
der *Samkhya*-Philosophie – einen Bogen von der Unwissenheit über
die Identifikation mit dem Ego, die daraus resultierenden Begierden
und Abneigungen gegenüber materiellen Dingen, bis hin zum Sich-
Festklammern an die physische Existenz. Nach Auffassung der indischen Religionen muß ein Mensch wiedergeboren werden, der sich
sein Leben lang an seine physische Existenz klammerte und im Zustand der Unwissenheit um sein wahres Wesen stirbt. Unwissenheit
um die wahre, ewige Natur des Selbst und ängstliches Festhalten am
irdischen Leben bedingen und verstärken sich gegenseitig. Sie bilden
den Teufelskreis allen menschlichen Leidens, indem sie Egoismus,
Besitz- und Machtstreben schüren.

Im Gedankengebäude der *Samkhya*-Philosophie, auf das sich der Yoga
stützt, würde das eben Geschilderte wie folgt beschrieben:

In seinem durch *Tamas* verdunkelten und mit den gröbsten Erschei-
nungsweisen der *Prakriti* (Materie) sich identifizierenden Geisteszu-
stand, d.h. in seiner Unwissenheit *(Avidya)* hält der Mensch das Nicht-
Ewige, Veränderliche, Unbeständige, d.h. die von den drei *Gunas* bestimmte Materie, für ewig und beständig, das Unreine für rein, das
Nicht-Wirkliche für wirklich und das, was Leiden schafft, für die
Quelle wahren Glücks.

---

3   Die Assoziation des deutschen Wortes »Leidenschaft« mit dem, was Leiden schafft,
     fügt sich gut in das Denkschema des Yoga ein.

Im Zustand der Unwissenheit kann der Mensch nicht zwischen dem unvergänglichen *Purusha* (Selbst, Kernwesen des Menschen) und der sich ständig wandelnden *Prakriti* unterscheiden und identifiziert sich in seinem Denken *(Manas)* mit seinem psychophysischen Substrat. Es zu erhalten und zu genießen wird sein höchstes Ziel. Dies versteht Patanjali unter *Asmita* (Ich-Binheit). Wer in solchen Kategorien denkt und handelt, ist von vornherein zum Scheitern verurteilt, da jegliches materielle Substrat dem Gesetz der drei *Gunas*, d.h. der Veränderung und dem Vergehen unterworfen ist.

Aus dieser falschen Weltsicht entstehen Vorlieben bzw. Gier *(Raga)* und Abneigungen bzw. Haß *(Dvesa)*. Man folgt dem Lustprinzip und gestaltet das Leben nach den Grundsätzen von Leidvermeidung und Lustgewinn. Da sich jedoch beide Strebungen auf den endlichen, von den drei *Gunas* bestimmten Bereich beziehen, rufen sie wieder Leid hervor, denn nichts in der Welt hat bleibenden Charakter.

Wie noch zu zeigen sein wird, wollen *Yama* und *Niyama*, die Lebensregeln des Yoga, den Menschen dazu bewegen, seine Scheinsicherheiten aufzugeben und den eben geschilderten Teufelskreis zu durchbrechen. Besonders die Gebote des Nicht-Stehlens *(Asteya)* und des Nicht-Hortens *(Aparigraha)* spielen dabei eine wichtige Rolle. Die Forderung, täglich in den heiligen Schriften zu lesen und sich mit dem Inhalt zu konfrontieren *(Svadhyaya)*, will dem Übenden ebenso helfen, seine Unwissenheit und Fehlidentifikationen zu überwinden, wie das Gebot der Reinheit *(Sauca)*, das den Umgang mit Dingen und Menschen verbietet, die dem Bereich von *Tamas* zugehören.

Wenn man die Grundannahme und das Ziel von *Samkhya* und *Yoga* anerkennt – d.h. daß der Mensch in einem Zustand der Entfremdung von seinem wahren Wesen lebt und daß dieser Zustand überwunden werden soll – so erscheinen die yogischen Lebensregeln, die noch ausführlich beschrieben werden sollen, als streng logisches und folgerichtig aufgebautes System, das diesem Ziel dient. Keiner der *Yamas* und *Niyamas* ist undurchsichtig oder unerfüllbar.

An dieser Stelle wird die Stärke und Überlegenheit einer Ethik deutlich, die von einer gründlichen Analyse der menschlichen Situation ausgeht und die Brüchigkeit eines Wertsystems aufzeigt, das sich ausschließlich innerhalb des Rahmens der kontingenten Welt bewegt. Diese Ethik deutet das Leiden des Menschen und die Sehnsucht nach dem Unbedingten als Zeichen der inneren Gegenwart eines absoluten Zieles und somit als Bedingung für den Aufbruch und macht sie für die Lebenspraxis fruchtbar[4]. Die radikale, jedoch durchaus logisch nachvollziehbare Infragestellung kontingenter »Werte« durch die indische Philosophie kann den Menschen auf ein höheres Ziel hin öffnen und ihm höhere Werte erschließen bzw. die Sehnsucht danach wecken. Dies ist der erste Schritt. Wer ihn vollzogen hat, wird dankbar die Hilfen annehmen und die Gebote befolgen, welche die spirituellen Meister lehren.

Die ethischen Weisungen des Yoga sind wie das ganze yogische Gebäude nicht auf blinden Glauben aufgebaut und ausgerichtet, sondern auf die konkrete Erfahrung des Praktizierenden. Diese Erfahrung umfaßt den ganzen Menschen. Nichts liegt den Meistern des Yoga ferner, als ihre Schüler zu indoktrinieren. Sie wollen helfen, Klippen auf der spirituellen Reise zu überwinden. Darum mündet ihre Lehre, die nichts weiter ist als auf den Begriff gebrachte Erfahrung, stets wieder in die Erfahrung hinein. Dies ist ein entscheidender Vorteil, der die yogische Ethik gegenüber einer katholischen Moraltheologie auszeichnet, die in den vergangenen hundert Jahren immer mehr die Aszetik[5] vernachlässigt hat, mit der sie ursprünglich untrennbar verbunden war.

Zusammenfassung

Der Yoga stimmt mit den unterschiedlichsten spirituellen Wegen der Welt in der Feststellung überein, daß die meisten Menschen sich von der vordergründig erfahrbaren Welt täuschen lassen und dazu neigen, ihre Identität aus dem »Habbaren« abzuleiten. Ein radikaler Bewußtseinswandel tut darum not. Auch die Aufforderungen Jesu, sich nicht der Welt gleichzumachen oder dem Kaiser zu geben, was des Kaisers ist, und Gott, was Gottes ist (Mt 22,21), oder nicht Schätze hier auf Erden zu sammeln, wo die Motten und der Rost sie zerstören können (Lk 12,33f), weisen in diese Richtung. Ein solches einschneidendes Erlebnis, das mit einer neuen Sichtweise der materiellen Wirklichkeit

---

4   Hier wird der vollkommen unterschiedliche Zugang von indischer Philosophie und christlicher Moral zu dem Thema Sünde und Schuld verständlich. Während im Christentum die Gewichtung der Schuld vom Grad der Bewußtheit abhängt, in der eine Tat begangen wurde, schließt der Hindu vom objektiven Fehlverhalten eines Menschen auf den Grad seiner Unwissenheit.

5   Bei der Askese geht es um die Einübung in bestimmte sittliche und religiöse Grundhaltungen, ohne die menschliches Leben in Freiheit und Verantwortung nicht gelingen kann. (vgl. Joh. Gründel, Askese im Dienst einer geordneten menschlichen Entfaltung vor Gott. In: Lebendige Seelsorge 35. Jahrgang 1984/1 S.7-13).

einhergeht, wird auf allen spirituellen Hochwegen angestrebt. So betont Jesus im Nikodemus-Gespräch (Joh,3,3-6):

> »Amen, Amen, ich sage Dir: Wenn jemand nicht von neuem geboren wird, kann er das Reich Gottes nicht sehen...Was aus dem Fleisch geboren ist, das ist Fleisch; was aber aus dem Geist geboren ist, das ist Geist.«

Weder im Neuen Testament noch im Yoga wird die Realität des Fleisches bzw. der Materie geleugnet oder die reale Welt abgewertet. Der Mensch ist *in* dieser Welt, jedoch nicht *von* dieser Welt, d.h. er ist nicht völlig identisch mit seinem psychophysischen Substrat. Er ist mehr. Wer dieses »Mehr« erfahren hat und daraus lebt, wird fähig, mit Gelassenheit in dieser Welt zu leben und zu handeln. Er weiß, was Leben wirklich ist, und daß weder Macht noch Besitz oder gar Waffen es mehren und beschützen können.

In der Lehre von den *Kleshas* versucht der Yoga dem Suchenden auf rationaler Ebene die Hindernisse vor Augen zu führen, die ihn vom »Leben aus der Quelle« abhalten. Der achtfache Pfad will helfen, diese Hindernisse in der Praxis zu überwinden.

2. Hilfen zur Selbstdisziplinierung

Dem chinesischen Philosophen und Staatsmann Meng Tse (372-289 v.Chr, lat. Mencius) wird folgender Spruch zugeschrieben:

> »Wenn du die Menschen liebst und sie sind unfreundlich, dann schau kritisch deine eigene Liebe an; wenn du zu regieren hast und die Menschen lassen sich nicht führen, dann betrachte genau deine eigene Weisheit; wenn du höflich zu den Menschen bist, und sie antworten nicht, dann denke darüber nach, wie es mit deiner eigenen Ehrfurcht gegenüber anderen steht.«[6]

Wie die meisten spirituellen Systeme kennt auch der Yoga bestimmte Lebensregeln, die eine wichtige Voraussetzung für geistiges Wachstum sind. Obwohl es im Yoga stets ein Anliegen ist, den Sinn einer jeden einzelnen Regel rational zu erschließen, bleiben sich Patanjali und die Kommentatoren des Yogasutra doch stets der Tatsache bewußt, daß Einsicht allein nicht genügt. Der Mensch besteht nicht nur aus

---

6   Zit. nach Rohit Mehta, Yoga: The Art of Integration, Madras 1982, S.156.

dem Verstand. Der Wille, das Triebgeschehen und das Unbewußte bestimmen menschliches Handeln entscheidend mit.

Darum reiht Patanjali seine Schilderung bestimmter Hilfsmittel für den yogischen Prozeß zwischen die Verse 30-32 des Kapitels über die Yogapraxis – hier wird ein kurzer Überblick über die Lebensregeln vermittelt – und die Verse 35ff ein, wo die ethischen Postulate im einzelnen abgehandelt werden. Der weise Autor des *Yogasutra* erweist sich somit als guter Lehrer, der nicht nur Forderungen stellt, sondern auch Wege für die Praxis aufzeigt.

Ähnlich wie Jesus, der seine Jünger lehrt, daß nicht das, was von außen in den Menschen hineinkommt, ihn unrein macht, sondern die bösen Gedanken, also das, was von innen herauskommt, weist auch Patanjali darauf hin, daß die Gedanken den Taten vorausgehen. Störende Gedanken bzw. die Zerstreuung des Mentals sind ein wichtiges Hindernis für die yogische Lebenspraxis.

Der Ratschlag, den Patanjali dem Schüler gibt, mag zunächst verwundern: Er empfiehlt nicht, wie man erwarten möchte, einen zerstreuten Geist wieder zu sammeln, sondern: über das Gegenteil zu meditieren *(Pratipaksha-Bhavanam)*. Hinter diesem Ratschlag steht das Wissen, daß man »den Teufel nicht mit dem Beelzebub« austreiben kann. Die Dunkelheit weicht von selbst, sobald man Licht macht. Es entspricht der Erfahrung, daß der Übende mehr erreicht, wenn er sich nicht zwanghaft auf ein Negativum bzw. auf dessen Überwindung konzentriert und fixiert, sondern Gedanken und Gefühle zwanglos und entspannt auf die positive Entsprechung lenkt[7].

Zum anderen können die Widerstände, die bei der »Reflexion über das Gegenteil« auftreten, den Schüler auf manche »heiße Fährte« zu den Ursachen seiner Schwierigkeiten bringen. Wenn der Aspirant die Spur aufmerksam verfolgt, kann er viel über sein Innenleben erfahren.

Ein solches Vorgehen hat nichts mit Verdrängung oder sonstigen Abwehrmechanismen im Freud'schen Sinne zu tun. Vielmehr handelt es sich im Yoga um einen bewußten Prozeß, in dem der Übende sein Denken, Fühlen und Wollen sorgfältig beobachtet, um den Punkt aufzuspüren, an dem sich seine Gedanken vom ursprünglichen Meditationsobjekt abwenden. Damit lenkt Patanjali die Aufmerksamkeit des

---

7 Die im Westen verbreitete Technik des Autogenen Trainings arbeitet genau nach dem Prinzip von *Pratipaksha-Bhavanam*. Die wichtigste Regel lautet hier: Nur positive Vorsätze fassen! So darf man sich z.B. nicht suggerieren: »Ich bin nicht nervös und verspannt«, sondern »Ich bin ganz ruhig und entspannt.«

Schülers auf die eigene Unaufmerksamkeit. So gewinnt der Schüler Schritt für Schritt Kontrolle über seine Gedanken und Taten.

In V.33 erklärt Patanjali diese Technik näher: Wenn man z.B. von unfriedlichen Gedanken bedrängt wird, so soll man sich näher mit dem *Yama Ahimsa* (Gewaltlosigkeit) befassen und versuchen herauszufinden, in welcher Situation und warum man vom eigenen Ideal abgewichen ist. Auf diese Weise lernt der Schüler die Mechanismen von Gier, Zorn und Verwirrung näher kennen, die ihn immer tiefer in Leid und Unwissenheit zu verstricken drohen. Wenn er sich lange und sorgfältig selbst beobachtet hat, kann er diesen Mechanismen rechtzeitig und wirksam Einhalt gebieten.

Der Begriff »*Pratipaksha-Bhavanam*« (Reflexion über das Gegenteil) muß daher vor allem psychologisch verstanden werden. Der Übende wird weniger aufgerufen, über ein abstraktes Ideal, etwa das der Gewaltlosigkeit, zu reflektieren, als vielmehr über sein eigenes, subjektives Verständnis dieser Tugenden. Auf diese Weise kann dem Schüler bewußt werden, daß z.B. ein »gnadenloses« Festhalten an der Tugend der Wahrhaftigkeit, das sich im schonungslosen Aufdecken von Lügen anderer äußert, in Wirklichkeit eine verdeckte Form von Aggression und somit ein Verstoß gegen das Postulat der Gewaltlosigkeit ist.

Besonders Menschen, die sich intensiv um ein sittlich gutes Leben bemühen (wie etwa in christlichen Gemeinschaften) erliegen immer wieder der Versuchung, andere zu verurteilen, die nicht nach den gleichen Idealen leben. Nach der Freud'schen Psychologie handelt es sich hierbei um einen Tabu-Mechanismus, bei dem der, der einen Anderen verurteilt, unbewußt dieselbe Tat begeht, die bewußt auszuführen er sich selbst nicht zugesteht. Wer dem Rat Patanjalis folgt, läuft nicht Gefahr, mit dem Finger auf andere zu zeigen, sondern er wird stets nach der eigenen Motivation bzw. nach der Lauterkeit der eigenen Motive forschen. Die Aufforderung Jesu, erst den Balken aus dem eigenen Auge zu entfernen, bevor man einen Splitter aus dem Auge des Anderen zieht (vgl. Mt 7,3-5), paßt gut in diesen Zusammenhang.

Hier wird deutlich, daß der yogische Prozeß nicht nur an der Oberfläche ansetzt. Die Motive des Handelns sind im Yoga wichtiger als rein äußerliche Verhaltensweisen. Wenn die Motive nicht lauter sind, so kann nach yogischer Auffassung auch das Verhalten nicht wirklich gut und dem spirituellen Weg förderlich sein, ganz gleich wie korrekt es nach außen hin erscheinen mag. Die eingangs zitierten Verse des Meng Tse weisen in dieselbe Richtung.

Beispiele aus der Praxis:

Wie kann diese Reflexion über das Gegenteil im Alltag aussehen? Zum Beispiel beim Autofahren: Der Fahrer eines Kleinwagens ist mitten im Überholvorgang. Da nähert sich von hinten ein Porsche mit Lichthupe. Der Fahrer des Kleinwagens verlangsamt absichtlich, um den Porschefahrer zu ärgern. Was wäre das Gegenteil? Der Fahrer des Kleinwagens stellt sich vor, er würde den anderen vorbeilassen. In diesem Moment beobachtet er die Gefühle, die sich dabei einstellen und läßt den Vorgang nochmals vor sich ablaufen. So erkennt er, an welcher Stelle und warum er auf Aggression (Lichthupe) mit Aggression geantwortet hat. Sich behaupten wollen? Neid um den schnelleren Wagen? In diesem Moment wird ihm auch bewußt, daß er vielleicht durch sein Blockieren die Aggression des Porschefahrers noch gesteigert hat.

Oder: Jemand gebraucht eine Lüge, um sich einer »brenzligen« Situation zu entziehen. Er denkt nach, was wäre, wenn er die Wahrheit gesagt hätte. Was ist eigentlich Wahrheit für ihn? Warum hat er gelogen, wovor hatte er Angst?

Oder: Jemand hat beschlossen, mit dem Rauchen aufzuhören: Nach dem Essen gelüstet ihn plötzlich stark nach der Zigarette. Er stellt sich vor, daß er nicht raucht und beobachtet genau die Gefühle, die auftreten und ortet die Auslöser, die ihn zum Rauchen verleiten.

Wer so in beständiger Reflexion lebt, wird mit der Zeit lernen, sehr früh Handlungsimpulse in seinem Inneren wahrzunehmen und es nicht zu Handlungen kommen lassen, die ihm oder anderen Schaden zufügen.

3. *Übung und Verzicht (Abhyasa und Vairagya)* [8]

Jeder kennt aus der eigenen Kindheit die kleinen Holzkreisel, die – vorausgesetzt, sie sind gut gewuchtet – bei hoher Rotationsgeschwindigkeit stillzustehen scheinen. Läßt die Geschwindigkeit – bedingt durch den Reibungswiderstand – nach, so beginnt der Kreisel zu taumeln und fällt um. Bringt man ein kleines Gewicht, also eine Unwucht am Rand des Kreisels an, so läßt er sich nur in eine unregelmäßige Rotation versetzen, verliert binnen kürzester Zeit das Gleichgewicht, trudelt und kippt um. Stellen wir uns vor, wir würden einen perfekt ge-

---

8 Vgl. Bäumer, a.a.O., S.38-40.

wuchteten Kreisel in eine sehr schnelle reibungsfreie Drehung versetzen. Er würde sich ewig drehen und auf den Beobachter den Eindruck
absoluter Ruhe machen, trotz bzw. wegen seiner extremen Drehgeschwindigkeit.

Anhand dieses Beispieles läßt sich gut veranschaulichen, was der Yoga unter Übung und Verzicht versteht. Aktivität und Rezeptivität fallen in der Yogapraxis ineins. Wer Yoga betreibt, muß zweifelsohne einiges an Zeit und Energie ins Üben investieren. Dennoch wird sich der
Erfolg paradoxerweise nur dann einstellen, wenn der Schüler gleichzeitig losläßt und sich in die Haltung der Gelassenheit einübt, d.h.
wenn er seine konkreten Erwartungen über Bord wirft.

Gerade wegen dieses zentralen Postulates des »Verzichtes« wird man
die Behauptung nicht aufrechterhalten können, der Yoga sei eine
Technik der Selbsterlösung. Yoga ist im ursprünglichen Sinne keine
Technik, die sich in den Rahmen der abendländischen Machbarkeits-
ideologie einpaßt. Wenn der Yoga in unseren Breiten etwa als Mittel
gegen Verspannungen, Schwangerschaftsbeschwerden etc. propagiert
wird, so ist dies eine grobe Verkürzung.

Der Yoga will vor allem das zerstreute Mental sammeln und ruhigstel-
len, um so einen Freiraum zu schaffen, in dem der Mensch zu sich
selbst und zu Gott findet. Die Hindernisse auf diesem Weg wurden in
den vorangehenden Kapiteln geschildert. In diesem Kapitel sollen nun
die beiden wichtigsten Hilfen beschrieben werden, die der Autor des
Yogasutra seinen Schülern an die Hand gibt: *Übung (Abhyasa)* in den
Disziplinen des Yoga und *Verzicht (Vairagya)*, der falsche Wunsch-
vorstellungen und Erwartungen überwinden helfen soll.

a) Übung *(Abhyasa)*

In YS I,13f definiert Patanjali die »Übung« als ein intensives Bemühen um den Ruhezustand des Geistes *(Citta)*. Diese Übung muß über
eine lange Zeit ununterbrochen und mit der Haltung der Hingabe vollzogen werden. So schafft man eine feste Grundlage für den Yoga.
Abhyasa umfaßt vor allem die acht Glieder des Yogapfades und damit
ein stetes *aktives* Sich-Bemühen auf allen Ebenen des Menschseins.
Bei *Vairagya* hingegen steht das Loslassen im Vordergrund, also *Pas-
sivität*, d.h. der Verzicht, das Abstandnehmen von den Früchten der eigenen Handlungen positiver wie auch negativer Art. Die beiden Begriffe scheinen sich auf den ersten Blick zu widersprechen. Dennoch

gehören beide zusammen. Ihre Koexistenz beschreibt einen Zustand der Entspannung inmitten der Spannung, einen Zustand von Inaktivität inmitten von Aktivität, von Schweigen mitten im Lärm.

Auch das Christentum kennt eine solche Haltung, wie sie z.B. in der Forderung Jesu zutage tritt, daß die linke Hand nicht wissen soll, was die rechte tut (Mt 6,3). Während diese Haltung im Christentum sich vor allem auf den Umgang mit der Welt und den Mitmenschen bezieht, richtet der Yoga sein Augenmerk eher nach innen. So deckt er auf, daß sich hinter dem »selbstlosen Handeln« vieler Menschen häufig unreflektiert das »Helfersyndrom« verbirgt, eine verkappte Form von Egoismus. Die Yoga-Lehre von Übung und Verzicht macht auch die Hoffnung mancher Christen, durch Taten der Nächstenliebe und durch Verzicht das Himmelreich sich »verdienen« zu können, als Irrtum kenntlich. *Abhyasa* und *Vairagya*, wie sie der Yoga versteht, können demnach dazu beitragen, Fehlformen in der religiösen Praxis zu verdeutlichen.

b) Verzicht *(Vairagya)*

Die Forderung, auf die Früchte der eigenen Taten[9] zu verzichten, wie sie vor allem in der *Bhagavadgita* vertreten wird, findet sich auch im *Yogasutra* wieder. Sie bezeichnet hier vor allem die Geisteshaltung, in der die Übungen des Yoga vollzogen werden sollen. *Vairagya* kennzeichnet vor allem die innere Haltung der Absichtslosigkeit, aus der heraus der Mensch weder interessiert ist, an Vergangenem festzuhalten, noch sich ängstlich um die Zukunft zu sorgen. Es geht hier nicht um den oberflächlichen Verzicht auf weltliche Güter, sondern um ein schlichtes und demütiges Leben in der Gegenwart, frei von jeglicher selbstherrlicher »Homo-Faber-Mentalität«. *Vairagya* läßt sich darum wohl am besten definieren als ein geistiger Zustand des Nicht-verhaftet-Seins bzw. der Freiheit von Begierde *(Raga)*[10] und Haß *(Dvesa)*[11]. Im Hintergrund dieser Haltung der Indifferenz gegenüber allem Geschehen innerhalb der kontingenten Welt steht wieder das metaphysi-

---

9 Ein solches selbstloses Handeln gilt in Indien als eigenständiger Yogaweg und wird als »*Karma-yoga*«, d.h. als der Yoga der Tat bezeichnet.

10 Das Wort *Vairagya* leitet sich von dem Begriff »*raga*« ab, der in YS II,7 definiert ist als leidvolle Haltung, die dem Vergnügen anhängt. Wer *Vairagya* praktiziert, läßt sich nicht mehr von den Objekten fesseln, die Vergnügen versprechen.

11 Im Sinne von Abneigung, Widerwillen.

sche Erkenntnisideal der *Samkhya*-Philosophie, das den Menschen lehren will zu unterscheiden zwischen dem *Purusha*, dem wahren Wesen des Menschen, und der *Prakriti*, d.h. der den *Gunas* unterworfenen Natur.

In den Versen 15 und 16 spricht Patanjali von zwei Stufen von *Vairagya*:

Auf der ersten Stufe überwindet der Übende die von *Tamas* verdunkelte Weltsicht und lernt zu unterscheiden zwischen dem kontingenten Bereich der *Prakriti* (Natur, Welt) und dem transzendenten *Purusha* (Geist, Selbst). Er realisiert, daß er zwar *in* dieser Welt, jedoch nicht *von* dieser Welt ist. Auf dieser Stufe spielt *Viveka*, die Fähigkeit der Unterscheidung eine zentrale Rolle[12]. *Viveka* und *Vairagya* lassen sich auffassen als zwei Aspekte ein und desselben Prozesses der Überwindung von Illusion: Wer gelernt hat, zwischen dem Vergänglichen und dem Unvergänglichen zu unterscheiden, wird seine Erkenntnis in der Praxis anwenden, d.h. freiwillig auf vieles verzichten, da es für ihn ohnedies an Bedeutung verloren hat. Wer Verzicht übt, gewinnt Abstand von den Dingen. Aus einer solchen Distanz heraus kann der Schüler besser unterscheiden, was er tatsächlich braucht und was nicht.

Auf der ersten Stufe von *Vairagya* muß sich der Übende noch mit seinen Vorlieben und Abneigungen auseinandersetzen. Auf rationaler Ebene wird er dies durch seine kritische Reflexion versuchen und auf existentieller Ebene durch das Praktizieren von *Yama* und *Niyama* (den yogischen Lebensregeln). Im Gegensatz dazu stellt *Vairagya* zweiten Grades *(Paravairagya)* eine existentielle Befindlichkeit dar, in der auch noch die letzten Keime von Begierde oder Haß erstorben sind und daher nie mehr akut werden können. Diese Loslösung geht nach Meinung der Hindus einher mit dem Zustand des höchsten *Samadhi*, d.h. der Erleuchtung. Hier ist keinerlei Anstrengung von Seiten des Yogin mehr nötig. Er hat sein wahres Wesen erkannt und ist eins geworden mit der Tugend. Er hat mittels *Abhyasa* und *Vairagya*

---

12 Karel Werner hat Viveka wie folgt beschrieben: »Der Aspirant muß die Fähigkeit entwickeln und kultivieren, zu erkennen, was im Leben – so wie er es erfährt – nicht von Dauer, zeitgebunden und flüchtig ist, und was von dauerhaftem Wert ist und auf das Ewige hinweist. Er muß versuchen zu unterscheiden zwischen dem, was sich an der Oberfläche zeigt und dem Essentiellen, zwischen der illusorischen Realität außen und der absoluten Realität in der inneren, tiefen Dimension der Existenz. In diesem Sinne muß er beständig versuchen, seine Erfahrungen, Neigungen, Entscheidungen und Aktionen zu hinterfragen, zu analysieren und zu werten.« Karel Werner, Yoga and Indian Philosophy, Delhi, [2]1980, S.144.

einen supramentalen Zustand erreicht, in dem die Kategorien von Raum und Zeit und auch die Ethik aufgehoben bzw. transzendiert werden. Dies führt selbstverständlich nicht dazu, daß die *Prakriti* aufhört zu existieren, oder daß das Rad der *Gunas* zum Stillstand kommt – das würde das Ende des Lebens bedeuten – wohl aber, daß sich der Erleuchtete nicht mehr völlig mit seinem psychophysischen Substrat identifiziert. Aus der Erfahrung der Gelassenheit des Seins heraus vermag der Mensch dann die Dinge so wahrzunehmen wie sie wirklich sind. Dies ist der Ausgangspunkt für ein Handeln im Einklang mit der kosmischen Ordnung *(Dharma)*.

Das mit *Paravairagya* Gemeinte läßt sich wiederum anhand des Analogons vom Kreisel verdeutlichen: Gelänge es, den Kreisel immer mehr zu beschleunigen und ihn in eine der Lichtgeschwindigkeit sich annähernde Drehgeschwindigkeit zu versetzen, so würde er nach dem Gesetz der Lorentz-Kontraktion, einem Spezialfall der Einstein'schen Relativitätstheorie, immer mehr zusammenschrumpfen und schließlich aus unserem raumzeitlichen Kontinuum verschwinden, d.h. er würde in unseren Augen aufhören zu existieren, obwohl seine Masse unendlich groß würde[13].

Überträgt man dieses Analogon auf den Prozeß von *Abhyasa* und *Vairagya*, so läßt sich der Aspekt des Übens mit dem Wuchten und In-Bewegung-Setzen des Kreisels vergleichen. Daß dies unendlich viel Mühe und Ausdauer *(Abhyasa)* erfordert, ist verständlich. *Vairagya* würde die Ruhe und Stabilität symbolisieren, die dem gut gewuchteten Kreisel trotz seiner hohen Drehgeschwindigkeit innewohnt. *Paravairagya* ließe sich vergleichen mit der Erfahrung einer völlig neuen Dimension, von der aus sich die Kategorien von Raum und Zeit relativieren. Tatsächlich wird das Erlebnis des *Samadhi* immer wieder als Erfahrung der Überwindung von Raum und Zeit geschildert.

Es fällt auf, daß auch in der christlichen Spiritualität das mit *Abhyasa* und *Vairagya* Gemeinte nicht unbekannt ist. Pater Emanuel Jungclaussen beschreibt den spirituellen Pfad der Mönchsväter wie folgt:

---

13 Die Lorentz-Kontraktion, ein Postulat der Einstein'schen Relativitätstheorie, besagt, daß ein bewegter Körper sich in der Bewegungsrichtung mit zunehmender Geschwindigkeit immer stärker zusammenzieht, bis er — mit der Lichtgeschwindigkeit c bewegt — vollkommen zu verschwinden scheint. Um diesen Effekt in der Praxis auch nur annähernd erzielen zu können — was wegen der Fliehkraft jedoch kaum möglich wäre — müßte der Kreisel optimal gewuchtet sein. (Vgl. Einstein/Infeld, Die Evolution der Physik, RdE Nr. 12, Hamburg 1957, S.129).

»Der erste [Schritt] ist das Bemühen um die Erfüllung der Weisungen Christi, so wie sie uns in der Bergpredigt gegeben sind. Dabei erhält – als zweiter Schritt – die Mahnung zur Sorglosigkeit (Mt 6,24-33) ein ganz besonderes Gewicht. Sie zielt darauf ab, nicht nur ganz allgemein durch Ablegen der Sorgen Ruhe zu finden, sondern jeden unguten Gedanken und schließlich überhaupt jeden Gedanken zu unterdrücken, um dafür nur eine Sorge zu haben, nämlich das Gott-Gedenken unablässig im Herzen zu bewahren, um dadurch mit Gott völlig eins zu werden.«[14]

Auch im Yoga steht das Bemühen *(Abhyasa)* um die Erfüllung der Lebensregeln – sie sind denen der Bergpredigt in vielem sehr ähnlich – an erster Stelle. *Vairagya* will – analog der »Sorglosigkeit«, von der Jungclaussen spricht – dem Schüler helfen, Ruhe zu finden. Wie alle Aspekte des yogischen Pfades ist dieser »Verzicht« auf das Ziel, d.h. auf den *Samadhi* hingeordnet. Im eben zitierten Absatz klingt jedoch auch bereits ein wichtiger Unterschied zwischen yogischer und christlicher Meditation an, der noch ausführlich erläutert werden wird. Am Ende des christlichen Pfades steht die *Unio Mystica*, die Vereinigung der Seele mit Gott, während das Ziel vieler hinduistischer Yoga-Formen die Identitätserfahrung von *Brahman* und *Atman* bzw. die Erfahrung des reinen *Purusha* ist.

Vairagya contra christliche Weltzugewandtheit?

Die von den östlichen Philosophien und Religionen gelehrte Indifferenz gegenüber den Freuden und Leiden der vergänglichen Welt birgt immer die Gefahr der Weltflucht in sich. Dies wird ihnen häufig von christlicher Seite zum Vorwurf gemacht. Es gibt jedoch gute Argumente, die diese Vorwürfe, wenn nicht ganz entkräften, so doch relativieren können:

– Ich habe bereits darauf hingewiesen, daß im Hinduismus die asketische, weltflüchtige Lebensweise streng genommen erst am Ende eines Lebens stehen darf, in dem die irdischen Verpflichtungen sehr wohl erfüllt wurden.

---

14 Emanuel Jungclaussen, Aufrichtige Erzählungen eines russischen Pilgers, Freiburg 1984, S.10f. (Vgl. auch das Gartengleichnis der Mystikerin Theresa von Avila im zweiten Kapitel, S.32)

– Zum zweiten muß man immer auch die Diskrepanz zwischen Lehre und gelebter Praxis mit in Betracht ziehen. Auch in Indien gibt es viele Psychopathen, die das Ideal der Weltverneinung dazu mißbrauchen, ihre Krankheit auszuleben und ihre Beziehungsunfähigkeit zu kaschieren. Freilich läßt sich für eine solche Haltung in den östlichen Weltanschauungen eher eine raison d'être finden als im abendländischen Christentum.

– Weiter kann man anführen, daß indische Autoren immer wieder betonen, daß das Klischee falsch ist vom erleuchteten Yogin, der mit gekreuzten Beinen und geschlossenen Augen starr dasitzt, in Meditation versunken ist und auf keinerlei äußere Reize antwortet. Weltentrücktheit und mystische Erfahrung können zwar zeitweilig mit dem *Samadhi* auftreten und eine große Bereicherung darstellen. Das Wesentliche daran ist jedoch die schlichte und einfache Klarheit und Transparenz des Geistes, die einhergeht mit der Überwindung von Zweifeln und Existenzängsten. Damit führt *Samadhi* mitten hinein in die Welt und befähigt zu sach- und situationsgerechtem Handeln. In diesem Sinne darf der yogische Prozeß des Anhaltens der mentalen Aktivität nicht mißverstanden werden als eine vollständige Vernichtung unserer geistigen Fähigkeiten, sondern als eine Methode, die inneren Bindungen des unruhigen Geistes zu durchbrechen und ihn mit frischer Aufmerksamkeit zu füllen. So wird der Mensch zu einem Tun fähig, das sich stets aus einer gelungenen Mischung von aktiven und passiven Komponenten zusammensetzt. Er bewegt sich in einem Regelkreis von Fragen-Antworten-Hören-Tun. Die Bedeutung eines solchen Handlungsverständnisses in Hinblick auf die ökologische Misere und die Friedensdiskussion ist so offensichtlich, daß darauf nicht näher eingegangen zu werden braucht.

– In der Koexistenz bzw. in dem wechselseitigen Prozeß von *Abhyasa* und *Vairagya*, dem aktiven Sich-Einüben in die spirituelle Praxis und dem Loslassen aller Wünsche und Identifikationen tritt uns – zumindest aus phänomenologischer Sicht – ein Ideal entgegen, das dem der christlichen Nächstenliebe ähnlich ist, wo die linke Hand nicht wissen soll, was die rechte tut (vgl. Mt 6,3).

– Darüber hinaus wird man bedenken müssen, daß die Botschaft Jesu Christi vom Reich Gottes alle irdischen Güter fast ebenso radikal in Frage stellt, wie die indische Philosophie. Daran ändert auch das jüdisch-christliche Schöpfungsverständnis nichts, gemäß dem die Welt gut – da von Gott geschaffen – ist. Man kann sogar die These aufstellen, daß der natürliche und unbeschwerte Umgang Jesu mit den Dingen dieser Welt und sein bewußtes Akzeptieren des eigenen Todes in seiner außerordentlichen Fähigkeit der Unterscheidung zwischen Ewigem und Vergänglichem wurzeln. Erstmals stellte er sie bei seiner Versuchung durch den Teufel unter Beweis, wo er Macht und Reichtum entsagte. Ein solches Weltverständnis bildet die Basis für ein »ichfreies«[15] Handeln und macht wahre Nächstenliebe erst möglich. Dann erhält der »Kaiser was des Kaisers und Gott was Gottes« ist. In diesem Sinne mündet auch *Vairagya* nicht in Weltflucht, sondern bildet die Ausgangsbasis für ein Handeln, das der conditio humana – d.h. einem »in« der Welt, aber nicht »von« dieser Welt Sein – in vollerem Sinne gerecht wird.

---

15 Den Begriff »Ichfreiheit« erläutert Jean Gebser in seinem Werk: Verfall und Teilhabe, Salzburg 1974, auf S.67. Der Mensch mit einem intensivierten Bewußtsein »ist nicht mehr von seinem Ich abhängig, nicht das Ich mit seinen Süchten verfügt über ihn, sondern er verfügt frei über sein Ich. Damit aber wird die Welt des Gegenüber mit ihren Gegebenheiten von Raum und Zeit zu einer Welt ohne Gegenüber, also zu einer Welt des Miteinander und zu einer Welt der Teilhabe an dem, was, wie das Göttliche oder das Geistige, nicht an Raum und Zeit gebunden ist, weil es von sich aus raum- und zeitfrei ist. Gelingt es uns, sowohl die Ichlosigkeit als auch die Ichhaftigkeit zu überwinden, indem wir sie beide bewußt integrieren, so gestaltet sich unser mentales Wachbewußtsein ichhafter Art um in ein integrales, überwaches Bewußtsein ich- und zeitfreier Art. Das aber bedeutet: Überwindung der tödlichen Gefahr, die unserer Kultur heute droht: daß wir nämlich an Ichverhärtung, Zeitabhängigkeit und Materialismus zugrunde gehen würden.«

B. Der achtgliedrige Yogapfad in der Praxis

1. Die yogischen Lebensregeln (Yama)

Den Lebensregeln kommt im klassischen Yoga eine wichtige instrumentelle Funktion zu. Wie das Pflügen des Feldes unumgänglich ist, damit die Saat auf gut bestelltem Acker aufgehen kann, so bereitet die Ethik den Boden für die tiefere spirituelle Erfahrung. Diesem Gedanken wird das Aufbauschema des klassischen Yogasystems gerecht: Gleich zu Beginn beschreibt der weise Patanjali die ethischen Voraussetzungen *(Yama)* und die asketischen Anweisungen *(Niyama)* . Während viele Religionen oder Sekten ihre Moralverkündigung von einer göttlichen Autorität bzw. von einem göttlichen Willen herleiten, der für den Gläubigen nicht immer einsichtig ist, beschreitet der Yoga einen anderen Weg: Er hält dem Suchenden stets das Ziel, die Selbst- und Gottfindung vor Augen und verdeutlicht, was diesem Ziel entgegensteht. Einsichtigkeit ist das hervorragende Merkmal der yogischen Moral. Einsicht in die Notwendigkeit bietet jedoch noch lange keine Gewähr für rechtes Handeln. Das wissen auch die Yoga-Meister. Der Mensch besteht eben aus mehr als nur dem Verstand. Das Unbewußte, die Emotionen und der Wille bestimmen zum überwiegenden Teil das menschliche Handeln. Der Yoga stellt darum nicht nur verständliche Regeln auf, sondern er bietet auch konkrete Hilfen an, wie man diese Regeln erfüllen kann. Ähnlich wie die Psychoanalyse versucht auch der Yoga, Unbewußtes bewußt zu machen und den Menschen zum freien, selbstverantwortlichen Handeln zu befähigen. Gerade das harmonische Ineinander von spiritueller Praxis und einsichtigen Lebensregeln verleiht dem Yoga Aktualität für den westlichen Menschen, der mit dem Verfall kirchlicher Autorität und dem Schwinden der traditionellen Werte in der modernen Gesellschaft zunehmend an Orientierung verliert.

Yama wird in den Übersetzungen wiedergegeben mit »Selbstdisziplin« und »Selbstbeschränkung«. Die Etymologie dieses Wortes verweist auf die Verbwurzel »*yam*«, (kontrollieren, zurückhalten, hindern, ein-

schränken). Diese erste Stufe des Yoga umfaßt nach Patanjali Gewaltlosigkeit, Wahrhaftigkeit, Nicht-Stehlen, reinen Lebenswandel und
Nicht-Besitzergreifen[1].

Im YS II,30 wird ein erster Überblick vermittelt über die einzelnen
Yamas und *Niyamas*. Die Sutren II,35-39 beschreiben dann die Auswirkungen der fünf *Yamas*.

In den Sutren II,35-38 ist jeweils von »*Pratishtha*« (wörtl. Stütze,
Grundlage, festes Verankert-Sein in...) die Rede, einem Begriff, den
der Theologe und Indologe J.W. Hauer als »mystische Grundkraft«[2]
wiedergibt. Aus dieser Kraft erwachsen die außerordentlichen (»übernatürlichen«) – in eben diesen Sutren geschilderten – Fähigkeiten, die
sich der in *Yama* fest verankerte Yogin erwirbt[3]. Sie lassen sich für die
Hindus aus dem alles bestimmenden kosmischen Gesetz erklären, gemäß dem der Mensch erntet, was er in Form von Gedanken, Wünschen
und Taten gesät hat. So wird z.B. in Gegenwart eines Yogin, der fest
in der Gewaltlosigkeit verankert (*Pratistha*) ist, jegliche Art von
Feindseligkeit zum Erliegen kommen.

Aus zwei Gründen hebt Patanjali diese spezifischen Auswirkungen
bzw. Kulminationspunkte von *Yama* hervor. Zum einen scheint er den
hohen sittlichen Standard der Lebensregeln betonen zu wollen, um im
Schüler keine falschen Hoffnungen zu wecken, daß dieser Standard
leicht und ohne ausdauernde Übung erreicht werden kann. Zum anderen werden die Effekte der *Yamas* – so die Kommentatoren – als

---

1 YS II,30 Diese fünf *Yamas* gelten seit Patanjali als maßgeblich für den Yoga. Die
weniger bekannte *Jabaladarsana-Up.* kennt sogar 10 *Yamas*: *Ahimsa* »Nicht-
Schädigen«, *Satya* »Wahrhaftigkeit«, *Asteya* »Nichtstehlen«, *Brahmacarya*
»Keuschheit«, *Daya* »Mitleid«, *Arjava* »Geradheit«, *Ksama* »Geduld«, *Dhriti*
»Festigkeit«, *Mitahara* »Mäßigkeit« (in Essen und Trinken), *Sauca* »Reinheit«. Wie
beim klassischen Yoga betont man auch hier, daß diese Tugenden *Kayena, Manasa,
Vaca*, d.h. »mit dem Körper, dem Geist und dem Wort« geübt werden sollen. Die in-
nere Gesinnung, Wort und Handeln müssen miteinander übereinstimmen. (vgl.
Hauer, Der Yoga, a.a.O., S.150). Es fällt auf, daß bei dieser Aufzählung *Aparigraha*,
»Nicht-Horten« fehlt und daß anstatt dessen *Sauca*, »Reinheit« eingefügt ist, die bei
Patanjali unter Niyama eingeordnet wird. Solchen Unterschieden in der Systematisierung braucht man jedoch keine allzu große Bedeutung beimessen. Sie begegnen uns entsprechend der großen Anzahl von Schriften häufig. Die Entwicklung
des Yoga verlief nicht uniform. Lokale Traditionen, historische und geographische
Faktoren spielten dabei ebenso eine Rolle wie die Persönlichkeit des Meisters, um
den sich solche Traditionen bildeten.

2 Vgl. Hauer, Der Yoga, a.a.O., S.248.

3 »Pratistha ist ein Wort, das in der philosophischen Sprache seit alters eine be-
deutende Rolle spielt. Wörtlich heißt Pr. einfach 'Stütze, Grundlage', bedeutet aber
philosophisch immer eine Machtwirklichkeit im metaphysischen Sinn, auf der etwas
ruht.« Hauer, Der Yoga, a.a.O., S.467 (Anm.1).

wichtige Gradmesser für den spirituellen Fortschritt des Yogin angesehen, anhand derer er selbst ermessen kann, ob er den entsprechenden *Yama* gemeistert hat. An seinen Werken kann man den fortgeschrittenen Yogin erkennen.

Die Kommentatoren sind übereinstimmend der Meinung, daß der Yogin sein Ziel nur erreichen kann, wenn er die Postulate von *Yama* erfüllt. In den Erläuterungen und Deutungen dieser Disziplin hingegen werden unterschiedliche, sich jedoch nicht ausschließende, sondern einander ergänzende Akzentsetzungen deutlich. Sie reichen von einer philosophischen Erklärung über praktisch-spirituelle bzw. psychologische Gesichtspunkte bis hin zur Betonung der sozialen Komponenten von *Yama*.

In YS II,31 bezeichnet Patanjali die fünf *Yamas* als *Mahavrata*, d.h. das große Gelübde, das alle Bereiche des Lebens durchdringt und unabhängig ist von Begrenzungen durch Geburt, Ort, Zeit und sonstige Umstände. Die Regeln gelten nicht nur für den physischen Bereich *(Kayika)* bzw. für die Ebene der Taten, sondern in gleichem Maße für das gesprochene Wort *(Vacika)* und sogar für das Denken *(Manasika)*[4]. Das heißt, man muß sie aus einem »größeren und tieferen Kontext« heraus verstehen[5]. Daher sind sie bei Patanjali so allgemein wie möglich formuliert und erhalten keinerlei konkrete Handlungsanweisungen für den Einzelfall. Ihr Ziel ist es vielmehr, bestimmte Grundhaltungen im Schüler zu wecken. So ist denn auch ein jeder der *Yamas* repräsentativ für ein Reihe von Tugenden, die es bis zu einem hohen Grad an Vollkommenheit zu entwickeln gilt.

Etliche Kommentatoren haben versucht, *Yama* von *Niyama* insofern zu unterscheiden, als sie den ersteren auf die Regeln sozialen Verhaltens beziehen, während sie letzteren eher der individualethischen Ebene zuordnen[6]. Eine solche Deutung bietet sich an, denn die Tugenden von Gewaltlosigkeit, Wahrhaftigkeit, Nicht-Besitz-Ergreifen etc. beziehen

---

4 Bereits Vyasa, der erste Kommentator des YS, bezieht *Yama* auf Denken, Reden und Tun (Vbh. II,30). in Woods, a.a.O., S.178.

5 »Ein normaler kultivierter Mensch sagt normalerweise die Wahrheit. – Es gibt jedoch subtilere Formen der Unwahrheit, die in den meisten von uns in Form von Tendenzen und Gewohnheiten unseres Mentals vorhanden sind. Übertreiben, sich bewußt zweideutig ausdrücken, ausweichend antworten, Worte und Sätze benutzen, die mehrere Deutungen zulassen, alldas fällt unter die Kategorie von Unwahrheit.« Rohit Mehta, Yoga, The Art of Integration, Madras 1982, S.145.

6 Vgl. P.V. Karambelkar, The Serialised Text – (Teil IV) Patanjala Yoga Sutra – Sanskrit Sutra with Transliteration, Translation and Commentary, in: Yoga Mimamsa, Bd.XXIV Nr.3 Lonavla 1985, S.224.

sich vor allem auf das Leben in der Gemeinschaft und bilden »das Fundament jeder gesellschaftlichen und persönlichen Moral. Aus der Nichtbefolgung dieser Moral entstehen Leid, Chaos und Gewaltsamkeit, und diese sind die Wurzeln allen Übels.«[7]

a) Gewaltlosigkeit *(Ahimsa)*

Oft sind es nur kleine Anlässe, die eine Lawine von Gewalt und Aggression auslösen: Da ist z.B. der Chef im Büro wegen der fallenden Aktien schlecht gelaunt und läßt seine üble Stimmung an einem Mitarbeiter aus. Dieser kommt abends nach Hause und brüllt seine Frau an, da sie vergessen hat, die Butter auf den Abendbrottisch zu stellen. Da kleckert die kleine Tochter aufs Tischtuch und erhält von der – sonst verständigen – Mutter eine kräftige Ohrfeige, da diese inzwischen auch von der üblen Laune angesteckt worden ist. Das Kind nimmt daraufhin den Löffel und schlägt ihn der Katze auf den Kopf.
Wie kommt es zu solchen Kettenreaktionen?
Wie entstehen Gewalt und Aggression?
Der Yoga setzt sich intensiv mit diesen Fragen auseinander. Gewalt im äußeren Bereich ist für den Yoga nur das letzte Glied einer langen Kette von inneren Prozessen. Es geht im Yoga darum, solche Prozesse deutlich zu machen und den Menschen zu einer Haltung umfassender Gewaltlosigkeit zu befähigen.

Gewaltlosigkeit im Yoga und in der Bibel:

Allen praktischen Forderungen voran steht im Yogasystem das Postulat, niemals und auf keinerlei Weise (weder im Denken, noch im Reden oder Tun) irgend einem Lebewesen Schmerz zuzufügen. Im Yogasutra II,35 heißt es:

> »Wenn man in der Gewaltlosigkeit gegründet ist, (schafft man eine Atmosphäre des Friedens), so geben alle, die in die Nähe kommen, die Feindschaft auf.«

Was ist ein »Ort«, wo keinerlei Feindschaft herrscht, anderes als das Paradies bzw. das Reich Gottes, von dem der Jesus der Bergpredigt verkündet: »Selig, die keine Gewalt anwenden, denn sie werden das

---

7 Sebastian Panjikaran, Ansätze zu einer ganzheitlichen Spiritualität aufgrund des Yoga, St. Ottilien 1983, S.81.

Land erben.« (Mt 5,5) Bei Jesaja wird das messianische Reich als ein Reich der Gewaltlosigkeit beschrieben (Jes 11,6-9):

> »Dann wohnt der Wolf beim Lamm, der Panther liegt beim Böcklein. Kalb und Löwe weiden beieinander, ein kleiner Knabe kann sie hüten. Kuh und Bärin freunden sich an, ihre Jungen liegen beieinander. Der Löwe frißt Stroh wie das Rind. Der Säugling spielt vor dem Schlupfloch der Natter, das Kind streckt seine Hand in das Schlupfloch der Schlange. Man tut nichts Böses mehr und begeht kein Verbrechen auf meinem ganzen heiligen Berg, denn das Land ist erfüllt von der Erkenntnis des Herrn, so wie das Meer von Wasser gefüllt ist.«

Es fällt auf, daß dieser paradiesische Zustand der Gewaltlosigkeit für Jesaja eng verbunden ist mit der »Erkenntnis des Herrn«. Diese Erkenntnis (hebräisch: *yada*) bedeutet für den Menschen des Alten Testamentes weit mehr als rein verstandesmäßiges Erfassen. Sie ist zugleich der Ausdruck innigster Beziehung.

Auch im Yoga hängen Gewaltlosigkeit und Erkenntnis eng zusammen: Die Hindus begründen die Forderung nach Gewaltlosigkeit damit, daß Körper und Seele durch das Praktizieren von »Ahimsa« in eine *sattvische* Verfassung gebracht werden, d.h. in einen ausgeglichenen, abgeklärten Zustand, der die Erkenntnis Gottes im eigenen Selbst ermöglicht. Der *sattvische* Zustand kann nur erfahren werden, wenn man innerlich wie auch äußerlich keine Feindschaften hegt, die das Feuer des Zornes und der Gewalt entfachen können. Nach Meinung der Hindus wird ein Mensch, der das Ziel des Yoga erreicht hat, keine Gewalt mehr üben, denn er hat erkannt, daß sein individuelles Selbst letztlich identisch ist mit dem absoluten *Brahman* und daß jemand, der einem anderen etwas zuleide tut, letzten Endes sich selbst schadet.

Auch Jesus räumte der Gewaltlosigkeit in seiner Verkündigung einen zentralen Stellenwert ein, mehr noch: er praktizierte sie bis zur bitteren Neige. Die christliche Begründung der Gewaltlosigkeit unterscheidet sich jedoch wesentlich von derjenigen der Hindus: Gewaltfreies Handeln ist hier nicht die Folge einer Identitätserfahrung von Mensch und Gott bzw. einer metaphysischen Erkenntnis, sondern sie wurzelt in der *Liebe* und im Mit-Sein, d.h. im Bewußtsein der Gotteskindschaft. In Christus sind alle Menschen Geschwister, Söhne und Töchter eines liebenden »Vaters«, der eben nicht in einer Identitätserfahrung Mensch-Gott aufgeht, sondern stets auch der »ganz Andere« bleibt –

um der Liebe willen, wie im letzten Kapitel ausführlich dargelegt werden wird.

»Ahimsa«, Gewaltlosigkeit, ist trotz mancher Unterschiede in der Begründung sowohl für Hindus wie für Christen nicht nur ethisches Postulat, sondern zugleich der sublime Ausdruck der höheren Natur des Menschen: Je mehr der Schüler um sein wahres Wesen – sei es nun das *Brahman* oder die Gotteskindschaft – weiß, umso selbstverständlicher wird ihm diese Tugend. Um jedoch zu diesem Wissen zu gelangen, ist im Anfangsstadium ein konsequentes Arbeiten an sich selbst vonnöten. Dieses Arbeiten kann nicht in einer Verdrängung der Aggression bestehen, sondern zunächst im Mut, sich selbst zu beobachten und anzunehmen. Niemand, der sich selbst nicht liebt, kann andere wirklich lieben. *Ahimsa* schließt darum auch den gewaltfreien, liebevollen Umgang mit sich selbst ein. Dies gilt in besonderem Maße auch für die *Asanas*: Der Übende sollte seinen Körper nicht über die Schmerzschwelle hinaus belasten.

Es leuchtet ein, daß *Ahimsa* sich nicht auf der Ebene der Körperlichkeit erschöpft, sondern auch die Sphäre der Gedanken mit einbeziehen muß, denn die Gedanken sind die Urheber der Worte und Taten. Eine gewaltsame Handlung bzw. grobe Worte sind nur das letzte Glied einer langen Kette von Ursachen und Wirkungen, die im Inneren des Menschen beginnt. In Mt 15,18f. spricht Jesus diese Wahrheit offen aus, indem er lehrt:

> »Was aber aus dem Mund herauskommt, das kommt aus dem Herzen und das macht die Menschen unrein. Denn aus dem Herzen kommen böse Gedanken, Mord, Ehebruch...«

Auch die christlichen Mönchsväter kannten die subtile Eigendynamik, die sich selbst durch kleine Ursachen wie z.B. feindselige Gedanken im Herzen entwickeln kann und beschrieben sie als Phantasmata[8]. Sol-

---

8 Paul Watzlawick erzählt in seinem Buch »Anleitung zum Unglücklichsein« (München [9]1983, S.37f) folgende Geschichte, die von dieser subtilen Dynamik handelt, welche auch nach Auffassung des Yoga zur Entstehung von Gewalt führt: »Ein Mann will ein Bild aufhängen. Den Nagel hat er, nicht aber den Hammer. Der Nachbar hat einen. Also beschließt unser Mann, hinüberzugehen und ihn auszuborgen. Doch da kommt ihm ein Zweifel: Was, wenn der Nachbar mir den Hammer nicht leihen will? Gestern schon grüßte er mich nur so flüchtig. Vielleicht war er in Eile. Aber vielleicht war die Eile nur vorgeschützt, und er hat etwas gegen mich. Und was? Ich habe ihm nichts angetan; der bildet sich da etwas ein. Wenn jemand von mir ein Werkzeug borgen wollte, *ich* gäbe es ihm sofort. Und warum er nicht? Wie kann man einem Mitmenschen einen so einfachen Gefallen abschlagen? Leute wie dieser Kerl vergiften einem das Leben. Und dann bildet er sich noch ein, ich sei auf

che Phantasmata werden als äußerst hinderlich für die Meditation angesehen: Niemand kann in Ruhe meditieren bzw. Seelenfrieden finden, wenn er in seinem Herzen böse Gedanken gegen einen anderen hegt, oder Angst hat, daß ein anderer ihm etwas antun könnte.

Die Haltung einer umfassenden Gewaltlosigkeit steht somit in direkter Beziehung zum spirituellen Wachstum und Ziel. Darum muß sich *Satya*, die Wahrhaftigkeit, der *Ahimsa* unterordnen[9]. Lieblos und in destruktiver Absicht geäußerte Wahrheiten widersprechen *Ahimsa*.

Ahimsa praktizieren bedeutet letztlich auch: Etwas so bestehen zu lassen, wie es ist. Dies schließt die Fähigkeit ein, es zu ertragen, daß »Unkraut und Weizen« (vgl. Mt 13,24ff.) nebeneinander wachsen. Damit richtet sich diese Forderung auch gegen die selbstherrliche »Homo-Faber-Mentalität«, welche den Menschen zu verhängnisvollen, das ökologische Gleichgewicht zerstörenden Eingriffen in die Natur verleitet.

Im Yoga wie in der Bibel wird also die Gewaltlosigkeit verstanden als eine umfassende Freundschaft zu allem Seienden, wie sie z.B. Franz von Assisi praktiziert hat[10]. Es geht dabei um eine grundsätzliche Haltung, die sich im Denken, Reden und Tun bewähren muß. Diese Haltung steht im Yoga wie im Christentum in engem Zusammenhang mit einer umfassenden »Erkenntnis« der Wirklichkeit.

Psychologische Aspekte von Ahimsa:

In der Psychologie erklärt man die Entstehung der Aggression u.a. aus dem Triebverzicht bzw. aus der Unterdrückung angsterregender und für die Gesellschaft gefährlicher Triebe im Menschen. Diese Aggression wird kollektiv nach außen hin abgeleitet, indem der Mensch in der Gruppe vielfältige Feindbilder aufbaut. Mit solchen Feindbildern lassen sich dann gewaltsame Auseinandersetzungen rechtfertigen bzw. in den Rahmen des erlaubten oder sogar des sozial erwünschten Verhaltens einordnen. Wer sich auf den Weg zu sich selbst begibt, wird sich hüten, den kollektiven Vorurteilen und Aggressionen freien Lauf

---

ihn angewiesen. Bloß weil er einen Hammer hat. Jetzt reichts mir wirklich — Und so stürmt er hinüber, läutet, der Nachbar öffnet, doch noch bevor er 'Guten Tag' sagen kann, schreit ihn unser Mann an: 'Behalten Sie Ihren Hammer, Sie Rüpel.'«

9   *Satya* ist die Tugend, seine Worte, Gedanken und Taten in Übereinstimmung zu bringen.

10 Er wird darum in Indien als großer Heiliger verehrt.

zu lassen. Er wird ein reifes, funktionstüchtiges »Ich« entwickeln, das zwischen dem berechtigten Anspruch des triebhaften »Es« und den ebenso legitimen Anforderungen der Gesellschaft (»Über-Ich«) vermitteln und Frieden stiften kann. Die Voraussetzung für ein solches reifes »Ich« ist die Erfahrung des »Urvertrauens«, eines tiefen, unreflektierten Gefühles der Geborgenheit im Dasein, eine Erfahrung, die das Kleinkind in den ersten Lebensmonaten machen sollte. Sie ist bestimmend für das ganze weitere Leben. In vielen Fällen bleibt jedoch dem Kind diese Erfahrung verwehrt. Das Urvertrauen kann sich nämlich nur dann entwickeln, wenn die Eltern als lebendige, konstante Bezugspersonen erlebt werden, die ihre Aggressionen nicht auf unbewußte Weise am Kind auslassen, d.h. gut getarnt z.B. als Härte in der Erziehung. Im Idealfall entwickelt sich beim Kind ein echtes, tragfähiges Vertrauen ins Leben, ins eigene Sein, das es befähigt, Spannungen auszuhalten, zwischen seinen eigenen Wünschen und den Anforderungen der äußeren Realität abzuwägen und ohne Feindbilder auszukommen. Es wird fähig, ohne Panzer und ohne destruktive Aggression zu leben, da es keine Angst vor dem Leben hat[11].

Eine solche Haltung will der Yoga bewirken. Der Meditierende wird immer wieder erfahren, daß ihm der Ursprung als tragfähiger Urgrund »entgegenkommt«. So kann er zumindest eine Ahnung von dem Urvertrauen gewinnen, das er in der Kindheit vielleicht missen mußte.

b) Wahrhaftigkeit *(Satya)*

Eine buddhistische Geschichte führt eindrücklich vor Augen, was Wahrheit ist und welche lebensspendende Kraft ihr innewohnt[12]:

> Der Jüngling Yannadatta war von einer giftigen
> Schlange gebissen worden. Seine Eltern brachten
> ihn zu einem Asketen, legten ihn zu dessen Füßen
> und sprachen:
> »Ehrwürdiger Herr, Mönche kennen Heilpflanzen
> und Zauberformeln. Heile unseren Sohn.«
> »Ich kenne keine Heilkräuter. Ich bin kein Arzt.«
> »Aber du bist ein Mönch; darum vollziehe um der

---

11   Vgl. Alexander Mitscherlich, Auf dem Weg zur vaterlosen Gesellschaft, Ideen zur Sozialpsychologie, Piper Verlag München, [16]1986, S.32ff; 80f; 106f; 132ff.

12   Vgl. Zimmer a.a.O., S.160f.

Barmherzigkeit willen einen Akt der Wahrheit[13]
für diesen Jüngling.«
Der Asket erwiderte: »Wohlan, ich will einen Akt
der Wahrheit vollziehen.« Er legte seine Hand auf
Yannadattas Haupt und sprach folgende Verse:
»Nur eine Woche lebte ich das heilige Leben ruhigen Herzens auf der Suche nach Verdienst. Das
Leben, das ich fünfzig Jahre lebte, seither, ich
lebt' es gegen meinen Willen. Durch diese Wahrheit Gesundheit! Gift besiegt! Laß Yannadatta
leben!«
Sogleich floß das Gift aus Yannadattas Brust und
versickerte in der Erde. Da legte der Vater seine
Hand auf Yannadattas Brust und sprach die
Verse:
»Nie sah ich einen Fremden gern zu Gast. Nie lag
mir etwas am Geben. Doch es erkannten Mönche
und Brahmanen trotz allen Wissens meinen Wi-
derwillen nicht. Durch diese Wahrheit Gesund-
heit! Gift besiegt! Laß Yannadatta leben!«
Sogleich floß das Gift aus Yannadattas Kreuz und
versickerte im Boden.
Der Vater bat nun die Mutter, einen Akt der
Wahrheit zu vollziehen, aber die Mutter erwi-
derte:
»Ich habe zwar eine Wahrheit, aber ich kann sie
nicht in deiner Gegenwart aussprechen.«
Der Vater erwiderte: »Trotzdem mach meinen
Sohn gesund!« So sprach die Mutter die Verse:
»Nicht tiefer, mein Sohn, hasse ich diese böse
Schlange, die aus dem Spalt schoß und dich biß,
als deinen Vater! Durch diese Wahrheit Gesund-
heit! Gift besiegt! Laß Yannadatta leben!«
Sogleich versickerte der Rest des Giftes in der
Erde; Yannadatta erhob sich und begann umher-
zuspringen.

Die durch Heuchelei und Lüge vergiftete Atmosphäre hat dieser Familie die Zukunft (den »Sohn«) geraubt. Jahrelang konnte die Wahrheit
unterdrückt werden, doch plötzlich schießt die Lüge wie eine Schlange

---

13 Unter einem »Akt der Wahrheit« versteht man in Indien eine wunderkräftige
    Handlung.

aus dem Spalt hervor und verlangt ihren Tribut. Der Leidensdruck treibt die verdrängte Wahrheit endlich ans Tageslicht. Dies genügt, um den paralysierten Leib des Kindes vor dem Tod zu retten. *Satya*, die Wahrheit läßt das Spukschloß der Lüge wie ein Kartenhaus in sich zusammenfallen. Die über lange Zeit durch die Lüge aufrechterhaltene Illusion entpuppt sich als das Nicht-wirklich-Seiende *(Asat)*. Der böse Spuk ist vorbei; die Familie hat wieder Zukunft. Der Junge tanzt sogar, d.h. kraftvoll bricht das Lebendige wieder hervor.

Wahrhaftigkeit im Yogasutra:

Im YS.II,36 heißt es:

> »Wenn man im Nicht-Lügen gegründet ist, schafft man eine Grundlage für die Reifung der Taten.«

Die Wahrhaftigkeit im Denken, Reden und Tun muß immer unter dem Imperativ der Gewaltlosigkeit stehen. Wer in verletzender Absicht Dinge von sich gibt, die – seien sie auch noch so wahr – anderen wehtun, der handelt dem obersten Gebot des Yoga zuwider.

Unter dieser Prämisse spielt *Satya* eine zentrale Rolle im Yoga und ganz allgemein in der indischen Spiritualität. Das Wort »*Satya*« leitet sich her von »*sat*«, dem sanskr. Partizip Präsens von »*as*« (»sein«, »existieren«). »*Sat*« läßt sich somit übersetzen mit: »seiend«, »existierend«, »bestehend«, »wahr«, »wirklich«, »wesentlich« – was auf den Menschen bezogen soviel bedeutet wie: »gut«, »tugendhaft«, »weise«, »edel«. Auch das lateinische Wort »sanctus« (heilig) läßt sich auf diese Wurzel zurückführen. Wahrheit hat demnach etwas mit dem Sein zu tun. Wahrhaftigkeit üben bedeutet, mit dem, was ist, im Denken, Reden und Tun übereinzustimmen, d.h. die Wirklichkeit so, wie sie ist, ernst zu nehmen, nüchtern und ohne Beschönigungen.

Die Kommentatoren der YS. interpretieren den oben zitierten Vers 36 häufig dahingehend, daß der in der Wahrhaftigkeit gefestigte Yogin Wunder vollbringen kann. Alles was er sagt, so glaubt man, trifft mit Sicherheit ein. Darüber hinaus könne er erkennen, was im Herzen der Menschen vor sich geht. Dies bedeutet aber nicht, daß die Naturgesetze für den fortgeschrittenen Yogin ihre Geltung verlieren. Im Gegenteil: Kein »Jota« dieser Gesetze wird von ihm außer Kraft gesetzt. Der Yogin, der von allen egoistischen Wünschen frei geworden ist, wird fähig, das kosmische Gesetz *(Dharma)* zu schauen und zu erfüllen. Er wird eins mit diesem Gesetz, und die höchste Stufe der Freiheit besteht für ihn darin, gar nicht mehr gegen dieses Gesetz handeln zu können[14]. Die Fähigkeit der Wahrheitsschau wächst ihm in dem Maße zu, in dem er seinen Intellekt *(Buddhi)* von allem eigennützigen Streben reinigt. Ein reiner *Buddhi* kann den universellen Geist, in dem Vergangenheit, Gegenwart und Zukunft in eins fallen, in einem hohen Ausmaß erkennen und widerspiegeln. Die Reinigung des Intellektes vollzieht sich in demselben Maße, in dem der Yogin *Satya* praktiziert[15]. Ein wahrhaftiger Mensch läßt sich mit einem kristallklaren Spiegel vergleichen, der die reine Wirklichkeit zeigt – und nichts als die Wirklichkeit. Insofern er das alles bestimmende kosmische Gesetz reflektiert, werden seine Worte Realität und seine Taten fruchtbar.

Christliche und psychologische Aspekte der Wahrhaftigkeit:

Jesus sagt von sich: »Ich bin der Weg, die Wahrheit und das Leben; niemand kommt zum Vater außer durch mich« (Joh 14,6), und fügt hinzu: »Wer mich gesehen hat, hat den Vater gesehen« (Joh 14,9). Vor dem Hintergrund von *Satya* lassen sich diese Aussagen wie folgt deuten: Jesus lebt so sehr in der Wahrheit, daß seine Jünger in ihm wie in einem klaren Spiegel die Herrlichkeit Gottes erkennen können. Mehr noch: Der Einzelne kann auch die Wahrheit über sich selbst in Jesus entdecken. In dem Maße, in dem der Mensch noch in seinen Lebenslügen gefangen ist, spiegelt ihm Jesus ohne Beschönigungen oder Verzerrungen die Fassaden und Masken wieder, die er sich aufgebaut hat. Wer hält diese Wahrheit schon aus? Jesus spielte das Versteckspiel der Menschen nicht mit. Darum mußte er sterben, wie auch heute noch viele Menschen sterben müssen, die anderen die Wahrheit vor Augen führen und für die Wahrheit kämpfen.
Die Disziplin von *Satya* will den Suchenden mehr und mehr befähigen, seine Rede, sein Tun und seine Gedanken mit dem Willen Gottes bzw. mit dem kosmischen Gesetz in Einklang zu bringen. Es geht da-

---

14 Solche Vorstellungen lassen sich durchaus mit dem christlichen Konzept eines ewigen Gesetzes, der *lex aeterna* bei Augustinus und Thomas von Aquin, bzw. mit dem »Willen Gottes« vergleichen.

15 Es begegnet hier wieder die für den Yoga so typische Komplementarität von Weg und Ziel. Je mehr sich der Yogin um ein wahrhaftiges Leben bemüht, umso mehr wird er zur Schau der Wahrheit fähig, und je mehr er die Wahrheit erkennt, umso weniger wird er ihr zuwiderhandeln. Wohlgemerkt: Erkennen bedeutet hier weit mehr als bloß rationales Erfassen!

bei um wesentlich mehr als um das Nicht-Lügen. Es gibt Lügen, die dem Einzelnen und der Gesellschaft so sehr in Fleisch und Blut übergegangen sind, daß sie gar nicht mehr als Unwahrheit ins Bewußtsein treten. Der Mensch besitzt die vielfältigsten Abwehrmechanismen, um nicht an diese dunklen Punkte rühren zu müssen. Freud und seine Schule haben sie zur Genüge beschrieben[16]. Irgendwann – früher oder später – lassen sich die Lügen jedoch nicht mehr aufrecht erhalten. Es kommt zur Neurose oder zu körperlichen Symptomen. Der Mensch wird krank, wie die Geschichte von Yannadatta vor Augen führt. Hier kann nur die Kraft der Wahrheit wirklich heilen. Auf dieser Erkenntnis fußt die Psychoanalyse ebenso wie der Yoga und die Lehre Jesu.

Wer den Mut aufbringt, die Fassadenhaftigkeit und Substanzlosigkeit all dessen wahrzunehmen, was in seiner Umgebung als erstrebenswert, bedeutungsvoll, furchteinflößend, peinlich etc. erachtet wird, der wird frei von den Fesseln des Nicht-Realen *(Asat)*. Er wird nicht länger vor sich selbst und vor den Anderen Verstecken spielen.

Wer wirklich einen spirituellen Weg gehen will, wird nicht umhinkommen, sich mit seiner eigenen Lebenslüge zu beschäftigen. Er wird dann wie Jesus ein unbequemer Zeitgenosse für seine Freunde, seine Familie und die Gesellschaft werden. Seine Treue gegenüber der Wahrheit und *Wirk*lichkeit kann jedoch nicht ohne Auswirkungen auf die Gesellschaft bleiben: Durch ihn *wirkt* die Wahrheit.

c) Rechter Umgang mit dem Triebleben *(Brahmacarya)*

Im Deutschen Museum in München kann der Besucher einen Versuch mit einer Vakuumglocke aus Glas durchführen. Im Inneren der Glocke befindet sich ein zugeschnürter Luftballon, der in sich zusammengeschrumpft ist, also kaum Luft enthält. Drückt man auf einen Knopf an der Konsole, so wird die Luft aus der Glocke abgesaugt und ein Vakuum entsteht. Man kann beobachten, daß der Luftballon sich plötzlich aufbläht, obwohl er fest verschlossen ist, d.h. obwohl die Luftmenge im Inneren des Ballons konstant bleibt. Das Phänomen läßt sich einfach erklären: Die im Luftballon enthaltene Restluft dehnt sich im Vakuum aus und läßt den Luftballon größer werden.

Dieser Vorgang eignet sich gut zur modellhaften Darstellung der seelischen Vorgänge während der Meditation: Wenn der Übende die Ge-

---

16 Vgl. Anna Freud, Das Ich und die Abwehrmechanismen, München [12]1980.

danken zur Ruhe bringt, können sich subtilere, bisher unbeachtete, vielleicht verdrängte, ihm wenig vertraute Inhalte und Triebimpulse aus seinem Unbewußten in dem so geschaffenen »Vakuum«, d.h. in der Gedankenleere ausdehnen, Visionen und Illusionen erzeugen und ihm sogar Schrecken einjagen. Darum muß ein Mensch, der sich auf den Weg nach innen begibt, auch lernen, mit dem Unbekannten, häufig Bedrohlichen umzugehen, das ihm auf seiner »Reise« begegnet. Viele Märchen und Mythen, in denen der Held durch Gefahren und Schrecken hindurch muß, bevor er den Schatz oder die Prinzessin gewinnt, haben diesen Vorgang zum Thema.

Brahmacarya muß als Hilfsmittel im Umgang mit bewußten und unbewußten Triebimpulsen verstanden werden, die dem Yogin auf seinem »Weg nach innen« begegnen. Wie der Yoga dabei vorgeht, ist Inhalt des folgenden Abschnittes.

Brahmacarya im Yoga und im Christentum:

Im YS II,38 heißt es:

> »Wenn man im reinen Lebenswandel fest gegründet ist, erlangt man große Kraft.«

Brahmacarya, der zentrale Begriff im vierten *Yama*, setzt sich aus zwei Wörtern zusammen: a) »*Brahman*«, was soviel bedeutet wie das »Höchste«, »Absolute«. Es leitet sich von der Wurzel »*brh*« ab, d.h. »tragen«, »aufrechterhalten«. Das deutsche Wort »Bahre« geht wahrscheinlich auf denselben Ursprung zurück. Das *Brahman* ist also der Urgrund, das, worauf alles Seiende aufruht, das, was tatsächlich trägt. b) »*Carya*« entspringt der Wurzel »*car*«, die übersetzt werden kann mit »sich regen«, »wandeln«, »sich bewegen«.

Brahmacarya bedeutet demnach für den Hindu ein Sich-im-Göttlichen-Bewegen bzw. ein Ausrichten des ganzen Lebens auf das Absolute, das Ziel aller Sehnsucht. Wie bereits beschrieben trägt dieses Absolute für die Mehrzahl der Hindus personale Züge. Für sie bedeutet *Brahmacarya* das Ausrichten des Lebens auf Gott. Ein solches Verständnis von *Brahmacarya* wird auch der Yoga übende Christ zugrundelegen. In jedem Fall geht es jedoch um die zentrale Frage: Worauf gründe ich mein Leben?

Diese fundamentale Frage fordert eine Grundentscheidung heraus. Darum nennt man in Indien Menschen, die als Novizen in einen *Ash-*

ram eintreten, »*Brahmacarins*«. Es sind Menschen, die sich für den geistlichen Weg entschieden haben.

Die einmal getroffene Grundentscheidung bleibt jedoch nicht im leeren Raum. Sie wird eigentlich erst dann real (*wirk*lich) und glaubwürdig, wenn sie das Alltagsleben durchdringt und bestimmt. Ein großer indischer *Guru* sagte einmal:

> »Beobachte genau, was Du jeden Tag, jede Stunde Deines Lebens tust, und messe das, was Du tust, an Deiner Grundentscheidung. Dein Leben besteht aus der Folge von Minuten, Stunden, Tagen, ebenso wie ein Weg sich aus vielen Einzeletappen zusammensetzt. Wie kann man ein Endziel erreichen, wenn man während der Einzeletappen eine Richtung einschlägt, die von diesem Ziel wegführt, d.h. wenn man das Nahziel immer wieder verfehlt?«

Brahmacarya ist also beides: Die Grundentscheidung, das Leben auf das Absolute, das Höchste bzw. auf die Gemeinschaft mit Gott, das Ziel menschlicher Sehnsucht auszurichten und die Konkretisierung dieser Entscheidung im Alltag.

Ähnlich sehen es die »Wüstenväter«, wenn sie zwischen dem Endziel *(telos, finis)* und dem Nahziel *(scopos, destinatio)* unterscheiden:

> »Das Reich Gottes ist der Endzweck von allem, Endzweck auch des geistlichen Lebens. Das Reich Gottes ist das 'Fernziel'. Welches ist dann aber sozusagen das 'Nahziel'? Nahziel ist das, was man beständig im Visier behalten muß. Nahziel ist die Reinheit des Herzens. Auf dieses Nahziel müssen wir den Blick fixieren, dann laufen wir nämlich wie auf einer ganz geraden Linie, auf einer Zielgeraden. Auf dieses Nahziel muß die ganze Spannkraft der Seele gerichtet sein. Sollte unser Denken doch einmal, wenn auch nur ein wenig von dieser Zielgeraden abirren, dann kehren wir sofort zur Kontemplation unseres Nahzieles zurück und korrigieren unseren Lauf nach seiner Norm.«[17]

In Hinblick auf ein *höchstes Ziel*, das Eingehen in Gott bzw. die Gemeinschaft mit Gott, peilt der *Brahmacarya* praktizierende Yogin als *Nahziel* den rechten Umgang des Menschen mit der Gesamtheit seiner Triebe und Strebungen an. Es ist eine grobe Fehlinterpretation, wenn

---

17 Johannes Cassian, Spannkraft der Seele, Hrsg. u. übersetzt von G. u.T. Sartory, Herderbücherei, [2]1985, S.106f.

man *Brahmacarya* auf die sexuelle Enthaltsamkeit einengt, wie es viele Kommentatoren tun. Genau wie im Christentum haben sich auch im Hinduismus leibfeindliche Tendenzen eingeschlichen.

Brahmacarya hat nichts gemeinsam mit einem unphysiologischen asketischen Rigorismus. Es ist häufig die Angst vor dem Leben, den eigenen Trieben, der Kommunikation, kurzum die eigene Lebensunfähigkeit, die Menschen dazu treibt, sich asketische Bürden aufzuerlegen, die sie bei weitem überfordern. Ein solcher Rigorismus kann zu schwerwiegenden Störungen im psychischen Gleichgewicht führen, besonders dann, wenn der Unerfahrene seine vitalen Bedürfnisse nach Schlaf, Essen und Trinken, Sexualität und Kommunikation verdrängt. In extremen Fällen treten sogar Wahnvorstellungen und Halluzinationen auf[18]. Brahmacarya setzt darum zunächst bei der Beobachtung und bei einem Sich-bewußt-Machen der unterschiedlichen Strebungen ein, die in der Seele wirken. In einem zweiten Schritt lernt der Übende, mit diesen Impulsen zu leben und sie sich dienstbar zu machen. Ziel ist also nicht Abtötung, sondern Bezähmung der Triebnatur.

Wer sich auf einen spirituellen Weg begibt, wird häufig die Erfahrung machen, in stärkerem Maße mit seiner triebhaften Natur konfrontiert zu sein als zuvor. Diese Beobachtung machten nicht nur die Yogins. Auch die christlichen Mönchsväter beschrieben typische Versuchungen und Laster, die den kontemplativen Menschen heimsuchen. Johannes Cassian[19] zählt acht Hauptlaster auf: die Gier beim Essen und Trinken *(vitium gastrimargiae)*, die sexuelle Zügellosigkeit *(vitium fornicationis)*, das Sich-Anklammern an weltliche Dinge bzw. die Gier *(vitium filargyriae)*, den Zorn *(vitium irae)*, die resignative Verstimmtheit und die Herzenslahmheit *(vitium tristitiae* und *vitium acediae)*, die sich häufig als Müdigkeit, Schlafsucht, Lustlosigkeit oder Widerwillen gegen das geistliche Leben äußern, die Ruhm- und Geltungssucht *(vitium cenodoxiae)*, die meist in Form von unnützer Vielrederei oder Geschwätzigkeit in Erscheinung tritt, und schließlich den Hochmut *(vitium superbiae)*. Die Mönchsväter erklärten diese Versuchungen bzw. Laster, die besonders den Frommen überkommen, mit der Akti-

---

18 Daneben wird immer wieder berichtet, daß durch Askese bestimmte übernatürliche Kräfte *(Siddhis)* geweckt werden können. Viele Fakire in Indien haben sich ihre Fähigkeiten durch Askese erworben und treten als Schausteller auf. Ernsthafte *Gurus* betonen jedoch stets, daß Fähigkeiten wie z.B. die, auf einem Nagelbett zu schlafen, nichts mit der tatsächlichen spirituellen Entwicklung des Menschen zu tun haben. Im Gegenteil: Sie behindern echtes spirituelles Wachstum.

19 Joh. Cassian, s.o., S.47.

vität der Dämonen oder des Teufels, der einen »sicheren Braten« entschwinden sieht. Von vielen Heiligen (Benedikt, Hieronymus, Antonius dem Einsiedler etc.) sind solche Versuchungsgeschichten überliefert. In der christlichen Ikonographie sind sie höchst beliebte Motive.
Die gesteigerte Triebaktivität bei Menschen, die einen spirituellen Weg gehen, läßt sich jedoch auch psychologisch erklären. Wer Yoga betreibt und meditiert, bei dem tut sich zweierlei:

a) Energie baut sich auf.

b) Er lernt, das rastlose Tätigsein seines Geistes zur Ruhe kommen zu lassen, wodurch tiefere, ihm bisher unbekannte Schichten seiner Seele zutage treten.

Der menschliche Geist, der nicht daran gewöhnt ist, still zu stehen, sucht hungrig nach einem Objekt wie der Tiger nach Beute. Zugleich ist ein Überschuß an Energie vorhanden. Aber weder ist das »Gefäß« genügend vorbereitet, das diese Energie aufnehmen kann, noch weiß der in der Meditation Unerfahrene, was er mit dieser Kraft anfangen soll. Impulse aus seinem Unbewußten steigen in seinem Bewußtsein auf, verbinden sich mit dieser Energie. Verstärkter Tatendrang ist die Folge. Freßsucht, Vielrederei, sexuelle Eskapaden etc. sind häufige Ausflüchte aus der nicht immer angenehmen Erfahrung der Stille.
Brahmacarya will dem Menschen helfen, sensibel für solche Vorgänge zu werden, um Energie und innere Stärke zu bewahren und diese für einen höheren Zweck – vor allem die Meditation und das rechte Handeln in dieser Welt – nutzbar zu machen. Unnötige Aktivität vergeudet nach der Lehre des Yoga die in der Meditation angesammelte Energie.
Brahmacarya ist nicht Selbstzweck, sondern läßt sich mit dem stabilen Faden vergleichen, der die in der Meditation gefundenen »Perlen« zu einer stabilen »Kette« verbindet. *Brahmacarya* ist wie der »neue Schlauch«, der zur Aufnahme des »neuen Weines« (vgl. Mt 9,17) bestimmt ist. Wie schade wäre es, wenn der gute, neue Wein durch einen Rest von Essig, der sich noch im alten Schlauch befindet, verdorben würde, oder wenn der alte, spröde Schlauch gar risse.
Gerade für den Anfänger auf dem spirituellen Weg empfiehlt es sich daher, seine Triebimpulse sorgfältig zu beobachten und sein Sehen, Hören, Fühlen, Schmecken und Riechen zu kontrollieren bzw. es nicht auf Dinge zu richten, die ihn sich selbst entgleiten lassen. Dabei bleiben Mißerfolge zwar nicht aus – gerade diese Mißerfolge sind es je-

doch, die den wachen Schüler lehren, eine Gefahr beim nächsten Mal eher zu erkennen und ihr wirkungsvoller zu begegnen.

Brahmacarya will nicht die Schöpfung, d.h. die Welt der Dinge abwerten. Es geht vielmehr darum, den Menschen frei zu machen von der Sklaverei der Laster und von der Zerstreuung durch die Sinne und ihre Objekte. So kann er gestärkt auf diese Welt zugehen, ohne seine eigene Mitte, Sammlung oder Konzentration zu verlieren. Brahmacarya hat also nichts mit Rigorismus und Verdrängung zu tun. Die Konsequenz wäre Frustration, psychosomatische Erkrankung oder Dogmatismus im Sinne von: Die anderen müssen auch so leben wie ich – das gönne ich denen! – also eine gefährliche Pseudo-Spiritualität.

Brahmacarya läßt sich nur aus der Sehnsucht nach einem letzten Ziel, nach Gott verwirklichen und im Vertrauen auf seine helfende Macht, niemals aus ethischem Rigorismus und brutaler Unterjochung der Triebe. Nun wird verständlich, warum die Inder für die Disziplin des rechten Umganges mit dem Triebleben den Ausdruck »*Brahmacarya*« gewählt haben, »Wandeln im Absoluten« bzw. »Wandeln in Gott«.

Von A. de Saint-Exupéry stammt folgender Satz: »Wenn du ein Schiff bauen willst, so trommle nicht Leute zusammen, um Holz zu beschaffen, Werkzeuge vorzubereiten, Aufgaben zu vergeben und die Arbeit einzuteilen, sondern wecke in ihnen die Sehnsucht nach dem weiten, endlosen Meer.« Abgesehen von der archetypischen Schiff-Meer-Symbolik, die nach C.G. Jung die Expedition der Seele auf der Suche nach sich selbst und nach dem Absoluten darstellt, drückt dieser Satz viel vom Selbstverständnis der yogischen Lebensregeln innerhalb des achtfachen Pfades aus: Wer ein Ziel in seiner eigenen Erfahrung wenigstens ansatzweise wahrnimmt, der wird auch geeignete Mittel finden, die Hindernisse zu überwinden, die sich ihm entgegenstellen. Dies gilt im besonderen für *Brahmacarya*.

Die Sehnsucht nach dem Ziel bzw. das innerliche Wissen darum – die Christen nennen es Glauben – macht den Menschen wirklich stark. Dieses Ziel immer wieder sich zu vergegenwärtigen, es in der Meditation zu erfühlen, es zu ersehnen, das ist die Voraussetzung für gelungenes *Brahmacarya*.

d) Nicht-Horten *(Aparigraha)* und Nicht-Stehlen *(Asteya)*

Bevor indische *Gurus* einen Bewerber als Schüler akzeptieren, stellen sie ihm häufig die Grundbedingung, daß er nichts von alldem, was er durch den Yoga erhält, für sich behalten darf. Auch erwartet der Lehrer von seinem Schüler stets eine kleine Aufmerksamkeit, eine Frucht, Süßigkeit o.ä.[20]. Es geht hier nicht darum, die »Habgier« des Guru zu befriedigen, sondern um den Beweis der Bereitschaft zum Teilen[21].

Geht der Hindu zum Tempel, so bringt er stets eine kleine Gabe mit, sei es auch nur eine Blume oder eine Handvoll Wasser. Er verläßt ihn jedoch auch nie unbeschenkt.

Geben und Nehmen sind auch beim heiligen Bad im Ganges zentrale Themen. Dreimal führt der Inder mit hohlen Händen das Wasser zum Herzen, um es dann wieder dem Fluß zurückzugeben. Er stellt sich damit in den Strom des Lebens und macht sich bewußt, daß der Mensch nichts geben kann, was er nicht zuvor empfangen hätte.

Ein vedischer Mythos berichtet von *Prajapati*, dem Schöpfergott, daß er den Kosmos ins Dasein brachte, indem er die Welt und alles, was ist, aus Teilen seines Körpers erzeugte. So erschöpfte er sich bis zum Tode. Der Mensch hat die Pflicht, das vedische Opfer darzubringen, um so den geschwächten Gott wieder zu stärken. Dieser dankt dem Menschen das Opfer, indem er die Schöpfung auch weiterhin erhält.

Geben und Empfangen – dies ist das Hauptthema indischer Religiosität. Wer nur für sich behält, wer hortet, der stellt sich außerhalb des Lebensflusses, der erstickt an der eigenen Fülle - dies ist der eigentliche Tod. Wer mehr nimmt, als er zum Leben benötigt, ist ein »Dieb«, selbst wenn er die Güter rechtmäßig erworben hat. Mahatma Gandhi pflegte zu sagen: »Wer drei Stühle hat, aber nur zwei braucht, der gebe einen her, denn der dritte ist gestohlen.«[22]

---

20 Ich habe in einem indischen Ashram folgende Begebenheit miterlebt: Zwei Amerikaner suchten einen Yogin auf und baten ihn, ihnen Unterricht in *Pranayama* (Atemtechniken) zu geben. Er lehrte sie eine Stunde lang, aber als sie ihn fragten, wann sie wiederkommen dürften, sagte er, er habe von nun an keine Zeit mehr. Die beiden hatten übersehen, ihm eine Kleinigkeit zu schenken. Wer nicht bereit ist zu geben, der kann auch nicht Schüler sein, d.h. empfangen. Diese Lektion hatten die beiden noch nicht gelernt.

21 Diese ursprüngliche Praxis ist bei einigen geschäftstüchtigen *Gurus* im Westen degeneriert. Mit einem »gesunden Menschenverstand« lassen sich diese profitgierigen Machenschaften leicht durchschauen.

22 Ich möchte es den Lesern überlassen, in diesem Zusammenhang die imperialistischen Praktiken der westlichen Industrienationen und die zerstörerische Ausbeutung der Natur durch den Menschen zu überdenken.

Nach all dem Gesagten verwundert es nicht, wenn auch die Ethik des Yoga dem rechten Umgang mit dem Besitz bzw. mit materiellen Gütern große Bedeutung zumißt. Wie bei den übrigen Lebensregeln betont der Yoga auch in Bezug auf das Nicht-Stehlen und das Nicht-Horten die spirituelle Dimension und die praktische Relevanz.

Nicht-Stehlen und Nicht-Behalten im Yoga und im Christentum:

In den Sutren II,37.39 des YS heißt es:

> »Wenn man im Nicht-Stehlen *(Asteya)* gefestigt ist, kommen einem die Schätze von selbst zu... Wenn man im Nicht-Besitzergreifen *(Aparigraha)* gefestigt ist, erkennt man das Wesen des Lebens.«

Das Wort »Asteya«, Nicht-Stehlen leitet sich von der Sanskrit-Wurzel »stai« (stehlen) mit der verneinenden Vorsilbe »a« ab und »Aparigraha«, Nicht-horten, Nicht-Besitzergreifen läßt sich auf die Wurzel »gra(b)h« (greifen) mit den Vorsilben »a« (nicht) und »pari« (rings umher) zurückführen.

Das Nicht-Stehlen und Nicht-Behalten von Dingen, seien sie ideeller oder materieller Natur, spielt für den Yogin eine wichtige Rolle. Wie bei den übrigen Lebensregeln stellt Patanjali auch in Hinblick auf den Umgang mit materiellen Gütern keine uneinsichtigen Dogmen auf, sondern er appelliert an den Verstand und an die Einsicht. Der Schüler soll die Dinge, die er nicht unbedingt zum Leben benötigt, genauso wie die Früchte der Meditation aus zwei Gründen weitergeben:

a) Da der Weg zur Erleuchtung weit und beschwerlich ist, soll sich der Übende mit keinerlei überflüssigen Dingen belasten. Mit einem »leichten Marschgepäck« kommt der Wanderer schneller zum Ziel, als wenn er seinen gesamten »Hausrat« mitschleppt. Eigentum ist immer auch mit Sorge und Angst vor Verlust verknüpft. Das kostet Kraft und Energie, die der Suchende besser in den geistigen Weg investiert.

b) Zum anderen begründet der Yoga die Forderung, nicht zu horten, mit seinem Hauptziel, der »Nicht-Identifikation des Sehers mit dem Gesehenen« d.h. dem Bemühen, die wahre Identität nicht aus der äußeren Welt abzuleiten. Es ist das Ziel des Yoga, den Menschen zu seinem wahren Selbst zu führen, das dieser nicht erkennt, wenn er sich ganz mit den Dingen dieser Welt, d.h. mit Besitz, Macht, dem Leib etc. identifiziert. In der Übung des Nicht-Hortens kann der Mensch langsam Abstand gewinnen von falschen Identifikationen und das Wesen des Lebens, sein unsterbliches Selbst, seinen *Atman* erkennen.

Anhand der Forderung, nicht zu horten *(Aparigraha)*, wird wieder der Weg- und Zielcharakter des Yoga deutlich: Zum einen dient *Aparigraha* – wie eben beschrieben – dazu, falsche Identifikationen abzubauen; zum anderen ist die Tugend des Nicht-Hortens auch Ausdruck spiritueller Erfahrung. Wer *Aparigraha* praktiziert, hat das Geheimnis der *Upanishaden* erfaßt, wie es die *Isha-Upanishad* ausdrückt:

> »Jenseits ist Fülle, diesseits ist Fülle,
> aus Fülle kommt Fülle hervor.
> Nimmt man die Fülle aus der Fülle,
> so bleibt nichts als Fülle.«[23]

Damit wird jegliches Horten überflüssig. Wer zu dieser Erkenntnis gelangt ist, der wird sich verströmen und anderen zur Quelle des Lebens werden. Aus seinem Inneren werden »Ströme lebendigen Wassers hervorsprudeln.« Dem Christen begegnet diese Fülle wie der Samariterin am Jakobsbrunnen (Joh 4) in Jesus Christus, in dem die »ganze Fülle Gottes wohnt« (Kol 2,9) und von »dessen Fülle wir alle empfangen haben Gnade über Gnade« (Joh 1,16). Der Glaube an Ihn mag zwar eine große Hilfe auf dem spirituellen Weg sein, dennoch hat der Christ ebenso wie der Hindu zu lernen, auf das Näherliegende zugunsten der Fülle Gottes zu verzichten. Wessen Herz an Besitz, Macht und Intellekt hängt, der wird nicht offen sein für die »Schätze Gottes«.

So läßt sich auch die Forderung Jesu verstehen, nicht die Dinge der Welt zu horten. Aus dem Gleichnis vom reichen Kornbauern (Lk 12) und aus der Geschichte vom reichen Jüngling (Lk 18) wird deutlich, wie ernst es Jesus mit diesem Postulat war. Jesu Botschaft ist die Botschaft von der »*basileia tou theou*«, vom Reich Gottes, dem »Ort« der Fülle, zu dem ein »Reicher« nicht gelangen kann, der einen »Rucksack mit Hausrat auf dem Rücken mitschleppt«. »Eher geht ein Kamel durch ein Nadelöhr« (Lk 18,25). »Wo des Menschen Schatz ist, dort ist auch sein Herz« (Lk 12,34). Die Worte Jesu gewinnen aus der Perspektive von *Aparigraha* eine tiefere spirituelle Dimension. Sie sind nicht unverständliches Dogma, sondern konkrete Hilfestellung für geistliches Leben. Jesus ist damit für den Christen nicht nur der Spender der Fülle, sondern auch der Lehrer, der ihm den Weg zur Fülle zeigt. Diesen Weg muß der Mensch allerdings selbst gehen.

---

23   Isha-Upanishad, Einleitung.

Psychologische Aspekte von *Aparigraha*:

Das mit *Aparigraha* Gemeinte findet sein Pendant auch in der Psychologie. Auch hier wird die Nicht-Identifikation mit den Dingen als Voraussetzung für die Fähigkeit zu geben und zu empfangen angesehen. Diese Nicht-Identifikation ist jedoch nur demjenigen möglich, der ein Urvertrauen ins Dasein entwickeln konnte. Der Psychologe Erik Erikson betont, daß das Kleinkind in einer bestimmten Entwicklungsphase auf konstante Bezugspunkte in seiner Umwelt (z.B. die Mutter) angewiesen ist. Nur so kann sich ein funktionsfähiges, gesundes Selbst entwickeln bzw. ein Vertrauen ins Sein und in die eigenen Möglichkeiten und Kräfte. Wer diese »Objektkonstanz« nicht in der frühen Kindheit erfahren konnte, lebt in beständiger Verlustangst. Er leitet seine Identität und sein Selbstverständnis aus der Habenswelt ab und klammert sich z.B. krankhaft an den Partner oder an Dinge. Geben wie Empfangen fallen ihm unendlich schwer. Die durch sein eigenes Verhalten provozierten Verluste erlebt er wie den Tod. Die westliche Konsum-Ideologie fördert solche Fehlentwicklungen im Menschen, indem sie ihn dazu verführt, seine Identität aus dem »Haben« und nicht aus dem »Sein«[24] herzuleiten. Die wirtschaftliche, die ökologische Krise und die Hochrüstung sind vor allem Folgen solcher Fehlidentifikationen. Der Yoga als ein Weg zur Erfahrung der Fülle kann hier helfen, die frühkindlichen Wunden zu heilen und den Übenden gegen den »Moloch-Mechanismus« der Konsumideologie zu immunisieren.

Überlegungen für die Praxis:

Es ist also für den Hindu ebenso wie für den Christen, der nach dem Reich Gottes Aussschau hält, eine »conditio sine qua non«, nicht zu horten und das zu teilen, was er durch seine spirituellen Übungen an Schätzen gewinnt. »Wer Yoga übt, übt für sich selbst, für seine Gesundheit, seine geistige Entwicklung, zugleich aber übt er für andere. Die Kräfte körperlicher, geistiger und seelischer Art, die durch regelmäßiges Üben frei werden, sollen und müssen anderen zugute kommen. Dies ist das Kriterium für jeden echten Yoga-Übenden: Nicht allein für sich selbst, sondern für das Ganze, für seinen Umkreis und darüber hinaus für alle Menschen und Wesen, mit denen er in Berührung kommt, für die Bewältigung aller Aufgaben, die sich ihm stellen,

---

24 Vgl. Erich Fromm, Haben oder Sein, dtv Sachbuch, Stuttgart 1981.

unterwirft sich der Übende der Disziplin seiner Übungen.«[25] Wer so handelt, findet Zugang zu seinem eigenen Ursprung, zu Gott, zur Quelle, aus der das Wasser ewigen Lebens fließt (vgl. Joh 4, Das Gespräch am Jakobsbrunnen). Dann braucht er keine »Zisternen« (vgl. Jer 2,13) mehr in der »Wüste« zu graben und zu verteidigen. In der Praxis des Sich-Verströmens wird die Erfahrung der unerschöpflichen Quelle im Inneren des Menschen mehr und mehr Realität.

Im Yoga läßt sich dies z.B. über den Atem einüben: Im Einatmen empfangen und im Ausatmen sich verströmen. Am Ende der Meditation sollte der Friede und die angesammelte Kraft hinaus in die Welt geschickt oder einem bestimmten Menschen zugedacht werden. Diese Haltung läßt sich dann auch mit ins tägliche Leben hineinnehmen, wo sie sich in großzügigem Geben äußert.

Eine herbe, jedoch heilsame Übung wäre auch, sich zu überlegen, wie viele Dinge man in Besitz hält, ohne sie wirklich zu brauchen. Wie eingangs erwähnt, wären diese Gegenstände im Sinne Gandhis »gestohlen«. Über diesen moralischen Aspekt hinaus kann es nicht schaden, sich zu fragen, inwieweit diese Dinge das spirituelle Wachstum behindern.

Letztlich sind *Asteya* und *Aparigraha* nur von demjenigen ohne unaufrichtige Verzichtsmoral, d.h. leicht und mit Freude zu verwirklichen, der bereits eine Ahnung von jener »Quelle«, vom »Schatz im Acker« (Mt 13,44-46) bzw. von der »Perle« hat, von den »Schätzen im Himmel«, die nicht abnehmen und die »kein Dieb findet und keine Motte frißt« (Lk 12,33). Mit der Praxis des Nicht-Hortens und des Nicht-Stehlens soll daher stets die Hinwendung zum Ursprung in Gebet, Meditation oder Kontemplation[26] einhergehen.

---

25 Wieland Schmid, Christ und Yoga, Stuttgart 1975, S.57f.
26 Zur Unterscheidung von Meditation und Kontemplation vgl. S.252.

2. Die individuellen Lebensregeln (Niyama)

Während die fünf *Yamas* zum Ziel haben, eine Atmosphäre sozialen Friedens zu schaffen, in der der Yogin seinen spirituellen Interessen besser nachgehen kann, richten die fünf *Niyamas* das Augenmerk eher auf den Bereich der individuellen spirituellen Praxis. Sie lassen sich vergleichen mit dem, was man im Christentum unter »Askese« versteht: kontinuierliche, systematische Einübung in die persönliche geistliche Disziplin.

Innere und äußere Reinheit, Genügsamkeit und Beständigkeit im Üben spielen hier ebenso eine Rolle wie die Anleitung zum Selbst- und Schriftstudium und die Hinführung zur liebenden Selbsthingabe an Gott.

a) Reinheit *(Sauca)*

Zu allen Zeiten haben sich in den Religionen der Völker gewisse Reinigungspraktiken herausgebildet, besonders wenn es darum ging, »dem Heiligen« zu begegnen. So hat sich der Muslim vor Betreten der Moschee ritualisierten Waschungen zu unterziehen. Im Judentum wurde und wird noch heute peinlich genau zwischen rein und unrein unterschieden. In den Tempeln der Hindus und der Jainas befinden sich große Teiche für das rituelle Bad. Auch der Christ durchläuft in der Taufe symbolhaft einen Purifikationsprozeß. Das Wasser und das weiße Taufkleid zeugen davon.

Offensichtlich verspüren Menschen unterschiedlichster Kulturkreise ein Gefühl der Unreinheit, der Beflecktheit, des Ungenügens gegenüber einer absoluten, transzendenten Wirklichkeit. Aus diesem Bewußtsein heraus haben sich in den Religionen mehr oder minder strenge Reinigungspraktiken entwickelt. Diese können allerdings zwangsneurotischen Charakter annehmen. Es ist oft nicht einfach, zwangsneurotische Formen von sinnvollen, dem geistigen Leben zuträglichen Praktiken zu unterscheiden. Sowohl im Christentum als auch im Yoga existieren beide Ausprägungen.

Reinheit im Yoga und im Evangelium:

In YS.II,40f heißt es:

> »Aus der Übung der Reinheit entsteht eine Abneigung gegen den eigenen Körper und gegen die Berührung mit andren Körpern. Sie führt auch zu innerer Reinheit, zu Güte, Konzentration, Beherrschung der Sinne und macht einen fähig zur Schau des eigenen Selbst.«

Aus christlicher Sicht wird man die eindeutig leibfeindlichen Gedanken, so wie sie auf den ersten Blick in diesem Lehrsatz anklingen, nicht akzeptieren können. Eine solche Leibfeindlichkeit, die der biblischen Auffassung vom Ursprung und Wesen des Menschen widerspricht, wurde zwar in früheren Zeiten auch in kirchlichen Kreisen vertreten, gilt jedoch heute allgemein als überwunden.

Im Neuen Testament spielt der Gedanke der Reinheit zwar auch eine wichtige Rolle. Es geht dort jedoch ausschließlich um die innere Reinheit und nicht um die Abwertung der Leiblichkeit:

> »Nichts, was von außen in den Menschen hineinkommt, kann ihn unrein machen, sondern was aus dem Menschen herauskommt, das macht ihn unrein. Er [Jesus] verließ die Menge und ging in ein Haus. Da fragten ihn seine Jünger nach dem Sinn dieses rätselhaften Wortes. Er antwortete ihnen: Begreift ihr denn nicht? Seht ihr nicht ein, daß das, was von außen in den Menschen hineinkommt, ihn nicht unrein machen kann? Denn es gelangt ja nicht in sein Herz, sondern in den Magen und wird wieder ausgeschieden... Weiter sagte er: Was aus dem Menschen herauskommt, das macht ihn unrein. Denn von innen, aus dem Herzen der Menschen, kommen die bösen Gedanken, Unzucht, Diebstahl, Mord, Ehebruch, Habgier, Bosheit, Hinterlist, Ausschweifung, Neid, Verleumdung, Hochmut, Unvernunft.« (Mk 7,15-22)

Ganz in diesem Sinne lautet auch eine Seligpreisung in der Bergpredigt (Mt 5,8):

> »Selig, die ein reines Herz haben, denn sie werden Gott schauen.«

Sowohl im Yogasutra als auch in der Lehre Jesu erscheint also der Begriff »Reinheit«: Während es Jesus vor allem um die Reinheit des Herzens geht – nichts, was von außen in den Menschen hereinkommt, kann unrein machen, da es ohnehin wieder ausgeschieden wird – bezieht das Reinheitsgebot im *Yogasutra* auch die äußere Reinheit (Speisen, Umgang mit Menschen und Dingen) mit ein.

Lassen sich die beiden Aussagen vereinbaren? Klingen nicht im Yoga leibfeindliche Tendenzen an, die von einem weltverachtenden Dualismus zeugen? Eine solche Haltung wäre mit der christlichen Schöpfungslehre nicht vereinbar, gemäß der die Welt – insofern sie von Gott geschaffen ist – nicht schlecht sein kann.

Der umstrittene Vers des *Yogasutra* bedarf einer Erläuterung. Er ist nur von seinem Ende her zu verstehen, d.h. von der Behauptung, daß der *Sauca* Praktizierende fähig wird zur »Schau des eigenen Selbst«. Dieser Gedanke hängt eng zusammen mit der für den Yoga so zentralen *Guna*-Lehre, der Doktrin von den drei kosmischen Grundkräften: *Rajas*, *Tamas* und *Sattva*. Nur im Zustand von *Sattva* (Güte, Klarheit, Transparenz) kann der Mensch die Erfahrung der letzten Realität machen. »*Sauca*«, das Gebot der Reinheit, will dem Aspiranten helfen, sein psychophysisches Substrat in *sattvische* Verfassung zu bringen[1].

Die Abneigung, von der das Yogasutra spricht, richtet sich nicht gegen den Leib als solchen, sondern gegen die Unwissenheit, die den Menschen dazu verleitet, seinen den drei *Gunas* unterworfenen Leib mit dem wahren Wesen zu identifizieren. Eine solche Sicht würde Jesus wohl auch teilen. Sie erschließt sich aus der Aussage, daß das, was von außen in den Menschen hineinkommt, ihn nicht unrein machen könne, da es ja wieder durch den Magen ausgeschieden werde. In indischer Terminologie: Was von außen in den Menschen hineinkommt, kann sein Kernwesen, seinen *Atman* nicht wirklich verunreinigen. Weiter: Wenn Jesus diejenigen mit dem reinen Herzen seligpreist, da sie Gott schauen werden, so läßt sich das gut mit der yogischen Philosophie vereinbaren, deren höchstes Ziel ein *sattvisches*, auf die letzte Realität hin transparentes Wesen ist, durch das allein der Mensch Gott schauen kann.

Wenn der Yoga dennoch auch auf äußere Reinheit viel Wert legt – dazu gehört auch der Umgang mit guten Menschen und der Aufenthalt an reinen Orten – so geht es hierbei nicht um Magie, Bannen und Tabu, sondern um die Erfahrungstatsache, daß es eine Entsprechung von innen und außen gibt. Ein sauber aufgeräumtes Zimmer oder ein Meditationsplatz, an dem Ordnung herrscht, können dem Übenden auf

---

1 Sowohl die äußere, materielle Welt als auch die feinstoffliche Welt, zu der der Yoga auch die Psyche, das Denken, Fühlen und Wollen zählt, unterliegen derselben Kraft der *Guna*s. (Vgl. S.45ff).

seinem Weg ebenso hilfreich sein wie die Gesellschaft guter Menschen. Eine *sattvische* Umgebung trägt bei zu innerer Reinheit und kann zugleich als Ausdruck einer solchen Reinheit angesehen werden. Was nun die innere Reinheit betrifft, so lassen sich die Aussagen Jesu mit denen des *Yogasutra* durchaus vergleichen. Genau wie die *Samkhya-Yoga*-Philosophie beschreibt auch Jesus das Verhältnis Mensch-Welt nicht von der äußeren, sondern von der inneren Erfahrung her: Über die Sinne nimmt der Mensch die Welt der Dinge wahr. In seinem Inneren entstehen falsche Identifikationen mit dem, was draußen ist. Gedanken der Habsucht, Eifersucht, Unzucht etc. sind die Folge. So wendet sich der Mensch immer mehr nach außen und verliert seine wahre Identität, sein Bewußtsein der Gotteskindschaft. Reinheit bedeutet darum zunächst Reinheit des Herzens, d.h. Psychohygiene. Wer den Gedanken freien Lauf läßt, den reißen sie mit wie Pferde, die durchgehen. Die Mönchsväter sprachen oft von Phantasmata – das sind Hirngespinste, die den Menschen zu allem möglichen Tun verleiten. Die Gedanken führen zur Fixierung der Sinne, zu Worten und schließlich zum Handeln. Über die Sinne werden die Gedanken und letztlich die eigene Identität immer mehr mit den Objekten verbunden. Sowohl im Yoga als auch in der christlichen Lehre bedeutet dies nichts anderes als den Verlust der wahren Identität.

Dem will *Sauca* entgegenwirken. Eine saubere äußere Umgebung (z.B. eine nüchterne Mönchszelle), reine Nahrung und ein sauberes Äußeres geben den Sinnen nicht genügend Anlaß zur Identifikation mit dem Außen und machen die im Menschen ablaufenden Prozesse klar durchschaubar. Je mehr man *Sauca* praktiziert, desto reiner werden die Gedanken, und je reiner die Gedanken sind, desto klarer und reiner wird die Atmosphäre, die den Übenden umgibt. In einer solchen Umgebung kann der Schüler besser unterscheiden zwischen dem eigenen *Atman* und seinem mit dem psychophysischen Substrat sich identifizierenden Ego. *Sauca* hat also auch zu tun mit der Fähigkeit der Unterscheidung[2]. In Indien gilt der Schwan als Symbol von *Sauca*: Man schreibt ihm die Eigenschaft zu, eine so hoch entwickelte Unterscheidungsfähigkeit zu besitzen, daß er, wenn in einer Schüssel Milch mit Wasser vermischt ist, beim Trinken die Milch vom Wasser zu trennen vermag.

---

2   Vgl. *Viveka*, S.92.

Anstöße für die Praxis:

Was kann nun *Sauca* in der Praxis spirituellen Lebens bedeuten?
Wer sich auf den geistlichen Weg begibt, sollte (weder ängstlich noch
zwanghaft) darauf Wert legen, um sich herum eine Atmosphäre zu
schaffen, die dem spirituellen Leben zuträglich ist. Dies umfaßt alle
Lebensbereiche, von der Körperpflege über das Reinhalten des Wohn-
bereichs bis hin zum Umgang, den man pflegt. Es geht nicht darum,
irgendwelche Menschen zu verteufeln und auszuschließen. Es ist
jedoch ein allgemein bekanntes Phänomen, daß der Mensch häufig
dazu neigt, schlechte Eigenschaften von anderen zu übernehmen. Wer
zur Quelle will, muß wagen, auch gegen den Strom zu schwimmen
und sich nicht mit der Masse abwärts treiben zu lassen. Ein spiritueller
Mensch wird darum die Gemeinschaft von Gleichgesinnten suchen.
Eine enge Lebensgemeinschaft mit Menschen, die keinerlei spirituelle
Interessen haben, erschwert das geistige Vorankommen. Es ist darum
nötig zu lernen, »die Geister zu unterscheiden« und sich, wenn nötig,
zumindest innerlich abzugrenzen, anstatt einfach mitzulaufen, nur um
des lieben Friedens, um des Akzeptiertseins oder um materieller Vorteile willen. Es geht hier nicht darum, eine Gemeinde von »Katharern«
(Reinen) zu bilden und ein elitäres Bewußtsein zu entwickeln, sondern
um die spirituelle Praxis. Die Gemeinschaft mit guten Menschen kann
den einzelnen über manche Klippe tragen. Eine Meditationsgruppe,
die sich regelmäßig trifft, ein Bibelkreis, ein Dritte-Welt-Arbeitskreis,
eine beständige Einzelbegleitung etc. – all das hilft dem Übenden, sich
in die Kontinuität einzuüben, die für ein geistiges Leben unerläßlich
ist.
Sauca praktizieren bedeutet jedoch vor allem: kritische (nicht skru-
pulöse) Selbstbeobachtung und Psychohygiene. Dabei werden stets
Bereiche im Inneren des Menschen bleiben, die ihm dunkel, bedrohlich, ja sogar unrein erscheinen. Mit diesem Bereich ganz vor Gott
hinzutreten und Sein Licht dort hineinleuchten zu lassen – dies wird
von vielen spirituellen Traditionen der Welt als der beste Weg aus
dem Dilemma angesehen. An dieser Stelle trifft sich *Sauca* mit der
Japa-Meditation, dem einfachen Gebet der liebenden Hingabe an
Gott. Für den Christen führt es zur Umgestaltung in Christus.
Christen, die *Sauca* praktizieren wollen, können eine wertvolle Orien-
tierungshilfe im johanneischen Bericht von der Fußwaschung finden.
Als Jesus dem Petrus die Füße waschen wollte, entwickelte sich folgender Dialog:

»Du, Herr, willst mir die Füße waschen? Jesus antwortete ihm: Was ich tue, verstehst du jetzt noch nicht; doch später wirst du es begreifen. Petrus entgegnete ihm: Niemals sollst du mir die Füße waschen! Jesus erwiderte ihm: Wenn ich dich nicht wasche, hast du keinen Anteil an mir. Da sagte Simon Petrus zu ihm: Herr, dann nicht nur meine Füße, sondern auch die Hände und das Haupt. Jesus sagte zu ihm: Wer vom Bad kommt, ist ganz rein und braucht sich nur noch die Füße zu waschen...« (Joh 13,6b-10a)

Wenn Jesus vom »Bad« spricht, das der Jünger selbst genommen hat und aufgrund dessen er »rein« ist, so läßt sich daraus schließen, daß der Herr vom Jünger erwartet, daß er sich selbst um »*Sauca*« bemüht. Jesus vollzieht keine Gesamtwaschung. Dies ist Aufgabe eines jeden einzelnen Jüngers. Dann erst vollzieht auch Jesus den letzten, aber entscheidenden Akt der Liebe: Er wäscht den Jüngern die Füße, d.h. das, was dann noch zu waschen übrigbleibt. Wie es sich nicht vermeiden läßt, daß die Füße des Jüngers staubig werden, wenn er vom Waschplatz durch die Straßen zum Abendmahlssaal gehen will, so wird es auch stets dunkle Bereiche im Menschen geben, solange er auf Erden weilt. Im Lichte Jesu verschwindet dann der Schatten, den zu überspringen der Mensch von sich aus nicht fähig war.

b) Genügsamkeit *(Samtosha)*

Psychologische Vorüberlegung:

Der Mythos vom Glück durch Konsum scheint die westliche Welt zu dominieren. Nicht nur die Werbung, auch Schule und Erziehung, ja unsere gesamte Sozialisation sind darauf ausgerichtet, die gefährliche Illusion im Menschen zu wecken bzw. aufrecht zu erhalten, er könne glücklich werden, indem er etwas besitzt, die äußere Welt beherrscht oder in das Weltgeschehen eingreift. Dieses Denkschema und die daraus resultierenden Verhaltensmuster hat der Abendländer tiefer verinnerlicht, als es ihm bewußt ist. Das alles scheint sogar in der Triebdynamik des Menschen verwurzelt zu sein, wie sie Sigmund Freud beschreibt. Der Begründer der Psychoanalyse spricht von Triebquelle, Triebobjekt und Triebziel. Die Triebquelle umfaßt nach Freud biochemische Prozesse im Inneren des Organismus, bei denen bestimmte Substanzen freigesetzt werden, die sich in der Psyche als Trieb manifestieren. Dieser Trieb veranlaßt das Lebewesen zu einer dranghaften Suche nach einem äußeren Objekt, das geeignet ist, den Reizzustand an der Triebquelle zu neutralisieren. Das Triebziel ist die entspannte Befriedigung, die so lange anhält, bis sich wieder eine innere Spannung aufgebaut hat, die nach Entspannung verlangt usw. In diesem Prozeß lassen sich drei Phänomene beobachten:

a) Mensch und Tier lernen nach dem *Wenn-Dann-Muster*, daß und auf welche Weise die als Unlust und Unzufriedenheit erlebte Spannung durch Objekte der Außenwelt abgebaut werden kann.

b) Die Aufhebung dieser Spannung wird als *Lust* erfahren.

c) Es tritt der *Gewöhnungseffekt* ein, d.h. es werden immer stärkere Triebobjekte benötigt, um die Triebspannung abzubauen (Suchtphänomen).

Beim Menschen können Ersatz-Objekte an die Stelle der ursprünglichen treten. Das Triebgeschehen (Es) wird außerdem durch die Ich-Leistungen und die Forderungen des Über-Ich (des durch die Eltern repräsentierten gesellschaftlichen Normengefüges) wesentlich gehemmt. Die völlige Unterdrückung der Triebe durch das Über-Ich führt in die Neurose, während das ungehemmte Ausleben der Triebe die Gesellschaft gefährdet, also sozial destruktiv wirkt. Das Ich wird als Vermittler zwischen den Ansprüchen des Es und des Über-Ich gesehen.

Genügsamkeit im Yoga:

In YS II,42 heißt es:

»Aufgrund der inneren Ruhe (Zufriedenheit, Genügsamkeit) erlangt man unübertreffliche Freude.«

Gemeint ist, daß sich bleibende, tiefe Freude einstellen wird, sobald der Hunger und Durst nach »immer mehr« aufhört. Diese innere Freude ist von ganz anderer Qualität als die temporären Freuden, die mit dem Genuß vergänglicher Dinge einhergehen. Der Yoga erkennt im Hunger und Durst nach den Dingen dieser Welt die Hauptquelle menschlicher Unzufriedenheit und des Unglücklichseins.
Die innere Ruhe, die der Yoga anstrebt, unterscheidet sich wesentlich von der Entspannung bzw. Ruhe, die mit der Befriedigung einer Triebspannung einhergeht. Diese Befriedigung kann aber nur von kurzer

Dauer sein. Die Ruhe des Yoga hingegen ist die Erfahrung des »Ursprungs«, des ewigen »Jetzt«, das kein »Wenn-Dann« mehr kennt. Aus dieser Ruhe entsteht – so sagt Patanjali – unübertreffliche Freude, die Freude am Sein. Unkontrollierte und unreflektierte Triebbefriedigung hingegen führt auf die Dauer immer tiefer in Unzufriedenheit und Verblendung hinein: Die Erfahrung eines – wenngleich zeitlich begrenzten – Glückszustandes durch die Befriedigung eines Triebimpulses verstärkt im Menschen den Glauben, hier liege der Schlüssel zum Glück. Er wird folgern, daß er nur die Anstrengungen in der einmal eingeschlagenen Richtung verstärken müsse, um noch glücklicher zu werden. So entfernt er sich immer weiter von seinem Selbst, von seinem wahren Wesen, bis er sich am Ende vollständig mit der den *Gunas* unterworfenen Materie identifiziert. Die *Guna*-Theorie kann darum zu einem besseren Verständnis der Freud'schen Triebdynamik beitragen: Die drei *Gunas*, d.h. *Rajas*, *Tamas* und *Sattva* befinden sich in ständigem Fluß und lösen im Menschen wechselnde Stimmungen, Bedürfnisse und Handlungsabläufe aus. Ihr Wirken wird in der Triebdynamik erfahren. Vor allem *Rajas*, das Unruhige, Feurige drängt zur Aktion. Aber auch *Tamas*, das Dumpfe, Animalische und Depressive löst entsprechende Handlungsweisen aus. Ein kurzzeitiger *sattvischer* Zustand stellt sich nach vollendeter Tat ein. Wer sich völlig mit dem Prozeß der *Gunas* identifiziert und sein Handeln von ihnen bestimmen läßt, gerät zunehmend unter den Einfluß von *Tamas*, der Verblendung. Den Kreislauf der *Gunas* kann der Mensch nie völlig in den Griff bekommen, im Laufe seines Lebens eignet er sich jedoch bestimmte Lern- und Handlungsmuster an, die ihm helfen, mehr oder weniger gut mit seinen wechselnden Bedürfnislagen und den verschiedensten äußeren Situationen umzugehen. Diese häufig unreflektierten Erfahrungen – die wichtigsten werden bereits in der frühesten Kindheit gemacht – bilden für Freud das machtvolle, menschliches Handeln wesentlich mitprägende Unbewußte. Der Yoga bezeichnet den Inhalt dieses Unbewußten als *Samskaras*. Diese *Samskaras* sind »Narben der Seele«, entstanden durch *Karman*, d.h. die individuelle Lebensgeschichte. Sie umfassen alljene nach dem Wenn-Dann-Schema angelernten Verhaltensmuster, die sich bis hinein ins Unbewußte manifestieren, um zu geeigneter Zeit wieder aufzubrechen und akut zu werden. Der davon unabhängige unablässige Kreislauf der *Gunas* bewirkt einen ständigen Wandel in der individuellen Bedürfnislage des Menschen. Je nach den äußeren, von den *Gunas* bestimmten Umständen tauchen die *Samska-*

ras aus ihrer Latenz auf und treiben zu einem Handeln, das die aktuelle Bedürfnislage befriedigt. Dadurch gelangt der Mensch immer mehr in den Sog der *Gunas*, von denen Befreiung zu erlangen Ziel des Yoga ist. Er wird mehr und mehr zu der Überzeugung kommen, daß das Glück außerhalb liegt, d.h. im äußeren Geschehen. Zugleich wird er jedoch stets erneut frustriert werden und unglücklich bleiben, denn er hat ja nur bedingt Gewalt über die äußere Welt. Anhand eines Beispiels mag dies noch deutlicher werden:

Anstatt emotionaler Zuwendung gaben die Eltern ihrer Tochter vom Säuglingsalter an nur materielle Dinge, von der Flasche über den Schnuller bis hin zu Süßigkeiten, Spielsachen und schließlich Geld. So lernte das Kind nur eine einzige Art und Weise kennen, seine Bedürfnisse zu befriedigen. Als Teenager wurde das Mädchen freßsüchtig. Das eigentliche Bedürfnis nach Liebe konnte sich nie anders artikulieren als im Heißhunger. Der erste Weg nach Dienstschluß führte die junge Frau stets zum Kühlschrank. An diesem Beispiel wird das Zusammenspiel von *Samskaras* und *Gunas* deutlich. Die *Samskaras* bestehen aus dem gelernten »Wenn-Dann-Schema«. In diesem Fall lautet es: *Wenn* ein als Hunger erlebtes Bedürfnis aufkommt, *dann* muß es durch Essen befriedigt werden. Die *Gunas* bestimmen die äußeren Umstände, unter denen ein *Samskara* aktiv werden kann: Am Abend, wenn die junge Frau ihre Wohnung betritt, erlebt sie ihre Einsamkeit stärker als untertags, wenn sie mit Kolleginnen im Büro sitzt. Traurigkeit *(Tamas)* überkommt sie, und das Bedürfnis nach Liebe meldet sich in Form von Heißhunger. Das latente *Samskara* ist also in der von *Tamas* geprägten Situation wirksam geworden. Inzwischen ist die Frau so übergewichtig, daß sie gar nicht mehr wagt, nach einem Partner Ausschau zu halten. Sie leidet unter ihrer Situation.

Der Yoga lehrt, daß der leidschaffenden Verquickung von *Gunas* und *Samskaras* ein Ende gesetzt werden kann, wenn der Übende lernt, nicht sofort auf alle Bedürfnisse und Reize zu reagieren. Er soll die Fähigkeit entwickeln, innere Konflikte und Spannungen sowie äußere Unannehmlichkeiten auszuhalten, indem er sie quasi von einem höheren Standpunkt aus betrachtet. Dies wäre die Praxis von *Samtosha*. So kommt das Mental schrittweise zur Ruhe, d.h. in *sattvischen* Zustand. Dann durchstrahlt das »Selbst«, die »göttliche Natur« bzw. Gott das ganze menschliche Wesen und erfüllt es mit unversiegbarer Freude und Zufriedenheit. Diese Freude nennen die Inder *Ananda*.

Entsprechungen in der christlichen Spiritualität:

Das mit *Samtosha* Gemeinte findet sein Pendant in der christlichen Demut, die von den »Wüstenvätern« als wirksamste Waffe im Kampf gegen die Wurzel aller Übel, den Hochmut und gegen die Unzufriedenheit gepriesen wurde. Demut bedeutet, sich ganz dem Willen Gottes zu übergeben, d.h. den eigenen Willen zu »kreuzigen«. Johannes Cassian hat eine Rede des Abbas Pinufius überliefert, die ganz den Geist von *Samtosha* erspüren läßt:

> »Wie ein Gekreuzigter seine Glieder nicht mehr nach seiner Willkür bewegen kann, so wollen auch wir unsere Willensregungen und Wunschvorstellungen nicht auf das richten, was uns gerade angenehm ist und uns in diesem Augenblick erfreut. Wir müssen uns nach Gottes Gesetz richten und uns dorthin wenden, wohin es uns bindet. Wer am Kreuz festgenagelt ist, der verbohrt sein Denken nicht mehr in gegenwärtige Dinge; er läßt sich nicht mehr treiben von seinen Emotionen; er läßt sich auch nicht von Kummer und Sorge für den morgigen Tag zerreißen, ist nicht von Habsucht angetrieben, wird nicht von Stolz, Neid und Streit entflammt...«[3]

Für den religiösen Menschen ist *Samtosha* eng verbunden mit der vollkommenen Hingabe an Gott. Dies schließt die Hingabe des eigenen Willens notwendigerweise ein. Im Abschnitt über *Ishvarapranidhana* wird davon noch ausführlich die Rede sein.

Anstöße für die Praxis:

Die Praxis von *Samtosha* liegt vor allem im Erlernen der Unterscheidungsfähigkeit zwischen dem, was sich an Triebdynamik im Individuum abspielt, und dem Selbst, das von dieser Triebdynamik nicht berührt, wohl aber durch sie verdunkelt werden kann. Wer sich nicht in der Praxis von *Samtosha* übt, identifiziert sich ganz mit dem Triebgeschehen. Er hält das Verlangen, dem Sinnesreiz zu folgen, für seinen eigenen Willen, für sein ureigenes Bedürfnis und hat darum nichts Dringlicheres zu tun, als dem Bedürfnis nachzugeben. Wie ein Fisch schnappt er sofort nach dem Wurm und verfängt sich im Angelhaken, oder er geht wie ein Vogel dem Jäger »auf den Leim«.

---

3   Johannes Cassian, a.a.O., S.97f.

Selbst wenn der Mensch kurzzeitige Befriedigung erlangt hat, so meldet sich doch bald darauf ein anderes Bedürfnis (oder gar das gleiche) nur noch machtvoller. Wird aber ein Bedürfnis nicht erfüllt, so entsteht Unzufriedenheit, Verstimmung, Frustration. In unserer Welt mit ihrer Machbarkeits-Ideologie wird man dann verzweifelt nach Techniken oder Methoden suchen, das Ziel, auf das man fixiert ist, doch noch zu erreichen, oder sich durch irgendeine andere Befriedigung über den »Frust« hinwegtrösten.

Ein Beispiel: Während der Weihnachtsferien 1988/89 gab es in Süddeutschland kaum Schnee; man konnte also auf den stadtnahen Pisten nicht skifahren. Da ein Großteil der Bevölkerung jedoch »Januar« mit »Skifahren« assoziiert, setzten sich viele Menschen ins Auto, fuhren hunderte von Kilometern, verpesteten die Luft, standen auf der Autobahn im Stau und am Lift in der Schlange – nur wegen einer zur Obsession gewordenen Vorstellung.

Wer *Samtosha* praktiziert, der übt sich in Zufriedenheit. Er lernt, die Dinge so bestehen zu lassen, wie sie sind, und wird vermeiden, die Situation um der Befriedigung seiner eigenen Bedürfnisse willen gewaltsam zu verändern. In unserem Beispiel: Er wird zuhause bleiben und vielleicht entdecken, daß seine tatsächlichen Bedürfnisse woanders liegen. Innere Ruhe, Ausgeglichenheit, das Gefühl, im Einklang mit Gott und dem Kosmos zu stehen, und eine Freude, die ihm niemand nehmen kann, dürften sich einstellen. Hier zeigt sich, daß *Samtosha* eng mit *Ahimsa* (Gewaltlosigkeit) und *Satya* (»seinsgemäßes« Denken, Reden und Handeln) zusammenhängt. Wer *Samtosha* übt, beginnt sich selbst zu genügen. Er wird eine gegebene Situation nicht auf Biegen und Brechen verändern wollen – auf Kosten seiner eigenen Gelassenheit und seiner Umwelt. Er erfährt, daß sich dauerhaftes Glück nicht außerhalb des eigenen Selbst erfahren läßt. *Samtosha* wird dann zu einem inneren Zustand und einer Haltung, aus der heraus man nicht mehr bereit ist, dem Verlangen der Sinne ohne weiteres Folge zu leisten.

Aber *Samtosha* zu praktizieren ist nicht einfach, zumal die westliche Konsumgesellschaft davon lebt, immer mehr künstliche Bedürfnisse im Menschen zu wecken. Der Abendländer wird dem Sog des Konsums kaum entrinnen können. Er hat es weitaus schwerer, aber auch nötiger, sich in *Samtosha* zu üben als der Orientale. Wie ein hungriger Löwe werden die Sinne rebellieren, wenn sie nicht mehr zufriedengestellt werden. Darum muß dieser Prozeß gezielt und bewußt, aber auch maßvoll angegangen werden: Ein »Vielfrontenkrieg« führt dabei nicht weiter. Der erste Schritt ist auch hier, wie überhaupt im Yoga, die Selbstbeobachtung und die daraus resultierende Einsicht in die ablaufenden Prozesse. Selbst wenn der Übende wieder in alte Schemata zurückfällt, wird er sich dessen wenigstens bewußt werden, es beim nächsten Mal vielleicht eher bemerken und schließlich besser machen. Selbstvorwürfe und Selbstkasteiungen schaden dabei mehr als sie nützen.

Hilfreich ist jedoch die Meditation, denn hier bringt man den Körper in eine ruhige Verfassung und versammelt die Sinne. Dies heißt nun keineswegs, daß die Triebdynamik während der Meditation ruht. Aber hier können die Prozesse beobachtet werden wie in einem »Versuchslabor«, ohne daß sie sofort zum Handeln führen. Wer dasitzt und meditiert, steht eben nicht gleich auf und zündet sich eine Zigarette an, wenn ihm danach zumute ist, sondern er wird sich selbst aus einer gewissen Distanz und Gelassenheit heraus beobachten und schließlich die befreiende Erfahrung machen, daß jenes Bedürfnis einige Augenblicke später von selbst verschwindet, genauso wie es gekommen ist. So entsteht der vom Yoga geforderte Abstand zwischen dem Seher und dem Gesehenen, zwischen dem freien, in Gott ruhenden Selbst und dem an die Welt der Dinge geketteten vergänglichen Ego.

Ein in *Samtosha* gefestigter Mensch wird sich durch Geduld, innere Gelassenheit, Zufriedenheit und Freude auszeichnen, die er ausstrahlt. Der Weg dorthin ist jedoch weit und beschwerlich. Er erfordert viel Geduld und Übung.

c) Recht verstandene Askese *(Tapas)*

Wenn jemand gelernt hat, ein Musikinstrument zu spielen und aus Zeitmangel über mehrere Jahre hin nicht übt, so wird er sich immer schwerer aufraffen können, das Musizieren wieder aufzunehmen. Wenn jemand seine Wohnung lange nicht mehr aufgeräumt hat, so wird es ihm schwer fallen, den Besen in die Hand zu nehmen und das längst Überfällige in Angriff zu nehmen. Es kostet ungleich mehr Mühe, ein Feuer, das erloschen ist, wieder zu entzünden, als die Glut beständig am Leben zu erhalten.

Diese Beispiele haben eines gemeinsam: Wo die Kontinuität der kleinen Schritte fehlt, dort bauen sich bald unüberwindliche Barrieren auf.

Dies gilt auch für das geistige Leben. Wer den »roten Faden« verloren hat, dem wird es schwerfallen, das spirituelle Leben wieder aufzunehmen. Recht verstandene Askese will darum nicht große Strohfeuer entzünden, sondern eher die Glut hüten. Sie will helfen, im Rahmen des jeweils Möglichen eine tragfähige und beständige Basis für das spirituelle Leben zu schaffen.

Askese im Yoga:

In YS.II,43 heißt es:

> »Die Askese führt zur Beherrschung von Körper und Sinnen, weil die Unreinheiten beseitigt werden.«

In der Geschichte der indischen Spiritualität hat der Begriff »*Tapas*« sehr unterschiedliche Interpretationen erfahren. Er umfaßt sowohl magische Praktiken zum Erwerb übernatürlicher Kräfte *(Siddhi)* als auch z.T. sehr rigorose Praktiken zur Stärkung des Willens bzw. zur Überwindung der animalischen Natur des Menschen. Eine dritte (meines Erachtens nach authentischere) Bedeutung erhält *Tapas*, wenn man diese Tugend als positives »Sich-Bemühen« in Hinblick auf ein spirituelles Ziel versteht.

Um das mit *Tapas* Gemeinte besser verstehen zu können, muß man die Ethymologie und die Geschichte des Begriffes kennen:

Tapas läßt sich von der Wurzel »*tap*« (»scheinen«, »heiß sein«, »erhitzen«, »intensiv sein«) herleiten. Darum läßt sich *Tapas* auch übersetzen mit »spirituelle Glut«.

Am Übergang der vedischen, vom brahmanischen Ritus beherrschten Periode ins Zeitalter der *Upanishaden*, als viele Menschen das Heil nicht mehr im Opferritus, sondern in der Erkenntnis des wahren Selbst *(Atman)* suchten, spielte *Tapas* eine wichtige Rolle. *Tapas*, die spirituelle Glut, wurde mit dem vedischen Opferfeuer gleichgesetzt. Um nicht gänzlich mit der vedischen Opfertradition zu brechen, versuchte man, die Kontinuität zwischen dem vedischen Ritus und den introspektiven Techniken zu wahren. Hierzu eignete sich *Tapas* besonders gut. *Tapas*, die spirituelle Glut bzw. die Hitze, die der Yogin vor allem durch *Pranayamas* (Atemübungen) im eigenen Körper erzeugen kann, wurde dem vedischen Opferfeuer gleichgestellt. Der *Tapas* praktizierende Yogin bringt nun anstatt des äußerlichen vedischen Feueropfers ein »spirituelles Ganzopfer« dar. Im »Opfer« der Askese »verbrennt« er seine individuellen Wünsche und Begierden. Damit verzichtet er auch auf die gesamte kontingente Welt, also die Welt der *Maya*, der Illusion, auf die sich diese Begierden beziehen. Der Opfervorgang wird so in die innere Erfahrung verlagert.

Tapas hat also zu tun mit der spirituellen Glut, d.h. mit der Liebe und dem Eifer, die der Übende dem spirituellen Weg widmet.

Aus dem ursprünglichen Ideal haben sich mit der Zeit abstruse Fehlformen herausgebildet: härteste asketische Praktiken wie z.B. das Säulenstehen, extremes Fasten, sich bewußt Kälte, Hitze oder Schmerzen auszusetzen etc. Solche Torturen waren nur durch härtestes Training zu überstehen. Dieses Training begünstigt die Entstehung von übernatürlichen Kräften *(Siddhi)* wie Auditionen, Visionen, Levitation, Hellsehen etc., wobei diese Phänomene nichts über die tatsächliche Spiritualität des Praktizierenden aussagen – ganz im Gegenteil. Wer solche übernatürlichen Kräfte durch Askese entwickelt, läuft stets Gefahr, dem Egoismus und dem Machtrausch zu verfallen. In Indien gibt es unzählige Fakire, die über bestimmte asketische Techniken *Siddhis* erlangt haben und als Schausteller und Scharlatane auftreten. Sie leben nicht schlecht davon...

Die wahre Bedeutung von *Tapas* liegt auch nicht in einer rigorosen Askese, die das »edle Ich« (quasi als »Kapitän der Seele«) dem »schmutzigen«, »chaotischen«, »triebhaften« psychophysischen Substrat des Menschen gegenüberstellt. Ein solcher Dualismus – wie er dem Freud'schen Persönlichkeitsmodell letztlich innewohnt – widerspricht sowohl dem jüdisch-christlichen, wie auch dem Selbst- und Weltverständnis der meisten hinduistischen Religionen. Er mündet in eine innerpsychische Spaltung, die sich auf die Dauer kaum durchhalten läßt und früher oder später in die Neurose führen muß. Viele religiöse Neurosen – sowohl im Christentum als auch im Hinduismus – wurzeln in dieser Spaltung. Wer in sich selbst eine solche Subjekt-Objekt-Spaltung vollzieht, der hat nur zwei Möglichkeiten: »Siegen« – oder den völligen Zusammenbruch. Jeder kleine Erfolg wird das Ego stärken, jede Niederlage wird es zutiefst erschüttern, und viele Niederlagen können dazu führen, daß der Schüler den geistigen Weg verläßt.

Recht verstandene Askese will darum etwas ganz anderes. Sie möchte gerade den Dualismus bzw. die verhängnisvolle Spaltung im Menschen überwinden; sie sucht nach einer dritten Möglichkeit und findet sie in der »re-ligio«, der »Rück-bindung« des Ego in das Selbst oder in Gott. Sie weiß, daß man den Teufel nicht mit dem Beelzebub austreiben kann. *Tapas* praktizieren bedeutet darum, stets die spirituelle Glut am Leben zu erhalten, kein Strohfeuer zu entzünden oder sich zu überschätzen, sondern beständiges, waches »Sich-Bemühen« walten zu lassen in Hinblick auf ein letztes Ziel.

Anhand des Gleichnisses Jesu von den törichten und den klugen Jungfrauen (Mt 25,1-13) läßt sich dieser Aspekt von *Tapas* nochmals verdeutlichen: Die Seele, in der das Feuer erloschen ist, kann dem kommenden Herrn nicht mehr entgegengehen und die mystische Hochzeit mit ihm nicht vollziehen. Askese bedeutet darum ein ständiges Sich-Bereithalten für die Begegnung mit Gott.

Ein erloschenes Feuer ist schwer wieder zu entzünden; eine Niederlage des Ego im Kampf gegen unliebsame Eigenschaften ist schwer zu verkraften, denn das Ego ist mimosenhaft und verzagt schnell. *Tapas* geht davon aus, daß es tief in jedem Menschen ein Sehnen und eine spirituelle Glut gibt. Wer sie kennt und nährt, wer sich bemüht, aus seinem Ursprung heraus zu leben, d.h. aus der Erfahrung des Lichtes, »das jeden Menschen erleuchtet« (Joh 1), der wird nicht mehr dem Dauerstreß und Niederlage garantierenden Freud'schen Dualismus verfallen, der Spaltung von Ich und Es, Kapitän der Seele und triebgesteuertem Tier im Menschen. – Was ist dieser *Du*alismus anderes als die »Masche« des *Teu*fels, des *Dae*mon, des *Dia*bolos (vgl. Wurzel: »*di*«, »*dia*«, »*da*«, »*du*« = zwei) des großen »Spalters«, des Fürsten der *Zwie*tracht[4]!

Falsch verstandene Askese wird also den Menschen nicht heil machen, sondern zerreißen, indem sie Schritt für Schritt das Ego aufbaut, um es dann durch die unausweichliche Erfahrung des Scheiterns umso tiefer in die Verzweiflung zu stürzen. Eine solche Verzweiflung, von den spirituellen Vätern »*desperatio animae*« genannt, ist eines der größten Hindernisse auf dem spirituellen Weg, da sie den Suchenden lähmt.

Richtige Askese weist einen positiven Weg. Sie weiß um eine tief im Menschen verborgene Macht und möchte Wege eröffnen, die es dieser Macht erlauben, im Einzelnen wirksam zu werden. Es ist der Weg des Vertrauens und der Hingabe des ganzen Menschen und vor allem des gespaltenen Ichs. Askese als positive Praxis kann darum niemals Kampf des Menschen gegen sich selbst sein, sondern durchwegs aktives, beständiges, positives »Sich-dem-Ursprung-Zuwenden«. Wer da-

---

4 Zur Wurzel »da : di« vgl. Jean Gebser, Ursprung und Gegenwart, Kommentarband, dtv Stuttgart, [2]1986, S.200ff.

mit beginnt, wird die Erfahrung machen, daß dem Bemühen auf seiner Seite eine machtvolle Hilfe vonseiten des Ursprungs entgegenkommt. Der Christ bezeichnet sie als Gnade.

Anstöße für die Praxis:

In der christlichen Gebetspraxis spielt das Stoßgebet (z.B. »Jesus sei mir gnädig«) eine wichtige Rolle. Hier stellt sich der ganze Mensch im konkreten Lebensvollzug unter die helfende Gnade Gottes. Damit ist das Ich plötzlich nicht mehr Einzelkämpfer, Sieger oder Verlierer, sondern Werkzeug in der Hand Gottes, Vollzugsorgan des in Gott ruhenden Selbst.

Richtige Askese läßt sich besonders gut in der Meditation üben:
Jeder wird die Erfahrung machen, daß – so sehr er sich auch um innere Andacht bemüht – immer wieder störende Gedanken auftauchen. Es wäre ebenso falsch, gegen diese Gedanken bewußt anzukämpfen, wie sich ihnen ganz hinzugeben. Im ersten Fall würde das aufgeblähte Ego stets zwischen Sieg und Niederlage hin und herschwanken und auch im zweiten Fall würde sich die ersehnte Andacht und Stille nicht einstellen. Der Ausweg liegt wiederum in einem Dritten, nämlich in dem Meditationsobjekt, mit dem der Übende arbeitet. Kommen störende Gedanken auf, so braucht er ihnen weder nachzuhängen noch sie zu bekämpfen, sondern er kehrt auf dem schnellsten Wege zurück zu dem kleinen Gebet, zum Atem bzw. zu dem Objekt, auf das hin er meditiert. Dies hat nichts mit Verdrängung zu tun: Die eben beschriebene Art von Askese will Distanz und Gelassenheit schaffen, aus der heraus der Mensch sehr wohl – und meiner Meinung nach sogar viel besser – die Probleme des Alltags bewältigen kann, denn sie macht ihn fähig, weder »ich-los«, noch »ich-haft«, sondern »ich-frei« zu handeln, da er sich geborgen und geleitet weiß von einer Macht, die ihm gutwill. So gewinnt das Leben eine ganz neue Qualität und Intensität.

Askese im Sinne von *Tapas*, spiritueller Glut, die am Leben erhalten werden will, bedeutet auch Beständigkeit im Üben[5]. Es ist besser, täglich nur fünf Minuten zu üben, als hie und da mehrere Stunden.

Nach alldem Gesagten läßt sich das Askese-Postulat des Patanjali besser verstehen: Askese führt tatsächlich »zur Beherrschung von Körper und Sinnen, weil die Unreinheiten beseitigt sind«, alles was dem Men-

---

5   Vgl. griech. *ascein* = üben.

schen den Blick auf sein wahres Wesen und auf Gott verstellt. Gemeint ist hier primär die *innere* Askese, d.h. die positive Hinwendung zum Ursprung. Aus ihr allein kann die *äußere* Askese erwachsen, ohne daß der Mensch »gespalten« wird und Schaden erleidet. Diese Interpretation steht ganz in der Tradition indischen Denkens, das in der inneren Gegenwart des Zieles die Voraussetzung für den Aufbruch erkennt. Ohne die Beziehung zu diesem Ziel wäre Askese nicht mehr als ein schlechter Dressurakt mit äußerst fragwürdigen Erfolgsaussichten. Hierin stimmt die christliche Aszetik mit dem Yoga überein. So überliefert z.B. Johannes Cassian, der Vater des abendländischen Mönchtums, folgende Einsicht der christlichen Asketen:

> »Als Resultat ihrer Erfahrung lehrten die Väter: Man wird nie von Fleischsünden rein, wenn man glaubt, man könne sich das asketisch erkämpfen. Nur dann hat man Erfolg, wenn man ihn von Gott erwartet.«[6]

Wenn aus der oben beschriebenen Art von Askese, dem ständigen Sich-Hinwenden zur Quelle des Lebens, eine zweite Variante von Askese entsteht, die mit Verzicht verbunden ist, so hat dies nichts mehr mit dem oben beschriebenen Rigorismus und mit einer Spaltung von Ich und Es zu tun. Wer – wie der Kaufmann oder der Bauer im Gleichnis Jesu (vgl. Mt 13,44-46) – die wertvolle Perle bzw. den Schatz im Acker entdeckt hat, wird gerne auf vieles verzichten, was ihm vorher noch erstrebenswert erschien. Wer sich hingegen kasteit und auf Biegen und Brechen Verzicht übt, wird die Perle wohl kaum finden und eher noch an seinem eigenen blinden und verhärteten Ego scheitern.

d) Selbst-Studium *(Svadhyaya)*

Immer wieder erleben wir, daß tief in uns beim Lesen eines Buches, eines Absatzes aus der Bibel oder eines Verses aus der Weisheitsliteratur der Welt das Gefühl aufkommt, daß hier etwas Bekanntes, Wahres, existentiell Bedeutsames ausgesagt wird, das schon lange in uns schlummerte, ohne daß wir vermocht hätten, es auszudrücken. Das Wort des Weisen bzw. des Dichters kann uns Zugang zu verborgenen Schätzen in unserem Inneren eröffnen.
Zu allen Zeiten hat es Menschen gegeben, die eine tiefere Schau der Wirklichkeit besaßen als ihre Zeitgenossen. Sie erkannten oft zeitlose,

---

6   Joh. Cassian, a.a.O., S.91.

allgemeingültige Wahrheiten und entdeckten durch konsequente Beobachtung der Vorgänge in ihrem eigenen Inneren Gesetzmäßigkeiten des Seelenlebens. Häufig wurden ihre Lehren in Büchern festgehalten, die weite Verbreitung fanden, weil sie dem suchenden Menschen Antworten auf existentiell wichtige Fragen und konkrete Hilfestellungen für seinen spirituellen Weg geben konnten. Das Studium solcher heiliger Schriften bedeutete darum auch stets »eine Reise ins Selbst« bzw. Selbst-Erfahrung im Spiegel dieser heiligen Schriften.

Das Selbst-Studium im Yoga:

In YS.II,44 heißt es:

> »Durch das Selbst-Studium erlangt man eine innige Verbindung mit der ersehnten Gottheit.«

Was versteht der Yoga unter Selbst-Studium? Ethymologisch lassen sich in dem Wort »*Svadhyaya*« zwei Wurzeln ausmachen: »*Sva*«, ein im Sanskrit häufig gebrauchtes possessives Präfix mit der Bedeutung »das Eigene...« bzw. »selbst-...« – und »*adhyaya*«, »intensives Lernen«, »Studieren«. Demnach läßt sich *Svadhyaya* übersetzen mit: »intensives Nachdenken oder Meditieren über das eigene Selbst«.
Svadhyaya üben bedeutet einerseits, aufmerksam – jedoch nicht ängstlich genau – zu beobachten, welche Prozesse in der eigenen Seele ablaufen und andererseits, sich auf die Suche zu machen nach dem Selbst, nach dem Ursprung, d.h. nach dem, was den Menschen von innen her trägt.
In den Kommentaren wird immer wieder darauf hingewiesen, daß im Rahmen von *Svadhyaya* auch dem Studium spiritueller Schriften eine wichtige Rolle zufällt, da diese Schriften den Suchenden inspirieren, erbauen und ihm, sofern er sich vom Inhalt anrühren läßt, manchen Schlüssel zur Selbst- und Gotteserkenntnis an die Hand geben. *Svadhyaya* bedeutet aus dieser in Indien wohl verbreitetsten Sicht: »Studium des eigenen Selbst im Spiegel der heiligen Schriften.«
Für viele indische Mönche ist dieses Studium wichtiger Bestandteil des Tagesablaufes. Studium der Schriften bedeutet hier jedoch nicht Exegese im westlichen Sinn. Es ist vielmehr ein meditatives »Im-Herzen-Bewegen« der Texte bzw. ein »Sich-existentiell-anrühren-Lassen« von den heiligen Schriften. Wer *Svadhyaya* übt, betrachtet oft nur einen einzigen Vers und versucht, ihn in der Tiefe auszuloten.

Auf diese Weise ergänzt *Svadhyaya* die übrigen asketischen Bemühungen. Während letztere eher nach außen gerichtet sind und den Übenden den rechten Umgang mit der Triebsphäre und mit der äußeren Welt lehren wollen, richtet sich *Svadhyaya* – ganz im Sinne des achtfachen Pfades, der ja auch einen Weg von der Peripherie zum Zentrum einschlägt – nach innen, auf das Selbst.

Den zweiten Teil von YS II,44, der von der engen Verbindung handelt, die der Schüler durch *Svadhyaya* mit Gott erhält, kann man sowohl theistisch als auch im übertragenen Sinne deuten. Je nach dem religiösen Hintergrund, von dem aus man den Yoga betreibt, wird man die »ersehnte Gottheit« unterschiedlich interpretieren: Ein Hindu, der von der Göttlichkeit des Selbst (*Atman = Brahman*) ausgeht, wird den Vers dahingehend deuten, daß man durch *Svadhyaya* den *Atman*, das wahre Wesen des Selbst, d.h. seine wahre Identität erkennt. Ein gottgläubiger Hindu hingegen wird *Svadhyaya* (ähnlich wie der Christ das Studium der Bibel) als wichtige Hilfe auf seinem Weg zu Gott verstehen, der ihm in seinem Innersten begegnet, da er ihm – um mit Augustinus zu sprechen – »innerlicher als sein Innerlichstes« ist.

Anstöße für die christliche Spiritualität:

Svadhyaya (besonders im letztgenannten Sinne) findet ein christliches Pendant in der Lesehore des mönchischen bzw. priesterlichen Breviers oder auch in der Schriftlesung, mit der viele Christen ihren Tag beginnen. Dem Christen könnte das über *Svadhyaya* Gesagte einige Anstöße für den Umgang mit spirituellen Texten vermitteln:

Das hinduistische Verständnis von *Svadhyaya* als Studium heiliger Schriften, verbunden mit dem »Sich-Treffenlassen« durch den Inhalt, würde einer idealen christlichen Praxis entsprechen. Der Christ, der glaubt, daß ihm in der Bibel das Wort Gottes begegnet, soll über sein Schriftstudium versuchen, Gott und damit auch sich selbst immer besser kennenzulernen. So begegnet er wirksam der Gefahr, daß die Lektüre der Bibel zur frommen Erbauung ohne konkrete Folgen erstarrt. Ein solches Studium ist eine gute Vorbereitung sowohl auf den Alltag des Christen und seinen Umgang mit den Mitmenschen als auch auf die innige Verbindung mit Gott, die *Unio Mystica*.

Auch der spirituelle Weg des Christen verlangt eine gründliche Selbstbeobachtung. Er muß die in seiner Seele ablaufenden Prozesse erforschen, um die Hürden besser meistern zu können, die sich jedem Suchenden auf seinem geistigen Weg entgegenstellen. Die Exerzitien des Ignatius von Loyola mit ihrer Unterscheidung der Geister basieren ebenso wie *Svadhyaya* auf einer Selbstbeobachtung in diesem Sinne[7]. Letztlich stellt sich auch dem Christen die Frage »Wer bin ich wirklich?« – die Leitfrage von *Svadhyaya*. Die Antwort auf diese Frage kann in der mystischen Erfahrung gefunden werden. Ein Schritt in diese Richtung ist sowohl für den Christen wie auch für den Hindu das Selbst-Studium im Sinne von *Svadhyaya*. Dem Christen könnte sich über einen »christlichen *Svadhyaya*« ein tieferes Verständnis für das auftun, was die Bibel mit »Gotteskindschaft« bezeichnet.

e) Hingabe an Gott *(Ishvarapranidhana)*

Es entspricht der Erfahrung, daß der Mensch in einer schwierigen Situation plötzlich völlig ungeahnte Kräfte entwickeln kann bzw. »über sich selbst hinauszusteigen« vermag. Solche Kräfte entwickelt nur jemand, der – aus welchem Grund auch immer – den Blick weg vom eigenen Ego auf etwas richtet, das größer ist als er selbst und dem er sich gerne hingibt. Vor allem Liebenden wird diese Erfahrung zuteil. Wer immer nur ängstlich auf sich selbst schaut, wird das Schneckenhaus nur schwer verlassen können, mit dem er sein Ego umgibt.
Von großen Heiligen wird immer wieder berichtet, daß sie ihr Leben ganz Gott übergeben hätten und darum ohne Furcht Erstaunliches vollbrachten. Sowohl der Yoga als auch das Christentum erkennen in der Hingabe an Gott den besten und schnellsten Weg, die Grenzen des Ego zu überwinden.

Ishvarapranidhana im Kontext der Yoga-Philosophie:

In YS II,45 heißt es:

>»Durch Hingabe an Gott erlangt man vollkommene Versenkung (Samadhi).«

Um ein tieferes Verständnis dieses letzten der fünf Niyamas zu gewinnen, ist es nötig, zunächst wieder die Ethymologie des Wortes »*Ishvarapranidhana*« zu betrachten. »*Ishvara*« bedeutet soviel wie »Herr«, »Gott«. Das Wort »*Pranidhana*« setzt sich aus der Wurzel »*Nidhana*«

---

7 Ignatius von Loyola, Geistliche Übungen, Herderbücherei, Freiburg 1967.

d.h. »der Ort, wo etwas niedergelegt wird« und dem Präfix »*pra*«, d.h. »intensiv« zusammen.

»*Ishvarapranidhana*« läßt sich daher übersetzen mit:

> Der Raum bzw. die Leere, die von der Intensität göttlichen Seins erfüllt ist.

Hier wird deutlich, warum *Ishvarapranidhana* eng mit dem *Samadhi*, dem Ziel des achtfachen Yogapfades zusammenhängt. Eine erste Ziel-Definition des Yoga lautet: »Yoga ist Anhalten der Bewegungen *(Vritti)* des Geistes (d.h. der Denkbewegungen); dann ruht der Sehende in seiner wahren Wesenheit.« (YS I,2f) Hinter diesem Satz steht das Wissen, daß die vielen Sinneseindrücke und Gedanken das Wach- und Traumbewußtsein des Menschen ständig in Bewegung und Aufruhr halten. Sie verstellen ihm den Weg zu echter, tragfähiger Erkenntnis der tieferen Schichten seines Selbst und damit letztlich auch zu Gott. Die yogischen Techniken wollen helfen, das Mental zur Ruhe kommen zu lassen. In dem leeren Raum, der sich dann auftut, ist intensive Gotteserfahrung möglich. Derselbe Grundgedanke steht auch hinter dem bekannten Ausspruch von Augustinus: »Unruhig ist mein Herz, bis es ruht in Dir.«

Es zeigt sich hier ein deutlicher Unterschied zwischen dem klassischen Yoga und manchen buddhistischen wie hinduistischen Techniken, die das Ziel, die Erleuchtung, eher in negativen Termini wie »*Nirvana*« (Erlöschen) beschreiben. Für den Yoga ist die Leere, die der Übende in sich selber schafft, die für die Glückseligkeit bestimmte Form. Hier erfährt der Hindu *Sat-Cit-Ananda* (Sein-Bewußtsein-Glückseligkeit), d.h. letztlich Gott, den die Hindus auch mit diesem Wort bezeichnen. Die Leere wird zur Voraussetzung des In-Erscheinung-Tretens der Fülle.

Wie im gesamten Yogasystem kommt der Gedanke von der Einheit von Weg- und Zielaspekt auch bei *Ishvarapranidhana* zum Tragen. So stellt *Ishvarapranidhana* einerseits das *Ziel* des Yoga dar, die *Unio*, das *Samadhi*, die innige Verbindung mit dem Ursprung; andererseits bezeichnet dieser letzte der fünf *Niyamas* auch den *Weg* zu jenem Ziel: Es ist der Weg der liebenden Hingabe des Menschen an die Gottheit. Dies würde in die christliche Terminologie übersetzt lauten: Die liebende Hingabe an den Vater in und durch Jesus Christus. Der Weg der Hingabe des Menschen an Gott wird von den Hindus *Bhakti-Yoga* genannt. Im *Yogasutra* wird er sogar an drei verschiedenen Stellen empfohlen[8].

Die Erfahrung lehrt, daß der Mensch, der sich ganz Gott hingibt, tatsächlich schnelle Fortschritte auf seinem Weg macht. Viele Passagen in der *Bhagavadgita* weisen darauf hin, daß dem größten Feind spirituellen Lebens, dem Egoismus, durch die Hingabe allen Denkens, Redens und Tuns an Gott wirkungsvoll begegnet werden kann:

>»Menschen, die nichts anderes denken, mich hingebungsvoll verehren, immer mit mir verbunden *(nityabhiyuktanam)* sind, erhalten von mir, was nötig ist.« (BG.9,22) »Nimm also Zuflucht zu Ihm von ganzem Herzen, o Bharata! Durch Seine Gnade wirst du den höchsten Frieden und die ewige Stätte erreichen.« (18,62)

>»O Partha, wie du, mit dem Geist an Mir hängend, Yoga übend, zu Mir deine Zuflucht nehmend, Mich ohne Zweifel vollständig erkennen wirst, dies höre nun!« (7,1)

>»Sri Bhagavan (Gott Krishna) sprach: Jene, die den Geist in Mich versenken, Mich in beständiger Hingabe, mit tiefstem Glauben verehren – diese betrachte Ich als am besten im Yoga bewandert. Jene aber, die das Unvergängliche, Unbeschreibliche, das Nichtoffenbare verehren, das Alldurchdringende, das Undenkbare, das Unwandelbare, das Unbewegliche, das Ewige, die Schar der Sinne bezähmt habend, gleichgesinnt gegen alle Wesen, sich erfreuend am Wohl aller Geschöpfe – wahrlich, auch sie gelangen zu Mir. Doch größer ist die Mühsal jener, deren Geist sich auf das Nichtoffenbare richtet; denn der nichtoffenbare Weg wird von denen, die (selbst noch) einen Körper besitzen, kaum erreicht! Jene aber, die Mich verehren, indem sie alle Handlungen Mir weihen, Mich als höchstes (Ziel) ansehen, mit auf nichts anderes gerichteter Hingabe über Mich meditieren – diesen, o Partha, die ihren Geist in Mich vertiefen, werde Ich bald zum Retter aus dem Ozean des tödlichen Samsara (Seelenwanderung)! Richte den Geist allein auf Mich, laß deinen Verstand in Mir wohnen! So wirst du ohne Zweifel fortan in Mir leben. Bist du aber nicht imstande, deinen Geist fest in Mich zu versenken, dann suche Mich durch (methodische) Yoga-Übung (Abhyasa) zu erreichen, o Dhanamjaya! Bist du auch zu solcher Übung nicht fähig, dann sei

---

8   Vgl. YS I,23-28; II,1-2; 45.

einer, der im Dienste an Mir das Höchste sieht; denn auch wenn du um Meinetwillen Werke tust, wirst du die Vollkommenheit erreichen. Bist du auch dieses zu tun nicht imstande, dann bezwinge dich selbst, nimm Zuflucht zu Meiner (rettenden, gnadenreichen) wunderbaren Macht und übe Verzicht auf die Frucht aller Werke! Wahrlich, besser als Übung ist Wissen; besser als Wissen ist die völlige Selbsthingabe an Gott; denn aus der Hingabe (entsteht von selbst) der Verzicht auf die Früchte des Handelns; aus dem Verzicht aber erwächst unmittelbar der Friede.« (12,1-12)

»Durch die liebende Hingabe erkennt er Mich, wie und wer Ich in Wahrheit bin; dann, Mich in Wahrheit erkannt habend, geht er unverzüglich in Mich ein. Selbst wenn er immer alle möglichen Werke tut – seine Zuflucht zu Mir nehmend, erreicht er durch meine Gnade die ewige, unvergängliche Stätte. Im Geist alle Werke Mir übergebend, Mich als Höchstes (Ziel betrachtend), zum Buddhi Yoga Zuflucht nehmend, richte dein Denken ständig auf Mich! An Mich denkend wirst du durch Meine Gnade alle Schwierigkeiten überwinden. Wenn du jedoch aus Ichsucht nicht (auf Mich) hören willst, wirst du zugrundegehen.« (18,55-58)

Im zwölften Kapitel der *Gita* (1ff) versucht Gott *Krishna* seinem Schüler *Arjuna* verständlich zu machen, daß der asketische (nicht-geoffenbarte, apersonale) Erkenntnisweg zwar möglich, aber nicht empfehlenswert ist, da der vergängliche, leibgebundene Mensch aus sich selbst heraus das »Unvergängliche, Unbeschreibliche, Nicht-Offenbare...« kaum schauen kann. Darum geht, wer in Gott »seine Rettung sucht,... doch den allerhöchsten Weg.« (9,32) Er ist laut *Krishna* »am besten im Yoga bewandert«, da der Weg der Hingabe an Gott der dem Menschen gemäßere ist. Unter dem *Buddhi Yoga* versteht die *Gita* in diesem Zusammenhang die völlige Bereitung des Seelengrundes für Gott. Sie wird in der Praxis durch die beständige Wiederholung des göttlichen Namens angestrebt, was in der Aufforderung *Krishnas* zum Ausdruck kommt, daß *Arjuna* sein Denken und seine Liebe ständig auf ihn richten solle. Fast johanneisch mutet dann folgender Satz an: »Aber wer mich liebt, ist in mir, und ich bin gewiß auch in ihm.« (BG.9,29b)

Ishvarapranidhana im Kontext christlicher Spiritualität:

Dem Christen, der Yoga praktiziert, könnte die Meditation mit kurzen christlichen »Mantren« oder Gebeten, die Hingabecharakter haben, zu einem wesentlichen Bestandteil seiner spirituellen Praxis werden. Solche Formeln können z.B. sein:

> Komm Herr Jesus
>
> Mein Herr und mein Gott
>
> Dein Wille geschehe
>
> Jesu Abba
>
> Nimm mich Dir zueigen

Auch die Beobachtung des Atems (als von Gott empfangen und wieder in ihn zurückströmend) kann in der Praxis weiterführen. Im Kapitel über die Meditation werde ich noch ausführlich auf den Atem und auf das Beten mit christlichen Mantren eingehen.

Im Alltag wird sich *Ishvarapranidhana* so auswirken, daß der Übende sich immer mehr von Gott führen läßt und Abstand zum eigenen Ego gewinnt, bis er es schließlich ganz bewußt Gott zur Verfügung stellt. Hier setzt auch die Praxis des Stoßgebetes an.

Der christliche Yogin ist besonders aufgerufen, sich in die Haltung der Hingabe an Gott einzuüben. Das Leben kann dadurch nur an Qualität gewinnen. Der Streß, in den ein übersteigertes Ego den Menschen treibt, wird sich auf wunderbare Weise in Gelassenheit verwandeln, sobald der Mensch lernt, Gott sein Leben gänzlich zu überantworten – vor allem auch in den kleinen Alltäglichkeiten.

»Tu deinem Leib Gutes,
damit deine Seele Lust bekommt,
darin zu wohnen«

Theresa von Avila
(mündl. überliefert)

3. Die Körperübungen (Yoga – Asanas)

Die *Asanas* umfassen diejenigen Körperübungen, die man im Abendland gemeinhin mit dem Begriff »Yoga« assoziiert. In den indischen Yoga-Systemen haben sie die Aufgabe, den Körper für die spirituelle Praxis gesund zu erhalten und den Fluß der »Energien« im menschlichen Organismus, von denen noch die Rede sein wird, regeln zu helfen.

Im ursprünglichen Yogasystem des Patanjali bezog sich das Wort »*Asana*« nur auf den Meditationssitz[1]. Die entsprechenden Sutren (YS II,46-48) lauten:

> »Die Sitzhaltung soll stabil und angenehm sein. Diese Sitzhaltung soll man in völliger Entspannung und in einem Zustand der Betrachtung des Unendlichen einnehmen. So erlangt man eine Unempfindlichkeit gegenüber den Gegensatzpaaren.« (wie Hitze und Kälte etc.)

Ein Mensch, der Verspannungen z.B. im Rücken hat oder an irgendwelchen körperlichen Gebrechen leidet, wird kaum über längere Zeit ruhig und aufrecht und wach dasitzen können, wie es die Meditation erfordert. Darum wollen die *Asanas* helfen, Spannungen abzubauen. Darüber hinaus haben die Inder bereits sehr früh entdeckt, daß Körper und Seele in enger Wechselwirkung stehen. So wurden neben dem Lotussitz noch viele andere Körperpositionen entwickelt, die den ganzen Menschen mit Leib und Seele in eine ausgeglichene, gesunde Verfassung bringen. Wer *Asanas* übt, der wird die Erfahrung machen, daß die Positionen nicht immer gleich gut gelingen. Der Körper kann ein guter Indikator sein für innere Vorgänge. So wird der Übende z.B. über die Balanceübungen viel über seine körperlich-seelische Stabilität

---

1   Das Wort »*Asana*« läßt sich von der Sanskrit-Wurzel »*as*« (sitzen, verharren, wohnen, ruhen) herleiten.

erfahren. Andererseits nehmen die *Asanas* auch Einfluß auf den inneren Menschen: Die Standfestigkeit oder die Flexibilität, die man sich durch die *Asanas* auf körperlicher Ebene erwirbt, kann auch auf andere Lebensbereiche positiven Einfluß ausüben. Die *Asanas* bieten demnach sowohl Diagnose- als auch Therapie-Möglichkeiten für Leib und Seele.

Es ist auch erwiesen, daß Asanas – vorausgesetzt, sie werden richtig angewandt und ausgeführt – viele positive Wirkungen auf verschiedene Funktionen des menschlichen Körpers ausüben, so z.B. auf die endokrinen Drüsen (besonders die Schilddrüse) und auf die Nervengeflechte. Je nach Bedürfnis und körperlicher Konstitution lassen sich verschiedene Übungsreihen zusammenstellen, die einen wohltuenden, ausgleichenden Effekt auf den Gesamtorganismus ausüben.

Da ein enger Zusammenhang zwischen *Asanas* und Atmung besteht, bilden erstere die ideale Voraussetzung für die *Pranayama*s, die yogischen Atemtechniken, die sich folgerichtig als viertes Glied im achtgliedrigen Pfad anschließen.

a) Einige Gedanken zu den *Asanas* aus christlicher Sicht

Es scheint auf den ersten Blick paradox, daß gerade im Hinduismus, wo der geistigen Realität durchwegs mehr Bedeutung zugemessen wird als der materiellen, hochspezialisierte Körpertechniken entwickelt worden sind, wohingegen im Christentum, das die Leiblichkeit des Menschen durchaus ernst genommen hat, dem Körper als Hilfsmittel auf dem spirituellen Weg kaum großes Augenmerk geschenkt wurde. Aufgrund der philosophischen und theologischen Basis der beiden Weltanschauungen müßte es gerade umgekehrt sein: Für die meisten Hindus ist die Welt und damit auch der Körper nicht mehr als *Maya*, d.h. eine Illusion, die es zu überwinden gilt. Aus dem Blickwinkel der christlichen Theologie wird der physische Körper schon allein darum ernst genommen, weil Gott diesen Körper als nicht zu gering erachtete, um sich in ihm zu inkarnieren. Immer wieder wird im Christentum die Fleischwerdung Gottes hervorgehoben. Stets hat sich die Kirche gegen Lehren wie den Doketismus gewandt, der Christus nur einen Scheinleib zubilligen wollte. Mehrmals betont Paulus im ersten Brief an die Korinther, daß der Leib ein Tempel des heiligen Geistes ist:

»Wißt ihr nicht, daß ihr Tempel Gottes seid und daß der Geist Gottes in euch wohnt?« (1. Kor.3,16)

»Oder wißt ihr nicht, daß euer Leib ein Tempel des heiligen Geistes ist, der in euch wohnt und den ihr von Gott habt? ...Verherrlicht also Gott in eurem Leib!« (1.Kor 6,19f)

Wenngleich sich die Rede des Paulus eher gegen die sexuellen Ausschweifungen der Korinther richtete und das »Verherrlichen Gottes im Leib« eher als Chiffre für die aktive Nächstenliebe angesehen werden muß, so bleibt dennoch als Faktum bestehen, daß dem Leib im Christentum eine wichtige Rolle zugestanden wird. Wegen der vergleichsweise starken *altruistischen* Ausrichtung der Botschaft Jesu wandten sich die Christen jedoch mehr der Leiblichkeit des *leidenden* Mitmenschen zu als dem eigenen Körper. Die Christen haben sich von Anfang an der vitalen Bedürfnisse von Armen und Kranken angenommen. Dennoch bleibt zu fragen: Könnte nicht eine intensivere Erfahrung Gottes im eigenen Leib eine Bereicherung für den Christen darstellen, und könnte er nicht gerade dadurch eine neue Sensibilität und Empathie für seine Mitmenschen gewinnen?

Der biblische, theologische und wirkungsgeschichtliche Befund legt nun die Frage nahe, ob sich nicht auch die körperlichen Übungen, wie sie in der indischen Tradition entwickelt worden sind, harmonisch in die christliche Praxis einfügen lassen. Aus theologischer Sicht erscheint mir eine solche Integration zumindest legitim und aus praktischer Sicht sogar als eine wünschenswerte Bereicherung, denn bis auf wenige Gebetshaltungen und liturgische Gesten hat das Christentum selbst keine Körperpraktiken entwickelt.

Viele der *Asanas* – allen voran das Sonnengebet – lassen sich gut in die christliche Spiritualität aufnehmen. Gerade hier besteht meiner Meinung nach die Möglichkeit einer problemlosen Übernahme yogischer Praktiken, ohne daß man aufseiten des Christentums um die eigene Identität fürchten müßte[2].

---

2 Daß solche Integrationen grundsätzlich möglich sind und im Hinduismus bereits stattgefunden haben, wurde bereits ausführlich im einleitenden Kapitel beschrieben.

b) Grundsätzliches zur *Asana*-Praxis

In Indien sind viele *Asanas* mit einer noch größeren Anzahl von z. T.
sehr komplizierten Varianten entwickelt worden. Die kleine hier zu-
sammengestellte Auswahl reicht jedoch erfahrungsgemäß völlig aus[3].
Die *Yoga-Asanas* sind, obgleich mit Kraft verbunden, völlig gewaltlos.
Es kommt nicht auf die äußere Leistung an, sondern auf die innere Ge-
löstheit und Aufmerksamkeit. Wie weit Sie die angegebenen Körperteile beugen oder strecken können, spielt eine untergeordnete Rolle.
Wichtig ist vor allem, daß Sie genau spüren, was bei den Übungen und
in der anschließenden Entspannung in Ihrem Körper vorgeht und daß
Sie lernen, sich loszulassen[4]. Darum können durchaus auch Menschen
Asanas praktizieren, die sich als unsportlich und ungelenkig erleben.
Auch alte, auch behinderte Menschen können *Asanas* üben. Es wird
sich immer eine Möglichkeit finden lassen, die Übungen den individuellen Möglichkeiten und Fähigkeiten anzupassen. Es ist unwichtig, ja
sogar hinderlich, daß Sie sich mit anderen vergleichen und ungeduldig
werden.
Im Gegensatz zur Gymnastik oder zum Bodybuilding geht es dem Yoga nicht um die Entwicklung von Muskeln, sondern um die Harmo-
nisierung des gesamten Körpers.
Nicht allein die Endposition ist wichtig, sondern ebenso die Bewegung, die in das *Asana* hinein und aus dem *Asana* herausführt. Diese
Bewegungen sollen gleichmäßig, gesammelt und konzentriert ausgeführt werden, der Atem soll gleichmäßig und ruhig weiterfließen und
mit den Bewegungen koordiniert werden.
Achten Sie immer darauf, was Ihnen der Körper zu sagen hat. Gehen
Sie niemals über die Schmerzgrenze hinaus und vermeiden Sie Über-
anstrengung. Nehmen Sie sich stets genügend Zeit, um die jeweilige
Übung auch in Ruhe zu Ende führen zu können. Abrupte, hektische
Bewegungen haben im Yoga keinen Platz.
Achten Sie besonders darauf, niemals die Wirbelsäule im Lendenbe-
reich abzuknicken. Die Bandscheiben könnten Schaden nehmen.

---

3 Als Standardwerk des Hatha-Yoga gilt B.K.S. Iyengar, Licht auf Yoga, München
   1976. Zur Vertiefung der körperlichen Techniken läßt sich das Buch »Hatha Yoga.
   Das Programm für Ihre Gesundheit«, Ehrenwirth Verlag 1984, von Sue Luby
   empfehlen. Die Übungen sind hier sehr anschaulich erklärt. Das Programm ist auf
   den abendländischen Menschen zugeschnitten.

4 Ich empfehle, das Kapitel über Übung und Verzicht (*Abhyasa* und *Vairagya*) in
   diesem Buch zu lesen (S.89ff). Das dort Gesagte gilt in hohem Maße auch für die
   Körperübungen. Aktivität und Loslassen-Können gehören im Yoga zusammen.

Die Übungen lassen sich in eine dynamische, eine statische und eine Entspannungsphase unterteilen.

Wenn Sie längere Zeit in einer Position verharren, sollten Sie die nicht aktiv beteiligten Körperteile immer wieder entspannen.

Es hat sich als günstig erwiesen, wenn Anfänger die Position nur kurz halten und dafür die Übung mehrmals wiederholen. Erst der Fortgeschrittene sollte versuchen, länger in einer Stellung zu verweilen.

Üben Sie die *Asanas* auf einer rutschfesten, weder zu weichen, noch zu harten Unterlage, z.B. auf einer Wolldecke. Parkett oder Linoleumböden sind gefährlich. Bei solchen Böden empfiehlt sich eine auf der Rückseite gummierte Yogamatte.

Die Kleidung sollte genügend Bewegungsfreiheit in alle Richtungen zulassen.

Vorsicht!

Bei Wirbel- bzw. Bandscheibenleiden, Funktionsstörungen der Schilddrüse, Leistenbrüchen, extremem Bluthoch- oder -unterdruck, Angina Pectoris und anderen Herzleiden dürfen Sie *Yoga-Asanas* nur nach Rücksprache mit dem Arzt und bei einem gut ausgebildeten Yogalehrer praktizieren. Im Stadium akuter Netzhautablösung und bei Kiefer, Stirn- oder Nebenhöhlenentzündung sollten Sie Übungen vermeiden, bei denen der Kopf nach unten gebracht wird, da solche Bewegungen dann erfahrungsgemäß mit großen Schmerzen verbunden sind. Auch der Gesunde darf bei den Übungen die Schmerzgrenze (besonders in der Wirbelsäule) nicht überschreiten. Nur so sind die Übungen gefahrlos!

Auf keinen Fall dürfen Sie mit vollem Magen *Asanas* üben! Zwischen der letzten Mahlzeit und dem Beginn der Übungen sollten mindestens zwei, besser drei Stunden liegen! Trinken können Sie jedoch noch ca. eine halbe Stunde bevor Sie zu üben anfangen.

c) Die einzelnen Übungen

Auch die beste Beschreibung der *Asanas* macht den Unterricht durch einen Yogalehrer nicht überflüssig. Zum einen können sich leicht Fehler einschleichen und zum anderen müssen die Übungen auf die jeweilige körperliche Konstitution abgestimmt werden. Nicht alle Übungen sind für jeden Menschen geeignet. Ein Mensch mit Hohlkreuz wird z.B. andere Übungen benötigen als jemand mit einem Rundrücken. Die Beschreibung der folgenden *Asanas* soll den Lesern dieses Buches jedoch eine Hilfe beim selbständigen Üben sein.

Bei der Beschreibung der Übungen wären lange, syntaktisch vollständige Sätze nicht zweckmäßig. Darum habe ich mich für eine trockene, aber exakte Anleitung entschieden, wie sie auch in der klassischen Hatha-Yoga-Literatur Indiens verwendet wird. Diese Form hat sich vielfach in der Praxis bewährt. *(Um Mißverständnissen vorzubeugen, halte ich es für nötig, an dieser Stelle nochmals darauf hinzuweisen, daß Yoga zwar Konzentration und genaue Selbstbeobachtung erfordert, jedoch nichts mit quasi-militärischem Drill zu tun hat!)*
Die Anleitungen sind der besseren Übersichtlichkeit wegen jeweils in drei Spalten aufgeteilt. In der ersten Spalte werden nur die Körperpositionen beschrieben. In der zweiten Spalte kommen die Atmung und die *Konzentration* (jeweils kursiv gedruckt) hinzu. Die dritte Spalte enthält ergänzende Bemerkungen und hilfreiche Tips zu den Übungen. Um ein *Asana* zu erlernen, beginnen Sie am besten mit der ersten Spalte und nehmen die anderen beiden nach und nach dazu. Sehen Sie sich die Abbildungen immer wieder an! Sie können die Anleitungen auch auf Tonband sprechen und danach üben.

(1) Übungen im Stehen

(a) Der Berg *(Tadasana)*

Diese Übung ist die Grundlage aller *Asanas*, die im Stehen geübt werden. (Abb. 1.1)

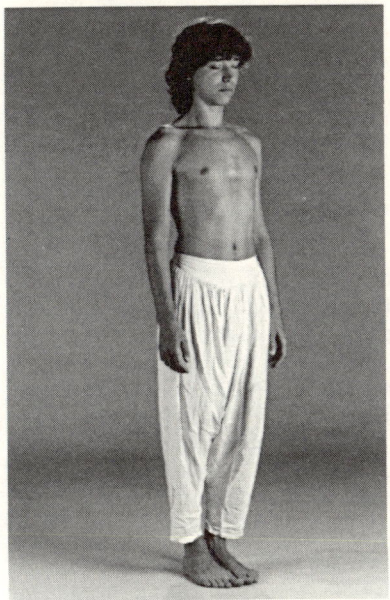 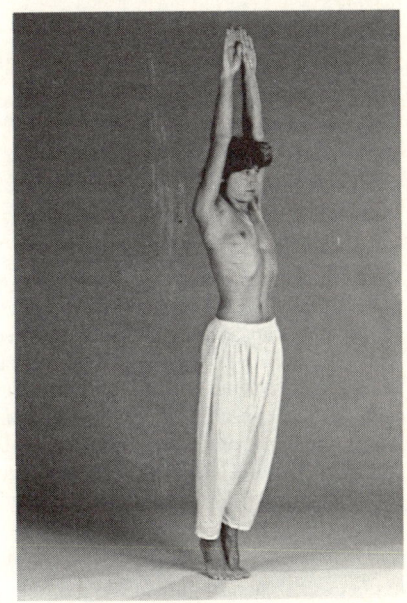

Abb. 1.1   **Abb. 1.2**

Körperhaltung	Atmung u. *Konzentration*	Bemerkungen
Ausgangsposition: Aufrecht stehen, Füße nebeneinander, sodaß sich die großen Zehen und die Knöchel berühren.		
Heben Sie die Zehen vom Boden ab; drücken Sie die Ballen und Fersen auf den Boden; lassen Sie die Zehen breit zum Boden sinken.	*Erfühlen Sie, wie das gesamte Körpergewicht auf den Ballen und auf den Fersen ruht.*	Achten Sie darauf, was dabei mit Ihren Fingern geschieht! Nur die Zehen sollen sich heben!

Beine in den Knien strecken		Die Beine werden gerade, wenn Sie die Kniescheiben nach oben ziehen.
Gesäß etwas anspannen und das Becken etwas nach vorne schieben. Lassen Sie wieder ein wenig los, bis Sie das Gefühl haben, gerade und entspannt zu stehen.	Sie sollten dabei das Gefühl haben, als würden sich die Leisten etwas nach vorne öffnen.	Üben Sie, als wollten Sie Kreuz- und Steißbein nach innen in den Körper hineinnehmen.
In der Taille strecken; Wirbelsäule aufrichten; Brustkorb heben und weiten.	Tief einatmen.	Lassen Sie dabei das Brustbein »nach oben wachsen«. So weitet sich der Brustkorb.
Schulterblätter nach hinten unten ziehen.	Ganz ausatmen.	
Wirbelsäule gerade; Bauch weder krampfhaft eingezogen, noch herausgestreckt; Arme locker hängen lassen; Nacken strecken; das Kinn nicht absacken lassen, sondern (parallel zum Boden) zum Hals hin verschieben.	Tiefe, ruhige Atmung; (stets durch die Nase). Zunächst den Atem nur beobachten und ihn so natürlich und entspannt als möglich kommen und gehen lassen. Dann mit einer guten und vollständigen Ausatmung beginnen.	Sie können sich vorstellen, daß Sie am Scheitelpunkt des Kopfes senkrecht nach oben gezogen werden. Nase und Kehle sind ganz entspannt. Das Kinn ist parallel zum Boden, wenn Sie mühelos schlucken können.

Erspüren Sie, wie sich zunächst die Bauchdecke nach innen wölbt, wie das Zwerchfell sich nach oben hebt und wie die Lungenflügel bzw. der Brustkorb sich zur Körpermitte hin bewegen. Danach atmen Sie tief ein. *Nehmen Sie die vertikale Atembewegung bis ins Becken hinein wahr; Erspüren Sie, wie sich der Brustkorb spreizt und zusammenzieht und wie eine horizontale Atembewegung von der Region des Herzens ausgeht. Erspüren Sie den Punkt, an dem horizontale und vertikale Atembewegung sich treffen (unteres Drittel des Brustbeins). Von hier fließt der Einatem in alle Richtungen. Er ist bis hinein ins Becken zu verfolgen.*

Wie weit können Sie den Atem verfolgen? Ist der Atem flach oder tief? Legen Sie eine Hand auf den Bauch, um besser zu erspüren, wie sich die Bauchdecke senkt und hebt.

Die Ausatmung sollte länger sein als die Einatmung, und beide Bewegungen sollten, ohne zu stocken, ineinander übergehen.

Schließen Sie die Augen und *gehen Sie den Körper durch: Nehmen Sie die Gerade von den Füßen - wie sie mit den Ballen und Fersen auf den Boden drücken - bis hin zum Scheitel wahr. Achten Sie auf die kleinen Bewegungen des Körpers. Schwankt er? Verlagern Sie den Schwerpunkt bzw. die Konzentration mehr und mehr nach unten ins Becken.*

Seien Sie einfach da wie ein Berg: Unten stabil und breit, so ruht er auf festem Grund. Nach oben ragt er hoch in den Himmel (Sie können sich dabei z.B. das Matterhorn vorstellen). Wenn Gedanken kommen, so lassen Sie sie einfach wie kleine Wölkchen vorbeiziehen, die sich schließlich auflösen. Den Berg stört das nicht. Er steht einfach da, ausgespannt zwischen Himmel und Erde.

Versuchen Sie mehr und mehr, die Gerade zu finden und sich in dieser Geraden wohlzufühlen. Verharren Sie konzentriert noch einige Zeit in dieser Position.

Variante mit Bewegung

Körperhaltung	Atmung u. *Konzentration*	Bemerkungen
Nach dem *Tadasana* langsam die Augen öffnen; das Gewicht bewußt und ganz langsam auf die Ballen verlagern.		Kippen Sie den ganzen Körper dabei ganz leicht nach vorne. Die Fersen heben sich dann von selbst vom Boden.
Strecken Sie sich, bis Sie auf den Zehen stehen.	Dabei einatmen.	
Lassen Sie die Fersen wieder auf den Boden zurücksinken.	Synchron dazu ausatmen.	Bauen Sie die Bewegung genau so langsam ab, wie Sie sie aufgebaut haben. Mit Ende des Ausatems stehen auch die Fersen wieder am Boden.

Wiederholen Sie diesen Bewegungsablauf einige Male. Achten Sie immer mehr darauf, die Atem- und die Körperbewegung zu koordinieren.

Lassen Sie nun auch die Arme in die Bewegung einstimmen: Ziehen Sie die nach vorne gestreckten Arme bis hoch über den Kopf.(Abb. 1.2)	Tief einatmen.	Geben Sie sich eine optimale Streckung. Die Handflächen zeigen dabei nach vorn.
Lassen Sie die Arme langsam zur Seite hin absinken.	Ausatmen.	Am Ende des Ausatems kommen auch die Hände und Fersen wieder in der Ausgangsposition an.

Wiederholen Sie die Übung mehrmals. *Es ist wichtig, daß Sie dabei Ihren eigenen Rhythmus finden und auf einen harmonischen Ablauf der Bewegungsfolge achten.* Kommen Sie wieder zurück in *Tadasana*. Spüren Sie nach und vergleichen Sie, wie sich Ihr Körper nun im Gegensatz zu vorher anfühlt.

(b) Das Sonnengebet *(Surya Namaskara)*

Es beschreibt einen eng mit dem Atemrhythmus gekoppelten Bewegungsablauf. Die Wirbelsäule wird dabei abwechselnd zurück- und vorgebeugt, wobei die Rückbeugung mit dem Einatem und die Vorbeugung mit dem Ausatem einhergeht. Das Sonnengebet fördert besonders die Flexibilität und Vitalität des Körpers. Die Inder praktizieren es meist am Morgen und wenden sich dabei der aufgehenden Sonne zu.
Führen Sie es mehrmals aus. Achten Sie dabei zunächst nur auf die Bewegungsfolge, dann auf die Atmung und schließlich auf einen fließenden, harmonischen Gesamtablauf. Besonders letzterer wirkt harmonisierend auf Körper und Seele.

Körperhaltung	Atmung u. *Konzentration*	Bemerkungen
Ausgangsposition: *Tadasana* Die gefalteten Hände zur Stirn bringen und langsam auf die Herzebene absinken lassen. (Abb. 2.1)	Beim Senken der Hände ausatmen. *Herzregion erfühlen.*	Die nun beginnende Bewegungsfolge geht vom Herzen aus und kehrt wieder dorthin zurück.
Die Hände nach vorne unten drücken und einen weiten Bogen nach oben beschreiben, bis über den Kopf; gut strecken.	Dabei tief einatmen.	Dabei werden sich die Handflächen vom Handgelenk her zu den Fingerspitzen hin öffnen.
Den ganzen Oberkörper so weit wie möglich nach hinten beugen und nach hinten blicken. (Abb. 2.2)		Knie möglichst nicht abwinkeln. Der ganze Leib gleicht einem gespannten Bogen.
Mit gestreckten Armen wieder hochkommen und sich tief vorbeugen. Handflächen berühren den Boden rechts und links der Füße. (Abb. 2.3)	Tief ausatmen.	Den Kopf möglichst nahe zu den Knien bringen. Die Knie dabei möglichst gestreckt lassen (fällt am Anfang meist schwer).
Linkes Bein mit einem großen Schritt nach hinten bringen, so daß Zehen und Knie den Boden berühren. Den Kopf anheben und waagerecht nach vorne blicken. (Abb.2.4)	Einatmen.	Vom linken Knie bis zum Hals entsteht eine Gerade. Der rechte Fuß steht senkrecht am Boden. Die Handflächen verändern ihre Position von nun ab nicht mehr.

Christliche Praxis des Sonnengebetes

Im Gegensatz zu anderen Asanas verbinden die Hindus den Bewegungsablauf von *Surya Namaskara* häufig mit einem Gebet. Ausgehend von dieser Praxis bietet sich im Rahmen eines christlichen Yoga ein Gebet an, das sich an den Psalmen orientiert. Den folgenden Abbildungen ist jeweils der entsprechende Text zugeordnet. Man kann ihn laut oder besser noch in Gedanken sprechen.

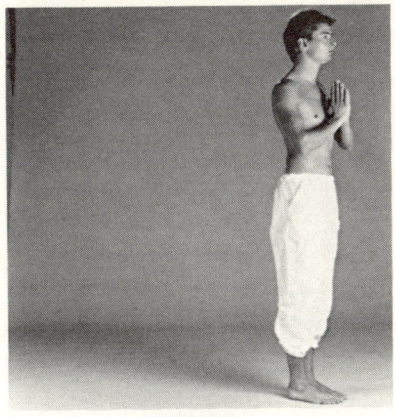

Abb. 2.1

Stehe still vor Gott und warte geduldig auf seine Gegenwart.

Abb. 2.2

Komm O Gott, erleuchte meine Dunkelheit!

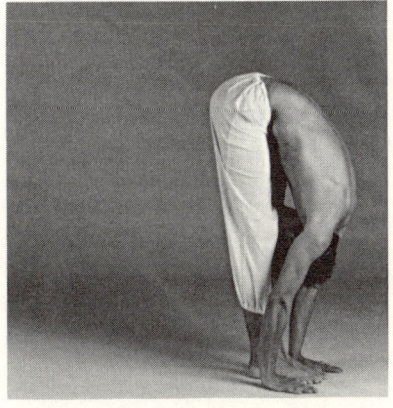

Abb. 2.3

Neige Dich herab, mich zu berühren und zu heilen!

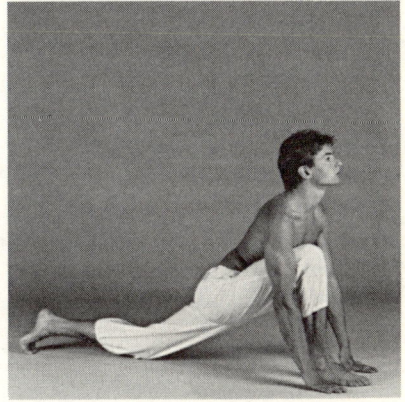

Abb. 2.4

Zu Dir schau' ich auf am Morgen,

Rechten Fuß nach hinten neben den linken bringen; beide Knie weg vom Boden. (Abb. 2.5)	Den Atem anhalten.	Der Körper bildet nun von den Fersen bis zum Scheitel eine Gerade. Das Gewicht ruht nur noch auf Zehen und Händen.
Langsam den Körper absinken lassen, bis Stirn, Brust und Knie den Boden berühren. (Abb.2.6)	Ausatmen.	Das Becken bleibt leicht vom Boden abgewölbt. Die Hände liegen unter den Schultern.
Kopf in den Nacken legen, dann Druck auf die Handflächen geben und den Oberkörper aufrichten und zurückbiegen. (Abb. 2.7) Oberschenkel zum Boden drücken.	Einatmen.	Augen blicken weit nach hinten; Brustbein nach oben strecken. *Vorsicht: bei Bandscheibenschäden nicht zu weit zurückbeugen!* So läßt sich eine Überlastung der Lendenwirbelsäule vermeiden.
Kopf nach unten *(zwischen die gestreckten Arme)* und das Gesäß nach oben bringen; auf die Zehen blicken; versuchen, mit den Fersen den Boden zu erreichen. (Abb.2.8)	Ausatmen.	Es entsteht also eine ansteigende Gerade von den Händen bis zum Gesäß und eine fallende Gerade vom Gesäß zu den Fersen. Ihr Leib bekommt die beste Dehnung, wenn Sie sich kräftig mit den Händen vom Boden abstemmen und mit den Fersen zum Boden streben.
Mit einem großen Schwung den linken Fuß zwischen die beiden Hände bringen. (Abb. 2.9)	Einatmen.	Das rechte Bein ruht noch auf Knie und Zehen am Boden. Blicken Sie waagerecht nach vorn.
Rechtes Bein neben das linke bringen; Oberkörper tief beugen; Kopf nahe zu den Knien. *(Gesäß oben)*. (Abb. 2.10)	Dabei ausatmen.	Knie möglichst gestreckt lassen. Die Beugung geht vor allem von den Hüften aus (den Rücken nicht zu stark krümmen!).

Abb. 2.5

denn Du hältst mein Leben im Gleichgewicht

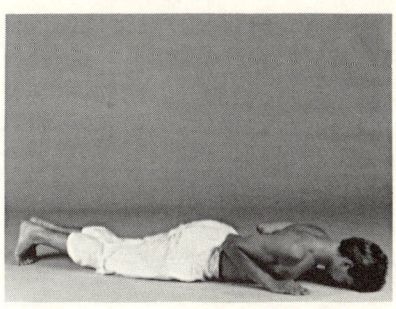

Abb. 2.6

und Du bist mein Boden und Halt.

Abb. 2.7

Ich halte Ausschau nach Dir,

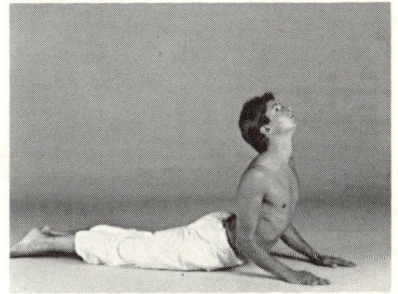

Abb. 2.8

denn Du kennst mein Innerstes.

Abb. 2.9

Dein Antlitz suche ich O Herr,

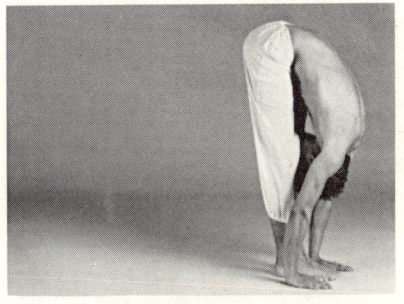

Abb. 2.10

denn Du hast mich berührt und befreit.

Aufrichten; die sich berührenden Hände wieder hoch über den Kopf bringen und den Oberkörper weit zurückbeugen. (Abb. 2.11)	Dabei tief einatmen.	*Vorsicht Kreislauf! Das Gleichgewicht bewahren!*
Zurück in die Gerade; gestreckte Arme zur Seite hin bis zu den Oberschenkeln absinken lassen. (Abb. 2.12)	Bewußt ausatmen.	Sie können sich vorstellen, daß Sie mit dem großen Kreis, den Ihre Hände dabei beschreiben, das Licht und die lebensspendende Kraft der Sonne in sich aufnehmen und zum Herzen leiten.
Hände vor die Stirn bringen. (Abb. 2.13)	Einatmen.	
Hände wie in der ersten Position von der Stirn zum Herzen absinken lassen. (Abb. 2.14)	Sanft ausatmen.	Gut nachspüren.

Hände absinken lassen, oder den ganzen Bewegungsablauf nochmals wiederholen. Diesmal auf den Atem achten. Beim dritten Mal Atem und Bewegungsablauf harmonisieren.

Erholen und nachspüren in *Tadasana*[1].

1 Die Idee, dem Sonnengebet einen Text zu unterlegen, der sich an die Psalmen anlehnt, stammt von Sr. Ishapriya und Sr. Vandana, zwei Schwestern aus dem Sacré Coeur-Orden, die einen christlichen Ashram (den Jeevandhara-Ashram) im Norden Indiens gegründet haben. Der ursprüngliche Text wurde von mir geringfügig abgewandelt und ins Deutsche übertragen. Ich danke den Schwestern für die Genehmigung zum Abdruck.

Abb. 2.11

Komm O Gott,

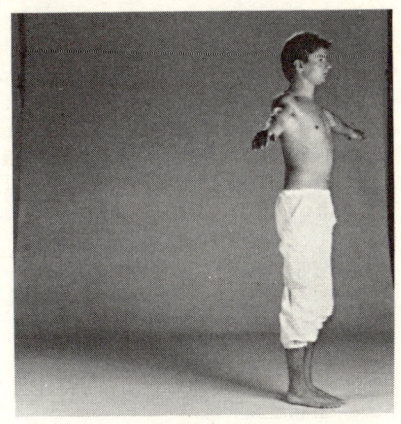

Abb. 2.12

erleuchte die Dunklen Orte meines Herzens.

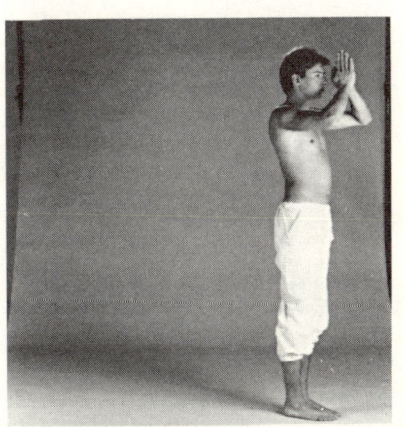

Abb. 2.13

Meine Seele ruht friedlich

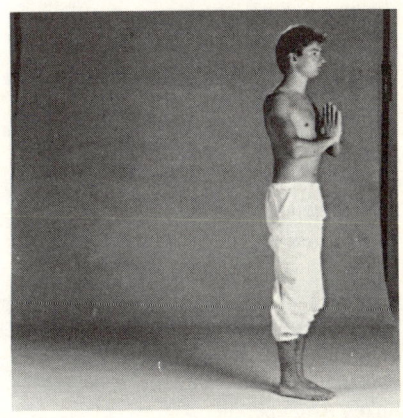

Abb. 2.14

in mir.

(c) das Dreieck *(Trikonasana)*

Bei diesem *Asana* wird die Wirbelsäule nach links und nach rechts gebeugt. Es ergänzt somit das Sonnengebet und macht das Rückgrat flexibel. Dieses *Asana* hilft, Steifheit in Beinen, Hüften und Armen zu beseitigen und wirkt Rückenschmerzen und Verspannungen im Nackenbereich entgegen. Darüber hinaus dehnt es den Brustkorb.

Körperhaltung	Atmung u. *Konzentration*	Bemerkungen

Ausgangsposition: *Tadasana*. Atmen Sie bewußt und ruhig. Suchen Sie einen sicheren, stabilen Stand.

Körperhaltung	Atmung u. *Konzentration*	Bemerkungen
Beine zu einer nicht zu weiten Grätsche spreizen; beide Arme bis auf Schulterhöhe anheben; Arme und Schultern leicht nach hinten drücken, so daß sich der Brustkorb noch ein wenig weitet.		Handflächen zeigen nach unten. Blick nach links und rechts: Bilden Arme und Schultern eine durchgehende, zum Boden parallele Linie?
Rechten Fuß nach rechts drehen und linken Fuß ein wenig nach innen stellen. (Abb. 3.1)		Alle Zehen zeigen also nach rechts.
Oberkörper weit nach rechts beugen und mit der rechten Hand versuchen, den rechten Knöchel zu ergreifen;	Dabei langsam ausatmen.	Wer nicht so weit nach unten langen kann, legt die Hand an die tiefste Stelle des Beines, die er erreichen kann.
Der linke Arm ragt senkrecht nach oben (linke Handfläche zeigt nach vorn); Gesicht nach oben drehen und entlang dem linken Arm über die Handfläche hochblicken. (Abb. 3.2)	Ruhig weiteratmen; besonders in die gedehnte linke Flanke hineinatmen. *Konzentration ist auf die Wirbelsäule gerichtet.*	Wichtig: Knie und Arme bleiben gestreckt. Nur so weit nach unten beugen, daß die linke Schulter nicht nach vorne kippt und daß die rechte Hüfte nicht zu weit nach hinten ausweicht. So kommt es zur besten Dehnung des Brustkorbes.

Position so lange wie angenehm beibehalten. Mit der Zeit die Dauer auf etwa eine Minute steigern.

Abb. 3.1

Abb. 3.2

Position langsam und be- wußt abbauen: Gesicht wieder nach vorne drehen und den Oberkörper aufrichten.	Dabei tief einatmen.	Arme bleiben noch ge- spreizt.
Arme langsam absinken lassen; Füße wieder zusammenbringen.	Dabei ausatmen.	

Nachfühlen: Wie fühlt sich nun die linke Körperhälfte an? Besonders auf den Brustkorb achten und die Wirbelsäule von unten nach oben durchgehen.
Dieselbe Übung immer auch nach der anderen Seite wiederholen[2].

Varianten

a) Die Handfläche der Beugeseite bis auf den Boden, neben den Außenknöchel bringen.
b) Den nach oben gestrecktem Arm über den Kopf auf die Beugeseite absinken lassen. *Der Oberarm berührt dabei das Ohr.* (Abb.3.3)

Abb. 3.3

---

2 Grundsätzlich gilt, daß alle Übungen, bei denen man sich einseitig dreht, dehnt, beugt oder streckt, nach beiden Seiten ausgeführt werden sollen. Bei diesen Asanas beginnt man stets so, daß Druck auf die rechte Bauchseite ausgeübt wird, während die linke Bauchhälfte sich dehnt. Dies kommt der natürlichen Darmperistaltik entgegen. Lästige Blähungen und Darmträgheit können so wirkungsvoll vermieden bzw. abgebaut werden.

(d) Der Held *(Virabhadrasana)*

Dieses *Asana* ist mit viel Kraft verbunden. Es stärkt die Bein- und Rückenmuskulatur und aktiviert Energie, Konzentrationsvermögen, Tatkraft und Selbstvertrauen.

Körperhaltung	Atmung u. *Konzentration*	Bemerkungen
Aus *Tadasana* in eine weite Grätsche gehen.	Einatmen	
Arme in eine Linie mit den Schultern bringen. Rechter Fuß auswärts, linker Fuß leicht einwärts gestellt.		Der rechte Fuß zeigt in dieselbe Richtung wie die rechte Hand. (Vgl. *Trikonasana* Abb. 3.1)
Rechtes Knie beugen (die Kniekehle bildet einen 90° Winkel); gleichzeitig Kopf nach rechts drehen und über die rechte Hand blicken. (Abb. 4)	Im Beugen ausatmen und dann ruhig weiteratmen. *Der ganze Körper ist konzentriert und gerichtet. Konzentration besonders auf die Steißgegend.*	Der linke Fuß bleibt mit der ganzen Fußsohle am Boden; der Rumpf bleibt in der Senkrechten. Nicht nach vorne neigen.
Zum Beenden der Übung langsam den Körper wieder aufrichten und in *Tadasana* zurückkehren.	Dabei tief einatmen.	Nicht zu lange in der Endposition verweilen, denn das *Asana* ist sehr anstrengend.

Nachspüren. Wie fühlen sich die Schultern an? Wie die Wirbelsäule? Wie die Beine?

Abb. 4

Der Baum *(Vrikshasana)*

Dieses *Asana* gilt als eine der typischsten Yoga-Positionen. Die *Tapas* (Askese) praktizierenden Yogins verharren oft mehrere Stunden in der Baum-Stellung. Mehr als bei anderen *Asanas* wird hier der Zusammenhang von psychischem und physischem Gleichgewicht erfahrbar. Diese Übung hat sowohl diagnostische als auch therapeutische Effekte: Einerseits schlägt sich innere Unausgeglichenheit auf das Standvermögen nieder. (Nicht jeden Tag wird der *Baum* gleichermaßen gelingen.) Andererseits ist *Vrikshasana* eine große Hilfe, wenn es gilt, inneres und äußeres Gleichgewicht und Standvermögen zu finden. Wer es beherrscht, bei dem wird sich das Gefühl tiefen inneren Friedens einstellen. Daneben stärkt dieses *Asana* die Beinmuskulatur und verhilft zu einer tiefen Atmung.

Körperhaltung	Atmung u. *Konzentration*	Bemerkungen
Ausgangsposition: *Tadasana*. Tief und ruhig atmen (Bauchatmung). *Konzentration, bzw. Schwerpunkt in den Unterbauch verlagern.*		
Gewicht auf den linken Fuß verlagern; rechten Fuß langsam vom Boden heben und die rechte Fußsohle möglichst weit oben an der Innenseite des linken Oberschenkels anlegen.		Drücken Sie die Ferse kräftig an den Oberschenkel. Es kann vorkommen, daß der rechte Fuß nach unten rutscht. Dies liegt zumeist am Material der Strümpfe bzw. der Hose.
Rechte Hand auf den rechten Oberschenkel legen; linke Hand entspannt hängenlassen. (Abb. 5.1)	Ruhig und tief atmen. *Schwerpunkt weiter nach unten verlagern. Üben Sie so lange in dieser Position, bis Sie das Gleichgewicht gefunden haben.*	Drücken Sie das Standbein durch. Das hilft Ihnen, das Gleichgewicht zu halten. Fixieren Sie einen Punkt an der gegenüberliegenden Wand. Auch das verleiht Ihnen das Gefühl von Stabilität.
Hände vor der Brust falten (Abb. 5.2) und langsam nach oben bringen (auf dem Kopf absetzen). Gefaltete Hände über den Kopf senkrecht nach oben strecken. (Abb. 5.3)	Atmen Sie jeweils ein, wenn Sie die Hände eine Stufe höher bringen. Dazwischen immer wieder ausatmen. *Nehmen Sie wahr, wie der Leib zwischen Himmel und Erde ausgestreckt ist.*	Bringen Sie die Hände nur dann eine Stufe höher, wenn Sie die vorangehende Stufe mühelos gemeistert haben. *Versuchen Sie dazustehen wie ein Baum: fest verwurzelt in der Erde, die Äste hoch in den Himmel gereckt.*

| Bauen Sie die Übung ebenso konzentriert und langsam und gleichmäßig ab, wie Sie sie aufgebaut haben. | Ausatmen | Verharren Sie nur so lange in der Endposition, daß Ihnen noch genügend Zeit bleibt, die Übung in Ruhe abzubauen. |

Nachspüren in *Tadasana*. Vergleichen Sie die linke und die rechte Körperhälfte. Wiederholen Sie die Übung nach der anderen Seite.

Abb. 5.1

Abb. 5.2

Abb. 5.3

(2) Übungen in Rückenlage

(a) Entspannungsposition in Rückenlage *(Shavasana)*

Diese Position ist Ausgangs- und Endpunkt für viele *Asanas*. Machen Sie sich bewußt, daß es sich hier um ein *Asana* handelt und nicht um eine Lage, in der man ein kleines Nickerchen machen kann. Diese Position, die Sie ebenso bewußt und konzentriert wie alle anderen ausführen sollten, bringt Körper und Seele in eine gute Entspannung.

Körperhaltung (Abb. 6)	Atmung u. *Konzentration*	Bemerkungen

Flach auf den Rücken legen; Hände etwa zehn Zentimeter vom Körper entfernt, Handflächen nach oben; Füße ein bis zwei Handbreit voneinander entfernt, Fußspitzen nach außen kippen lassen.

Augen schließen; Kopf ein wenig nach hinten strecken, so daß sich die Halswirbelsäule dehnt. Drehen Sie den Kopf nach rechts und links, bis Sie den Punkt gefunden haben, an dem er bequem am Boden aufliegt.	Den Atem zur Ruhe kommen lassen (Bauchatmung). *Den Körper von unten nach oben durchgehen und Verspannungen lösen.*	Jeweils im Ausatmen loslassen. Beginnen Sie bei den Füßen und enden Sie beim Kopf. *Ist da noch irgendwo Spannung...? Im Ausatmen loslassen.*

Stehen Sie niemals abrupt aus dieser Position auf. Lassen Sie zuerst den Atem tiefer kommen, bewegen Sie dann Finger und Zehen, öffnen Sie die Augen, strecken und recken Sie sich und rollen Sie über die rechte Seite in den Fersensitz auf.

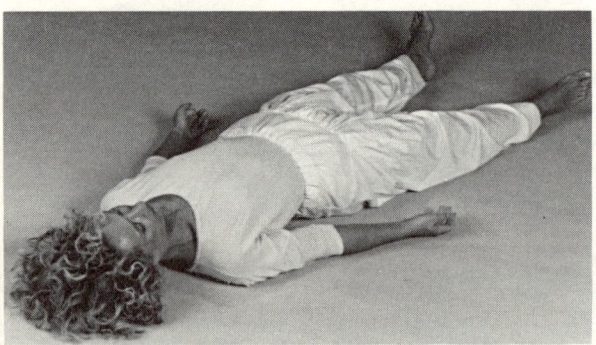

Abb. 6

(b) Der Schulterstand *(Sarvangasana)*

Dieses sehr wirkungsvolle *Asana*, bei dem besonders die Schilddrüse angeregt wird, hat positive Auswirkungen auf die Stoffwechselvorgänge im Körper, auf das Konzentrationsvermögen und die Vitalität. Es hilft bei Verspannungen im Schulter- Nackenbereich. Es fördert den venösen Rückfluß und wirkt somit Krampfadern und Hämorrhoidalleiden entgegen. Darüber hinaus stärkt es die Bauchmuskulatur und regt die Atmung an.

Vorsicht!: Menschen mit sehr starkem Bluthochdruck, Herzfehlern, Mittelohreiterung, akuten Stirn- oder Nebenhöhleneiterungen, Netzhautablösung Augenüberdruck und Schilddrüsen-Überfunktion sollten auf diese Übung verzichten. Auch wer einen sehr niedrigen Blutdruck hat, sollte vorsichtig vorgehen. *Beim Schulterstand hängt alles davon ab, ob Sie wirklich lernen, auf den Schultern zu stehen. Anfänger kommen meist auf die Halswirbelsäule zu stehen und haben dort Schmerzen. Sie finden in die richtige Position, wenn Sie die Schultern weit nach unten (weg von den Ohren) ziehen und die Schulterblätter zum Rückgrat hin zusammenziehen.*

Dabei hilft folgende *Vorübung* (Abb. 7.1):

Rückenlage. Knie gut anwinkeln, Füße so nahe wie möglich beim Gesäß aufstellen; Gesäß vom Boden abheben, sodaß der Körper von den Knien bis zu den Schultern eine schiefe Ebene bildet; Hände *(Arme gestreckt)* hinter dem Rücken verschränken und mit den Handaußenkanten kräftig zum Boden drücken; Schultern weg vom Kopf ziehen; Schulterblätter kräftig zur Wirbelsäule hin ziehen.

Erspüren Sie, wie die Schultern auf dem Boden aufruhen. Dieses Gefühl gilt es auch im Schulterstand zu erhalten.

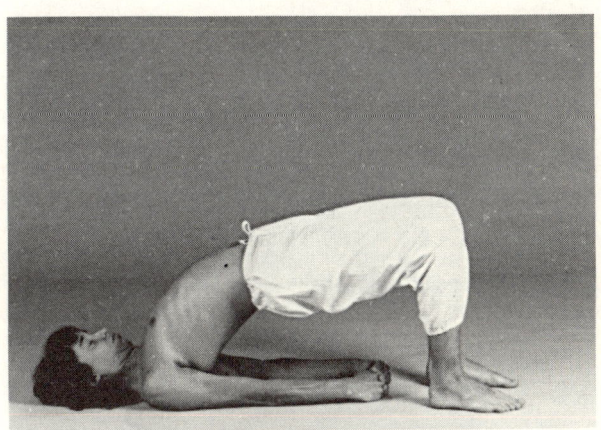

Abb. 7.1

165

Der klassische Schulterstand:

Körperhaltung	Atmung u. *Konzentration*	Bemerkungen
Aus *Shavasana* die Füße zusammenbringen, Handflächen zum Boden.	Tief einatmen; Atem anhalten.	
Langsam die in den Knien abgewinkelten Beine anheben und nach hinten über den Kopf bringen.	Beim Absenken der Knie ausatmen.	Unterarme bleiben am Boden und dienen als Stütze und Hebel. Knie evtl. auf der Stirn abstützen.
Hände wie in der Vorübung verschränken und kräftig zum Boden drücken. (Abb. 7.2)	Ruhig atmen.	Kontrahieren Sie wieder die Schulterblätter und ziehen Sie die Schultern von den Ohren weg.
Hände lösen und den Rumpf unterstützen. Die Hände greifen dabei von hinten an die Flanken und rücken stetig über den Rippenbogen bis nahe an die Schulterblätter hoch.		Die Rückenhaut wird dabei zum Gesäß hin geschoben. Ellenbogen nicht zur Seite wegrutschen lassen; Schulterblätter zusammenziehen; Schultern von den Ohren wegziehen.
Oberschenkel aus den Hüften in die Senkrechte aufrichten. (Abb. 7.3)	Im Aufrichten einatmen.	Unterschenkel sind noch angewinkelt, also parallel zum Boden.
Zuletzt Unterschenkel aufrichten. (Abb. 7.4)		Füße geschlossen lassen.
Kopf und Nacken liegen flach am Boden auf.		Die Beine zeigen jetzt nahezu senkrecht nach oben.
Hüften weiter vorschieben, sodaß der Leib immer mehr in die Senkrechte kommt; den ganzen Leib nach oben strecken.		Wenn Sie die Fersen nach oben strecken und die Fußspitzen anziehen, wird die Streckung noch besser.

Wer sich in der mit den Händen gestützten Position einigermaßen sicher fühlt, löst die Hände langsam vom Rücken und legt sie mit gestreckten Armen auf die Oberschenkel. (Abb. 7.5)

Abb. 7.2

Abb. 7.3

Abb. 7.4

Abb. 7.5

Das Brustbein soll kräftig ans Kinn drücken (nicht umgekehrt!!). Halsmuskulatur entspannen!

Nochmals Position korrigieren: Hüften nach vorne schieben; Druck des Brustbeines auf das Kinn nochmals verstärken.

Ruhig atmen (Bauchatmung). *Konzentration auf die Schilddrüse; Verspannte Körperteile wahrnehmen und loslassen (Gesicht nicht vergessen); die Gerade wahrnehmen.*

Ruhig atmen.

Wenn Sie unangenehmen Druck in der Halswirbelregion empfinden, müssen Sie die Schultern fester in den Boden stemmen und die Schulterblätter noch mehr zusammenziehen.

Beim Einatmen Schulterblätter zusammenziehen und Brustbein ans Kinn drücken; beim Ausatmen Steißbein zur Decke hin strecken.

Sie können die Dauer der Übung langsam von einer Minute auf zehn Minuten steigern.

Zum Beenden der Übung: Hüfte leicht abbiegen und Beine leicht zum Kopf hinneigen. (Abb. 7.6) Mit den Händen am Boden abstützen; langsam die Wirbelsäule Wirbel für Wirbel abrollen.

Ausatmen.

Achten Sie darauf, daß dabei der Kopf den Boden nicht verläßt. Lassen Sie erst ganz zum Schluß die Füße auf den Boden absinken.

Entspannen Sie in *Shavasana*. Atem zur Ruhe kommen lassen. *Spüren Sie, wie frisches Blut in die Schilddrüsengegend fließt. Konzentration auf diese Region oder auf den Nacken.*

Varianten

Sie können aus dem gestützten Schulterstand das gestreckte rechte Bein nach hinten über den Kopf absenken, bis die Zehenspitzen den Boden berühren. (Abb. 7.7) Das linke Bein bleibt dabei senkrecht, Ferse nach oben gereckt. Nachdem Sie das rechte Bein wieder in die Senkrechte zurückgebracht haben, wiederholen Sie denselben Vorgang mit dem linken Bein. Anschließend lassen Sie beide Beine nach hinten zum Boden absinken und beschreiben - soweit möglich - tippelnd einen Halbkreis. Zum Schluß kehren Sie wieder in die Senkrechte zurück.

Sie können auch versuchen, im Schulterstand die Hüften nach links oder rechts zu drehen (Abb. 7.8) oder eine Grätsche (Abb. 7.9) zu machen - stets jedoch mit angezogenen Fußspitzen.

Abb. 7.6

Abb. 7.7

Abb. 7.8

Abb. 7.9

(c) Der Pflug *(Halasana)*

Diese Übung hilft, Verspannungen im Rücken- und Nackenbereich bewußt zu machen und abzubauen. Sie verleiht dem Rückgrat Flexibilität, stärkt die Bauchmuskulatur, regt die Blutzirkulation im Bauchraum an, baut Fettpölsterchen an Bauch und Hüften ab - besonders wenn sie dynamisch geübt wird - und kräftigt und dehnt die Kniesehnen.

Körperhaltung	Atmung u. *Konzentration*	Bemerkungen
Aus *Shavasana* die Handflächen zum Boden kehren; Beine zusammenbringen.	Einatmen.	
Beine anheben und in der Hüfte anwinkeln; Hüften vom Boden abheben.	Atem anhalten.	Beine bleiben dabei gestreckt.
Rückgrat zum Nacken hin aufrollen; Beine über den Kopf nach hinten senken, bis die Zehen den Boden berühren.	Ausatmen.	Knie durchgedrückt lassen. Lassen Sie die Spannung in den Kniekehlen ruhig zu!
Hände hinter dem Rücken verschränken und kräftig zum Boden drücken. (Abb. 8.1)	Beim Einatmen ein leichtes Hohlkreuz machen, beim Ausatmen das Steißbein weit nach oben recken.	Machen Sie eher ein leichtes Hohlkreuz als einen Rundrücken.
Arme nach hinten bringen und versuchen, die Zehenspitzen mit den Händen zu ergreifen. (Abb. 8.2)	Mit dem Atem in der eben beschriebenen Weise weiterarbeiten (Bauchatmung!).	
Das Kinn ist ans Brustbein gepreßt.	*Konzentration im Schilddrüsen- oder Lendenwirbelbereich .*	
Verharren Sie eine Weile in dieser Position.	*Nehmen Sie wahr, wie sich die Spannungsverhältnisse in der Wirbelsäule ändern.*	

Um die Übung zu beenden, bringen Sie die Hände wieder vor und stützen sich ab.

Heben Sie die Füße an.	Einatmen.	
Bringen Sie die Beine langsam wieder in die Ausgangsposition zurück.	Atmen Sie dabei aus. *Nehmen Sie wahr, wie sich das Rückgrat Wirbel für Wirbel abrollt.*	Kopf hebt nicht vom Boden ab.

Entspannen Sie in *Shavasana*. Lassen Sie den Atem zur Ruhe kommen. *Konzentrieren Sie sich auf die Stellen der Wirbelsäule, an denen vorher Spannung war, bzw. auf die Schilddrüse.*

Abb. 8.1

Abb. 8.2

(d) Der Fisch *(Matsyasana)*

Beim Fisch wird die Wirbelsäule besonders im Nackenbereich stark nach hinten gebeugt. Dieses *Asana* bietet sich somit als Ausgleich zum Pflug und zum Schulterstand
an. Darum sollte der Fisch stets in Anschluß an Schulterstand und Pflug geübt werden.
Halten Sie die Position ein Drittel der Zeitspanne, die Sie im Schulterstand zugebracht
haben. Der Brustkorb wird dabei außerordentlich geweitet und bis in die Lungenspitzen
belüftet, so daß viel frischer Sauerstoff ins Blut gelangt. Bei Asthmatikern und Aller-
gikern kann diese Übung den Bronchospasmus lindern helfen. (Bei geöffnetem Fenster
üben!)
Die Übung wird aus dem Lotussitz ausgeführt, kann aber von Anfängern auch mit ausgestreckten Beinen geübt werden.

Körperhaltung	Atmung u. *Konzentration*	Bemerkungen
Ausgangsposition: Sitzen Sie im Lotussitz oder mit ausgestreckten Beinen auf- recht am Boden.		
Recken Sie die Wir- belsäule nach oben. (Abb. 9.1)	Atmen Sie dabei tief ein.	Achten Sie darauf, daß Sie auf den Sitzhöckern sitzen. Auf diese Weise kommt die Wirbelsäule in eine gute Gerade.
Lassen Sie die Ellenbogen nach hinten auf den Boden absinken.	Atmen Sie dabei aus.	
Beugen Sie den Oberkörper mit weit nach hinten gestrecktem Hals zurück, bis der Kopf mit dem Scheitel den Boden berührt.	Atmen Sie dabei ein.	Die Augen bleiben geöffnet. Jetzt sehen Sie die Welt verkehrt. Zwi- schen Scheitel und Gesäß entsteht ein Bogen.
Spannen Sie den Bogen nach, indem Sie die Ober- schenkel von unten ergrei- fen und kräftig ziehen. (Abb. 9.2)		Dieses Nachspannen können Sie im Verlauf der Übung noch öfters wiederholen (besonders wenn der Kopf nach hinten rutscht).

Achten Sie besonders darauf, daß der Hals nicht nach hinten abknickt. Versuchen Sie,
so zu üben, daß vor allem Lenden- und Brustwirbelsäule einen gut gespannten Bogen
bilden. Strecken Sie dazu Bauch und Brust weit nach oben. Sie können sich vorstellen,
daß Ihre Lendenwirbelsäule durch einen aus dem Boden wachsenden Gegenstand nach
oben gehoben wird.

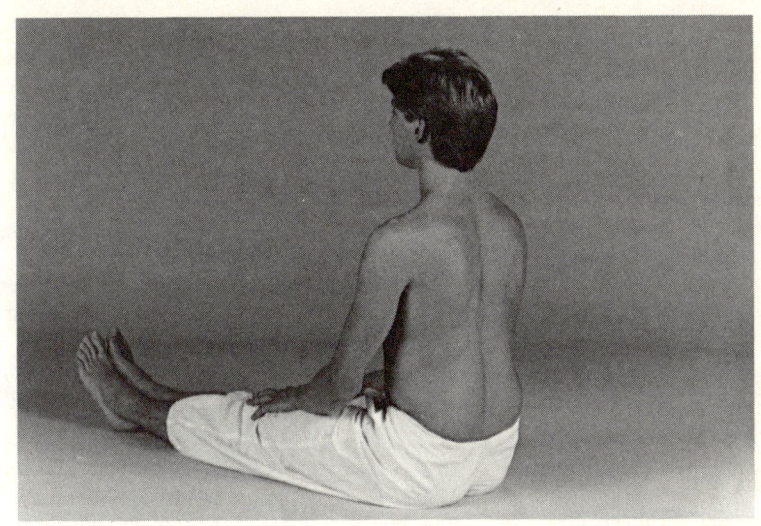

Abb. 9.1

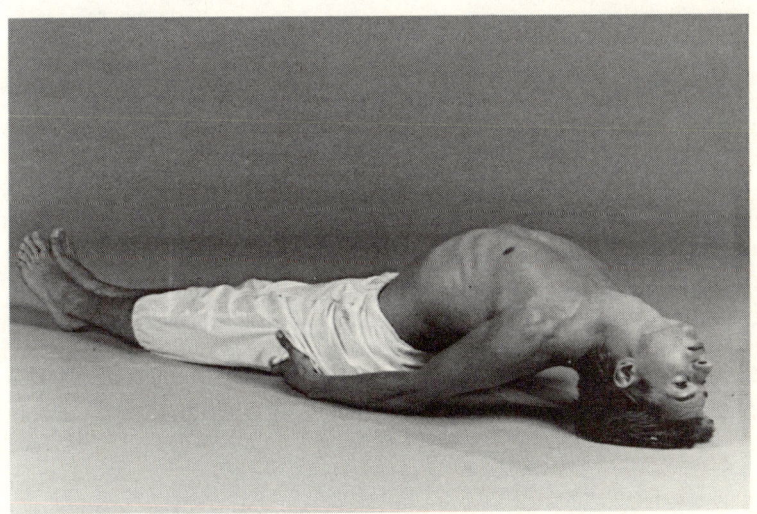

Abb. 9.2

Wer im Lotussitz begonnen hat, ergreift nun rechts und links die Zehen. (Abb. 9.3)

Diese Position ist eine große Hilfe beim Erlernen des Lotussitzes, da hier die Knie nicht so stark belastet werden wie beim Sitzen.

Wer mit ausgestreckten Beinen übt, legt die Handflächen auf die Oberschenkel, sodaß die Ellenbogen den Boden nicht mehr berühren. (Abb. 9.4)

Atmen Sie kräftig (Schlüsselbeinatmung). *Konzentration im Bereich der Halswirbelsäule, der Schilddrüse und im oberen Bereich der Lunge.*

Sie können diese Atmung unterstützen und verstärken, indem Sie beim Einatmen die Schlüsselbeine ein wenig anheben und sie beim Ausatmen wieder senken.

Entspannen Sie zwischenzeitlich immer wieder den Unterleib, die Beine, die Arme und das Gesicht.

Sie beenden die Übung, indem Sie sich wieder mit den Ellenbogen fest auf dem Boden abstützen, den Kopf vom Boden abheben und nach vorne neigen und schließlich den ganzen Rücken samt Hals und Kopf auf den Boden legen.

Vorsicht!: Beim Anheben des Kopfes muß das Gewicht des Oberkörpers sicher auf den Ellenbogen ruhen. Nie aus dem Bogen in die Rückenlage hineingleiten, ohne zuvor den Kopf angehoben zu haben (Verletzungsgefahr).

Wenn Sie flach auf dem Boden liegen, strecken Sie die Hände über den Kopf nach hinten.

Atmen Sie dabei tief ein.

Geben Sie dem ganzen Körper eine gute Dehnung.

Bringen Sie die Hände wieder nach vorne und richten Sie sich auf.

Atmen Sie dabei tief ein.

Entspannen Sie in *Shavasana*.

Spüren Sie besonders in den Hals- und Lendenbereich hinein. Sie sollten jetzt keine Schmerzen im Bereich der Halswirbel haben. Verspüren Sie dennoch Schmerz, so achten Sie beim nächsten Mal darauf, daß Sie die Halswirbelsäule nicht nach hinten abknicken.

174

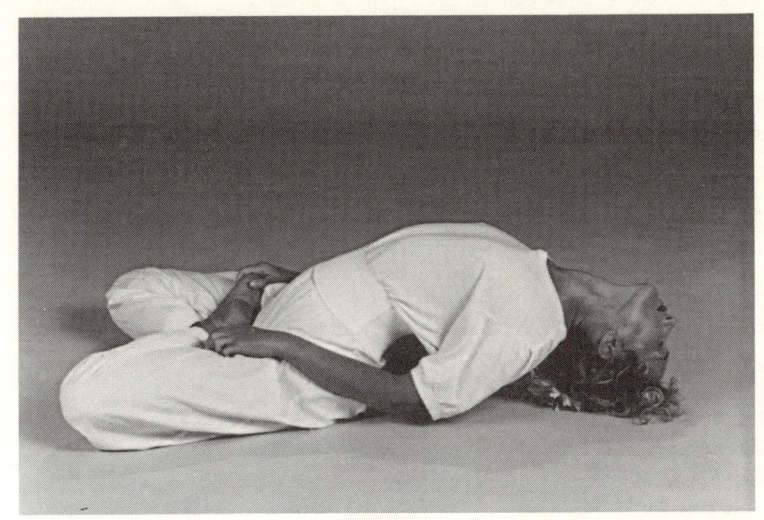

Abb. 9.3

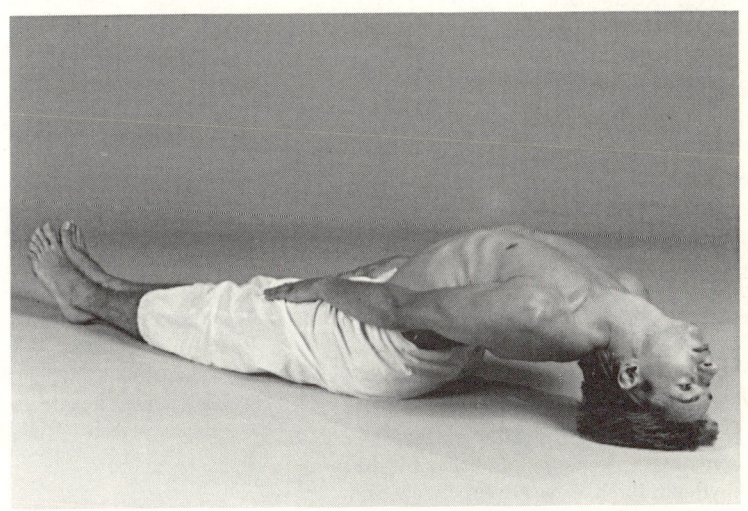

Abb. 9.4

(e) Die Kopf-Knie-Stellung *(Paschimottasana)*

Dieses *Asana* macht einen steifen, schmerzenden Rücken wieder flexibel und lebendig. Es regt den Solarplexus an und versorgt vor allem die Bauchorgane mit frischer Energie. Die Kopf-Knie-Stellung ist eine sehr belebende, wenngleich anfangs schwierige Übung.

Körperhaltung	Atmung u. *Konzentration*	Bemerkungen
Strecken Sie die Hände im Liegen über den Kopf und rollen Sie zum Sitzen auf.	Atmen Sie beim Strecken tief ein und beim Aufsetzen aus. *Erspüren Sie, wie Sie fest und stabil auf den Sitzhöckern sitzen.*	
Halten Sie die Beine geschlossen.	Atmen Sie normal weiter.	Die großen Zehen berühren einander.
Richten Sie die Wirbelsäule von den Sitzhöckern aus auf; strecken Sie dabei das Brustbein nach vorne/oben; die Schultern ziehen Sie nach hinten unten. (Abb. 10.1)	Tief einatmen.	Es entsteht dabei ein leichtes Hohlkreuz.
Beugen Sie den Rumpf langsam aus der Hüfte nach vorne; ziehen Sie den Bauch etwas ein.		
Ergreifen Sie mit den Händen die Unterschenkel und ziehen Sie kräftig an. So neigt sich der Oberkörper aus den Hüften nach vorn. (Abb. 10.2)	Ausatmen.	Achten Sie unbedingt darauf, daß diese Beugung von der Hüfte ausgeht. Der Rücken bleibt also eher konkav (leichtes Hohlkreuz). Wölben Sie die Lendenwirbelsäule auf keinen Fall nach hinten durch. Dies könnte die Bandscheiben schädigen.
Erweitern Sie im Atemrhythmus Ihren Spielraum beständig weiter nach vorne.	Strecken Sie die Wirbelsäule beim Einatmen und beugen Sie sich beim Ausatmen in Richtung zu den Knien.	

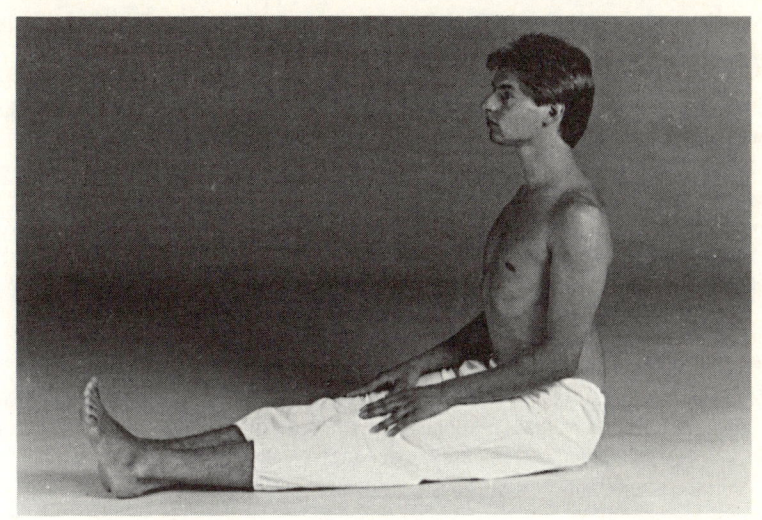

Abb. 10.1

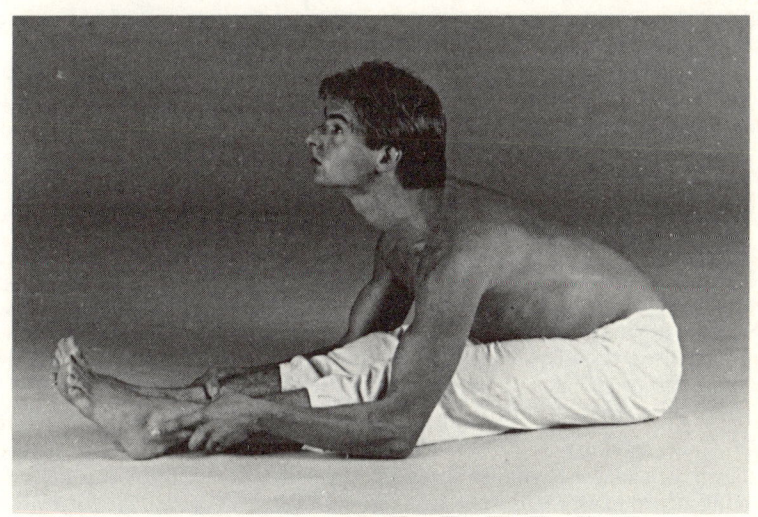

Abb. 10.2

Die Hände gleiten dabei Atemzug für Atemzug an den Seiten der Unterschenkel langsam nach unten und versuchen, die Knöchel zu umfassen.

Konzentrieren Sie sich auf die Gegend um das Kreuzbein-, bzw. im Lendenwirbelbereich.

Lockern Sie gelegentlich nach dem Ausatmen die Spannung etwas. Die Knie bleiben jedoch gestreckt.

Schieben Sie die Hände noch weiter nach vorne und versuchen Sie, die großen Zehen zu ergreifen oder von außen die Fußsohlen zu umfassen. Ziehen Sie weiter.

Lassen Sie beim Einatmen immer wieder etwas nach, bevor Sie sich im Ausatem weiter ziehen.

Üben Sie, bis der Oberkörper so nahe an die Beine heranreicht, daß Sie mit dem Kopf die Knie bzw. die Schienbeine berühren können. (Abb 10.3)

Nicht verzagen! Dieses Asana braucht viel Übung. Mit der Zeit werden Sie die Position drei bis fünf Minuten aushalten können. Zum Üben ist es jedoch besser, das *Asana* mehrmals zu wiederholen und nur kurz in der angespannten Position zu verweilen.

Zum Verlassen der Übung lassen Sie langsam die Füße los und kehren Sie wieder in die Sitzposition zurück.

Atmen Sie dabei ein.

Entspannen Sie in *Shavasana* und fühlen Sie vor allem in den Lenden- und Kreuzbein-Bereich hinein. Wenn Sie jetzt Schmerzen im Lendenbereich verspüren, so haben Sie die Lendenwirbelsäule zu sehr abgebogen. Achten Sie beim nächsten Mal noch mehr darauf, daß Sie die Wirbelsäule immer wieder beim Einatmen strecken und die Beugung ausschließlich von den Hüften ausgehen lassen. Es macht nichts, wenn Sie nicht weit nach unten kommen.

Varianten

Am Anfang wird es Ihnen leichter fallen, wenn Sie jeweils nur ein Bein gestreckt lassen und das andere so anwinkeln, daß das Knie seitlich am Boden aufliegt und die Fußsohle das Knie des gestreckten Beines an der Innenseite berührt. (Abb. 10.4) Sie gehen dann genau so vor wie oben beschrieben, wechseln die Seiten, und üben in einem dritten Durchgang das *Asana* mit beiden ausgestreckten Beinen, wie anfangs beschrieben.

Sie können dieses *Asana* auch mit einem Gürtel oder mit einer Schärpe üben: Nehmen Sie den Gürtel so in die Hände, daß etwa 50 cm zwischen den beiden Händen liegen und führen Sie ihn über die Ballen der gestreckten Füße. Nun ziehen Sie den Oberkörper kräftig zu den Fußspitzen. *Diese Weise zu üben hat den Vorteil, daß der Brustkorb offener bleibt und daß der Rücken nicht sofort nach vorne gebeugt wird.*

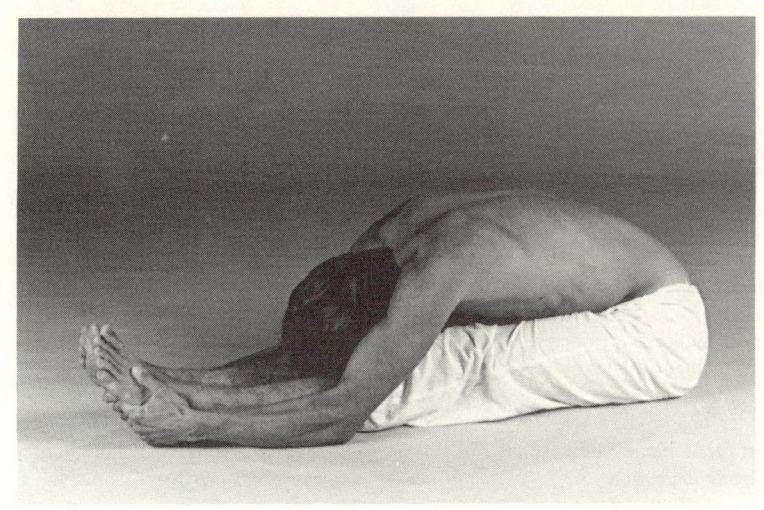

Abb. 10.3

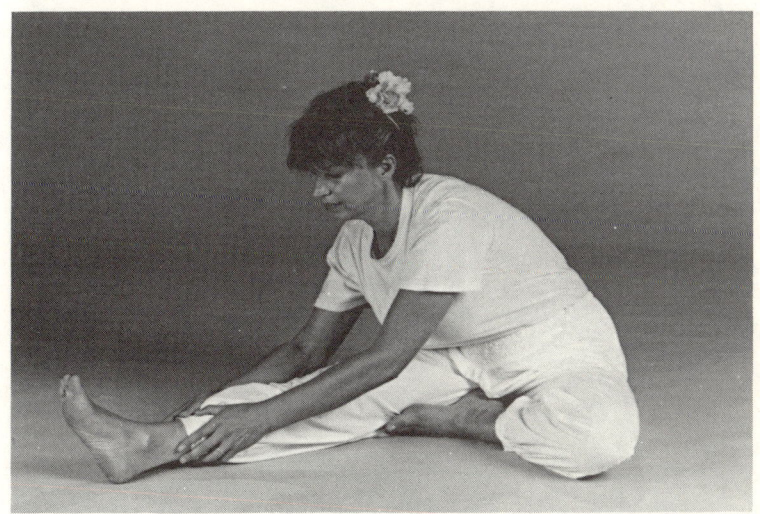

Abb. 10.4

(3) Übungen aus der Bauchlage

(a) Die Bauchentspannungslage

Diese Position bildet zugleich die Ausgangbasis und den Abschluß für die Übungen in Bauchlage. Nach den folgenden Übungen entspannen Sie jeweils zwei bis drei Minuten in dieser Lage.

Körperhaltung	Atmung u. *Konzentration*	Bemerkungen
Auf dem Bauch am Boden liegen; rechter und linker Unterarm liegen übereinander, so daß die Stirn darauf ruhen kann; Füße sind leicht gegrätscht, Zehen zeigen nach außen. (Abb. 11)	Ruhige, entspannte Atmung.	Sie können, falls es Ihnen angenehmer ist, auch die Füße nach innen zeigen lassen, so daß die großen Zehen einander berühren. Der Kopf kann auch auf die Seite gelagert werden.

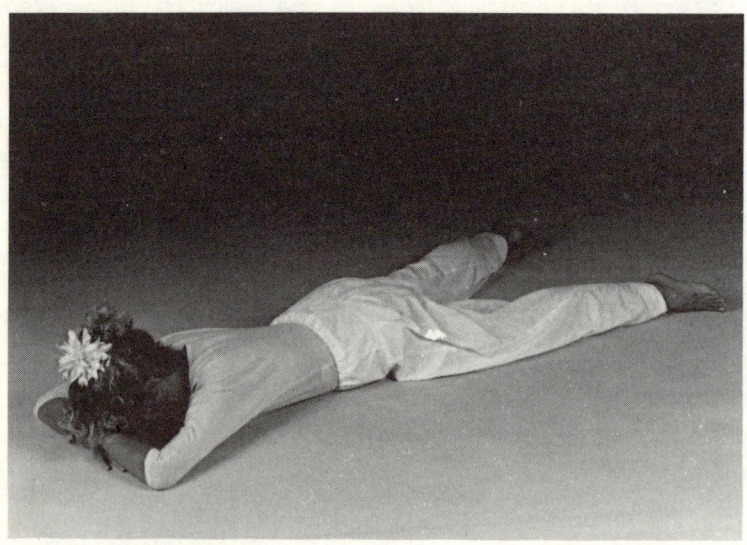

Abb. 11

(b) Die Kobra *(Bhujangasana)*

Dieses *Asana* wird aus der Bauchlage ausgeführt. Hier findet die dem *Paschimottasana* entgegengesetzte Beugung der Wirbelsäule statt.
Die Kobra belebt und stärkt die gesamte Rückenmuskulatur und weitet den Brustkorb. Sie kräftigt die Bauchmuskeln und regt die Durchblutung der Bauchorgane an. Sie erzeugt Wärme im Körper. Die Kobra wirkt sich positiv aus bei Verstopfung, schlechter Verdauung und Frauenleiden, die durch Bindegewebsschwächen bedingt sind.

Körperhaltung	Atmung u. *Konzentration*	Bemerkungen

Ausgangsposition: Bauchlage; Kopf liegt mit dem Kinn auf; Füße zusammen; Hände parallel zum Körper; Handflächen nach oben. (Abb. 12.1)

Körperhaltung	Atmung u. *Konzentration*	Bemerkungen
Hände am Körper entlang bis in die Höhe der Schultern schleifen.	Dabei einatmen.	
Handflächen unter den Schultern auf dem Boden aufsetzen. (Abb. 12.2)	Wieder ausatmen.	Die Arme bleiben parallel zum Körper (Ellenbogen nicht abspreizen).

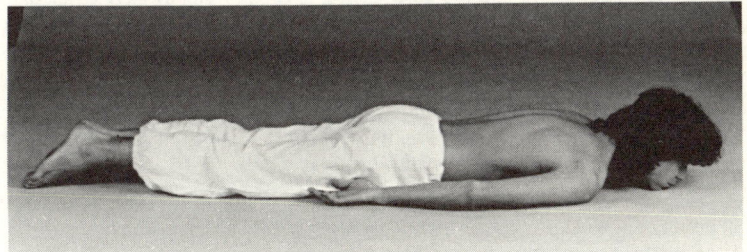

Abb. 12.1

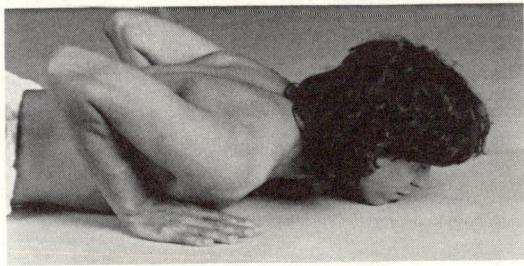

Abb. 12.2

Kinn vom Boden abheben. (Abb 12.3)	Einatmen.	
Kopf wieder senken, so daß die Stirn den Boden berührt. (Abb. 12.4)	Dabei ausatmen.	
Nun den Kopf weit in den Nacken legen; Augen blicken weit zurück.	Beginn einer langen, tiefen Einatmung.	Das Kinn beschreibt dabei einen weiten Bogen nach vorne.
Oberkörper vom Boden abheben.	Weiter einatmen.	Auf den Handflächen ist noch kein Druck.
Nun erst Druck auf die Handflächen verstärken und die Wirbelsäule weiter aufrollen; Ellenbogen bleiben noch leicht gebeugt. (Abb. 12.5)	Einatmung endet, wenn der höchste Punkt erreicht ist.	Lendenwirbelsäule niemals durchhängen lassen oder abknicken! Dies wird erreicht, indem Sie die Oberschenkel fest an den Boden drücken und das Gesäß anspannen.
Brustbein nach vorne hochstrecken; Schultern und Arme eher nach unten und hinten, also weg von den Ohren ziehen.	Im Einatmen Brustbein immer wieder nach vorne/oben recken. Ruhig weiteratmen. *Konzentration im unteren Teil der Wirbelsäule; Wirbel für Wirbel von unten nach oben erspüren.*	Im Ausatem alle Spannungen loslassen, die nicht zum Aufrechterhalten der Position nötig sind.
Versuchen Sie, sich mit jeder Einatmung ein wenig weiter aufzurichten.	Tief und ruhig atmen.	Hüften möglichst am Boden lassen.

Übung beenden, bevor Anstrengung oder Schmerzen zu groß werden.

Wirbelsäule vom Steißbein an Wirbel für Wirbel abrollen; erst ganz zum Schluß den Kopf vornehmen und Stirn am Boden auflegen.	Eine einzige lange Ausatmung.	Brustbein bleibt dabei weit nach vorn gestreckt. Schulterblätter bleiben nach hinten gezogen. Mit dem Ende des Ausatems sollte auch die Stirn wieder den Boden berühren.
Kinn wieder auf dem Boden aufsetzen.	Einatmen.	
Hände am Körper zurückgleiten lassen.	Dabei ausatmen.	

Entspannen Sie in der Bauchentspannungslage. Gehen Sie die Wirbelsäule aufmerksam von unten nach oben und von oben nach unten durch.

Es ist ratsam, anfangs nicht zu lange in der Kobrastellung zu verweilen, sondern die Übung lieber mehrmals zu wiederholen. Später können Sie die Dauer der statischen Phase auf zwei bis drei Minuten steigern.

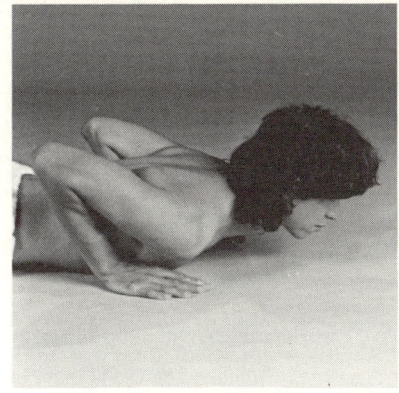

Abb. 12.3

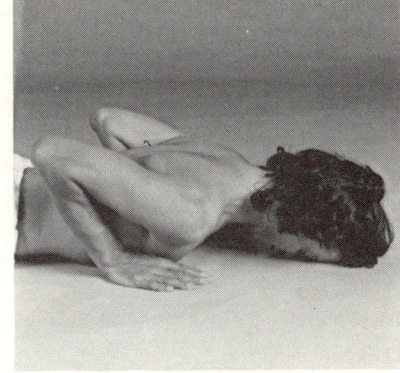

Abb. 12.4

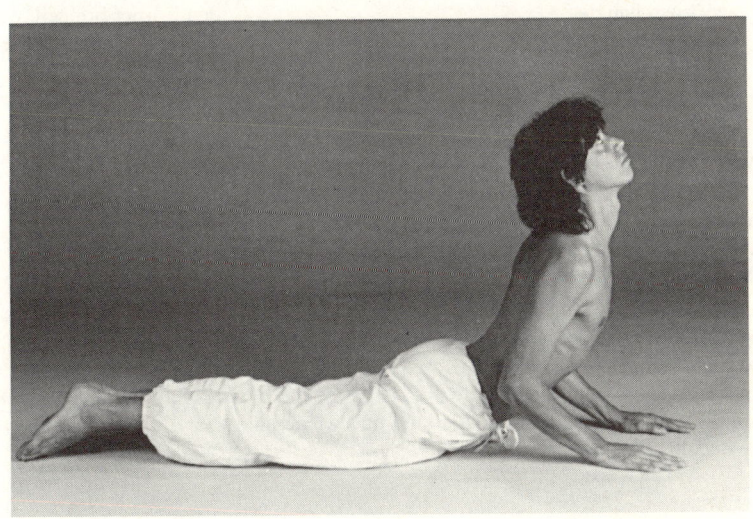

Abb. 12.5

(c) Die Heuschrecke *(Salabhasana)*

Auch diese Übung geht von der Bauchlage aus. Sie massiert, belebt und stärkt vor allem die untere Rückenmuskulatur und den Verdauungstrakt und strafft die Beine.
Vorsicht: Armbanduhren oder Armreife vorher ablegen. Vorsicht bei Bruchleiden.

Körperhaltung	Atmung u. *Konzentration*	Bemerkungen

Ausgangsposition: Bauch-Kinn-Lage; die beiden Hände sind zu Fäusten geballt; Arme parallel zum Körper; Füße zusammen, Fußspitzen gestreckt.

Körperhaltung	Atmung u. Konzentration	Bemerkungen
Rechtes Bein so weit wie möglich hochheben. Den Rumpf dabei nicht drehen. (Abb. 13.1)	Einatmen; mehrmals tief durchatmen.	Besonders auf dem rechten Arm ist Spannung, denn er dient als Hebel.
Das rechte Bein wieder senken.	Dabei Ausatmen.	

Diese Vorübung mit dem linken Bein wiederholen, Kurz innehalten und ruhig atmen.

Die aneinandergelegten Fäuste unter die Oberschenkel bringen.		Daumen liegen auf den gekrümmten Zeigefingern auf. (Abb. 13.2)
Die Unterarme zwängen sich dabei zwischen die vorderen Hüftbeinspitzen.		Die Arme lassen sich unter den Körper bringen, wenn Sie sich etwas zur Seite rollen.
	Tief einatmen.	
Den Körper steifmachen und beide Beine zusammen so weit als möglich hochhebeln, indem Sie die Fäuste und Arme fest auf den Boden drücken. (Abb. 13.3)	Atem während des Aufschwungs anhalten; danach ruhig weiteratmen. *Konzentration im Kreuzbeinbereich oder in der Nabelgegend.*	

Lassen Sie die Gesäßmuskeln weiter angespannt und versuchen Sie die gestreckten Beine noch etwas höher zu drücken.

Wenn die Position zu anstrengend wird, lassen Sie die Beine kontrolliert zurücksinken. Atmen Sie dabei aus, entspannen Sie kurz und wiederholen Sie die Übung. Ruhen Sie in der Bauchentspannungslage aus.

Abb. 13.1

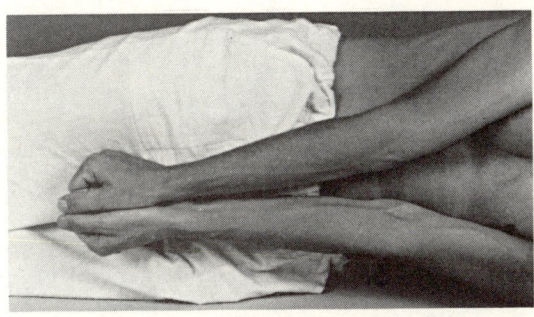

Abb. 13.2

Abb. 13.3

(d) Der Bogen *(Dhanurasana)*

Dieses *Asana* regt Leber, Pankreas und Nieren an. Es wirkt der Verstopfung entgegen und stimuliert den Kreislauf. Es stärkt die Muskeln der Brust-Busenpartie, baut Fettpölsterchen ab und kräftigt die gesamte Wirbelsäule.

Vorübung

Bauch-Kinn-Lage; Hände vorstrecken, Beine zusammenbringen und gut nach hinten strecken; Hände, Oberkörper und Beine vom Boden abheben und auf dem Bauch vor- und zurückwippen wie ein Schaukelpferd. (Abb. 14.1)

Körperhaltung	Atmung u. *Konzentration*	Bemerkungen
Ausgangsposition: Bauch-Kinnlage.		
Beine in den Knien abwinkeln und mit den Händen die Unterschenkel von außen (kurz oberhalb der Knöchel) ergreifen.	Ausatmen.	
Nun den Bogen von den Füßen her spannen; Knie, Kopf und Oberkörper heben gleichzeitig vom Boden ab, sodaß der Körper nur noch auf dem Bauch ruht; (Abb. 14.2)	Dabei kräftig einatmen.	Brustbein vorstrecken; Schultern nach hinten ziehen. Schulterblätter fest zusammenpressen. Der Leib ist nun wie ein Bogen gespannt. Der Blick ist leicht nach oben gerichtet.
Versuchen Sie, den Bogen weiter anzuziehen.	Ruhig weiteratmen (Bauchatmung). *Konzentration im Bauch- und Lendenbereich.*	Anfangs werden Sie die Beine bei dieser Übung noch nicht geschlossen halten können. Versuchen Sie jedoch darauf hinzuüben.

Nach einigen Sekunden den Bogen im Ausatmen langsam lockern und Arme wie Füße zum Boden zurücksinken lassen.

Wiederholen Sie diese Übung zwei bis dreimal und ruhen Sie anschließend in der Bauchentspannungslage aus.

Abb. 14.1

Abb. 14.2

187

(e) Der Drehsitz *(Matsyendrasana)*

Bei diesem sehr belebenden *Asana* wird die Wirbelsäule um die eigene Achse gedreht. Verspannungen im gesamten Rückenbereich (vor allem aber in der Lendengegend) werden dabei wirksam abgebaut und die inneren Organe massiert.

Körperhaltung	Atmung u. *Konzentration*	Bemerkungen
Rutschen Sie aus dem Fersensitz über die Fersen nach links, sodaß Sie mit der linken Gesäßhälfte am Boden sitzen.		Die angewinkelten Beine liegen nun rechts vom Rumpf. (Abb. 15.1)
Rechten Fuß über das linke Knie heben und an der Außenseite des linken Oberschenkels abstellen.		Wirbelsäule nicht nach hinten durchhängen lassen; mit dem linken Arm abstützen.
Mit der rechten Hand hinter dem Rücken abstützen; linke Hand vom Boden nehmen.		
Den ganzen Rumpf kräftig nach rechts drehen. Der linke Arm greift von rechts her um das rechte Knie und versucht den rechten großen Zeh zu erfassen.		Sie bekommen den großen Zeh leichter zu greifen, wenn Sie sich kurz mit der rechten Hand hochstemmen, sodaß sich das Gesäß ein wenig vom Boden abhebt.
Drehen Sie den Leib (einschließlich Kopf) weiter nach rechts; blicken Sie über die rechte Schulter (Schulterblätter zusammenziehen). Sie können auch versuchen, mit der linken Hand durch die linke Kniekehle zu langen und die rechte Hand zu fassen. (Abb. 15.4)	Tief und ruhig atmen. Jeweils beim Einatmen Wirbelsäule entlasten (nach oben strecken) und beim Ausatmen noch ein Stück weiter drehen. *Konzentration auf die sich weitende rechte Hälfte des Brustkorbes.*	Das rechte Knie drückt kräftig auf den linken Arm und unterstützt die Drehung. (Abb. 15.2/3) Achten Sie darauf, daß Sie die rechte Schulter beim Drehen nicht zum Boden neigen, sondern daß Sie waagerecht bleiben, bzw. sogar eher nach oben streben.

Wenden Sie langsam und aufmerksam Kopf und Oberkörper zur Mitte zurück; lösen Sie die Hände; strecken Sie die Füße und entspannen Sie kurz in Rückenlage. Spüren Sie nach: *Wie fühlt sich die rechte Seite des Brustkorbes im Vergleich zur linken an?* Wiederholen Sie die Übung nach der anderen Seite, und entspannen Sie im Liegen.

Abb. 15.1

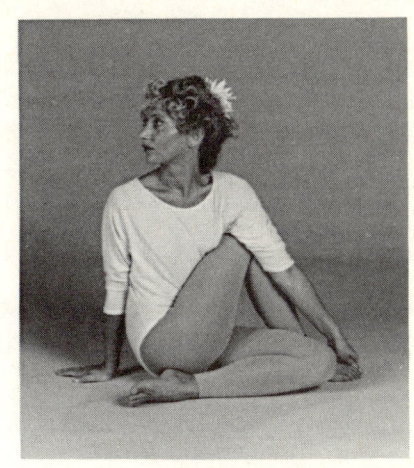

Abb. 15.2

Abb. 15.3

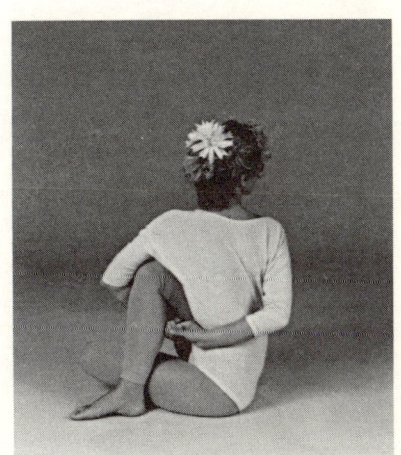

Abb. 15.4

4. Atemkontrolle (Pranayama)[1]

Es ist eine Erfahrungstatsache, daß Atem und psychische Vorgänge im Menschen in enger Wechselwirkung stehen. Redewendungen wie »erleichtert aufatmen«, »da stockt einem der Atem«, oder der Rat, in einer schwierigen Situation »erst einmal richtig durchzuatmen«, geben diese allgemeinmenschliche Erfahrung wieder. Die verschiedenen Formen von Atemtherapie, die in den letzten Jahren im Abendland entwickelt worden sind, nutzen ebenfalls die enge Verbindung von Atem und seelischen Prozessen. Die Funktion des Atems als Bindeglied zwischen dem Inneren und dem Äußeren des Menschen, ja sogar zwischen Gott und Mensch hat ihren Ausdruck auch in den Bezeichnungen gefunden, die in den unterschiedlichsten Kulturen für Atem und für Geist verwendet werden. So heißt im Hebräischen »*ruah*« sowohl Atem, Hauch, wie auch Geist, Leben. Das Griechische verwendet hierfür das Wort »*pneuma*« und das Lateinische den Begriff »*spiritus*«. Vom indischen Begriff »*Atman*«, der das unvergängliche Selbst bezeichnet, läßt sich über die indogermanische Wurzel ein Zusammenhang zum deutschen Wort »atmen« nachweisen.

Der Atem wurde in den Mythen der Völker stets als etwas Göttliches beschrieben. Im ältesten Schöpfungsbericht der Bibel wird berichtet, daß Gott dem Menschen seinen Lebensatem in die Nase einblies. So wurde der Mensch zum lebendigen Wesen (vgl. Gen 2,7). Auch in den Psalmen ist die Rede davon, daß die Geschöpfe wieder »zurückkehren« müssen »zum Staub der Erde«, wenn Gott seinen Atem von ihnen nimmt. Sendet er jedoch seinen »Lebensatem aus, so werden sie alle erschaffen« und er »erneuert das Antlitz der Erde« (Ps 104,29f). Im Neuen Testament wird diese Tradition weitergeführt und auf Christus bezogen, der dem Menschen neues Leben schenkt und sie mit seinem Geist erfüllt. Johannes berichtet vom Auferstandenen, daß er die Jünger »anhauchte« und zu ihnen sprach: »Empfangt den Heiligen Geist« (Joh 20,22).

Nach dem eben Gesagten nimmt es nicht Wunder, daß der Yoga der Atemtechnik große Bedeutung zumißt.

---

1 Zur Vertiefung siehe: B.K.S. Iyengar, Licht auf Pranayama, und — wenn man sich an einigen pseudowissenschaftlichen Ausführungen nicht stößt — André van Lysebeth, Die große Kraft des Atems, O.W. Barth Verlag, [4]1982.

a) Theoretische Grundlagen des *Pranayama*

Pranayama, die Atemkontrolle, steht nicht ohne Grund an vierter Stelle im *Yogasutra*, d.h. zwischen den *Asanas*, d.h. den Praktiken, die den physischen Bereich des Menschen für den Yoga vorbereiten und denjenigen Disziplinen, die nach innen führen, wie *Pratyahara* (Zurückziehen der Sinne), Konzentration und Meditation. Zum einen bilden die *Asanas* eine wichtige Voraussetzung für die richtige Atmung[2]. Zum anderen ist der Atem – wie eben geschildert – eng mit den Vorgängen im Inneren des Menschen verbunden; er ist ein Bindeglied zwischen außen und innen. Obwohl diese enge Verbindung von Atem und innerem Menschen nicht nur den Hindus bekannt ist, sondern ihren Niederschlag im Vokabular vieler Völker gefunden hat, ist es doch ein Charakteristikum und ein Verdienst der Yogatechniken, daß sie dieses Wissen für die Praxis fruchtbar gemacht haben.

Die Yogins haben den Atem sehr genau erforscht und Techniken entwickelt, ihn zu steuern. Durch entsprechende Atmung kann man zum Beispiel die Wirkungen von Hitze und Kälte auf den Körper wesentlich beeinflussen, sich entspannen oder in die Meditation hineinfinden.

Der klassische Yoga nach Patanjali unterscheidet drei Atemphasen: Das Ausatmen, das Einatmen und die Atemverhaltung. Auch die Qualitäten des Atems werden beschrieben: Der Rhythmus, die Länge des Ein- und Ausatems, die Dauer der Verhaltung, die Stärke etc.

Für den Yoga ist nicht der Luftstrom der Atmung das Ausschlaggebende, sondern vielmehr eine subtile »Energie«[3], »*Prana*« genannt, die eng mit der Atmung zusammenhängt. Das Hauptziel des *Pranayama* ist es, mit dieser Energie im Körper umgehen zu lernen.

In den mittelalterlichen Yogatechniken, wie sie seit etwa 1000 n. Chr. entwickelt worden sind, entstand eine exakte Wissenschaft vom *Pranayama*. Man beschrieb genau die Subtilphysiologie[4] des Menschen und unterschied fünf Arten von *pranischer* Energie. So entwickelte

---

2   So werden bei verschiedenen Positionen unterschiedliche Teile der Lunge verstärkt beatmet. Der Ausatmung beim Beugen folgt die Einatmung beim Strecken ganz natürlich. Wer die Asanas beherrscht, wird auch die *Pranayamas* leicht erlernen.

3   Wenn im Zusammenhang mit *Prana* immer wieder von »Energie« die Rede ist, so muß darauf hingewiesen werden, daß es sich hier nicht um eine exakt definierbare und meßbare Energie im naturwissenschaftlichen Sinne handelt, sondern um eine subjektiv als Wärme, Kribbeln etc. erfahrbare »Lebensenergie«, die den gesamten Organismus durchströmt.

4   Unter »Subtilphysiologie« versteht man den Aufbau und die Funktion des feinstofflichen Körpers.

sich die Lehre von den *Chakren*, feinstofflichen Energiezentren im menschlichen Organismus und den *Nadis*, den Energiebahnen.

Die Energiezentren und -bahnen bilden den wichtigsten Teil einer subtilen »Anatomie«. Diese Anatomie kann man freilich nicht im Sinne unserer westlichen Schulmedizin nachweisen, sondern sie läßt sich aus den Erfahrungen ableiten, welche die Yogins über viele Jahrhunderte hinweg mit ihrem eigenen Körper machten. Deshalb ist sie jedoch nicht weniger real.

Die Lehre von den *Nadis* und von der *pranischen* Energie

Die Inder nehmen an, daß das menschliche Wesen viele Schichten umfaßt, die sich wie die Häute einer Zwiebel um seinen Wesenskern, die kausale Schicht *(Anandamaya Kosha)* lagern. Diese Schicht bildet das Zentrum der Seele. Alle übrigen Schichten existieren nur durch sie. Sie ist von Natur aus reine Freude und Glückseligkeit – jenseits aller Dualitäten oder Abhängigkeiten, jenseits von Raum und Zeit.

Die nächste Schicht läßt sich als sublimer, d.h. psychischer Körper umschreiben. Sie besteht aus *Vidshnamaya Kosha* und *Manomaya Kosha. Vidshnamaya Kosha* ist der Sitz des Ich, des *Ahamkara.* Es ist der Bereich, von dem die Individualisation des Menschen ihren Ausgang nimmt. Intellekt *(Buddhi),* Denkvermögen und Urteilsfähigkeit *(Manas)* sind die wichtigsten Werkzeuge auf dieser Ebene. Es ist das Zentrum dauernden Bezuges, dauernder Selbstreflexion (*Ahamkara*: »ich denke, daß ich denke«). Diese Schicht steht in Wechselbezug zur nächst gröberen Ebene, *Manomaya Kosha.* Sie entspricht der Psyche im allgemeinen und umfaßt Antriebe, Instinkte, Komplexe, Gedächtnis und Willen. Von hier aus werden die Aktionen des Körpers gesteuert. Die Dynamik dieser Schicht wirkt über die *Chakren* auf die *pranischen* Schichten. Die *Chakren* funktionieren dabei als Umwandlungszentren psychischer in physische Energie. So werden die Funktionen des physischen bzw. grobstofflichen Körpers gewährleistet.

Dieser grobstoffliche Körper setzt sich zusammen aus *Pranamaya Kosha* und *Annamaya Kosha. Pranamaya Kosha* beinhaltet alle im Körper tätigen Energien und das System der *Nadis*, ist also Träger und Instrument von *Manomaya Kosha. Annamaya Kosha* schließlich bezeichnet den sichtbaren, grobstofflichen Leib, der aus den chemischen Elementen gebildet ist. Er ist Vehikel bzw. Manifestation der höheren Schichten.

Geranda Samhita, *Shiva Samhita* und *Gorakshasataka* – allesamt wichtige Schriften des *Hathayoga* – beschreiben die *Nadis* als Bahnen für die *pranische* Energie. Diese lassen sich jedoch weder mit Nervenbahnen noch mit Venen oder Arterien gleichsetzen. Man gibt bis zu 72000 *Nadis* an. Das wichtigste *Nadi* ist *Sushumna Nadi*, das im Rückenmark liegt. Es verläuft vom Steißbein bis zum Gehirn, wo es sich in einen Strom teilt, der zum Scheitel aufsteigt und einen Strom, der zwischen die beiden Augenbrauen fließt. *Ida Nadi*, das im linken Nasenloch entspringt, windet sich spiralförmig entlang der Sympatikus-Ganglien um die Wirbelsäule. Es kreuzt sich dabei mehrmals mit dem *Pingala Nadi*, das vom rechten Nasenloch ausgeht. An den Kreuzungspunkten liegen wichtige Energiezentren, die *Chakren*.

Daß es mit diesen beiden *Nadis* tatsächlich etwas auf sich hat, läßt sich mit etwas Übung leicht erfahren. Wenn man Schnupfen hat, kann man leicht feststellen, daß stets ein Nasenloch stärker betroffen ist als das andere. Beobachtet man die Atmung über mehrere Stunden, so fällt auf, daß im Rhythmus von etwa 1-2 Stunden bald das eine, bald das andere Nasenloch stärker blockiert ist. Dieser Rhythmus, der im Erkältungszustand deutlich erkennbar ist, besteht jedoch auch, wenn der Mensch gesund ist. Man atmet abwechselnd dominant durch das linke oder rechte Nasenloch. In der aktiven Phase des rechten Nasenlochs herrscht *Pingala* vor, und man kann die Erfahrung machen, daß man in dieser Phase wacher, aktiver, mehr nach außen gekehrt ist. Dominiert das linke Nasenloch, so steht der Organismus unter dem Einfluß von *Ida* und man ist ruhiger und rezeptiver gestimmt. Unter dem Einfluß von *Ida* kann man besser meditieren oder einschlafen.

Für den Yogin hat nun *Sushumna* große Bedeutung. Es ist das wichtigste *Nadi*. Während beim Ungeübten die pranischen Energien vor allem in *Ida* und *Pingala* fließen, kann der Yogin die Atemenergie im Wirbelkanal, also in *Sushumna* auf- und absteigen lassen. In jahrelanger Übung reinigt er darum die *Nadis* und macht sie durchgängig. Hier spielen auch die *Asanas* eine wichtige Rolle, denn sie mobilisieren die Wirbelsäule und regen die wichtigen Zentren an.

Ziel der yogischen Reinigungsübungen und *Pranayamas* ist es also, das System der *Nadis* durchgängig für die *pranischen* Energien zu machen und diese Energien richtig zu verteilen bzw. zu bewahren. Der Yoga konzentriert sich dabei vor allem auf drei Haupt-*Nadis*, *Ida*, *Pingala* und *Sushumna*.

Die fünf Arten von *Prana*:

Die Inder kennen fünf wichtige Energien, die in den *Nadis* fließen:
Prana bezeichnet sowohl die Atemenergien als Ganzes, als auch die
erste, wichtigste Energie, die für die Aufnahme der kosmischen Energie im gesamten Körper zuständig ist. Ihr Hauptsitz ist in den Atem-
wegen und im Thorax lokalisiert.
Apana herrscht im Ausatem vor und regelt die Ausscheidungsfunktio-
nen. Nieren, Enddarm und Geschlechtsorgane stehen unter seiner Kontrolle. *Apana* ist nach unten und nach außen gerichtet.
Samana, der ausgleichende Atem, bestimmt alle Verdauungs- und As-
similationsprozeße der vom Menschen aufgenommenen Nahrung. Sein
Sitz ist in der Nabelgegend, in den Verdauungsorganen, aber auch im
Herz und in den Gelenken.
Vyana, der »durchdringende Atem« breitet sich im ganzen Körper aus.
Er hat zur Aufgabe, die absorbierten Energien bzw. Lebenssäfte über
den ganzen Leib zu verteilen. Darum ist er besonders für den Blut-
kreislauf und die Lymphe zuständig.
Schließlich gibt es noch *Udana*, den »aufsteigenden Atem«, der in
Herz, Hals, Gaumen, Schädel und zwischen den Augenbrauen strömt.
Er regelt unsere Kommunikation, vor allem die Sprache.
Diese fünf *Pranas* bilden in der indischen Medizin *(Ayurveda)* die
Grundlage für das Funktionieren des menschlichen Organismus.

b) Zur Praxis von *Pranayama*

Über viele Jahrhunderte hat sich eine unübersehbare Zahl von *Pranayamas* entwickelt, die meist vom Lehrer an den Schüler weitergegeben
wurden. Je nach Kolorit des jeweiligen Yogaweges wird den Pranayamas eine mehr oder weniger wichtige Rolle eingeräumt. Die eher körperorientierten Yogavarianten, wie der *Kriya-*, *Hatha-* und *Kundalini-
Yoga* messen ihnen mehr Bedeutung zu als der klassische Yoga.
Pranayamas lassen sich kaum aus Büchern lernen, sondern nur in der
Praxis durch einen erfahrenen Lehrer. Die folgenden Anleitungen können nicht die Vermittlung von Mensch zu Mensch ersetzen. Sie sollen
allenfalls das Gelernte ergänzen bzw. als Erinnerungshilfe dienen.
An dieser Stelle darf der Hinweis nicht unterbleiben, daß *Pranayamas*
auch Gefahren in sich bergen. Starke Raucher, Menschen mit Herz-
und Kreislaufbeschwerden und psychisch labile Personen sollten *Pranayamas* auf keinen Fall praktizieren, ohne zuvor den Rat eines erfah-

renen Yogalehrers eingeholt zu haben. Auch Gesunde dürfen diese Übungen nie übertreiben oder beliebig mit ihnen experimentieren.

Die Grundlage für alle *Pranayamas* ist das natürliche, entspannte Atmen. Es ist nicht sinnvoll, schwierige *Pranayamas* zu üben, solange man noch keinen Zugang zum eigenen Atem gewonnen hat. Wer *Pranayamas* praktizieren will, sollte daher, bevor er riskiert, den Atem zu manipulieren, zunächst lernen, entspannt und gelöst zu atmen bzw. den eigenen Atem zu beobachten.

(1) Die Vorbereitung

Sie sollten die Nase durch kräftiges Schneuzen oder mittels einer Spülung[5] gut reinigen, bevor Sie mit dem Üben beginnen.

Nehmen Sie eine aufrechte, entspannte Sitzhaltung wie bei der Meditation ein. (Abb 16) Der Lotussitz – soweit Sie ihn ohne Schmerzen beherrschen – eignet sich am besten. Sie können jedoch auch anders sitzen, vorausgesetzt der Rücken ist dabei gerade und entspannt.

Lassen Sie die Hände (Handflächen nach oben gekehrt) auf den Knien ruhen. Die Kuppen der Zeigefinger liegen am Übergang vom ersten zum zweiten Daumenglied, so daß ein kleiner Kreis entsteht.

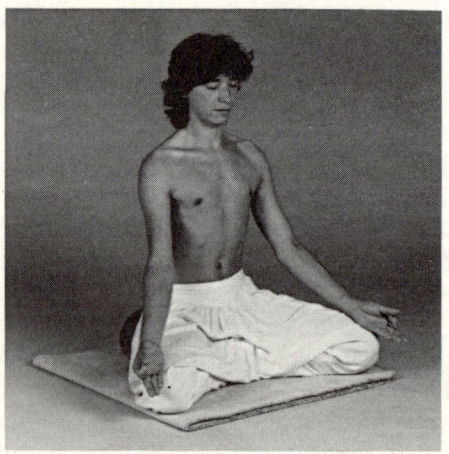

Abb. 16

---

5 Die Inder haben sogar eine eigene Technik der Nasenreinigung, die Nasendusche *(Jala Neti)* entwickelt.

(2) Vorübungen

1. Setzen Sie sich ganz entspannt hin und atmen Sie ruhig. Nehmen Sie bewußt den natürlichen Atem wahr, das Einströmen des etwas kühleren Einatems im Naseninneren und das Wieder-Ausströmen des wärmeren Ausatems. Sie können dieses Strömen Schritt für Schritt bis hinunter in die Lungen verfolgen und danach der Bewegung des Atems sogar noch weiter nachgehen, über das sich hebende und senkende Zwerchfell bis hinein ins Becken. Für diese Übung, die zugleich eine gute Vorbereitung auf die Meditation ist, sollten Sie sich mindestens fünfzehn Minuten Zeit nehmen.
2. Atmen Sie so kräftig und so schnell wie möglich durch die Nase aus, und so langsam und sanft wie möglich durch die Nase ein.
3. Atmen Sie so kräftig und so schnell wie möglich durch die Nase ein und so langsam und sanft wie möglich durch die Nase aus. Stellen Sie sich vor, daß eine Flaumfeder in ca. 10 cm Abstand unter Ihrer Nase schwebt, und durch den Ausatem nicht in Bewegung kommt.
4. Atmen Sie doppelt so lange aus wie ein. Steigern Sie die Dauer langsam. *Achten Sie darauf, daß die Atmung dabei ganz locker bleibt und daß Sie nicht das Gefühl bekommen, als ginge Ihnen die Luft aus.*
5. Atmen Sie in vier gleichlangen Phasen: Ausatmen – Atem anhalten – Einatmen – Atem anhalten. *Sie können sich dabei ein Quadrat vorstellen, an dessen Seiten Sie im Uhrzeigersinn entlanggleiten: Im Ausatmen von rechts oben nach rechts unten, in der Verhaltung von rechts unten nach links unten etc.*

(a) Horizontale und vertikale Atmung

Diese Atemvariante eignet sich besonders, sowohl die Ausrichtung auf Gott als auch auf die Mitmenschen körperlich zu erfahren oder zu verstärken. Sie betont die Herzregion und kann dem Christen einen physischen Zugang zur Kreuzesmeditation eröffnen.
Dieser *Pranayama* läßt sich auch im Stehen durchführen:
1. Atmen Sie »in den Bauch hinein«. Erfühlen Sie mit der Hand, wie sich die Bauchdecke im Atemrhythmus hebt und senkt. Erspüren Sie die Gegend unter dem Brustbein, von der diese Bewegung ausgeht und wohin sie wieder zurückkehrt.
Für den religiösen Menschen kann in dieser Übung die Beziehung Individuum-Gott besonders deutlich erfahrbar werden. Er kann sich den Atem als von Gott herkommend und wieder in Ihn hineinmündend vor-

stellen und sich dabei folgenden Satz des heiligen Augustinus verge-
genwärtigen: »Du bist mein Gott! Zu dir atme ich Tag und Nacht.«[6]
2. Verlagern Sie die Konzentration auf den Brustkorb. Versuchen Sie
in die Horizontale zu atmen. Spüren Sie, wie sich die Rippen spreizen.
Erfühlen Sie wieder den Ort, von dem diese Bewegung ausgeht. Richten Sie Ihre Aufmerksamkeit auf die Region des Herzens.
Versuchen Sie, über diese horizontale Atembewegung die Herzebene
Ihrer Mitmenschen zu erfühlen; »verströmen Sie sich«; schenken Sie
Mitgefühl und Liebe und empfangen Sie. (Nehmen Sie diese Haltung
nach der Übung mit in den Alltag!)
3. Verbinden Sie die beiden Atemweisen miteinander. *Der Atem bildet*
also eine Art Kreuz, das sich nach allen Seiten im Raum ausbreitet. Sie
können sich auch »konzentrische« Kugeln vorstellen.
Sie können den Effekt dieser Übung verstärken, indem Sie die Handflächen etwas unterhalb des Brustbeines am Rippenbogen auflegen
und die Bewegung erfühlen. Sobald Sie mit dieser Bewegung vertraut
sind, heben Sie im Einatmen die Hände leicht ab und bringen sie im
Ausatmen wieder an den Leib zurück. Hilfreich ist auch die Vorstellung, daß die Hände auf einem pulsierenden Luftballon aufliegen, der
sich im Atemrhythmus immer weiter ausdehnt. So wird die Bewegung
Ihrer Hände immer ausladender und ergreift schließlich auch die Arme. Spüren Sie sorgfältig nach, was sich dabei in Körper und Psyche –
besonders in der Herzregion – tut!

(b) Die vollständige yogische Atmung

Durch diese Übung kann die volle Atemkapazität ausgelotet und wesentlich erweitert werden.
Legen Sie sich auf den Rücken, und entspannen Sie. (Abb. 17.1) Nehmen Sie den Atem wahr. Beobachten Sie, wie sich der Bauch hebt und
senkt *(evtl. mit der Hand nachfühlen)*.
Atmen Sie ruhig und tief in den Bauch hinein, bis keine Luft mehr
Platz hat. (Abb. 17.2) Nun erst füllen Sie den Brustkorb. (Abb. 17.3)
Sobald auch hier die maximale Füllung erreicht ist, versuchen Sie
durch Heben der Schlüsselbeine noch ein wenig mehr Luft aufzunehmen. In gleicher Reihenfolge – *d.h. beginnend mit dem Bauch* – ausatmen, bis alle Luft herausgepreßt ist. (Abb. 17.4/5) Die Atembewegung

---

6   *»tibi suspiro die ac nocte«* Augustinus, Confessiones VII 10 (16).

wogt also jedesmal wie eine Welle vom Bauch bis zum Hals, *sowohl beim Einatmen als auch beim Ausatmen in der gleichen Richtung.* Wiederholen Sie dies fünf Mal und atmen Sie danach normal weiter.

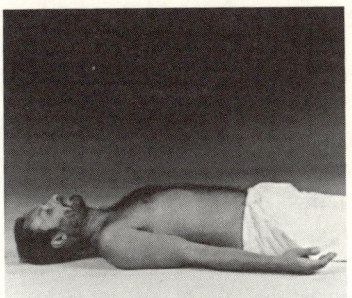

Abb. 17.1

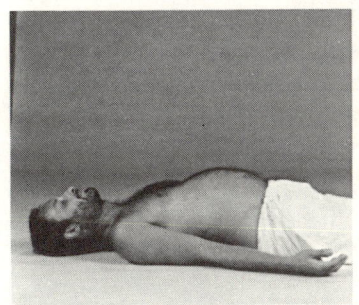

Abb.17.2

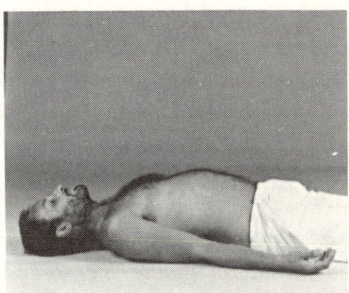

Abb. 17.3

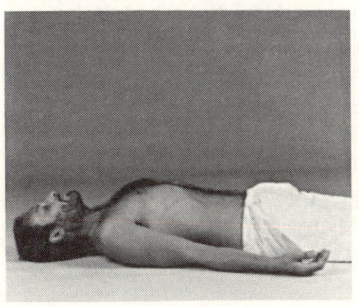

Abb. 17.4

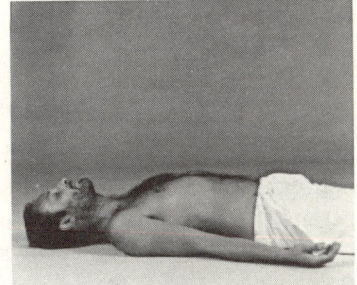

Abb. 17.5

(3) Klassische *Pranayamas*

(a) *Kapalabhati* – »Kopfreinigende Übung«

Diese Übung erfrischt den ganzen Körper und reinigt den Kopf und die Atemwege. Sie kann – richtig beherrscht – Bronchospasmen (z.B. Asthma) lindern, Kopfweh und Müdigkeit beseitigen und die Konzentrationsfähigkeit steigern.

Einer kräftigen Einatmung folgen 8-12 stoßweise Ausatmungen, zwischen denen es *keinen aktiven Einatem* gibt. Dies erzielen Sie, wenn Sie folgendes beachten:

a) Der gesamte Körper einschließlich Gesicht und Atemwege ist entspannt. Vor allem die Atemwege sollen weitgestellt sein.

b) Die Konzentration ist auf die Nasenspitze gerichtet. Geatmet wird nur durch die Nase.

c) Nach dem ersten (aktiven) Einatmen ziehen Sie mit einem kräftigen Ruck die Bauchdecke an. Der Brustkorb bleibt dabei möglichst ruhig.

d) Nach jeder Kontraktion lassen Sie sofort wieder locker. Durch das Lockern der Bauchdecke vergrößert sich das Volumen der Bauchhöhle so, daß die Bauchorgane der Schwerkraft folgend nach unten absinken und das Zwerchfell mitziehen. Auf diese Weise kommt von selbst eine leichte Einatmung in Gang.

Achtung: Der häufigste Fehler besteht darin, daß man die Bauchdecke nicht sofort nach der Kontraktion wieder losläßt. So kommt es nicht zum Einatem und nach einigen Stößen geht die Luft aus.

Atmen Sie nach jeder Runde mehrmals normal durch und wiederholen Sie die Übung anfangs zweimal, später öfters. Steigern Sie die Zahl der Atemstöße langsam bis auf 25. Eine Steigerung auf mehr als drei Runden sollten Sie allerdings nur unter sachkundiger Anleitung wagen.

(b) *Bhastrika* – Der Blasebalg

Diese Übung besteht aus einer raschen, aber kontrollierten Folge von kräftigen, aktiven Aus- und Einatmungen durch die Nase. Sie regt den gesamten Organismus an, indem sie Hitze im Körper erzeugt, wirkt sich günstig auf die Verdauung aus und hilft gegen Halsentzündungen, Asthma und Müdigkeit.

Warnung: Sie dürfen diese Übung nicht übertreiben. Besonders Frauen sollten vorsichtig sein[7]. Treten Schwindel oder Übelkeit auf, unterbrechen Sie sofort!

Technik:

Einer kräftigen und schnellen Ausatmung folgt eine ebensolche aktive Einatmung. Die Bauchdecke wird dabei abwechselnd kräftig nach innen gezogen (Abb. 18.1) und nach außen gepreßt. (Abb. 18.2) *Der Brustkorb bleibt bei dieser Übung nahezu ruhig. Das Gesicht sollte nicht angespannt werden. Nur die Nasenflügel bewegen sich leicht durch den starken Luftstrom. Es sollte ein lautes, schnaubendes Atemgeräusch vernehmbar sein.*

Beginnen Sie wieder mit 8-12 Atemzügen pro Runde. Danach atmen Sie ruhig weiter. *Anfangs genügen zwei bis drei Runden. Später können Sie – unter Begleitung eines erfahrenen Lehrers – sowohl die Anzahl der Atemzüge pro Runde als auch die der Runden langsam steigern und Ihrer eigenen Kapazität anpassen.*

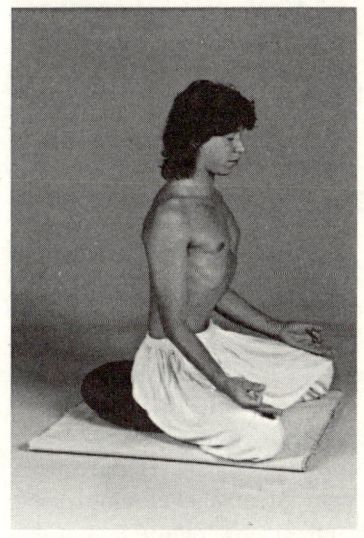
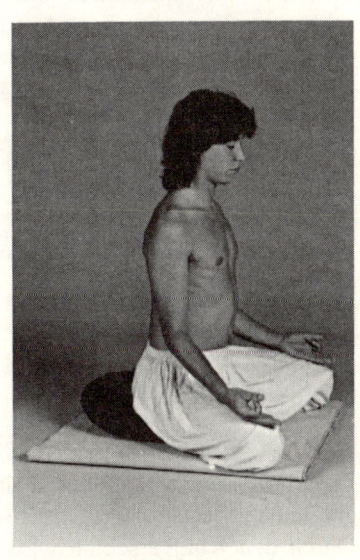

Abb. 18.1   **Abb. 18.2**

---

7   Diese Übung hat nichts zu tun mit unkontrolliertem Hyperventilieren, wie es von einigen »Psycho-Gurus« propagiert wird.

Für Fortgeschrittene:

Nach der letzten Ausatmung in einer Runde lassen Sie eine kräftige Einatmung folgen. Halten Sie die Luft bei geschlossenen Augen an, solange Sie sich wohlfühlen und atmen Sie dann ruhig aus. *Die Atemverhaltung bei gefüllter Lunge nennen die Inder Kumbhaka. Wer sie beherrscht, wird in der Atempause eine tiefe innere Stille erfahren, in der die Gedanken zur Ruhe kommen.*
Die Wirkung der Atemverhaltung wird durch die *Bandhas* verstärkt. Dies sind durch Muskelkontraktion erzeugte »Verschlüsse«, die das Entweichen *pranischer* Energie verhindern sollen. Das wichtigste *Bandha* ist der Kinnverschluß (*Jalandhara Bandha*). Im klassischen Text der *Hatayoga Pradipika* II,70 wird er wie folgt beschrieben:

> »Nachdem der Schüler die Halsmuskeln kontrahiert hat, preßt er das Kinn fest auf die Brust.«

Bei der Ausführung sollten Sie besonders auf folgendes achten:
Einatmen, Atem anhalten, kräftig schlucken. Dann das Kinn fest in die Grube oberhalb des Brustbeines drücken. (Abb. 18.3) Nur so kommt es:

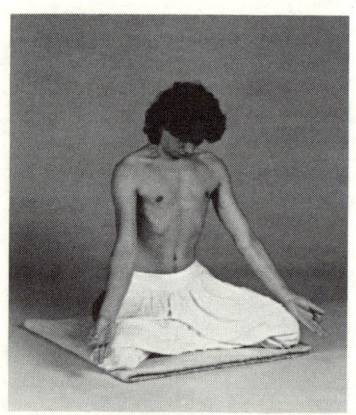

a) zu einem völligen Verschluß der Atemwege *(es darf keine Luft mehr ausströmen!)*

b) zu einer optimalen Kontraktion der Halsmuskeln

c) zu einer vollen Dehnung der Nackenmuskulatur.

Abb. 18.3

Dieses *Bandha* wirkt einer schädlichen Steigerung der Herzfrequenz entgegen, wie sie normalerweise mit dem Atemanhalten einhergeht. Durch den Kinnverschluß wird Druck auf die Nervenrezeptoren des *sinus caroticus* ausgeübt, was die arterielle Spannung herabsetzt. Außerdem verhindert dieses *Bandha* eine Ausbreitung des hohen Druckes im Atemsystem über den Kehldeckel hinaus in den Kopfbereich (Eustachische Röhren). So wird das unangenehme Druckgefühl im Kopf vermieden.

Zwei weitere *Bandhas* sollen hier nicht näher beschrieben werden, da *Jalandhara Bandha* für unsere Zwecke das wichtigste ist: *Uddiyana Bandha,* das Anheben des Zwerchfells und *Mula Bandha,* das Verschließen von Anus und Sphinktermuskulatur bzw. die Kontraktion des unteren Teiles des Unterleibes.

(c) Sitali – Kühlender Pranayama

Diese Übung kühlt den Organismus, ist also bei Fieber, inneren Entzündungsprozessen und heißem Klima anzuraten. Durst und Hunger werden gemindert. Man schreibt *Sitali* auch eine allgemein blutreinigende Wirkung zu.

Um *Sitali* zu praktizieren, formen Sie die Lippen in Form eines »O« und schieben die zu einem »U« gebogene Zunge zwischen den Vorderzähnen hindurch, bis die Spitze aus dem Mund herausragt. (Abb. 19) Durch das so entstandene »Rohr« saugen Sie kräftig so viel als möglich kühle Luft an. (Dabei wird ein schlürfendes Geräusch vernehmbar.) Nach dem Einatmen ziehen Sie die Zunge zurück, schließen den Mund und legen einige Sekunden lang den Kinnverschluß (s.o.) ein. Öffnen Sie den Kinverschluß wieder, richten Sie den Kopf auf und atmen Sie langsam durch die Nase aus.

Wiederholen Sie diese Übung zehn bis 15 Mal.

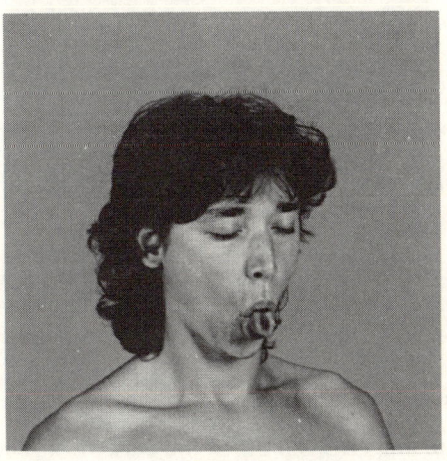

Abb. 19

(d) *Sitkari* – Zischender *Pranayama*

Bei diesem Pranayama wird ein zischendes Geräusch erzeugt. Sitkari hat ähnliche kühlende Wirkungen wie *Sitali*.

Öffnen Sie die Lippen, und ziehen Sie die Mundwinkel kräftig zur Seite. »Fletschen« Sie die »Zähne«. (Abb. 20) Rollen Sie die Zunge so nach oben, daß die Spitze den Gaumen berührt. Bei der folgenden kräftigen Einatmung wird ein lautes Zischen hörbar. Schließen Sie den Mund, bringen Sie die Zunge wieder in Normalstellung, halten Sie den Atem, solange es Ihnen angenehm ist, und atmen Sie dann langsam durch die Nase aus. Wiederholen Sie diese Übung 5-10 mal.

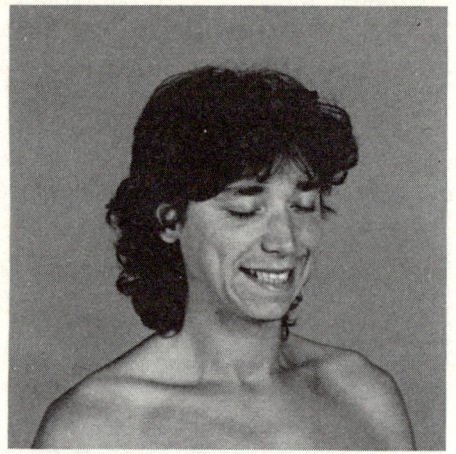

Abb. 20

(e) *Ujjai Pranayama* – Der ein lautes Geräusch erzeugende *Pranayama*

Dieser *Pranayama* belüftet die ganze Lunge. Er wirkt angenehm erfrischend und zugleich beruhigend. Richtig dosiert geübt gilt er als wirksames Mittel gegen Bluthochdruck und Koronarkrankheiten.

Grundlegendes zur Durchführung:

Ein- und Ausatmung erfolgen durch die Nase. Konzentrieren Sie sich auf die Stelle, wo die Nasengänge in den oberen Rachenbereich münden und auf das Geräusch des Luftstromes. Letzteres wird durch ein teilweises Blockieren der Glottis (Kehldeckel) erzeugt: Da die Luft durch eine Verengung hindurch muß, erhöhen sich dort die Strömungsgeschwindigkeit und der Druck, was ein lautes Rauschen zur Folge hat. Der teilweise Verschluß der Glottis wird durch eine leichte Kontraktion der oberen Halsmuskulatur erreicht.

Praktische Durchführung:

Atmen Sie kräftig aber gleichmäßig ein. Der Brustkorb soll sich dabei so lange dehnen und weiten, bis keine Luft mehr Platz hat. *Dabei wird ein kräftiges, gleichmäßiges Strömungsgeräusch hörbar.*
Schließen Sie die Glottis ganz, halten Sie die Luft etwa zwei Sekunden (nicht länger) an und leiten Sie die Ausatmung mit einem leichten Anziehen der Bauchwand ein. Atmen Sie vollständig aus. Wenn der Thorax ganz leer ist, senken Sie auch noch die Schlüsselbeine ab. *So entweicht auch noch der letzte Rest Luft.* Auch beim Ausatmen sollte das gleichmäßige Strömungsgeräusch vernehmbar werden. *Atmen Sie mindestens doppelt so lang aus wie ein.*
Bevor Sie einen neuen Zyklus beginnen, halten Sie den Atem wieder für zwei Sekunden an. Es ist günstig, etwa zehn solche Zyklen zu atmen.

(f) Der klassische *Pranayama* mit Wechselatmung

Dieser *Pranayama*, bei dem abwechselnd mit dem linken und rechten Nasenloch geatmet wird, gilt als wichtigster *Pranayama* im Hinblick auf Konzentration und Meditation. Man sagt, daß er alle *Nadis* reinige und alle Körperfunktionen ins Lot bringe.

Zunächst müssen Sie lernen, jeweils ein Nasenloch vollständig zu verschließen. Dazu biegen Sie Zeige- und Mittelfinger der rechten Hand zur Handfläche und stellen den Daumen dem Ring- und kleinen Finger gegenüber. (Abb 21.1)

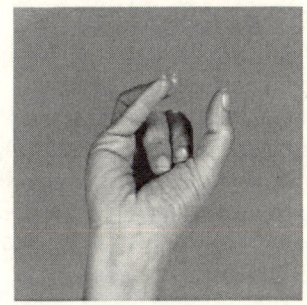

Abb. 21.1

Nun drücken Sie mit dem Daumen auf den rechten Nasenflügel, um das rechte Nasenloch zu verschließen (Abb. 21.2) und atmen durch das linke Nasenloch ein.

Ist die Einatmung beendet, drücken Ring- und kleiner Finger auf den linken Nasenflügel, während der Daumen das rechte Nasenloch langsam freigibt (Abb. 21.3), durch das Sie ganz behutsam ausatmen.

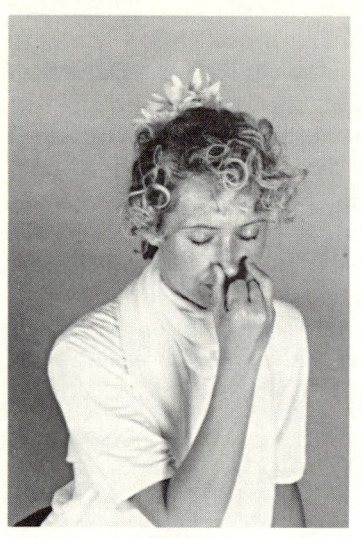 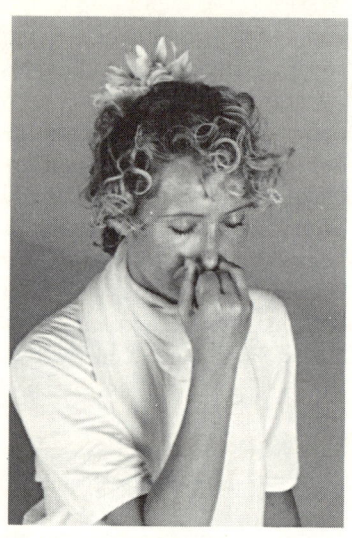

Abb. 21.2   **Abb. 21.3**

Es folgt – *bei immer noch geschlossenem linken Nasenloch* – eine vollständige Einatmung durch das rechte Nasenloch. Wenn die Lunge gefüllt ist, verschließen Sie auch dieses Nasenloch wieder. Beenden Sie die Runde, indem Sie behutsam das linke Nasenloch öffnen und dabei vollständig ausatmen.

Achten Sie bei dieser Übung besonders darauf, daß sowohl Ein- als auch Ausatmung so sanft vollzogen werden, daß kein Atemgeräusch hörbar wird. Überanstrengen Sie sich nie dabei. Das Zeitverhältnis von Ein- und Ausatmung sollte 1 : 2 betragen. Sie können z.B. mit 4 Sekunden Ein- und 8 Sekunden Ausatmung beginnen und die Zeiten langsam steigern.

Für Fortgeschrittene:

Wenn Sie diese Übung ohne Mühe beherrschen, können Sie jeweils zwischen Ein- und Ausatmen eine Atemverhaltung einfügen. Dabei verschließen Sie beide Nasenlöcher fest. (Abb. 21.4) Die Dauer der Atemverhaltung sollte das doppelte der Dauer des Einatmens betragen. Später kann sie sogar viermal so lang sein.

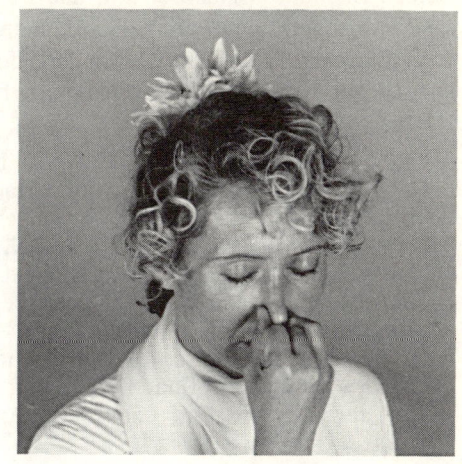

Abb. 21.4

Warnung: Treten Kopfweh, Schwindel oder Übelkeit auf, so bedeutet dies, daß Sie zu viel Druck auf die Lunge ausüben. Sie sollten dann die Dauer der Atemverhaltung reduzieren und weniger Luft aufnehmen.

c) Gebet und Atmung in der christlichen Tradition

Mircea Eliade weist darauf hin, daß bestimmte von den hesychasti-
schen Mönchen[8] angewandte Gebetsmethoden »Vergleichspunkte mit
den yogischen Techniken, besonders dem *prânâyâma*« aufweisen[9].
Die u.a. auf dem Berg Athos praktizierte hesychastische Gebetsweise

> »enthält eine zweifache Übung, die Nabelschau und die endlo-
> se Wiederholung des Jesus-Gebetes: 'Herr Jesus Christus, Sohn
> Gottes, habe Erbarmen mit mir!' Man setze sich im Dunkeln
> hin, neige den Kopf, richte die Augen auf die Mitte des Bau-
> ches, anders ausgedrückt den Nabel, suche dort den Ort des
> Herzens zu entdecken, wiederhole diese Übung unermüdlich
> und begleite sie immer mit derselben Anrufung gemäß dem
> Rhythmus der Atmung, die soweit als möglich verlangsamt ist,
> und wenn man Tag und Nacht in diesem inneren Gebet ver-
> harrt, wird man am Ende finden, was man suchte, nämlich den
> Ort des Herzens und damit alle Art Wunder und Erkennt-
> nisse.«[10]

Noch deutlichere Parallelen zum *Pranayama* mit seiner Technik der
Atemverhaltung und Atemverlangsamung finden sich in einem Frag-
ment Nikephoros, des Einsiedlers (2. Hälfte des 13. Jh.):

> »Führ dich, wie ich dir gesagt habe, setze dich hin, sammle
> deinen Geist, führe ihn – deinen Geist – in die Nasenlöcher
> ein; dies ist der Weg, den der Geist benützt, um zum Herzen
> zu gelangen. Dränge, zwinge ihn, in dein Herz hinabzusteigen
> zugleich mit der eingeatmeten Luft. Wenn er dort ist, wirst du
> sehen, welche Freude darauf folgt... So strömt der Geist, wenn
> er sich mit der Seele vereinigt hat, über von Freude und unaus-
> sprechlichen Wonnen. Mein Bruder, gewöhne doch deinen
> Geist, daß er nicht allzu schnell wieder aus ihr heraustritt. Am
> Anfang fehlt es – gelinde gesagt – an Eifer für dieses Ein-
> schließen und Zurückdrängen im Inneren. Doch sowie er ein-
> mal die Gewohnheit angenommen hat, wird er draußen keiner-
> lei Freude mehr verspüren. Denn das 'Reich Gottes ist in uns'
> und für den, welcher darauf seine Blicke richtet und es mit rei-

---

8   In der Ostkirche bezeichnet man Ekstatiker der Entrückung bzw. Versenkung als
     Hesychasten.

9   M. Eliade, Yoga, Unsterblichkeit und Freiheit, Insel Verlag 1977 S.71f.

10   Ebd., S.72.

nem Gebet verfolgt, wird die ganze äußere Welt feil und verächtlich.«[11]

Eliade zitiert noch weitere Berichte über die Atem- und Gebetspraxis der Athosmönche. Immer wieder wird dort – wie im Yoga – die Atemverhaltung als wirksames Mittel gegen einen unruhigen Geist beschrieben, der sich »von Jugend auf gewöhnt hat, sich auszubreiten und sich auf die sinnlich wahrnehmbaren Dinge der äußeren Welt zu zerstreuen«[12]. Neben der Atemverhaltung kennt die hesychastische Tradition auch das *Jalandhara-Bandha*, den yogischen Kinnverschluß:

> »Dann drücke den Bart auf die Brust und richte das Auge des Körpers zugleich mit deinem ganzen Geist auf die Mitte deines Bauchs, also auf den Nabel, drücke die Einatmung der Luft, welche durch die Nase geht, zusammen.«[13]

Die Parallelen zu yogischen Techniken sind so offensichtlich, daß Eliade die Frage nach dem Einfluß der indischen mystischen Physiologie auf den Hesychasmus stellen konnte. Ein wichtiger Unterschied zwischen den yogischen *Pranayamas* und den Atemtechniken der christlichen Mönche besteht jedoch in der Zielrichtung des Übens. Während den Hesychasten die Atemtechniken und die Verschlüsse zur Vorbereitung auf das Herzensgebet dienen, will der *Pranayama* des Yoga das Bewußtsein vereinheitlichen und zur Meditation führen.

Im Kapitel über die Meditation werde ich nochmals ausführlich auf die religiöse Dimension des Atems zu sprechen kommen und eine Methode vorstellen, die Gebet und Atem miteinander verbindet[14].

Zusammenfassung

Die klassischen indischen *Pranayamas*, die ich oben aufgeführt habe, können wegen ihrer positiven Effekte auf Leib und Seele für viele Menschen eine gute Ergänzung zur Pflege der körperlichen und seelischen Gesundheit sein.

Die beschriebenen Atemübungen reichen für den Schüler des klassischen Yoga nach Patanjali völlig aus. Schwierigere *Pranayamas* mö-

---

11 Ebd., S.72f.
12 Ebd., S.73.
13 Ebd., S.74.
14 Vgl. S.261 dieses Buches.

gen eher in der Tradition des *Hatha-* und *Kundalini-Yoga* angebracht sein. Von diesen vorwiegend körperorientierten Wegen läßt sich jedoch nur schwer eine Brücke zum Christentum bauen.

Die Verbindung von vertikaler und horizontaler Atmung mit der Betonung der Herzgegend scheint hingegen besonders gut als christlicher *Pranayama* geeignet. Die Atemverhaltung kann – vorausgesetzt, sie wird richtig praktiziert – dem Menschen helfen, sich zu sammeln und in die Tiefe zu gelangen. Sie stellt darum auch eine gute Vorbereitung für eine christliche Meditationspraxis dar.

5. Das Zurückziehen der Sinne von der Welt (Pratyahara)

Jeder Mensch hat bestimmte Vorlieben und Abneigungen, die vor allem dann in Erscheinung treten, wenn seine Sinneswahrnehmungen ihm signalisieren, daß ein erwünschtes oder unerwünschtes Objekt in greifbare Nähe gerückt ist. So wird etwa beim Kind der Wunsch nach einem Eis laut, sobald es einen Eisverkäufer sieht. Dem dicken Mann, der an einer Gaststätte vorbeigeht und dem der Geruch von Schweinebraten in die Nase steigt, wird das Wasser im Mund zusammenlaufen. Obwohl ihm der Arzt den Genuß fetten Fleisches wegen seines Herzleidens verboten hat, kann er vielleicht der Versuchung nicht widerstehen, sich eine große Portion zu bestellen. Wenn zu viele Sinneseindrücke von außen auf den Menschen einstürmen, so kann sich dies auch auf das psychische Gleichgewicht negativ auswirken. Es ist erwiesen, daß eine Überflutung mit optischen und akustischen Reizen uns sowohl abstumpft als auch nervös macht.

Wir werden also über die Sinne an alle möglichen Objekte gefesselt, die nicht unbedingt gut sind für die leibliche und seelische Gesundheit. Darüber hinaus finden sich in der spirituellen Weltliteratur viele Hinweise, daß das Haften an weltlichen Dingen den Menschen auch daran hindert, Gott zu finden. So schreibt z.B. Augustinus:

»Die Vielfalt der zeitlichen Erscheinungen hat den [aus der Einheit] gefallenen Menschen zerrissen, hat den Menschen durch die Sinne des Körpers von der göttlichen Einheit abgewendet und seine Neigungen ebenso vielfältig gemacht wie die wandelbaren Dinge selbst. So entstand eine lästige Fülle und sozusagen eine reiche Armseligkeit (copiosa egestas), indem eins auf das andere folgt und letztlich nichts beim Menschen verbleibt. Auf diese Weise hat er sich ganz dem Zeitlichen ausgeliefert, hat sich zerstreut in der Sorge um 'Weizen, Wein und Öl' [Ps 4,8], um das, worauf es ankommt, nicht mehr zu finden: die unwandelbare, einmalige Natur. Wer ihr nachgeht, kann nicht irren.«[1] »In soviele Hinneigungen zu verschiedenen Gegenständen ist die menschliche Seele hineingebettet, daß es nicht verwunderlich ist, wenn sie von der Betrachtung der Wahrheit abgelenkt wird. Sobald sie freilich von ihnen zur Ru-

---

1   Augustinus, De vera religione 21 (41).

he kommt, sieht sie die Wahrheit. Aber da sie jenes Streben noch nicht überwunden hat, ist es ihr noch nicht vergönnt, in Wahrheit zu verharren. So ist es zu verstehen, daß sie zwar Wissen besitzt, worauf sie sich zu gründen hat, nicht aber das Können, sich dort zu befestigen.«[2]

Augustinus erkennt die Hinneigung, bzw. das Streben der menschlichen Seele und der Sinne nach den vielen wandelbaren Gegenständen der Welt als schwerwiegendes Hindernis auf dem spirituellen Weg. Dieses Streben steht der Bemühung um Andacht und Sammlung entgegen. In dieser Feststellung stimmt Augustinus mit den indischen Weisen überein. Ausdrücklich beklagt er, daß die Seele, obschon sie um diese Prozesse weiß, nicht die Fähigkeit besitzt, ihnen Einhalt zu gebieten.

Auch Johannes Cassian, der Vater des abendländischen Mönchtums, hat sich mit dem Phänomen der Anhaftung der Sinne an die wandelbaren Dingen beschäftigt. Für ihn zeigen die Laster, »daß in bestimmten Beziehungen der Seelenhaushalt in Unordnung geraten ist, daß die Kräfte des Begehrens nicht auf das ihnen wesenhaft gemäße Objekt ausgerichtet sind, daß die der Seele eingeborenen Leidenschaften auf falsche Reize ansprechen.«[3] Darum – so lehren christliche wie hinduistische Meister – ist es wichtig, die Sammlung der Sinne einzuüben und die Aufmerksamkeit nach innen zu richten. Hier nun setzt die yogische Praxis von *Pratyahara* an. Indem sie den Übenden anleitet, seine Sinne von den Objekten zurückzuziehen, versucht sie dem Menschen das »Können« zu vermitteln, von dem Augustinus behauptet, daß es der Seele fehle.

a) *Pratyahara* im Yoga und christliche Analogien

Die Fähigkeit, die Sinne von den Dingen zurückzuziehen, gilt im Yoga als wichtige Voraussetzung für die letzten drei Glieder des achtstufigen Pfades, Konzentration, Meditation und Vereinigung. Im YS II,54f heißt es:

»Wenn die Sinne sich von ihren Objekten zurückziehen und sozusagen in das Eigenwesen des Geistes eingehen, so heißt

---

2   Ders., De Musica VI,13 (42).

3   Johannes Cassian, Spannkraft der Seele, Einweisung in das christliche Leben I, Gertrude und Thomas Sartory (Hrsg.), Freiburg 1981, S.25.

dieser Zustand Zurückhalten der Sinne. Daraus entsteht vollkommene Beherrschung der Sinne.«

Folgende wichtige Passage aus der *Bhagavadgita*, dem wohl populärsten heiligen Buch der Inder, gibt eine anschauliche Beschreibung von Sinn und Ziel des *Pratyahara*:

> »Und wenn er [der geübte Yogin] die Sinne allesamt von den Sinnesobjekten zurückziehen kann, wie eine Schildkröte ihre Gliedmaßen – seine Weisheit ist feststehend. Die Sinnesobjekte weichen von einem enthaltsamen Verkörperten, der Geschmack bleibt. Aber selbst der Geschmack weicht von dem, der das Höchste geschaut hat. Wahrlich, o Sohn der Kunti, die erregten Sinne reißen selbst den Geist eines verständigen, sich bemühenden Menschen gewaltsam an sich. Diese Sinne alle beherrschend möge er dasitzen, mir als seinem höchsten Ziel hingegeben. Wahrlich, wer die Sinne in der Gewalt hat, dessen Weisheit ist feststehend. Wenn ein Mensch an die Sinnesobjekte denkt, entsteht ein Hang zu ihnen. Aus dem Hang entsteht Begierde, aus (unbefriedigter) Begierde entsteht der Zorn. Aus dem Zorn entsteht Verblendung, aus der Verblendung Verwirrung des Gedächtnisses. Aus dem Gedächtnisschwund entsteht der Verlust des Verstandes. Am Verlust des Verstandes geht er zugrunde. Wer aber von Gier und Abneigung sich befreit hat, wer selbstbeherrscht mit den Sinnen in seiner Gewalt sich inmitten der Sinnesobjekte bewegt, der gelangt zur Ruhe. In der Ruhe des Geistes entsteht das Schwinden aller seiner Leiden. Wahrlich, die Erkenntnis eines im Geiste Ruhevollen ist schnell gefestigt. Für den Unbeherrschten gibt es weder Erkenntnis noch Meditation. Für den Nicht-Meditierenden gibt es keinen Frieden. Woher soll aber Glück kommen für einen, der keinen Frieden hat? Denn der Geist, der den umherschweifenden Sinnen folgt, dieser reißt seine Unterscheidungskraft mit sich fort, wie der Wind ein Boot auf dem Wasser. Wer darum die Sinne allesamt von den Sinnesobjekten zurückhält, o Starkarmiger, dessen Weisheit ist feststehend.« (BG 2,58-68)

Die hier beschriebene Kettenreaktion, die von der Verquickung der Sinne mit den Objekten über »Habenwollen«, Gier und Zorn (wenn man das Erwünschte nicht erhält) bis hin zum Verlust der inneren Ruhe reicht, ist leicht zu verstehen. Es klingt jedoch noch eine weitere Erfahrung an: Selbst wenn der Übende die Sinne von den Objekten zu-

rückgezogen hat, bleibt noch der »Geschmack« zurück, d.h. ein ver-
langendes Erinnern. Beherrschung der Sinne und Verzicht allein reichen nicht aus, um diesen Geschmack zu neutralisieren. Sie müssen
stets einhergehen mit der positiven Hinwendung zu einem höchsten
Ziel. Dies geschieht in der Meditation, die darum im selben Atemzug
mit *Pratyahara* genannt wird. An dieser Stelle wird wieder die innere
Verquickung der Glieder des Yogapfades deutlich: Ohne Meditation,
d.h. ohne innere Erfahrung ist echte Sinnesbeherrschung nicht möglich. Sie wäre ein reiner Dressurakt. Andererseits kann der Mensch
ohne ein Mindestmaß an Beherrschung der Sinne nicht die für eine
gute Meditation nötige Ruhe erlangen.

Das weiß auch Augustinus. Immer wieder wird ihm eine weltvernei-
nende Haltung unterstellt (einige seiner Äußerungen mögen dies nahe-
legen). Eine solche Haltung ist bei Augustinus jedoch nie das Primäre.
Den Ausgangspunkt seiner Überlegungen und Lehren bildet für Augustinus grundsätzlich die Erfahrung jener innersten Wirklichkeit, jenes
»Lichtes«, jenes absoluten »Du« Gottes. Nur um zu dieser Erfahrung
zu gelangen bzw. aufgrund dieser bereits ansatzweise erfahrenen
Wirklichkeit weist der Kirchenlehrer immer wieder auf die Notwendigkeit hin, die Sinne von der Welt zurückzuziehen und nach innen zu
richten:

> »Eines kann ich dir weisen, nichts anderes weiß ich. Von
> Grund auf sollte man den sinnlich wahrnehmbaren Dingen ent-
> sagen und man muß sich gut in acht nehmen, solange man den
> Menschenleib trägt, daß unsere Flügel nicht an der Leimrute
> der Dinge kleben bleiben und lahmgelegt werden. Denn wir
> brauchen sie unversehrt und kräftig, damit wir uns aus dieser
> Dunkelheit zu jenem Licht emporschwingen können.«[4]

So rät Augustinus:

> »Laß draußen sowohl dein Gewand als auch deinen Leib. Steig
> in dich hinab. Geh ein in dein Innerstes, in deinen Geist.«[5]

Trotzdem würden weder der Hindu noch der christliche Mystiker die
Sinne oder die Dinge an sich als schlecht bezeichnen. Aus der Sicht
christlicher Theologie kann die Schöpfung gar nicht schlecht sein,
denn alles – d.h. auch die Sinne und die Dinge – ist von Gott geschaffen. Aber – um mit Augustinus zu sprechen – die Dinge der Welt glei-

---

4 Augustinus, Soliloquia I,24 (23).
5 Ders. Joh. Ev.23 (10).

chen Leimruten, an denen sich die Schwingen der Seele verfangen. Die Sinne selbst lassen sich vergleichen mit leimbestrichenen Fingern, die an den Objekten haftenbleiben. Wer *Pratyahara* übt, versucht, diesen »Leim« los- und Herr über seine Sinne zu werden. *Pratyahara* will den Menschen frei machen, die Dinge zu gegebener Zeit aufzunehmen und sie – wenn er sie nicht mehr braucht – wieder abzulegen. So wird er von dem unerschöpflichen Durst nach neuen Sinneserfahrungen (Suchtphänomen) in der äußeren Welt befreit und kann seine Aufmerksamkeit auf die innere Erfahrung lenken.

Die Praxis von *Pratyahara* lehrt den Schüler, die Mechanismen zu durchschauen, die den Menschen an die Welt der wandelbaren Dinge ketten. Wer es versteht, die natürliche Neigung der Sinnesorgane, sich auf die äußere Welt zu richten, bewußt zu steuern und zu gegebener Zeit zurückzuhalten, dessen Geist kommt leichter zur Ruhe. Er erhält schließlich keine überflüssigen und ihn ablenkenden Eindrücke von außen mehr, er kann in Ruhe meditieren und so in seinem Innersten sein wahres, unvergängliches Wesen erkennen.

Halten wir fest: Die Sinne sind notwendigerweise nach außen gerichtet, um dem Menschen Erfahrungen *(Bhoga)* der objektiven Welt zu vermitteln. Diese Wahrnehmungen und Erfahrungen sind ambivalent: Einerseits gerät der Mensch durch sie in die Versuchung, sich an die Außenwelt zu verlieren, andererseits sind sie auch nötig und nützlich, denn wir leben in dieser Welt und müssen uns in ihr orientieren und bewegen. *Pratyahara* will darum den Schüler nicht dazu anhalten, sich von einer im dualistischen Sinne negativ bewerteten Welt völlig loszusagen, sondern ihn befähigen, die Sinne zu zügeln, d.h. sie recht zu gebrauchen. In der *Katha Upanishad* werden die Sinne mit Pferden verglichen, die vor den Wagen des Geistes gespannt sind. Wenn die Einsicht sie nicht lenkt, rennen sie, wohin sie wollen. Sie entwickeln ein Eigenleben und machen den Menschen zum Sklaven. Dies wissen nicht nur die indischen Yogins. Auch dem Autor des Hebräerbriefes war diese Gefahr bekannt. Darum fordert er die Christen auf, »die Sinne durch Gewöhnung« zu üben. Erst dann kann der Mensch die »feste Speise« vertragen, d.h. mit der Freiheit des Geistes umgehen, in die eine christliche Spiritualität einführen will (vgl. Hebr 5,14).

Daß *Pratyahara* nicht Selbstzweck oder Verdrängung ist, geht aus der oben zitierten Passage aus der Gita hervor. *Pratyahara* will den Weg bereiten für die Erfahrung des Höchsten. Wem diese Erfahrung zuteil geworden ist, wird umso eher fähig und willens sein, die Sinne wenn nötig von den Objekten zu distanzieren, da er alles, was die kontingente Welt ihm zu bieten hat, als vergänglich erkannt hat.

Swami Amaldas aus Shantivanam, einem christlichen *Ashram* in Südindien, beschreibt die Bedeutung des *Pratyahara* für den Christen[6]. Im Gegensatz zu der dualistischen Vorstellung mancher Yoga-Varianten oder zur *Maya*-These[7] des Shankara geht er von der christlichen Vorstellung aus, daß diese Welt real und von Gott geschaffen ist. Damit ist die Welt prinzipiell gut. Nichts, was Gott geschaffen hat, kann ein Feind für das geistliche Leben sein; auch nicht die Mitmenschen, die z.B. Lärm machen, wenn der Swami meditieren will. Insofern sind weder unsere Sinne noch die Sinnesobjekte schlecht. *Pratyahara* üben kann darum nicht bedeuten, die Sinne von den Sinnesobjekten zu trennen, sondern es zielt (analog den tantrischen Praktiken) darauf ab, über die Sinne ganz in die Sinnesobjekte einzudringen und die Objekte mittels der Sinne ins Zentrum des eigenen Seins zu bringen. Damit ist alles innerhalb des Menschen. Nichts von außen wird ihn mehr stören können.

Dies kommt einem Gipfel der *advaitischen* (=nicht-dualistischen) Erfahrung gleich. Während der Mensch im individuellen Körperbewußtsein die Dinge, Menschen und auch Gott als außerhalb seiner selbst stehend und daher als begehrenswert, störend oder gar bedrohlich empfindet, ist er im kosmischen Bewußtsein eins mit der ganzen Schöpfung. Weder kennt er, noch braucht er mehr etwas anderes.

Die Technik dieses christlichen *Pratyahara* ist einfach: Man muß nur alles in und durch Jesus atmen. Gemeint ist der kosmische Jesus Christus, in dem die gesamte Schöpfung lebt und atmet. Eine solche Weltsicht kann nicht ohne Rückwirkungen auf das Verhältnis zu den Mitmenschen bleiben. Der Swami beschreibt, wie er auf diese Weise gelernt hat, selbst seinen größten Feind zu lieben. Yoga bedeutet dann für den christlichen Swami eine Art »mystische Hochzeit mit der gesamten Schöpfung.«

Es läßt sich also festhalten:

Der vollkommenste *Pratyahara* ist nicht asketisches Sich-Zurückziehen von der Welt, sondern die Überwindung von Neid und »Haben-

---

6 Swami Amaldas, Yeshu-Abba-Consciousness, Bangalore 1982.

7 Die advaitische Doktrin erkennt die Welt nur als *Maya* an, d.h. als kosmische Illusion. Darum erachtet man die Materie für weniger real als den Geist. Diese Lehre richtet ihre Bemühungen darauf, jene kosmische Illusion zu durchbrechen, um die dahinterstehende letzte Realität, das Brahman, zu erkennen.

wollen«, indem man lernt, die Dinge dieser Welt nicht mehr nur mit den irdischen Augen zu sehen, sondern mit den Augen Gottes, d.h. im Licht einer allumfassenden Liebe allem Seienden gegenüber. In diesem Moment wird sich Freude am Sein einstellen, und das »Habenwollen« ist überwunden, da man alles im eigenen Selbst erkannt hat. Bis der Schüler jedoch eine solche Erkenntnisstufe erreicht hat, muß er nach der Lehre des klassischen Yoga aktiv *Pratyahara* üben, d.h. lernen, seine Sinne wenn nötig von den Objekten zurückzuziehen.

b) Psychologische Überlegungen zu *Pratyahara*

Am Ende dieses Kapitels soll ein Hinweis auf Sigmund Freud stehen, der den Grund vieler Neurosen im »analen Besitzstreben« sah: Ein exzessives Besitzstreben ist kennzeichnend für die Periode vor dem Erreichen der vollständigen Reife. Diese Phase aggressiv einverleibender Rezeptivität – Freud nannte sie anal-erotische Periode – steht bei der Entwicklung des Kindes zwischen der frühkindlichen oralen Periode rein passiver Rezeptivität und dem Erwachsenwerden. Ein Mensch, der in seiner frühesten Kindheit, in der oralen Phase, nicht erfahren konnte, daß das Wesentliche im Leben Geschenk ist, daß er geliebt ist und daß er bekommt, was nötig ist, wird später nicht fähig sein, etwas herzugeben oder gar sich selbst loszulassen. Er läuft Gefahr, in der anal-erotischen Fixierung zu stagnieren. Für Freud ist der ausschließlich mit Haben und Besitz beschäftigte Mensch krank. Ein solcher Mensch hängt zwanghaft an den Dingen und leitet seine Identität aus den Objekten ab. Sein Leben ist über die Sinne untrennbar mit den Dingen verbunden, und wenn die Dinge entschwinden, so entschwindet mit ihnen auch sein Leben. Dies führt ihn in tiefe Depression. Auch Beziehungen und Gefühle werden im Modus des Habens erlebt. Unfähigkeit zu geben und zu empfangen zeichnen den Habensmenschen aus. Er ist in hohem Maße machtorientiert. Die Macht, die er über Dinge und Menschen hat – vom Computer über das Auto bis hin zur Atombombe, vom Untergebenen bis hin zum eigenen Lebenspartner – ist das einzige, was ihm das Gefühl vermittelt, lebendig zu sein. Da sein wahrer Durst jedoch nie von außen gestillt werden kann, braucht er immer mehr und mehr. Es ist ein »Moloch-Mechanismus«. Unsere Gesellschaft mit ihrem Konsumwahn und ihrer expansiven

Wachstumsideologie ist in hohem Maße anal geprägt.[8] Ein gesamtgesellschaftlicher »*Pratyahara*« täte not. Der *Pratyahara* des Yoga möchte den Menschen befähigen, schrittweise die Sinne von den äußeren Objekten zurückzuziehen. Indem der Yoga den Menschen auf den Weg innerer Erfahrung lenkt, der Erfahrung der Fülle im eigenen Selbst, schafft er Voraussetzungen für die Heilung vom »Habenssyndrom«.

Im Gleichnis vom verlorenen Sohn (vgl. Lk 15) geht es um eine ähnliche Thematik: Der Sohn, der nicht auf seinen Ursprung (Vater) vertraut, wendet sich (seine Sinne) nach außen. Er geht von sich selbst, von seinem Ursprung fort. Um sich zu beweisen, daß er lebt, muß er ein »zügelloses«, verschwenderisches Leben führen. Er erlebt eine Art Tod, als ihm das Geld ausgeht und als ihm die Dinge und Menschen seiner Umwelt entschwinden. Er wird leer. Endlich »geht er in sich«. Die äußeren Umstände zwingen ihn dazu, seine Sinne und sein ganzes Denken nach innen zu kehren. So findet er heim zum Vater, ein Vorgang, den man durchaus mit *Pratyahara* vergleichen kann. Beim Vater ist der Ursprung, die Fülle des Seins. Diese Erfahrung darf er bei seiner Rückkehr machen. Im Gegensatz zu seinem Bruder weiß er jetzt, daß all sein Nach-außen-Schweifen, seine Sucht nach sinnlichen Erfahrungen letztlich nichts anderes war als der mißglückte Versuch der Suche nach dem Ursprung. Die Praxis von *Pratyahara* könnte manchen Umweg – wie der verlorene Sohn ihn gehen mußte – vermeiden helfen. Niemals jedoch sollte sie einer Haltung ähnlich werden, wie der daheimgebliebene Sohn sie zeigt: Neid und Unzufriedenheit, wurzelnd in der geheimen Angst, in der Welt der Sinne nicht »gelebt« zu haben.

---

8   Erich Fromm hat sich mit dieser Thematik ausführlich in seinem Buch »Haben oder
     Sein« (dtv Sachbuch, Stuttgart 1979) auseinandergesetzt.

6. Die drei letzten Glieder des Yoga: Konzentration, Meditation, Vereinigung

Kleine Vorübung und Vorüberlegung:

Ein kleines Experiment wird Ihnen helfen, besser zu verstehen, worum es bei den letzten drei Gliedern des Yoga geht:

> Nehmen Sie einen bequemen Sitz ein, atmen Sie einige Male tief durch und heften Sie Ihren Blick auf den Sekundenzeiger Ihrer Uhr. Versuchen Sie, fünf Minuten lang nichts weiter zu tun, als aufmerksam den Sekundenzeiger der Armbanduhr zu verfolgen. Wenn störende Gedanken aufkommen, so wenden Sie sich immer wieder der eben gestellten Aufgabe zu. Über wieviele Sekunden hin gelingt es Ihnen, ohne andere Gedanken oder Vorstellungen ganz bei der Sache zu sein?

Geben Sie sich die Zeit, sorgfältig darüber nachzudenken, wie es Ihnen bei dieser Übung ergangen ist.

Vermutlich ist Ihnen diese Übung schwerer gefallen, als Sie eingangs erwartet hatten. Dem menschlichen Geist wohnt eine Tendenz zur Zerstreuung inne. Dieser Neigung will der Yoga systematisch entgegenwirken. Die letzten drei Glieder des Yoga beschreiben einen kontinuierlichen Prozeß des »Zur-Ruhe-Bringens« der Denkbewegungen. Durch beständiges, geduldiges Üben stellt sich ein Zustand ein, in dem die Emotionen und die mentalen Vorgänge zur Ruhe gekommen sind. Er wird bereits zu Beginn des Yogasutra als eine erste Definition des Yoga erwähnt[1].

Dieser Zustand ist zwar Vorbedingung, nicht jedoch Endziel des Yoga. Er führt »nur« bis an die Schwelle einer Erfahrung, die sich jeglicher Beschreibung entzieht oder allenfalls mit der Chiffre »Erfahrung Gottes im eigenen Selbst« umschrieben werden kann. Diese Schwelle kann und darf der Mensch nicht von sich aus überschreiten. Die Tür hinter dieser Schwelle wird »gnadenhaft« demjenigen geöffnet, der gelernt hat, zu bitten, zu suchen, anzuklopfen (vgl. Mt.7,7-11) – und vor allem geduldig zu warten. Die inneren Glieder des Yoga wollen

---

1   Vgl. YS 1,2

nichts anderes, als dem Übenden bei diesem Bestreben helfen. Es wäre also weit gefehlt anzunehmen, daß man sich durch Yoga selbst erlösen könne. Dem Suchenden kommt tief aus seinem Inneren – gewissermassen gnadenhaft – sein transzendenter Ursprung entgegen. Ich bin der Ansicht, daß der hinduistische Yogin und der christliche Mystiker in dieser Grunderfahrung übereinstimmen. Bedingt durch die grundverschiedenen religiösen Einbettungen werden Hindu und Christ diese Erfahrung jeweils sehr unterschiedlich deuten.

a) Theoretische Grundlegung

1) Die inneren Glieder des Yoga aus der Sicht der Yoga-Philosophie

Der achtfache Pfad steuert geradewegs auf den Zustand mentaler Ruhe hin, indem er versucht, systematisch die Hindernisse zu beseitigen, die dem Schüler begegnen können. Ein jedes Glied dieses Pfades will jeweils eine bestimmte Störquelle ausschalten. Die ersten fünf Glieder, auch *Bahir-anga* genannt (d.h. die äußeren Glieder), konzentrieren sich auf die äußeren Ursachen für die Zerstreuung des Geistes. *Yama*, die gesellschafts-bezogenen Lebensregeln (Gewaltlosigkeit, Wahrhaftigkeit etc.) wollen eine geordnete, friedliche Atmosphäre schaffen als Basis für spirituelles Wachstum. *Niyama*, die Anleitungen zur individuellen Askese, helfen dem Übenden, überschießende emotionale Regungen und das Überhandnehmen des Trieblebens einzudämmen. Die Körperübungen *(Asana)* wollen den Körper des Menschen gesund und kräftig erhalten, denn physische Leiden können sich störend auf die Praxis der Meditation auswirken. Jeder kann die Erfahrung machen, daß Verspannungen und körperliche Gebrechen der Konzentration und der Meditation im Wege stehen. *Pranayama*, die Atemtechniken, haben zum Ziel, Hindernisse zu beseitigen, die durch einen ungenügenden Energiefluß im menschlichen Körper entstehen. So führen die *Pranayamas* z.B. einen Zustand entspannter Wachheit herbei. Darüber hinaus eröffnen die *Pranayamas* bereits einen Weg in die Stille bzw. in die Gedankenleere. Die Erfahrungen, die in der Atemverhaltung gemacht werden, spielen hierbei eine wichtige Rolle. *Pratyahara*, der Rückzug der Sinne von den Dingen, wirkt schließlich einer Haupt-Störquelle im yogischen Prozeß entgegen: den Ablenkungen, die von außen über die Sinnesorgane auf den Übenden einwirken. Den ersten fünf Gliedern des Yoga ist also gemeinsam, daß sie sich mit dem äußeren Bereich beschäftigen, und somit *Tamas*, das dunkle, dumpfe Element, überwinden helfen, das in diesem Bereich vorherrscht. Die Lehre des Yoga besagt, daß sich dem Übenden – hat er erst einmal diese ersten fünf Glieder gemeistert – kaum mehr störende Einflüsse aus der Außenwelt in seinen Weg stellen werden.

Durch die Beobachtung und Analyse der psychischen Prozesse im Menschen gelangt der Yoga jedoch zu einer weiteren Erkenntnis: Dem Geist, den das Üben zur Ruhe zu bringen soll, wohnt neben seiner Angewohnheit, über die Sinne nach draußen zu schweifen, noch eine weitere Eigenschaft inne; auch sie hindert den Yogin daran, sein Ziel zu erreichen: Es ist nichts anderes als die Unfähigkeit, bei einem Gedanken zu verharren. Ein unruhiger Geist springt von einem Gedanken zum anderen, auch wenn keine Reize von außen auf ihn einwirken. Dem Meditierenden ist dieses Phänomen wohlbekannt. Unruhe und Aktivität erkennt der Yoga als Eigenschaften von *Rajas*. Während der Yogin durch die Praxis von *Pratyahara* gelernt hat, die Sinne soweit zu versammeln, daß sie das Mental nicht mehr nach außen lenken, wollen Konzentration, Meditation und *Samadhi* das letztgenannte Hindernis im Inneren des Yogin beseitigen. Diese letzten drei Glieder – sie bilden eine Einheit und gehen fließend ineinander über – haben demnach ein einziges Ziel: das Mental zur Ruhe zu bringen. Die drei unterscheiden sich vor allem in der abnehmenden Bedeutung, die der Technik des Übens zukommt und in der Zunahme der Intensität, Qualität und Dauer der geistigen Sammlung.

Die Praxis von Konzentration *(Dharana)*, Meditation *(Dhyana)* und Vereinigung *(Samadhi)* zielt darauf ab, die innerste Wahrnehmung des Menschen *(Buddhi)* zunehmend in *sattvischen* Zustand zu versetzen: Während bei der Konzentration noch die Technik bzw. das richtige und beständige Üben im Vordergrund stehen, trägt dieses Üben bei der Meditation seine Früchte. Die Meditation ist also strenggenommen nicht Praktik oder Technik. Sie ist der *Zustand*, der sich durch die Praktiken der Konzentration einstellt. Es ist ein Zustand, in dem der Übende sich als eins mit sich selbst und als von innen her getragen erlebt. Mehr und mehr weichen die Schleier von Zweifel und Unsicherheit, bis sich *Samadhi* einstellt. Dann gleicht der *Buddhi* (der Seelengrund) einem klaren Kristall oder einem reinen Bergsee, dessen Grund in allen Einzelheiten sichtbar ist. So wird der Mensch sich selbst auf seinen Urgrund hin transparent, auf sein Kernwesen *(Purusha, Atman)*, das durch den *Buddhi* in den Menschen hineinleuchtet und sein ganzes Wesen durchstrahlt. Von nun an bestimmt nicht mehr die äußere Wirklichkeit die Wahrnehmung und das Handeln des Menschen, sondern dieses geheimnisvolle Selbst, die wahre innere Realität übernimmt die Leitung der Persönlichkeit.

In diesem Zusammenhang unterscheidet der Yoga zwei Arten von *Samadhi.* Zum einen wird der *Samadhi* als spirituelle Übung verstanden, während derer der Schüler über längere Zeit (etwa 30 Minuten) sein Mental *(Citta)* bzw. seinen *Buddhi* in *sattvischem* Zustand hält, d.h. in ungeteilter Aufmerksamkeit und Konzentration. Und zum anderen bezeichnet der Begriff *Samadhi* einen endgültigen, unverlierbaren Zustand. Während man davon sprechen kann, daß der *Übende* in *Samadhi* eintritt, muß man annehmen, daß der *Erleuchtete* »aus dem *Samadhi* heraustritt«, wenn er in dieser Welt handelt. Er ist so sehr verwurzelt in diesem Bewußtsein seines transzendenten Wesens, daß er in allem, was er tut, von diesem Bewußtsein aus wirkt. Man könnte es auch beschreiben als das unverlierbare Bewußtsein, »in«, jedoch »nicht von« dieser Welt zu sein. Die Inder bezeichnen diesen *Samadhi* als *Nirvikalpa Samadhi* bzw. *Nirbija Samadhi*, was soviel bedeutet wie: Zustand, in dem keinerlei Zweifel, Unsicherheiten oder unbewußte Leidenschaften mehr gegeben sind, die je wieder akut werden können.

In diesem Zustand ist selbst die Erfahrung des *sattvischen Buddhi* und die Identifikation mit dem *sattvischen Buddhi* überwunden. Dieser Gedanke bedarf der Erläuterung: Wer schon einmal die Erfahrung intensiver Meditation gemacht hat, weiß um den tiefen Frieden, das Glücksgefühl und um die Ruhe, die in diesem gedankenfreien, wunsch- und bildlosen Zustand erlebt wird. Es ist ein Zustand, den man nie mehr verlassen möchte. Die indischen Weisen haben erkannt, daß gerade hier die letzte große Versuchung für den Yogin liegt: Die Selbstvergottung. Wenn man von christlicher Seite dem Yoga den Vorwurf der hybriden Selbstvergottung macht, so trifft die Kritik zwar auf einige Auswüchse zu – auch im Christentum gibt es Fehlformen, die Kritik verdienten –, nicht jedoch auf die klassische Yoga-Lehre: Der Yoga lehnt die Selbstvergottung des Menschen rundweg ab. Er weist ausdrücklich auf die Gefahren hin, die eine völlige Identifikation des Yogin mit der Erfahrung des *sattvischen Buddhi*, bzw. mit einem kosmischen Alleinheitsbewußtseins in sich birgt: Sie enthält bereits wieder den Keim zu neuem Leid in sich, denn auch dieser Zustand ist insofern vergänglich, als der *Buddhi* – obwohl er die tiefste psychische

Schicht des Menschen ausmacht – dennoch der Materie angehört und damit dem Gesetz der drei *Gunas* unterworfen ist. Letztes Ziel des Yoga kann darum nicht die Erfahrung des sattvischen *Buddhi*, der tiefsten Seelenruhe sein, sondern ein Zustand des Überbewußtseins, des reinen Seins, des »Ich Bin« ohne Eigenschaften. Das wäre die Perspektive des reinen Zuschauers, aus der heraus der Mensch sein psychophysisches Substrat quasi von höherer Ebene nochmals wahrnimmt, ohne Gefahr zu laufen, sich mit den wechselnden Zuständen zu identifizieren. Ein solches Bewußtsein führt nicht zur Weltflucht, sondern geradewegs mitten hinein ins rechte Handeln. Wer in einem solchen Bewußtsein lebt, der hat den archimedischen Punkt außerhalb dieser Welt gefunden, von dem aus er »die Welt aus den Angeln heben kann«. Er wird von nun an frei von egoistischen Wünschen handeln, denn er versteht sich nicht mehr von seinem Ego her. Sein Ego wurde zum Werkzeug des Geistes und steht darum in vollkommener Harmonie mit dem allumfassenden kosmischen Gesetz *(Dharma)* bzw. mit dem Willen Gottes.

Aus der Unterscheidung der beiden Arten von *Samadhi* geht hervor, daß Weltflucht nicht Ziel des Yoga sein kann. Ein Yogin, der sich in seinem *Samadhi* verkriecht – gemeint ist hier der niedrige *Samadhi* – hat die Vollendung nicht erreicht[2].

2) Yoga und Christentum: Unterschiedliche Grundkonzepte – Übereinstimmung in der Praxis

Jesus, so wie er im Johannes-Evangelium beschrieben wird, versucht seinen Jüngern immer wieder zu verdeutlichen, daß sie zwar »in« dieser Welt, jedoch »nicht von« dieser Welt sind (vgl. z.B. Joh 15,18ff; 17,11ff), und ruft sie auf, aus diesem Bewußtsein heraus in dieser Welt Frucht zu bringen. Hier lassen sich Parallelen zum Yoga ziehen. Auch die indische Philosophie geht davon aus, daß der Mensch zwar »in«, jedoch »nicht von« dieser Welt ist. Auch der Yoga will falsche Identifikationen mit dieser Welt abbauen. Er weist einen erprobten, methodisch ausgefeilten direkten Weg. Die Methode spielt im Evangelium jedoch eine untergeordnete Rolle. Hier führt der Weg

---

2 Als weiterführende Literatur zum Thema »yogische Meditation« siehe: Hartmut Weiss, Yoga Meditation, Schule zur Selbstverwirklichung, Econ TB. [2]1987 (leicht verständlich); und Gerhard Oberhammer, Strukturen yogischer Mediation, Wien 1977 (wissenschaftlich).

über die Begegnung mit Christus, »der ist der Weg, die Wahrheit und das Leben«[3]. An diesen Aussagen wird sich auch der Weg des »christlichen Yogin« orientieren.

In der heutigen Zeit sind solche theologischen bzw. christologischen Aussagen für viele Menschen zu leblosen Chiffren geworden. Sie empfinden zwar eine tiefe Sehnsucht nach Transzendenz, finden jedoch keinen Zugang, weil der Mensch – und hier hat der Yoga mit seiner Existenzanalyse sicherlich recht – dazu neigt, sich mit der erfahrbaren psychophysischen Wirklichkeit zu identifizieren und weil die offiziellen Kirchen zwar Dogmen verkünden, jedoch nicht genügend Hilfestellungen für die individuelle spirituelle Praxis geben. Darum ist die Frage durchaus berechtigt, ob nicht der Yoga mit seinem bewährten Instrumentarium dem Menschen wieder Zugänge zu seiner inneren Wirklichkeit und letztlich zu Gott vermitteln könnte.

Der Yoga setzt bei der conditio humana, d.h. bei den menschlichen Grundgegebenheiten an. Sie treffen aufgrund des gemeinsamen Menschseins sowohl auf den Hindu als auch auf den Christen zu. Deshalb können die Technik der Konzentration und die Meditation durchaus auch dem Christen über manche Hürde in seiner spirituellen Entwicklung hinweghelfen. Der unvoreingenommene Christ wird zugeben müssen, daß der Orient dem Abendland auf diesem Gebiet einiges zu bieten hat. Diese Übernahmen müssen trotz allem kritisch erfolgen. Unterschiede in den jeweils zugrundeliegenden Konzepten dürfen nicht einfach übergangen werden. Einige solche Unterschiede seien hier genannt:

Der Yoga basiert auf der *Samkhya*-Philosophie. Diese Philosophie versucht die menschliche Erfahrung des »In der Welt« jedoch »Nicht-von-der-Welt-Seins« mit einem eindeutig dualistischen Konzept zu erklären. Sie trennt klar zwischen *Prakriti*, der ewigen, den drei *Gunas* unterworfenen Materie und dem ebenso ewigen *Purusha*, dem Geist, der in Form vieler Einzelmonaden existiert. Ziel des yogischen Prozesses ist es, daß der Geist seine Nicht-Identität mit der Materie erkennt. Dies gilt auch dort noch, wo die eher monistische *Advaita*- bzw. *Vedanta*-Philosophie yogische Konzepte übernimmt[4].

---

3 Vgl. Nostra Aetate a.a.O., S.356.

4 Diese Philosophie, die von einem Geist-Monismus ausgeht, behauptet, daß es nur eine einzige Realität gibt, die geistiger Natur ist. Diese bringt im kosmischen Spiel *(Lila)* die materielle Welt hervor, die jedoch vergänglich und darum stets weniger real ist. Die Inder bezeichnen sie als Maya, die kosmische Illusion.

Das Christentum lehnt von je her sowohl den ontologischen Dualismus als auch den Monismus ab. Die Welt einschließlich des Menschen wird als Schöpfung Gottes verstanden, der zwar in der Welt gegenwärtig ist, jedoch zugleich immer auch jenseitig bleibt. Die Entfremdung, in der der Mensch lebt und die daraus resultierenden Fehlidentifikationen werden gedeutet als die geschichtlichen Folgen der Abwendung des Menschen von Gott. Im historischen Jesus Christus, der nach der christlichen Lehre Mensch und Gott zugleich ist, hat Gott von sich aus die Initiative ergriffen, diese Entfremdung zu überwinden und so einen Weg zu ihm zurück eröffnet. Trotz allem bleibt es Sache des einzelnen, ob er diesen Weg gehen will. Dabei könnte ihm der Yoga eine Hilfe sein.

Ein zweiter Unterschied zwischen Yoga und Christentum läßt sich auf der Ebene des Handelns feststellen. Während es im Orient häufig eben doch nicht soweit kommt, daß sich der Erleuchtete aktiv und ordnend ins Weltgeschehen einbringt, legt die jüdisch-christliche Weltanschauung schon immer besonderen Wert auf die Orthopraxis, d.h. das Handeln in dieser Welt. Schon im alttestamentlichen Schöpfungsbericht (Gen 1) wird der Mensch von Gott dazu ausersehen, im kosmischen Prozeß aktiv mitzuwirken[5]. Die Schriften des Neuen Testamentes zeigen, daß die Nächstenliebe zu den zentralen Themen der Lehre Jesu und der christlichen Verkündigung gehört.

Auf den ersten Blick drängt sich häufig der Eindruck auf, daß der Yogin zur Weltflucht neige. Dennoch sollte man sich vor Pauschalierungen und vorschnellen Urteilen hüten: Auch im Christentum gibt es rein kontemplative Orden. Auch im Hinduismus zieht sich der Erleuchtete nicht zurück, sondern er gibt gerne seine Weisheit an diejenigen weiter, die zu ihm kommen und ihn darum bitten. Darüber hinaus setzen die Hindus aufgrund der *Varnashramadharma*-Lehre voraus, daß der Erleuchtete seinen Pflichten in der Welt bereits Genüge geleistet hat, sei es in diesem Leben oder in einem früheren.

In engem Zusammenhang mit dem Thema »Weltflucht« steht sowohl eine weitere Gemeinsamkeit als auch ein weiterer Unterschied zwischen Yoga und Christentum: der Stellenwert en- bzw. ekstatischen Erlebens: Wie bereits erläutert, sieht der Yoga in der Totalidentifika-

---

5 Um Mißverständnissen vorzubeugen: Es geht hier nicht darum, daß der Mensch nach Belieben mit dieser Erde verfahren darf, sondern um die Teilhabe an Gottes schöpferischen Wirken bzw. um das »Verwalten der Talente«. Der Rückbezug zu Gott wird stets betont.

tion des Yogin mit seinem von allen Unreinheiten befreiten, zur Ruhe gekommenen Geist (dem *sattvischen Buddhi*) – d.h. in der Enstase – die letzte Versuchung auf dem langen yogischen Pfad. Das Verweilen in diesem Zustand ist nicht das Ziel des Yoga.

Nicht anders ist es im Christentum: Der »Berg der Verklärung« ist kein Ort zum Bleiben. Auf dem »Gipfel« der Erleuchtung darf man keine »Hütten« (vgl. Mt 17,1-13) bauen, auch wenn das dort oben Erfahrene neue, das Leben entscheidend verändernde Erkenntnisse mit sich bringt. Trotz dieser Gemeinsamkeit wurden im Christentum mehr als in anderen religiösen Traditionen (wie z.B. im Hinduismus) die praktischen Konsequenzen aus dieser Erkenntnis gezogen. Die bekannte Theologin Dorothee Sölle hat dies in ihrem Buch »Die Hinreise« deutlich gemacht. Sie illustriert dies u.a. am Beispiel des Propheten Elia:

> »Elia hat die Stadien der Hinreise erfahren bis zum Ego-Verlust und dem Finden des neuen Selbst, bis zum Eintauchen in den Grund aller Dinge und zur Erfahrung Gottes im 'leisen Säuseln'. Aber was geschieht nun? Elia versinkt nicht in Anbetung, er macht die Reise nicht zu einem Wunder... Was statt dessen geschieht, ist für die gesamte jüdisch-christliche Tradition bezeichnend: die Erneuerung seines politischen Auftrags. Er bleibt nicht in Anbetung und Ego-Verlust, sondern wendet sich zurück in die Welt. Die Rückreise hat den stärkeren Akzent.«[6]

Es darf hier nicht verschwiegen werden, daß viele Hindus der »Hinreise« den Vorzug geben. Dies hängt zusammen mit dem typisch hinduistischen Weltverständnis, gemäß dem die veränderliche, vergängliche Welt nicht Ort der Realisierung absoluter Werte sein kann, ja sogar überwunden werden muß. Die Gefahr, sich den konkreten Anforderungen des Alltags zu entziehen, besteht jedoch ebenso für den westlichen Menschen, der östliche Meditationsweisen praktiziert. Viele Okzidentalen, die mit einer unübersichtlichen, komplexen, als bedrohlich erlebten Welt nicht mehr zurechtkommen, ergreifen die Flucht in die Innerlichkeit und lassen die Welt Welt sein[7].

---

6 Dorothee Sölle, »Die Hinreise«, a.a.O. S.176f vgl. auch S.77ff.

7 Für psychisch labile Menschen birgt die Meditation sogar ein nicht zu unterschätzendes gesundheitliches Risiko. Sie kann unter Umständen zu psychotischen Zuständen führen. Die Gefahren, welche die Meditation mit sich bringt, werden im übernächsten Abschnitt noch eigens erläutert werden.

Christentum und hinduistischer Yoga unterscheiden sich letztlich – und dies ist vielleicht der wichtigste Punkt – in der *Deutung der mystischen Erfahrung*. Diese Deutung ist abhängig vom jeweiligen kulturellen und religiösen Rahmen. Einem eher anthropozentrischen, personalen, die Geschichte hervorhebenden Bezugsrahmen im Christentum steht ein eher kosmozentrisches, dem Weltgeschehen wenig Aufmerksamkeit schenkendes Paradigma auf Seiten des Hinduismus gegenüber. Solche Bezugsrahmen bzw. Paradigmata bestimmen nicht nur die *Deutung* von Erfahrung, sondern sie prägen bereits (wie eine getönte Brille) die *Wahrnehmung* und damit die *Erfahrung selbst* entscheidend mit. Wahrnehmung findet stets innerhalb eines bestimmten Deutungsrahmens statt. Dieser Deutungsrahmen ist vor allem abhängig von den jeweiligen geschichtlich gewordenen gesellschaftlichen Verhältnissen und Wertsystemen. Der Mensch schenkt denjenigen Wahrnehmungen bzw. Objekten seine Aufmerksamkeit, denen er aufgrund seiner paradigmatischen Prägung Bedeutung zumißt. Anderes wird vom Raster seiner Wahrnehmung ausgefiltert. So erklärt es sich, daß ein Hindu in der Versenkung andere Erfahrungen beschreibt – und vermutlich auch macht – als ein Christ. Er wird eben dasjenige wahrnehmen, auf das hin er aufgrund seiner religiösen Prägung sensibilisiert worden ist. So realisiert der Hindu in der Versenkung die Einheit mit dem Kosmos oder den apersonalen *Atman* bzw. den *Purusha*, während der christliche Mystiker das, was ihm in seiner mystischen Schau begegnet, als »Gott« bzw. als »Du« Gottes wahrnimmt und bezeichnet. Von außen betrachtet scheinen diese Erfahrungen unvereinbar. Wer sich jedoch tatsächlich auf eine Begegnung mit dem zunächst fremden Erfahrungsschatz anderer Religionen einläßt, dem könnten sich die Türen öffnen zu neuen, wertvollen und wichtigen Erfahrungen, die er aufgrund der ihm durch seine eigene Tradition vorgegebenen Grenzen der Wahrnehmung bislang noch nicht hat machen können. Dies gilt für den Hindu ebenso wie für den Christen.

Wie kann nun aufgrund dieser Unterschiede und Gemeinsamkeiten eine Übernahme yogischer Versenkungspraktiken durch das Christentum aussehen?

Es ist gewiß nicht nötig, den Dualismus der *Samkhya*-Philosophie mit zu übernehmen. Dies beweist die problemlose Integration des Yoga durch die nicht-dualistische *Advaita*-Philosophie.

Fest steht, daß sich der Yoga hervorragend eignet, nicht nur den Körper, sondern auch das Mental zu trainieren. Niemand, also auch nicht der Christ, ist nicht frei von Egoismus und von der Versuchung, sich mit dieser Welt zu identifizieren. Auch der Christ neigt dazu, Sicherheit und Identität von Habbarem (Besitz, Macht) und von verstandesmäßiger Erkenntnis herzuleiten. Auch er hat häufig mit Zerstreuungen, d.h. mit einem unruhigen Mental, zu kämpfen, selbst dann, wenn er beten oder meditieren will. Hier bietet der Yoga wertvolle Hilfen. Die Übungen der Konzentration und die Meditation können den Menschen tatsächlich mitten hinein in die Stille führen, in der eine Begegnung mit Gott möglich wird: In dem Maße, wie es dem Menschen gelingt, falsche Identifikationen, egoistische Wünsche und das ängstliche Sich-Klammern an seine irdische Existenz abzubauen, wird er sich seines wahren Wesens bewußt; Jesus bezeichnet es als »Gotteskindschaft«. Der Christ wird das, was ihm durch die Stille des *sattvischen Buddhi* bzw. des Seelengrundes entgegenleuchtet, als »Ich Bin« bzw. als »Du« Gottes deuten, das fortan mehr und mehr sein gesamtes Wesen durchstrahlt und das Ich zum Werkzeug in Gottes Hand werden läßt. Dem Yogin hingegen leuchtet in seiner mystischen Erfahrung der reine, absolute, von der veränderlichen Welt unterschiedene *Purusha* bzw. der *Atman* auf, der fortan zum archimedischen Punkt seiner Existenz wird. Wenn es also gilt, Erfahrung in Worte zu kleiden, werden Yoga und Christentum unterschiedliche Wege gehen, wobei es weder dem Christen noch dem Hindu zukommt, festzuschreiben, welches nun der richtige Weg ist. Hinter den zentralen Begriffen »*Atman*«, »*Purusha*« und »*Gott*« stehen zu unterschiedliche, traditionsabhängige Konzepte, die in Frage zu stellen keinen Sinn machen würde. An sie zu rühren würde bedeuten, den jeweiligen Mythos zu zerstören. Ohne Mythos kann keine menschliche Gesellschaft existieren. Wir können nur feststellen, daß Gottesbegegnung im christlich geprägten Abendland in der Regel personal vermittelt, erlebt und beschrieben wird[8]. Eine solche Sprache und ein solcher Weg ist dem christlichen Paradigma vertrauter und gemäßer[9], wie die folgenden Texte aus der Bibel illustrieren. Von ihrem Sinngehalt her stehen sie jedoch dem Yoga nicht fern.

---

8 Augustinus spricht Gott stets mit Du an. Wenn ich hier von personaler Gotteserfahrung spreche, so meine ich nicht den patriarchalischen Gott meiner Kindheit oder aus dem Dogmatikbuch, sondern die Erfahrung eines liebenden Gegenübers, das mich in Liebe erkennt und von mir erkannt werden will. Dabei verstehe ich — ganz im Sinne des alttestamentlichen »*yada*« — unter »Erkennen« einen ganzheitlichen existentiellen Akt tiefsten Selbstvollzuges von Mensch und Gott. Die Mystiker nennen ihn Unio Mystica. Hier reichen Worte und Erklärungen nicht mehr hin.

9 Vgl. Vorwort, Anm.1.

Im Zusammenhang mit dem Wort »*Yoga*«, das sich, wie bereits erwähnt, von dem Sanskrit-Begriff für »*Joch*« ableitet, ist die Rede Jesu vom »leichten Joch« von Interesse. Wer Yoga übt, dessen Geist kommt zur *Ruhe*. Wer das Joch (den Yoga) Christi auf sich nimmt, dessen Seele findet *Ruhe*:

> »Kommt alle zu mir, die ihr euch plagt und schwere Lasten zu tragen habt. Ich werde euch Ruhe verschaffen. Nehmt mein Joch auf euch und lernt von mir; denn ich bin gütig und von Herzen demütig; so werdet ihr Ruhe finden für eure Seele. Denn mein Joch drückt nicht und meine Last ist leicht.« (Mt 11,28-30)

Bei dieser Einladung zur Jüngerschaft bedient sich der Jesus des Matthäus-Evangeliums der Sprache der alttestamentlichen Weisheitsliteratur, wie folgende Verse aus dem Buch Jesus Sirach veranschaulichen:

> »Als ich jung und noch nicht unstet war, suchte ich eifrig die Weisheit. Sie kam zu mir mit ihrer Schönheit, und bis zuletzt will ich sie erstreben... Ich verlangte brennend nach ihr und *wandte von ihr meinen Blick nicht ab. Ich richtete mein Verlangen auf sie* und auf ihren Höhen *wanke ich nicht.* Meine Hand öffnete ihre Tore, und ich nahm sie *leibhaftig* wahr... *Einsicht* erwarb ich durch sie von Anfang an, darum lasse ich nicht von ihr... Ich öffne meinen Mund und sage von ihr: Erwerbt euch Weisheit, es kostet nichts. Beugt euren Nacken unter ihr *Joch* und nehmt ihre Last auf euch! Denen, die sie suchen, ist sie nahe, und wer sich ihr *ganz hingibt*, der findet sie. Seht mit eigenen Augen, daß ich mich nur wenig bemühte, aber *viel Ruhe* gefunden habe.« (Sir 51,13ff)

Besonders in dem letzten Text erscheint der Begriff »*Joch*« – wie im Yoga – im Zusammenhang mit dem steten Bemühen, die Sinne und das Verlangen auf einen Punkt zu konzentrieren (...ich wandte meinen Blick nicht ab). Das Resultat dieser Konzentration sind Einsicht und Seelenruhe. Die Erfahrung der Weisheit in der eigenen Leiblichkeit, die Aussage, daß die Weisheit ganz nahe ist und die Aufforderung, sich ihr ganz hinzugeben, alles das weist eine erstaunliche Ähnlichkeit zum Yoga auf.

Auch dem alttestamentlichen Menschen war also der Weg der Introspektion nicht unbekannt. Im Neuen Testament konkretisiert sich die Weisheit in Jesus Christus, dem *Logos*. So findet im christlichen Yoga der Mensch die Seelenruhe in und durch Christus, den inneren Meister. Davon wird im Zusammenhang mit dem augustinischen Versenkungsweg noch ausführlicher die Rede sein.

Versteht man den christlichen Begriff »Gott« auch als Chiffre für das kosmische bzw. für das ewige Gesetz *(lex aeterna)*, wie z.B. in der augustinischen und thomasischen Tradition, so eröffnen sich weitere Möglichkeiten einer Bereicherung des Christentums durch den Yoga. Wie mehrfach beschrieben, geht es im Yoga vor allem darum, das selbstherrliche Ego zu überwinden und das unruhige Mental zur Ruhe kommen zu lassen. In dieser Stille erfährt sich der Yogin im Einklang mit dem kosmischen Gesetz *(Dharma)*. Sein Wille wird eins mit dem kosmischen Willen bzw. mit dem »Willen Gottes«. Darum wird er die kosmische Harmonie fortan nicht mehr stören, sondern fördern. Ein solches Zur-Ruhe-Kommen und Nach-Innen-Lauschen ist auch für den Christen Voraussetzung für die Zuwendung zur Welt und die Erfüllung des Schöpfungsauftrages. Wer gelernt hat, die Sinne nach innen zu kehren, wird fähig, die »Stimme Gottes« zu vernehmen. Nur wer sein Ego hingibt, wird zu einem tauglichen »Werkzeug in der Hand Gottes«. Er wird – um es mit Paulus zu sagen – seine »Glieder in den Dienst der Gerechtigkeit« stellen (Röm 6,19). Jesus nennt diesen Regelkreis von Horchen, Hingabe und Handeln »den Willen des Vaters tun« (Mt 7,21). Dieser »Wille des Vaters« begegnet dem Christen zwar in der heiligen Schrift; die Bibel stellt jedoch keine konkreten Handlungsanweisungen für alle Situationen des Alltags bereit. Es sind die Gesetzmäßigkeiten dieser Welt und das »Herz des Menschen«, in denen sich der »Wille des Vaters« Christen wie Nichtchristen mitteilt[10]. Nach Ansicht der Inder manifestiert sich in diesen Gesetzmäßigkeiten der *Dharma*. Hier hat der Mensch wach zu sein und das Gebot der jeweiligen Stunde zu erkennen. Die yogischen Versenkungstechniken haben auch zum Ziel, diese Wachheit zu fördern. Könnte man nicht aus dieser Sichtweise heraus die Nachfolge Christi auch umschreiben als »den *Dharma* erfüllen« – so wie Christus den Willen des Vaters erfüllt hat?

---

10   Vgl. Paulus, Röm 2,14f : »Wenn die Heiden, die das Gesetz nicht haben, von Natur aus tun, was im Gesetz gefordert ist, so sind sie, die das Gesetz nicht haben, sich selbst Gesetz. Sie zeigen damit, daß ihnen das Gesetz ins Herz geschrieben ist.«

3) Der Weg in die Versenkung bei Augustinus

Vergleicht man den achtfachen Pfad des Patanjali mit dem spirituellen Weg, den Augustinus in seinen Schriften aufzeigt, so ergeben sich sowohl erstaunliche Parallelen[11] als auch wichtige Unterschiede, die bewußt zu machen von großer Bedeutung für einen christlichen Yoga sein kann, zumal da sich viele christliche Mystiker auf Augustinus berufen.

Auch der große Kirchenlehrer geht davon aus, daß der Mensch in der Entfremdung *(alienatio)* von seinem wahren Wesen lebt. Gottesentfremdung und Selbstentfremdung sind für Augustinus nur die beiden Seiten ein und desselben Blattes, denn die Gottesbegegnung findet für ihn stets in der tiefsten Seelenschicht statt. Indem sich der Mensch mit der Außenwelt identifiziert, entfremdet er sich immer mehr seinem Seelengrund und damit auch Gott. Darum lehrt Augustinus:

> »Das Nach-Außen-Schreiten aber, was ist es anderes, als daß man das eigene Innerste preisgibt, d.h. daß man sich von Gott entfernt – nicht im örtlichen Sinne, sondern in der Geistesverfassung.«[12]

> »Wenn du selber von dir fern bist, wie kannst du dann Gott nahen?«[13]

> »Erkenne in dir selbst etwas, was ich sagen möchte, innen, innen in dir, nicht in deinem Körper. Denn auch da kann man sagen 'in dir'. In dir ist ja die Gesundheit, in dir jedes Lebensalter, aber dem Leibe nach... Aber etwas anderes ist das, was in dir drinnen ist, etwas anderes, was in dir gleichsam wie in deinem Kleide ist...«[14]

Aufgrund dieser Einsichten rät Augustinus:

> »Laß hinter dir das Außen und Dein Gewand und dein Fleisch und steig hinab in dich, geh ein in dein Geheimgemach, deinen

---

11 Es kann nicht Aufgabe dieses Buches sein, Spekulationen darüber anzustellen, ob und auf welchem Weg Augustinus tatsächlich mit indischem Gedankengut in Berührung gekommen ist. Mit Sicherheit kann man allerdings sagen, daß sowohl vom Manichäismus als auch vom Neuplatonismus — beide haben Augustinus geprägt — Spuren nach Osten weisen.

12 Augustinus, De Musica VI,13 (40)

13 Jo. Ev. 23,10. Aus den Confessiones geht hervor, daß Augustinus hier aus ureigener Erfahrung spricht: »Du (mein Gott) standest vor mir. Ich aber war mir selber weggelaufen und fand mich selbst nicht mehr, wieviel weniger Dich.« (Conf. V 2,2).

14 Ders. Jo. Ev. 23,10

Geist.«[15] »Zuerst gehe von dem, was draußen ist, zurück zu dir selbst.«[16]

Konkret führt der Weg bei Augustinus von der *via purgativa*, dem »Reinigungsweg«, der sich mit den ersten beiden Gliedern des Yogapfades vergleichen läßt, über die *via illuminativa*, »den Weg der Einsicht« – der Yoga würde ihn als den Weg hin zu einem *sattvischen Buddhi* bezeichnen, durch den hindurch die Wirklichkeit wahrgenommen werden kann, wie sie tatsächlich ist – bis hin zur *via unitiva*, der mystischen Vereinigung mit Gott. Letztere findet eine Analogie in der yogischen Einheitserfahrung von menschlichem und göttlichem Selbst.

Anhand einiger Zitate soll nun der augustinische Weg in die Versenkung illustriert und mit dem Yoga verglichen werden:

Wie bei den ersten fünf Gliedern des Yoga geht es dem Kirchenlehrer zunächst darum, die äußeren Hindernisse und Irrwege kennenzulernen und zu überwinden, die dem kontemplativen Menschen zu schaffen machen.

> »Ich habe die Außenwelt mit meinem Sinn durchstreift, so gut ich konnte, und ich habe meine körperlichen Lebensvorgänge und meine Sinnesorgane aufmerksam durchforscht. Dann bin ich eingetreten in die abgeschiedenen Räume meines Gedächtnisses, die vielfältigen, weitläufigen Hallen, die auf wundersame Art gefüllt sind mit einer Unmenge an Wissen, und ich betrachtete und ich erschrak. Und ohne Dich hätte ich nichts von alldem erkennen können. Aber nichts von alldem fand ich, was Du selbst gewesen wärest.«[17]

Wie Patanjali beschreibt auch Augustinus Hindernisse, die dem Suchenden in seinem Inneren begegnen. Die Abwendung von der Außenwelt allein genügt nicht:

> »Auch die menschliche Seele steht nicht in sich selbst. Denn: Wie sehr zerstreut sie sich in Wandlungen und Gedanken. Wie sehr wird sie in Wünschen hin und hergepeitscht, wie sehr in Begierden durch und durch gewandelt und auseinandergerissen. Auch das menschliche Mental bzw. der Verstand des Menschen ist unbeständig und ruht nicht in sich selbst. Bald will er, bald will er nicht. Bald weiß er, bald weiß er nicht.

---

15 Ebd.
16 Augustinus, Sermo 330,3.
17 Ders., Confessiones, X 40 (65).

Bald erinnert er sich, bald vergißt er. Er ist demnach nicht wirklich er selbst.«[18]

Wie in den letzten drei Gliedern des Yoga (Konzentration, Meditation und *Samadhi*), soll auch bei Augustinus die mentale Zerstreuung durch innere Sammlung überwunden werden:

»Ich will auch diese meine Kraft, die man Gedächtnis nennt, überschreiten. Ich will sie überschreiten, damit ich endlich zu Dir gelange, süßes Licht.«[19]

»So hat Deine Rechte mich aufgenommen,... damit ich nur dem Einen folge, damit ich... nicht zerstreut, sondern gefaßt, nicht der Zerstreuung, sondern der Sammlung folgend nach der Siegespalme erhabener Berufung strebe, wo ich die Stimme des Lobes hören und Deine Freude schauen werde, die weder kommt noch geht.«[20]

Auch in der Schilderung seiner zweiten Vision lassen sich weitere Parallelen zum Yogapfad erkennen:

»Ich stieg Stufe um Stufe empor von der Körperwelt zu der durch den Körper empfindenden Seele und von da aus zu ihrem inneren Vermögen, dem die Sinnesorgane Kunde über die Außenwelt übermitteln und das die Grenze der Erkenntnisfähigkeit der Tiere markiert. Und ich gelangte abermals weiter zu der überlegenden Kraft des (*diskursiven*) Verstandes (*ratio*), bei dem das Urteil über die sinnlichen Wahrnehmungen liegt. Da nun aber auch diese sich in mir noch als wandelbar erwies, erhob sie sich zur reinen Innenschau (*intellegentia*, Einsicht). Sie führte das Denken aus der gewohnten Bahn und entzog sich dem Trubel der sich widersprechenden Vorstellungen, um herauszufinden, was für ein Licht es sei, von dem betroffen sie mit absoluter Gewißheit erklärt, daß das Unwandelbare dem Wandelbaren vorzuziehen sei, woher sie also Kunde habe über das Wandellose – denn wüßte sie nicht irgendwie davon, so vermöchte sie es nicht so dezidiert über das Wandelbare zu stellen –, und so gelangte meine vernünftige Wahrnehmung zuletzt bis zu dem was ist, in einem blitzenden Augenblick zitternden Schauens. Ja, ich schaute tatsächlich Dein Unschaubares durch das Geschaffene, Einsichtige hindurch, aber ich

---

18 Ders. Ps. 121 (6).
19 Confessiones, X 17,(26).
20 Confessiones, XI 29 (39).

konnte es nicht in meinem Blick festhalten. Der Schwache wurde zurückgestoßen ins Gewohnte, und was ich in mir noch davon herumtrug, war nur eine liebende Erinnerung, die gleichsam den Duft von etwas heiß Ersehntem in sich barg, das zu verkosten ich noch nicht fähig war.«[21]

Diese Schilderungen finden eine Entsprechung im yogischen Pfad der Versenkung. Auch Augustinus geht aus von der Ebene der grobstofflichen Welt, die er erforscht und nach innen hin übersteigt. Nichts kann für ihn »besser, nichts süßer sein, als den göttlichen Schatz zu durchforschen ohne Lärm und Gedränge.«[22] Hier trifft er jedoch noch auf das diskursive Denken, das sich mit *Manas* im Yoga vergleichen läßt. Er erkennt, wie dieses Denken über die Sinne an die Außenwelt gebunden ist, und daß selbst nach dem Rückzug von der Außenwelt noch unzählige sich stets wandelnde Vorstellungen und Bilder (Gedächtnis) im Menschen vorhanden sind. Auf der Suche nach dem Unwandelbaren überschreitet Augustinus die mentale Ebene von Denken, Erinnern und egozentrischem Wollen und erfährt auf dem Grund seiner Seele wie in einem Lichtblitz in reiner Innenschau dasjenige, was alles Wandelbare übersteigt. Dieser Zustand ist vergleichbar mit dem *sattvischen Buddhi*, durch den der *Purusha*, das wahre Wesen des Menschen hindurchstrahlt. Insofern diese immerhin als höchst real erlebte Erfahrung nur ein vorübergehendes Geschehen ist, das zu verlängern der Heilige noch nicht fähig ist, das jedoch entscheidenden Einfluß auf sein weiteres Leben ausübt, hätte Augustinus aus yogischer Sicht den höchsten *Samadhi* noch nicht erreicht.

Die zitierten Texte zeigen, daß sich der Weg nach innen bei Augustinus und Patanjali auffallend ähnelt. Ein wichtiger Unterschied besteht jedoch darin, daß im Yoga das Kernwesen des Menschen, das durch den *sattvischen Buddhi* hindurchstrahlt, als *Purusha* bezeichnet wird, während es bei Augustinus Gott ist, der durch den transparenten Seelengrund in den ganzen Menschen hineinleuchtet. Dieser Gott wird nicht als ein apersonales »Es« erfahren und angesprochen, sondern als ein »Du«:

»Du aber, Herr, wirkst immer und ruhst immer. Du siehst nicht in der Zeit noch wirkst Du in der Zeit, und Du ruhst nicht in

---

21 Ebd., VII 17,(23).
22 Sancti Augustini Sermones post Maurinos Reperti, Miscellana Agostiniana Bd. I, Rom 1930 S.193.

der Zeit. Und doch bewirkst Du sowohl das Sehen in der Zeit als auch die Zeiten selbst und das Ruhen jenseits der Zeit.«[23]

Ein christlicher Yoga wird die yogischen Praktiken der Introspektion sehr wohl gebrauchen, jedoch eher in die Erfahrung des »Du« Gottes im Seelengrund des Mystikers einmünden.
Noch eines scheint mir in Hinblick auf den Vergleich von augustinischer Mystik und Yoga wichtig. Wie Patanjali sieht auch Augustinus die Entfremdung des Menschen von seinem wahren Wesen als Grund des existentiellen Leidens an. Wie anfangs erwähnt, besteht für den Kirchenlehrer eine enge Beziehung zwischen Selbst- und Gott-Entfremdung. Einerseits muß die Seele sich selbst finden, damit sie Gott findet, andererseits kann die Seele jedoch nicht wirklich zu sich selbst finden, ohne Gott gefunden zu haben. Göttliches Heilshandeln und menschliches Suchen bilden daher einen integralen Prozeß. Die Seele wird von Augustinus verstanden als ein »Zu Gott Hin« und Gott als ein »Zur Seele Hin«.
Wenngleich diesem Beziehungsaspekt im klassischen Yoga keine Bedeutung zukommt, so läßt sich im Entelechiegedanken des Augustinus doch ein wichtiger Grundsatz der indischen Philosophie wiederfinden: die wirkmächtige Gegenwart des Zieles als Voraussetzung für den Aufbruch. Besäße die Seele nicht bereits eine Ausrichtung auf Gott – eine »Gottverwandtschaft« bzw. ein »Seelenfünklein«, wie es Meister Eckhart bezeichnet –, so würde sie nicht nach ihm suchen.
In wunderschöner Entsprechung hierzu sagt auch Goethe: "Wär' nicht das Auge sonnengleich, die Sonne würd' es nie erblicken."
Für Augustinus spielt nun der Gedanke, daß Gott der suchenden, ihm verwandten Seele entgegenkommt, eine entscheidende Rolle. In diesem polar-ganzheitlichen Prozeß nähern sich Gott und Seele immer mehr einander an:

> »Geh zurück zu dir. Aber dann wieder, wenn du aufwärts gewandt zurückgingest *zu* dir, wolle nicht zurückbleiben *in* dir. Zuerst geh von dem, was außen ist, zurück zu dir, und dann gib dich zurück ihm, der dich schuf und als Verlorenen dich suchte

---

23 Confessiones, XIII 37 (52). Abgesehen von der personalen Anrede, trifft diese Beschreibung exakt auf die Schilderung des *Purusha* oder auch des *Atman/Brahman* in der vedantischen Tradition zu: »Er ist das Gehör des Ohres, der Geist des Geistes und das Wort der Rede, er ist der Atem des Atems und das Sehen des Auges...Was für das Auge unsichtbar ist, wodurch das Auge sieht, erkenne das als Brahman...« (Kena Upanishad I,2,7).

und als Flüchtigen dich fand und als Abgewendeten dich hin-
wandte zu sich. Geh also zurück zu dir – schreite hin zu ihm,
der dich schuf.«[24]

Dieser Text zeigt deutlich den engen Zusammenhang auf von Selbstfindung und Hingabe des Ichs, der auch nach den Erkenntnissen der
Psychologie (besonders Jung'scher Prägung) Voraussetzung für die
seelische Gesundheit ist[25].
Der Gedanke einer persönlichen Hingabe und Vereinigung führt hin zu
einer christlichen Meditationspraxis, die yogische Elemente aufnimmt:
Der Christ wird versuchen, mittels der yogischen Methoden still zu
werden und sich in dieser Stille Gott zu öffnen. Dabei können in
besonderem Maße christliche Mantren oder kurze Gebete mit Hingabecharakter eine Hilfe sein, wie z.B.»Komm Herr Jesus«,»Mein Herr
und mein Gott«. Während für den Yogin der *Purusha* durch den
sattvischen Buddhi den ganzen Menschen erleuchtet und die Führung
der Persönlichkeit übernimmt, erfährt der Christ nun Gott als Zentrum
seines Handelns.»Im Stillsein des Menschen handelt Gott. Daraus
gewinnt der Mensch seine höchste Motivation und Handlungsfähig-
keit.«[26] Auch der Christ wird somit wie der Yogin nicht mehr über die
Sinne von der äußeren Realität bestimmt, sondern von Gott her. Er
wird mehr und mehr zum Werkzeug bzw. zum Zeugen Gottes in dieser
Welt:

»Die Seele gehorcht dem in ihr thronenden Gott und befiehlt
selbst den Gliedern. Denn deine Seele befiehlt deinen Gliedern
als ihren Dienern, aber auch sie dient dem in ihr einwohnenden
Gott.«[27]

---

24 Ders., Sermo 330,3.

25 Es muß jedoch darauf hingewiesen werden, daß das Selbst bei Jung nicht identisch
    ist mit dem Selbst *(Atman/Purusha)* im Yoga. Jürg Wunderli verdeutlicht,»daß die
    analytische Psychologie C.G. Jung's unter dem »Selbst« einen Archetypus versteht,
    nämlich die Totalität des bewußten und unbewußten Seelenlebens. Wenn auch das
    »Selbst« Jung's weit mehr ist als das individuelle Ich-Bewußtsein, umfaßt es dieses
    doch auch, was sich vom indischen »Atman« oder »Purusha« nicht sagen läßt. Letz-
    teres ist unpersönlich, überindividuell, unvergänglich und numinos; es ist der ge-
    heime Lenker der Seele, die in allem innewohnende Gottheit, welche trotzdem
    verschieden ist von allen Dingen, verschieden auch von allen persönlichen Seelen.«
    Jürg Wunderli, Yoga und Meditation, in: Udo Reiter, (Hrsg.) Meditation — Wege
    zum Selbst. Goldmann TB ²1983, S.29-54 (35).

26 Albrecht Frenz, Christlicher Yoga, Christliche Begründung einer indischen Medi-
    tationsweise, Stuttgart 1985, S.20.

27 Augustinus, Ps. 44 (10), zit. nach: Aurelius Augustinus, Aufstieg zu Gott; hrsg., ein-
    geleitet und übersetzt von L. Boros, Freiburg 1982, S.131.

4) Gefahren der Meditation

Wenngleich die Meditation sich auf das seelische Gleichgewicht und das geistige Leben vorwiegend positiv auswirkt, so birgt sie doch auch einige Gefahren. Ob (und welche) Probleme und Zwischenfälle auftreten können, hängt wesentlich von der psychischen Konstitution des Meditierenden ab, aber auch von der Methode und von der Kompetenz bzw. dem Verantwortungsbewußtsein des Meditationslehrers. Drei Hauptgefahren werden immer wieder beschrieben: Die Tendenz zur Weltflucht, die Gefahr, in psychotische[28] Zustände zu fallen und der Hochmut bzw. der Stolz auf das Erreichte. Seriöse Meditationslehrer betonen darum immer wieder, daß nur der weltaufgeschlossene, seelisch stabile und demütige Mensch meditieren soll und daß Anleitung und Begleitung durch eine erfahrene und verantwortungsbewußte Person unbedingt erforderlich ist.

Wie bereits erwähnt, kann es bei der Meditation zu ekstatischen Gipfelerlebnissen oder auch zu einem Gefühl der problemlosen Einheit und Harmonie von Mensch und Kosmos kommen, zu Kontrasterfahrungen also zu der existentiellen Grundbefindlichkeit des Menschen in einer durch expansives Wettrüsten, das Damoklesschwert einer nuklearen oder ökologischen Katastrophe und eine umfassende Sinnkrise bedrohten Welt. Angesichts der globalen Probleme und einer »neuen Unübersichtlichkeit«, welche eine täglich komplexer werdende Gesellschaft und Konsumwelt mit sich bringt, kommen in vielen Menschen Gefühle von Hilflosigkeit, existentieller Verlorenheit und Angst auf. Der Mensch sehnt sich nach einfachen, übersichtlichen Strukturen, in denen die Komplexität der modernen Welt reduziert ist und begibt sich auf die Suche nach seinem »Zentrum«. In der Meditation wird Einheit erfahren, wird Komplexität reduziert, werden äußere Störquellen ausgeschaltet. Dies hat gewiß sein Gutes. Aus der Erfahrung der inneren Ruhe und Gelassenheit könnte der Mensch gestärkt in den Alltag gehen und wirken. Das benediktinische »ora et labora« (bete und arbeite) oder der Leitsatz »Kampf und Kontemplation« der südamerikanischen Befreiungstheologie weisen einen solchen Weg. Häufig

---

28 Psychotisch = geisteskrank. Psychosen sind sehr schwere Störungen des seelischen Gleichgewichtes, die mit einem starken Abbau der Persönlichkeit einhergehen. Der Psychotiker erlebt die Welt völlig anders als der »gesunde« Mensch und findet sich daher nicht mehr in der Welt zurecht. Psychosen können anlagebedingt sein (endogen) oder durch die Lebensumstände hervorgerufen werden (exogen). Vermutlich wirken Anlage und äußere Umstände zusammen, wenn eine Psychose akut wird.

kommt es jedoch beim Meditierenden nicht zu dieser notwendigen Rückwendung zur Welt. Stattdessen nimmt die Meditation Züge des Freud'schen Abwehrmechanismus der Regression an, d.h. des Rückzuges auf eine frühere Ebene kindlicher Entwicklung, wo besagte Probleme noch nicht existierten bzw. noch nicht wahrgenommen wurden. Für manche könnte es ein böses Erwachen geben, wenn er sich tatenlos in den »großen Uterus unserer Mutter Erde« zurückzieht und auf die Erleuchtung wartet, anstatt auch seinem »gesunden Menschenverstand« und seinen aktiven Fähigkeiten zuzutrauen, an der Lösung der eigenen und der globalen Probleme mitwirken zu können. Ein ausgewogenes Verhältnis von Kontemplation und Aktion ist das beste Regulativ im Hinblick auf die Gefahren der Regression und der Flucht ins Irreale. Das wußten bereits die »Wüstenväter«. Sie maßen darum den profanen Tätigkeiten im Rahmen des mönchischen Alltags ebenfalls große Bedeutung zu:

> »Abbas Paulus, der bewährteste der Väter, lebte in der großen Porphyrischen Wüste. Durch die Früchte von Palmen und ein kleines Gärtchen war für seine Lebensbedürfnisse gesorgt. Andere Arbeit für seinen Lebensunterhalt zu verrichten hatte keinen Sinn, weil seine Zelle sieben Tagereisen von der bewohnten Gegend entfernt lag und der Frachtpreis höher gewesen wäre als der Lohn für das Erarbeitete. Dennoch sammelte er Palmblätter und arbeitete jeden Tag so viel, als hätte er davon leben müssen, und jedes Jahr verbrannte er das Angesammelte wieder. Damit wollte er zeigen: ohne Arbeit kann ein Mönch nicht auf seinem Posten ausharren und den Gipfel der Vollkommenheit erreichen. An sich verrichtete er nutzlose Arbeit. Aber damit reinigte er sein Herz, machte seine Gedanken fest, harrte in seiner Zelle aus und bekämpfte und besiegte so die *Acedia* (den geistigen Überdruß).«[29]

Auch indische Gurus warnen vor der Meditation als Selbstzweck und als Mittel zur Weltflucht, wie folgende Aussagen des indischen Weisen Gopi Krishna belegen:

> »Je mehr ich die Europäer über Meditation reden höre, desto mehr empfinde ich, daß ich ihnen eigentlich davon abraten muß. Die verstehen ja gar nicht, worum es geht. Lesen Sie in Ihren Heiligen Schriften, Sie finden dasselbe wie in unseren:

---

29   Johannes Cassian, Spannkraft der Seele, a.a.O., S.85.

Du sollst Deinen Mitmenschen lieben; Du sollst Gott lieben; Du sollst Deinen Mitmenschen in Gott lieben. Und alles andere ist überflüssig. Nirgends steht: Du sollst meditieren. Wenn Du aber Gott lieben willst und deinen Mitmenschen, und Du entdeckst die große Wahrheit, daß meditieren Dir dazu helfen kann und eine ganz entscheidende Hilfe dazu sein kann, dann sollst Du meditieren, und wenn Du das nicht entdeckst, sollst Du es bleiben lassen.«[30]

Kontemplation und Hinwendung zur Welt und zu den Mitmenschen sollten also eine Einheit sein. Dies ist besonders in Hinblick auf die yogische Meditationsweise zu beachten, bei der der Meditierende – im Gegensatz zur Zen-Meditation – die Augen stets geschlossen hält und sich bemüht, alle von außen kommenden Reize auszuschalten. Darum muß er sich am Ende der Meditationssitzung ganz bewußt wieder der Welt und den Mitmenschen öffnen. Dabei sind die Konzentration auf die Herzgegend und die Wahrnehmung der von dort ausgehenden horizontalen Atmung *(Rippenatmung)* eine große Hilfe. Man kann auch versuchen, über diese Atmung die Verbundenheit mit seinen Mitmenschen zu erspüren und die innere Ruhe bzw. den Frieden, den man in der Meditation erfahren hat, bewußt in die Welt hinauszuschicken. Eine tiefe Verbeugung, bei der man ganz ausatmet, kann dies noch unterstützen.

Eine zweite Gefahr der Meditation tritt vor allem bei psychisch labilen Menschen in Erscheinung. Wer zu Depressionen oder zu Spaltungserleben neigt bzw. wer Psychopharmaka einnimmt oder sich in psychotherapeutischer Behandlung befindet, sollte nur nach Absprache mit dem behandelnden Arzt meditieren. Die Gefahr, durch die Meditation in die Psychose, d.h. in die Zerstörung der Persönlichkeit abzugleiten, wäre zu groß. Es können sich hier kritische Zustände ergeben, die (nach C.F. v. Weizsäcker) den Meditierenden »auf einen Weg lenken, von dem man nachher nur sagen kann: Wäre ich nie auf diesen Weg gegangen. Das kann man nun auch so ausdrücken, daß man sagt, es tauchen aus dem Unbewußten oder wie man das nennen will, aus dem Es-Bereich oder von den Dämonen her, wenn man diese Sprache vorzieht, Inhalte und Verhaltensweisen auf, die normalerweise mit Recht unterdrückt sind, die vielleicht von einem wirklich Weisen einmal an-

---

30 Gopi Krishna zit. von C.F. v. Weizsäcker in: Meditation — Wege zum Selbst, Hrsg. Udo Reiter, Goldmann Sachbuch [2]1983 S.186.

gesehen sein müssen...; aber einer, der nicht entweder die eigene Weisheit hat oder den Lehrer, der ihn da vielleicht rettet, ist in Gefahr, daß er die Geister, die er rief, nicht mehr los wird.«[31] Das Sich-Abschließen von den Außenreizen ist bei der yogischen Meditation stärker als bei anderen Meditationsweisen wie etwa der Zen-Meditation. Es kann zum zeitweiligen Verlust des Bezuges zur Außenwelt kommen. An die Stelle der äußeren Reize tritt dann eine »stark vermehrte Impulszufuhr aus inneren Wahrnehmungen«[32], ein Phänomen, das durch Hirnstrommessungen bestätigt wurde. Es kann zum Hören von Tönen oder Stimmen, zu Licht- und Farberscheinungen kommen. Menschen, die zu schizoidem Erleben neigen, d.h. zu Spaltungen der Persönlichkeit, erleben sich dann unter dem Einfluß unbekannter, bedrohlicher Mächte, von denen sie nicht mehr losgelassen werden. Es ist »durch Erfahrung belegt, daß sich mit meditativen Techniken nicht nur positive, sondern ebenso die zerstörerischen Kräfte der Psyche aktivieren lassen.«[33] Die inneren Impulse und die Wahrnehmungen, die während der Meditation aus dem Unbewußten aufsteigen, sind bisweilen selbst für den psychisch stabilen Menschen problematisch und rufen Angst hervor. Umso mehr gilt dies für den Labilen, der diese Impulse abspaltet und als im höchsten Maße bedrohlich erlebt. Die Grenze zwischen psychotischem Erleben und dem, was noch als »normal« gelten darf, ist fließend, und darum kann es vorkommen, daß in der Meditation nicht erkannte latente Psychosen aufbrechen. Während der Gesunde die in der Meditation gewonnenen Erfahrungen in seinen Alltag integrieren kann und es versteht, mit den Ambivalenzen in seiner Psyche umzugehen, findet der psychisch Labile u. U. nicht mehr in den Alltag zurück. Der Psychiater R.D. Laing hat dafür folgende Metapher geprägt: »Mystiker und Schizophrene befinden sich im selben Ozean; doch die Mystiker schwimmen, während die Schizophrenen ertrinken.«[34] In vielen Kulturen wurden und werden noch heute Menschen, die sich im Grenzbereich zwischen mystischer Erfahrung und Wahnsinn bewegen, akzeptiert und nehmen bisweilen sogar eine angesehene gesellschaftliche Stellung ein. In unserer abendländischen Zivilisation allerdings bringt man, zumindest seit Beginn der Neuzeit, sol-

---

31 Ebd. S.177.
32 Johann Kugler, Meditation und Naturwissenschaft, in: Meditation — Wege zum Selbst, s.o., S.128-156 (S.145).
33 Ebd. S.25.
34 Zit nach F. Capra, Wendezeit, Scherz-Verlag 1985, S.428.

240

chen Menschen wenig Verständnis entgegen und sondert sie von der Gesellschaft ab. Wer in unseren Breiten einmal in einer psychiatrischen Anstalt war, ist – vorausgesetzt, er hat Glück und kommt wieder auf freien Fuß – lebenslänglich stigmatisiert. Nicht zuletzt aus diesem Grund muß psychisch instabilen Personen in Bezug auf die Meditation zu äußerster Vorsicht geraten werden.

Grundsätzlich würde ich auch dem geistig Gesunden von Meditationsübungen abraten, die darauf abzielen, Körper und Geist voneinander zu trennen. Abgesehen von ihrer Gefährlichkeit lassen sich solche Praktiken kaum mit einer ganzheitlichen Spiritualität in Einklang bringen, wie sie das Christentum vertritt, das ja die Einheit bzw. das Aufeinander-Bezogensein von Leib und Seele lehrt.

Aufgrund dieser in allen spirituellen Traditionen bekannten Gefahren begegnet man überall, wo meditative Techniken angewandt werden, derselben Forderung: Der Schüler soll unter der Anleitung und Begleitung eines erfahrenen Menschen (*Guru*, *Roshi*, *Lama*, *Starez*, *Pater spiritualis*) meditieren, ein Postulat, das nach Meinung Weizsäckers »eine westliche Analogie hat in der strikten Forderung Freuds, nur derjenige dürfe analysieren, der analysiert ist.«[35] Wenn man sich die Palette von Meditationslehrern ansieht, die sich heute präsentiert, kommen schwere Zweifel auf, ob all diejenigen, welche sich als Meditationslehrer oder als Gurus bezeichnen, dieser elementaren Forderung auch wirklich gerecht werden. Geschäftstüchtige Organisationen bilden in Schnellkursen ein Heer von Meditationslehrern bzw. »Trainern« aus, ohne auf deren persönliche Reife und auf ihre Fähigkeit zu achten, Verantwortung zu übernehmen. Wirkungsvolle Meditationsmethoden gelangen auf diese Weise in die Hände von Geschäftemachern, denen es nicht nur an Kompetenz mangelt, sondern auch an sittlicher und psychologischer Reife. Es fehlt dann die qualifizierte Hilfe und die Führung. Wer sich unter die Leitung eines Meditationslehrers begibt, sollte sich stets zuvor Klarheit über die Person, deren geistigen Hintergrund und Qualifikation verschaffen und sich nie die Fähigkeit zu kritischer Beurteilung rauben lassen.

Eine weitere Gefahr der Meditation sind Hochmut und Stolz. Sie stellen sich besonders dann ein, wenn der Übende gute Fortschritte macht. Auch das hartnäckige Beharren auf dem Wunsch, bestimmte, als positiv erfahrene Zustände oder Erlebnisse festzuhalten bzw. zu wiederho-

---

35 C.F. v. Weizsäcker in: Meditation, Wege zum Selbst, a.a.O., S.177.

len, kann gefährlich werden. Hier bedarf es eines geistlichen Begleiters als Regulativ[36].

Zusammenfassung

Die letzten drei Stufen des achtfachen Pfades, Konzentration, Meditation und *Samadhi*, wollen dem Übenden helfen, die Hindernisse zu überwinden, die sich in seinem Inneren auftun, wenn er mittels der ersten fünf Glieder die äußeren Störfaktoren gemeistert hat. Diese drei Stufen bilden einen einheitlichen Prozeß des Zur-Ruhe-Bringens der mentalen Aktivitäten, also der Sammlung. Gerade hier tun sich oft Abgründe der Seele auf, die für den Unerfahrenen oder den psychisch Labilen zur gefährlichen Falle werden können. Darum bedarf es hier im besonderen einer sachkundiger Begleitung.

Während für den Hindu am Ende des klassischen yogischen Prozesses die Erkenntnis des reinen *Purusha* und seiner Nicht-Identität mit der sichtbaren Welt steht, könnte dieser Prozeß für den Christen in ein aller Beschreibung sich entziehendes Erlebnis hineinführen, das in der christlichen Tradition *Unio Mystica* genannt wird.

Die unterschiedliche Praxis dieser letzten drei Glieder im hinduistischen und im christlichen Kontext wird in den nun folgenden Abschnitten zur Sprache kommen.

---

36 Besonders gewarnt sei in diesem Zusammenhang vor Mode-Gurus und Sektenführern, die versuchen, bei labilen Menschen ein falsches Gefühl der Überlegenheit und des »Erwähltseins« zu erwecken, indem sie die Außenwelt als böse und unerleuchtet abwerten. Sie machen sich das Laster des Hochmutes und des Stolzes für ihre dubiosen Geschäftspraktiken zunutze. Sie sind nicht Führer, sondern Verführer.

b) Die Praxis der Versenkung

Die äußere Vorbereitung

Der Ort:

Nicht jeder Ort eignet sich gleichermaßen zum Meditieren. Sowohl in den Schriften des Yoga als auch in den asketischen Anweisungen anderer Religionen wird darauf hingewiesen, daß man sich zum Gebet bzw. zur Meditation an einen ruhigen Ort zurückziehen soll. Jesus lehrt:

»Du aber geh in deine Kammer, wenn du beten willst und schließ die Tür zu...« (Mt 6,6)[37]

An vielen Stellen wird berichtet, daß Jesus selbst sich zum Beten an einen einsamen Ort zurückzog (vgl. Mt 14,23; Mk 1,35; 6,46; Lk 5,16; 6,12; 9,18). Auch in den Lehren der christlichen »Wüstenväter« taucht immer wieder die Anweisung auf, daß der Mensch sich – zumindest für einige Zeit – an einen einsamen Ort begeben soll, um dort Ruhe zu finden[38].

In der *Bhagavadgita* wird der Yogin angewiesen, einen einsamen, reinen Platz für die Übung der Versenkung zu suchen[39]. Noch genauer wird der Übungsort in der sehr alten *Shvetashvatara-Upanishad* und in der *Hathayoga Pradipika* beschrieben, dem Standardwerk des körperorientierten Yoga. Der Yogin soll in einer einsamen, nüchternen, sauberen Zelle üben, die ihm keinen Anlaß zu Zerstreuungen bietet[40]:

»Der Ort: Es könnte eine kühle Höhle sein, eben, keine Geräusche, weder Wind noch Stein. Nichts Äußeres soll Herz und Auge trüben, wenn wir nunmehr das Sich-Versenken üben.«[41]

---

37 Wenngleich die zentrale Aussage der Perikope, in welcher der zitierte Vers steht, darauf abzielt, ein Zur-Schau-Stellen der Frömmigkeit zu kritisieren, so läßt dieser Vers jedoch auch die hier gegebene Deutung zu. Sie wird überdies von den Hindus bevorzugt.

38 »Der Altvater Moses sprach zum Altvater Makarios: 'Ich will mich der Ruhe (der Kontemplation) hingeben, aber die Brüder lassen mich nicht.' Altvater Makarios sagte zu ihm: 'Ich sehe, daß deine Natur zart ist und daß du den Bruder nicht zurückweisen kannst. Aber wenn du die Beschauung pflegen willst, dann geh in die Wüste, dort hast du Ruhe.'« Bonifaz Miller, Weisung der Väter, Trier, Nr.475.

39 Vgl. BG 6,10f.

40 Vgl. Hathayoga Pradipika 1,12f, in: Hartmut Weiss, Die Quellen des Yoga, München 1986 S.199f.

41 Shvetashvatara-Upanishad II,10, zit. nach Hartmut Weiss (S.35), s.o.

Auch für den Abendländer, der Meditation und Versenkung üben will, spielt der Ort eine nicht unerhebliche Rolle. Es empfiehlt sich, einen ruhigen Platz in der Wohnung auszuwählen bzw. zu gestalten, an dem man regelmäßig meditiert. Dieser Platz sollte nur der Meditation vorbehalten sein und weder im Durchgangsbereich liegen, noch an einer Stelle, wo viele Gebrauchs- oder Dekorationsobjekte ablenken. Eine Kerze, eine Bibel, evtl. Blumen, ein Kreuz oder auch eine Ikone könnten als Gestaltungselemente dienen. Sie werden die Erfahrung machen, daß Ihnen der Einstieg in die Meditation umso leichter fällt, je stärker Sie sich an diesen Platz gewöhnt haben.

Ein kleines Ritual kann Ihnen ebenfalls den Übergang vom Trubel des Alltags in die Stille erleichtern. Sie sollten sich bereits, wenn Sie das Zimmer betreten, bewußt machen: »Jetzt ist Zeit für die Meditation. In den nächsten Minuten ist nichts anderes wichtig als die Versenkung.« Dann nehmen Sie den Meditationssitz ein und entzünden eine Kerze – vielleicht auch ein Räucherstäbchen. Diese kleinen, vorbereitenden Handgriffe stellen – vorausgesetzt, sie werden konzentriert ausgeführt – eine große Hilfe für das Folgende dar. Sie können zu Beginn der Meditation auch ein kurzes Gebet z.B. an den Heiligen Geist sprechen.

Es ist nicht möglich, aus dem Alltag unvermittelt in die Stille der Meditation einzutauchen. Sowohl der Körper als auch das Mental benötigen eine gewisse Zeit, um zur Ruhe zu kommen. Die Gedanken und Vorstellungen in unserem Inneren sind vergleichbar mit einem Schwungrad, das noch einige Zeit nachläuft, wenn der Motor bereits abgeschaltet ist. Ein kleiner Ritus zu Beginn der Meditation bündelt und kanalisiert die überschüssige Energie und hilft unserem psychophysischen Organismus auf ganz natürliche Art, sich zu sammeln und zur Ruhe zu finden.

Als Ort für die Versenkung eignen sich auch manche Kirchen gut, besonders die Sakramentskapellen, in denen meist Stille herrscht und die Gegenwart Gottes für viele Menschen erfahrbar ist.

In der freien Natur haben es erfahrungsgemäß viele Menschen schwerer, zu innerer Sammlung zu finden; die vielfältigen Sinneseindrücke lenken zu sehr ab.

Der Meditationssitz:

Dem Abendländer fällt es zumindest am Anfang schwer, in einer der Lotus-Positionen, d.h. mit gekreuzten Beinen auf dem Boden zu sitzen wie die Inder. Wenngleich diese Sitzhaltungen viele Vorteile mit sich bringen wie Stabilität, Zentrierung der Extremitäten und ein gerades Rückgrat, so ist doch dringend davon abzuraten, sich mit Gewalt und unter Schmerzen in den Lotussitz zu zwingen. Viel wichtiger als die Beherrschung dieses Sitzes ist, daß Sie über längere Zeit gerade und entspannt sitzen können.

Tragen Sie zum Meditieren lockere Kleidung. Enge Jeans können zu einem unangenehmen Blutstau in den Beinen führen. Geschlossene Gürtel behindern die freie Atmung.

Achten Sie stets darauf, daß das Gesäß etwas höher plaziert wird als die Knie, damit der Bauch nicht eingeengt wird. Dies läßt sich z.B. durch ein kleines Sitzschemelchen mit leicht nach vorne geneigter Sitzfläche erreichen (Abb. 22.1).

Eine besonders praktische Sitzhilfe können Sie sich aus einer Decke herstellen, die Sie viermal der Länge nach zusammenlegen, und dann zu einer Ziehharmonika falten. (Abb. 22.2) So können Sie je nach Anzahl der Faltungen die Höhe des Sitzes Ihren individuellen Bedürfnissen anpassen.

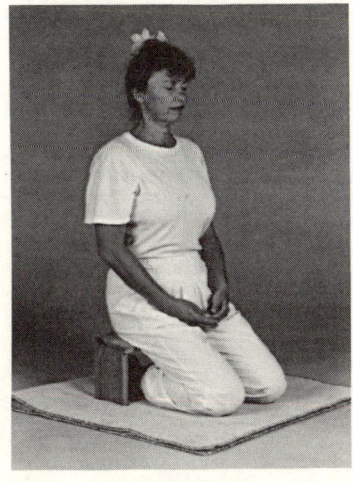 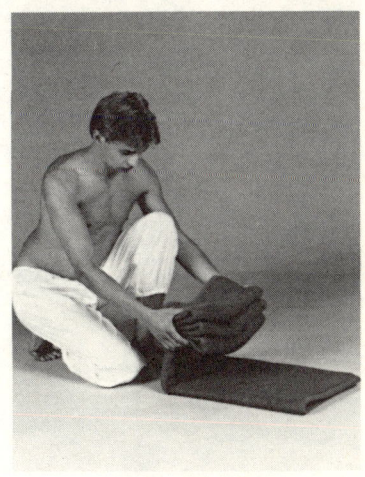

Abb. 22.1   **Abb. 22.2**

Die so gefaltete Decke lei-
stet Ihnen z.B. gute Dienste
für den (sehr bequemen)
Reitersitz (Abb. 22.3). In
diesem Knie-Sitz knien Sie
auf dem Boden und haben
einen Stapel von Kissen oder
die zur Ziehharmonika ge-
faltete Decke zwischen den
Beinen. Sie sitzen also wie
auf einem Pferd. Das Hauptgewicht des Körpers ruht
nicht auf den Knien, sondern
auf dem Kissenstoß bzw. der
Decke. Dazu muß der Stapel
genügend hoch sein. Dann
werden auch die Knie nicht
abgedrückt, und Ihre Beine
schlafen nicht ein.

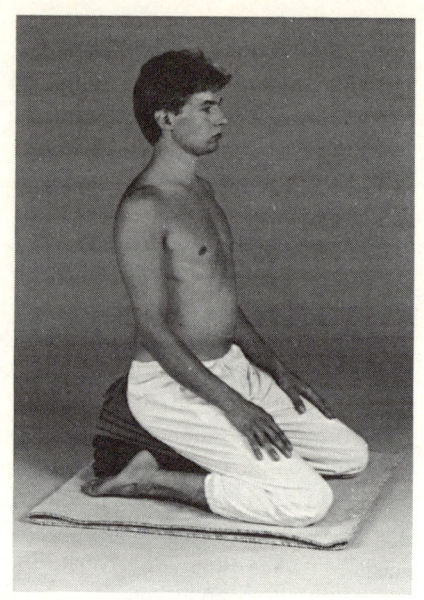

Abb. 22.3

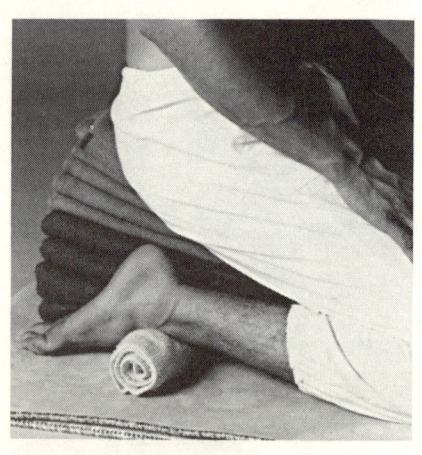

Abb. 22.4

Wenn Sie ein Meditations-
schemelchen benützen oder
im Reitersitz knien, so kann
es vorkommen, daß die auf
dem Boden aufliegenden
Fußriste überdehnt werden
und zu schmerzen beginnen.
Sie können dann z.B. ein zu-
sammengerolltes Handtuch
unterlegen und damit die
Wölbung unterstützen. (Abb.
22.4) Dies schafft rasch
Abhilfe.

246

Sie können auch auf einem Stuhl sitzen (Abb. 22.5). Das Gesäß sollte jedoch durch ein Kissen etwas erhöht sein und die Oberschenkel sollten nicht auf die Stuhlkante drücken.

Die Fußsohlen ruhen auf dem Boden. Ist dies wegen der Höhe des Stuhles nicht möglich, so stellen Sie die Füße auf eine Unterlage. Versuchen Sie frei zu sitzen. Gelingt es Ihnen auch auf diese Weise nicht, eine bequeme, entspannte Sitzposition einzunehmen, so lehnen Sie sich an. Die Stuhllehne muß dazu jedoch senkrecht sein. Gleichen Sie einen schräge Stuhllehne durch ein Kissen im Rücken aus.

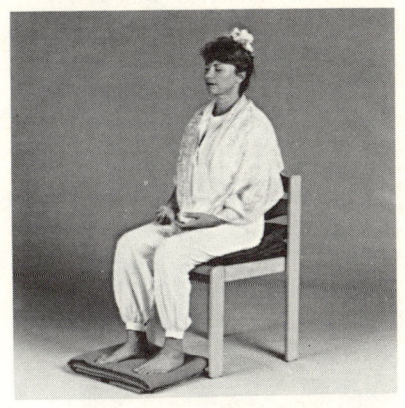

Abb. 22.5

Für den Lotussitz und seine Varianten haben sich die Meditationskissen bewährt, wie sie in der japanischen Zen-Tradition verwendet werden. Sie können jedoch auch die oben beschriebene, zur Ziehharmonika gefaltete Decke verwenden.

Den Lotussitz sollten Sie ganz behutsam einüben. Am Anfang empfiehlt es sich, etwas höher zu sitzen, damit die Knie leichter den Boden berühren[42]. Auf der ersten Stufe des Lotussitzes können Sie noch beide Fuß-Außenkanten auf der Unterlage aufruhen lassen. (Abb. 22.6)

Abb. 22.6

---

42 Der »Schneidersitz«, bei dem die Knie nach rechts und links in die Höhe zeigen, ist zum Meditieren weniger geeignet. Wenn man frei sitzt, bietet er wenig Stabilität und behindert die Bauchatmung. Überzeugen Sie sich einmal testweise davon.

Allmählich sollten Sie versuchen, den linken Fuß zuerst auf den rechten Unterschenkel, dann auf den rechten Oberschenkel zu legen. (Abb. 22.7).

Im vollständigen Lotussitz ruhen beide Füße auf den gegenüberliegenden Oberschenkeln (Abb. 22.8).

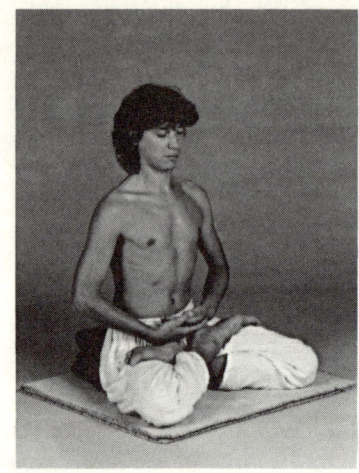

Abb. 22.7   **Abb. 22.8**

Die Hände liegen auf den Oberschenkeln, entweder mit den Handflächen nach unten (Vgl. Abb. 22.6) oder nach oben (Vgl. Abb. 22.7), oder sie sind zu einer Schale geformt, wobei die linke Hand in der rechten liegt und die Daumenkuppen sich berühren. (Vgl. Abb. 22.8) Letztere Stellung betont den Aspekt der Sammlung, während erstere Offenheit (auf Gott hin) ausdrückt. Die zweite Handhaltung vermittelt das Gefühl von Stabilität. Probieren Sie die unterschiedlichen Haltungen aus und finden Sie die Ihnen entsprechende heraus.

Haben Sie Probleme, bei den beschriebenen Positionen frei zu sitzen, so können Sie eine Art von Schneidersitz einnehmen (evtl. ein Kissen unter das Gesäß legen) und sich an die Wand anlehnen. Beachten Sie jedoch, daß dabei das Kreuzbein und die Schulterblätter dicht an der Wand anliegen sollen. Der Hinterkopf berührt die Wand nicht: So wird die Wirbelsäule geradegehalten.

Um über längere Zeit bequem zu sitzen, müssen Sie versuchen, die Wirbelsäule in eine möglichst aufrechte Position zu bringen. Wenn Sie nach hinten, nach vorne oder gar zur Seite »hängen«, so verursacht dies Verspannungen und Unruhe, da der Körper – wenn auch unbewußt – stets das Gleichgewicht halten muß. Es gibt mehrere Möglichkeiten, in eine gerade Sitzhaltung hineinzufinden:

– Machen Sie ein Hohlkreuz, ziehen Sie die Schultern nach hinten unten und strecken Sie das Gesäß weit nach hinten, atmen Sie ein, halten Sie den Atem an und neigen Sie sich aus den Hüften nach vorn. Der Kopf wird dabei nicht nach vorne gesenkt, sondern nach hinten oben gestreckt und das Kinn wird angezogen (Abb. 23.1). Lassen Sie Rückgrat und Hals steif und beugen Sie sich aus den Hüften zurück in die Senkrechte. Richten Sie sich nun wieder vom Steißbein her auf und lassen Sie das Becken leicht nach hinten kippen. Atmen Sie dabei aus. *Durch das Kippen des Beckens verschwindet das Hohlkreuz und die Wirbelsäule wird gerade* (Abb. 23.2). Wenn Sie jetzt spüren, daß das Hauptgewicht Ihres Rumpfes auf den beiden Sitzhöckern ruht, dann stimmt Ihre Position.

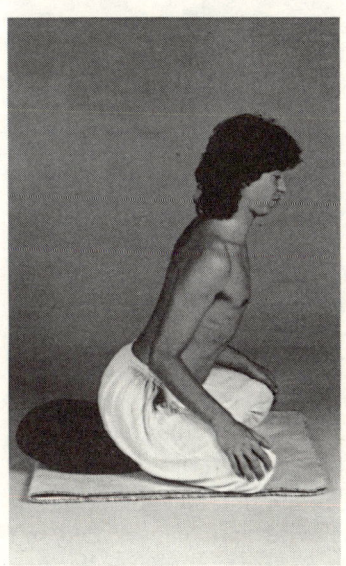 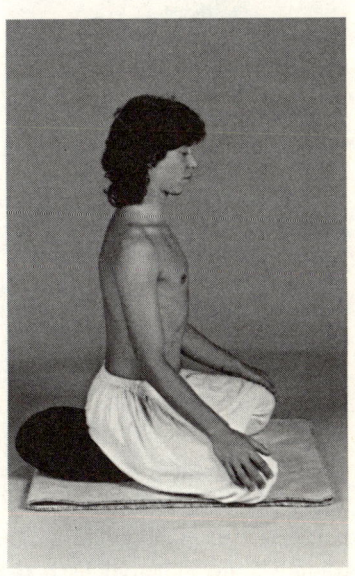

Abb. 23.1   Abb. 23.2

– Strecken Sie die Hände über den Kopf und verschränken Sie die Finger. Drehen Sie die Handflächen nach vorne oben, atmen Sie tief ein und strecken Sie sich dabei so weit wie möglich. Sie können sich vorstellen, Sie würden nach oben gezogen. (Abb 24.1) Lassen Sie die ausgestreckten Arme im Ausatmen zur Seite absinken (Abb. 24.2) und bringen Sie die Hände in die von Ihnen gewählte Meditationsposition.

Abb. 24.1   **Abb. 24.2**

– Richten Sie sich im Einatmen von den Sitzhöckern her auf. Der gesamte Rumpf wird dabei um einige Zentimeter höher. Stellen Sie sich vor, der Abstand zwischen den Wirbelkörpern würde sich vergrößern. Lassen Sie beim Ausatmen die Schultern nach hinten fallen und die Wirbelsäule in der Senkrechten wieder etwas zusammensinken. Pendeln Sie nun aus der Hüfte vor und zurück (die Wirbelsäule bleibt dabei ganz gerade). Sie können die Bewegung deutlich an den Sitzhöckern erspüren. Lassen Sie das Vor- und Zurückpendeln schließlich langsam in der Mitte zur Ruhe kommen. Pendeln Sie nun nach rechts und links und kommen Sie wieder langsam ins Zentrum. Fühlen Sie, ob Sie nun gerade, stabil und bequem sitzen.

Verwenden Sie besonders am Anfang viel Sorgfalt und Aufmerksamkeit auf den richtigen Sitz. Ihr Körper wird nach einiger Zeit mit traumwandlerischer Sicherheit in die für Sie beste aufrechte Position hineinfinden.

1) Die Konzentration *(Dharana)*

Im Gegensatz zu den letzten beiden Gliedern (Meditation und Vereinigung), die sich eher als *Zustände* bzw. als *Erfahrung* völliger Harmonie, letzter Gewißheit und absoluten Einsseins des Übenden mit sich selbst umschreiben lassen, bezeichnet *Dharana* jene *Praktiken* und *Techniken*, die an die Schwelle dieser Erfahrungen führen. Wenn man bei uns von »Meditation« spricht, meint man zumeist diese – in vielerlei Hinsicht nützlichen und wirkungsvollen – Praktiken[43]. Meditation im engeren Sinne ist jedoch nicht mehr Technik, sondern ein bestimmter Bewußtseinszustand, in dem alle mentalen und emotionalen Aktivitäten zur Ruhe gekommen sind.

Wie schwer es ist, diesen Zustand zu erreichen, d.h. den Geist zur Ruhe zu bringen, dokumentiert eine Lehr-Erzählung der »Wüstenväter«:

> »Ein Bruder saß in der Kellia, und durch die Einsamkeit kam er in Unruhe. Er ging zum Altvater Theodor von Pherme und sagte es ihm. Da belehrte ihn der Greis: 'Wohlan, demütige dein Denken, ordne dich unter und bleibe bei den anderen.' Er kam wieder zum Altvater zurück und eröffnete ihm: 'Auch unter den Menschen finde ich keine Ruhe!' Der Alte sagte darauf: 'Wenn du allein nicht zur Ruhe kommst und auch unter den anderen nicht, wozu bist du dann Mönch geworden? Etwa nicht, um Bedrängnis zu dulden? Sage mir, wie viele Jahre trägst du eigentlich das Mönchsgewand?' Er sagte: 'Acht!' Da sagte nun der Greis: 'Wirklich, ich zähle siebzig Jahre in diesem Kleid, und keinen Tag habe ich Ruhe gefunden – und du mit deinen acht verlangst Ruhe zu haben?' Als der Bruder das hörte, ging er gestärkt davon.«[44]

Auch die indischen Yogins wissen, daß dem menschlichen Geist eine ständige Unruhe innewohnt, die zu überwinden sehr schwer ist. Man kann sich nicht einfach hinsetzen und das Denken wie ein Radio ausschalten. Mit einiger Übung läßt sich jedoch ein undiszipliniert umherschweifender Geist zähmen. Die durchaus natürliche Unruhe und Tätigkeit des Geistes wird dazu auf *ein* Objekt gerichtet. Damit ist bereits

---

43 Wer Meditationstechniken anwendet, kann zwar häufig positive Effekte auf Leib und Psyche feststellen, wie Normalisierung des Blutdrucks, Entspannung, Überwindung von Unsicherheit, Angst etc. – hierauf läßt sich der Meditationsboom seit den 60er Jahren vor allem zurückführen – das bedeutet jedoch noch lange nicht, daß der Übende auch wirklich meditiert.

44 Miller, a.a.O., Nr.269.

viel erreicht. Den Vorgang des Sich-Konzentrierens nennt der Yoga *Dharana* (»*dhar*« = festhalten, tragen). Das Resultat bezeichnet Patanjali als *Ekagrata* (wörtl.: eines zur Spitze habend), »zugespitztes« Denken, das zum *Samadhi* führt:

> »Konzentration *(Dharana)* bedeutet das Festhalten des Bewußtseins an einem Betrachtungsgegenstand.« (YS III,1) »Das Aufhören der Zerstreuung des Geistes durch alle Arten von Gegenständen und das Erwachen einer einzigen Konzentration *(Ekagrata)* ist die Transformation der Versenkung.« (YS III,11)

Eine wichtige Rolle spielt die Wahl des Gegenstandes, auf den man sich konzentriert. Der Yoga läßt hier viele Möglichkeiten offen und wird damit der Individualität des Menschen gerecht. Achten Sie jedoch darauf, daß der Konzentrationsgegenstand für Sie sowohl emotional als auch rational einen *positiven* Bedeutungsgehalt hat. Nur so können Sie Ihre geistig-seelischen Kräfte, d.h. das Sich-Erinnern, das Denken und das Wollen an den betreffenden Gegenstand binden. Der Gegenstand der Konzentration dient also gewissermaßen als »Köder«, der das Interesse des ganzen Menschen auf sich lenkt. Wird dieses Interesse befriedigt, so nimmt die Tendenz des Mentals, sich anderen Dingen zuzuwenden, deutlich ab.

Das Objekt der Konzentration kann sowohl ein inneres sein wie der Atem, eine bestimmte Körperregion (z.B. das Herz!), ein kurzes inneres Gebet *(Japa, Mantra)*, als auch ein äußeres wie z.B. ein *Mandala* (Meditationsbild), ein Text aus heiligen Schriften oder auch ein Gegenstand aus der Natur (Blume, Stein etc.). In jedem Fall sollte das Meditationsobjekt für Sie eine persönliche Bedeutung haben.[45]

---

45 In der christlichen Spiritualität wird von altersher den Begriff »Meditation« für den eben geschilderten Vorgang der Konzentration *(Dharana)* verwendet. Was der Yoga unter »Meditation« *(Dhyana)* versteht, bezeichnet die christliche Mystik als »Kontemplation«. Gertrude und Thomas Sartory haben sich näher mit dem Begriff »Kontemplation« auseinandergesetzt. Kontemplation bedeutet vor allem »'Zusammenschau': Überblick über das Ganze, dem das Viele und Vielerlei zu Einem wird: eben 'zusammengeschaut'. So hat Benedikt, zu den Höhen der Kontemplation emporgerissen, die ganze Welt wie unter einem einzigen Sonnenstrahl zusammengefaßt erblickt. Von Gott her geschaut! Oder auch: In Gott geschaut!« »Das Denken hört auf, wenn man die Wahrheit 'schaut'; der Wille entspannt sich, weil es nichts mehr zu wünschen und zu wollen gibt, wenn man am Ziel aller Sehnsucht angelangt ist. Kontemplation, Beschauung wird dann zu einem Stück Himmel auf Erden, Vorkosten des Lebens nach dem Tod...« Th. u. G. Sartory, Johannes Cassian, Spannkraft der Seele, Freiburg ²1985, S.37f. Ich werde im Abschnitt über die Meditation näher auf die Kontemplation eingehen.

Neben der Konzentration auf den Atem, die eine große Hilfe auf dem Weg nach innen sein kann, eignet sich für den Christen vor allem die Konzentration auf die Herzgegend sowie die Schriftmeditation und das innere Repetieren eine kleinen Gebetes.

Sich nach yogischer Weise zu konzentrieren bzw. auf christliche Weise zu meditieren bedeutet, tausenderlei Bilder, Gedanken, Gefühle etc. loszulassen und sich auf *ein* Bild, *einen* Gedanken, *eine* Schriftstelle einzustellen. Kommen störende Gedanken und beginnt der Geist vom Meditationsobjekt abzuweichen – was durchaus normal ist – so sollten Sie weder mit den Gedanken »davondriften«, noch krampfhaft versuchen, sie loszuwerden. Am besten lenken Sie die Aufmerksamkeit so schnell wie möglich wieder auf das Meditationsobjekt, sobald Sie die Zerstreuung wahrgenommen haben.

Wer auf diese Weise übt, dessen Gedanken kommen mit der Zeit zur Ruhe. Wer jedoch versucht, die Gedanken mit Gewalt fernzuhalten, dessen Ich steht in einem ständigen Kampf und schwankt zwischen Erfolg und Mißerfolg, »Sieg und Niederlage«. Die Quintessenz der yogischen Kontemplation liegt also »nicht im gewaltsamen Beherrschen der Sinne und Gedanken«, sondern »im entspannten Gehenlassen.«[46]

Konzentrationsübungen

Die Erforschung des Atems:

Folgende Übung empfehle ich jedem, der mit dem Meditieren beginnen will. Sie nimmt zehn bis fünfzehn Minuten in Anspruch:

Nehmen Sie einen geraden Sitz ein und versuchen Sie, Ihren natürlichen Atem wahrzunehmen. Versuchen Sie, den Atem einfach gelöst und entspannt kommen und gehen zu lassen. Können Sie die Atembewegung bis hinunter in den Bauch verfolgen oder atmen Sie nur in die Brust? Legen Sie eine Hand auf den Bauch und erfühlen Sie, wie sich die Bauchdecke im Atemrhythmus hebt und senkt. Richten Sie ihr Augenmerk nun auf die beiden Nasenlöcher und versuchen Sie genau den Ort wahrzunehmen, wo der Atem in den Körper eintritt. Nehmen Sie die »Qualität« des Atems wahr, den kühleren Einatem und den wärmeren, feuchten, weichen Ausatem. Seien Sie zunächst nichts weiter

---

46 Vgl. Wunderli, a.a.O., S.42.

als ein stiller Beobachter. Später können Sie versuchen, den Ausatem noch entspannter und sanfter zu gestalten. *(Stellen Sie sich dann vor, daß eine Flaumfeder nur wenige Zentimeter unter Ihrer Nase in der Luft schwebt. Ihr Ausatem sollte die Daune nicht in Bewegung versetzen.)* Steigen Sie nun Atemzug für Atemzug mit Ihrer Konzentration im Inneren der Nase hoch und nehmen Sie wieder den Unterschied zwischen dem kühleren Ein- und dem wärmeren Ausatem wahr. Erfühlen Sie, wie Ihr Atem an der Nasenscheidewand und an den Nasenflügeln entlangstreicht und schließlich an der Nasenwurzel ankommt, dort wo der Atemstrom beider Nasenlöcher sich vereint und nach hinten in den Rachenraum hinunterströmt. Machen Sie sich vertraut mit dieser Stelle und verwenden Sie einige Atemzüge darauf, die ganze Strecke in einem wahrzunehmen. Verfolgen Sie nun Schritt für Schritt den Atem weiter nach unten: über die Rachenwand, das Gaumensegel bis hinunter zum Kehldeckel. Verfolgen Sie nun nochmals die ganze Strecke, von den Nasenlöchern bis zum Kehldeckel. Gehen Sie mit Ihrer Aufmerksamkeit noch weiter nach unten, und erspüren Sie nun das Streichen der Luft in Ihrem Kehlkopf, in der Luftröhre, in den Stammbronchien, bis hinein in die Lungen. Versuchen Sie die Atembewegungen im oberen, mittleren und schließlich im unteren Teil Ihrer Lunge wahrzunehmen und verfolgen Sie nochmals einige wenige Atemzüge lang den gesamten Weg des Atems. Richten Sie Ihr Augenmerk nun auf das Zwerchfell, wie es sich im Atemrhythmus senkt und hebt. Versuchen Sie, dieser Bewegung über die Bauchorgane bis hinein ins Becken nachzugehen. Mit der Zeit können Sie sogar einen feinen, an den Atemrhythmus gekoppelten Energiestrom wahrnehmen, der bis in die Finger- und Zehenspitzen fließt. Unter Umständen kann Ihnen ein nicht zu aufdringlich duftendes Räucherstäbchen bei dieser Übung helfen. Verwenden Sie noch einige Zeit darauf, den Aus- und Einatem zu beobachten. Wenn störende Gedanken aufkommen, so wenden Sie sich immer wieder dieser Atembeobachtung zu. Sie können die Züge der Ausatmung jeweils von eins bis zehn zählen, um dann wieder bei eins anzufangen, falls keine Gedanken gekommen sind. Falls jedoch Gedanken vor dem zehnten Atemzug aufkommen, sollen Sie auf eins zurückspringen und von neuem mit dem Zählen beginnen.

Die Konzentration auf ein Bild oder einen Gegenstand:

Bringen Sie das Objekt in einer Höhe an, in der Sie es betrachten können, ohne daß Sie Ihren Kopf heben oder strecken müssen. Schließen
Sie die Augen und stellen Sie sich alle möglichen Gegenstände im
Raum vor (die Struktur des Teppichs, die Couchgarnitur, Blumen
etc.). Öffnen Sie die Augen wieder und vergleichen Sie, ob Ihre
Vorstellungsbilder mit der Realität übereinstimmen. Lassen Sie Ihre
Augen über die Objekte im Raum gleiten und diese im Detail wahrnehmen. Schließen Sie wieder die Augen und versuchen Sie im Ausatmen alle Bilder loszulassen. Öffnen Sie wieder die Augen und richten Sie Ihren Blick auf das gewählte Meditationsobjekt.
Ein Bild zu meditieren bedeutet, tausend andere Bilder beiseite zu lassen und sich ganz auf dieses eine einzustellen. Lassen Sie das Bild
bzw. den Gegenstand auf sich wirken. Nehmen Sie Details wahr. Lassen Sie aufsteigende Gefühle und Assoziationen zu. Treten Sie immer
mehr ein in eine Beziehung zu dem Meditationsobjekt, lassen Sie es
zu sich sprechen.
Bilder, die ein Zentrum haben, eignen sich besonders gut zur Meditation. Nicht nur im Osten wurden Mandalas entwickelt, auch im Westen kannte man ähnliches. Die große Fensterrosette in der Kathedrale
von Chartres gibt beredtes Zeugnis davon. Bei solchen Bildern versucht man, den Weg von außen zum Zentrum zu finden und – hat man
die Mitte erreicht – darin zu verweilen.

Die Konzentration auf ein Gebet oder ein Mantra:

Ich möchte hier nur ganz kurz auf die Meditation der Heiligen Schrift
eingehen. Es geht hier darum, sich in eine Stelle der Bibel »hineinzu-
meditieren«, d.h. sich mit den dort handelnden und sprechenden Personen zu identifizieren, den Text zu verinnerlichen und in den Dialog
mit Gott einzutreten. »Christliche Meditation ist kein rein intellektuel-
ler Akt, sondern sie geschieht immer in der betenden Hinwendung zu
Gott. Bei solchem Umgang mit dem Text werden aus dem Felsen die
Wasser der Einsicht und des Verstehens hervorbrechen.«[47]

---

47 Martin Nicol, Meditation bei Luther, Göttingen 1984, S.49. Ich werde noch in Zusammenhang mit Augustinus darauf eingehen, daß christliche Meditation – im Gegensatz zu vielen östlichen Praktiken – stets den Weg vom Glauben hin zur Erkenntnis geht.

Ein anderer Weg besteht in der stillen Wiederholung von kleinen Gebeten oder kurzen Sätzen aus der Bibel in Verbindung mit dem Atemrhythmus. Es steht Ihnen frei, welchen Satz Sie wählen. Beachten Sie jedoch zwei Kriterien bei der Auswahl: Zum einen sollte der Wortlaut gut »fließen«. Darum darf die Wortfolge nicht zu lang sein. Zum anderen sollte der Satz eine tiefere Bedeutung für Sie persönlich haben und die gesamten psychischen Kräfte sammeln. Besonders eignen sich Sätze, die eine tiefe Sehnsucht nach Gott ausdrücken oder Hingabeformeln *(Japa)*. Häufig hat sich die lateinische Sprache besser bewährt als die deutsche. Im folgenden sollen einige bewährte christliche Meditationsformeln vorgestellt werden. Ein Schrägstrich teilt sie jeweils in zwei Hälften. Während des ersten Teiles atmen Sie ein, im zweiten Teil atmen Sie aus. Die Sätze werden nicht laut gesprochen, sondern nur innerlich mit jedem Atemzug wiederholt:

– Komm Herr / Jesus! (Off 22,20)
– Veni / sancte spiritus. (Stephan Langton, Pfingsthymnus um 1200)
– Deus / meus. Oder: – Mein Herr und / mein Gott. (Joh 20,28)
– Kyrie / eleison (Christe / eleison)
– In Dir / ist Leben. (vgl. Joh 1,4)
– Meister / wo wohnst Du? (Joh 1,38)
– Kommt / und seht! (Joh 1,39)
– Kommt / Ihr vom Vater Gesegneten! (Mt 25,34)
– Fiat / voluntas tua. Oder: – Dein Wille / geschehe. (Mt 6,10; 26,42)
– Nimm mich / Dir zueigen. (Nikolaus v.d. Flüe)
– Jesus / Christus. Oder: – Jesus Christus Sohn Gottes / erbarme Dich meiner. (Jesusgebet der orthodoxen Mönche[48])
– Ich / bin. (Vgl. Joh 18,5-8)
– Du / bist. Oder auch nur: – Du (im Ausatem)

Haben Sie sich erst einmal für eine Formel entschieden, so empfiehlt es sich, diese über einen längeren Zeitraum beizubehalten. Nur so können Sie in eine immer engere Beziehung zum »Meditationsobjekt« eintreten und schließlich die Subjekt-Objekt-Spaltung übersteigen. Dies entspricht dann der Kontemplation, d.h. dem was der Yoga als »Meditation« *(Dhyana)* bezeichnet.

---

48 Eine fundierte Einführung in die Theorie und Praxis des Jesusgebetes gibt Pater Emanuel Jungclaussen in: Aufrichtige Erzählungen eines russischen Pilgers, Freiburg 1984. S.a. Ders. »Das Jesusgebet«, Friedr. Pustet Verlag 1977 und Kallistos Ware, E. Jungclaussen, Einführung zum Herzensgebet, Herder Verlag 1982.

2) Die Meditation *(Dhyana)*

Wer lange genug in der Konzentration auf einen Gedanken bzw. Gegenstand verharrt, für den beginnt die Mauer, die Subjekt und Objekt trennt, zu schmelzen. Betrachter und Betrachtetes werden in der Erfahrung immer mehr eins. Dies drückt Patanjali in YS III,2 so aus:

> »Aus dieser (Konzentration) heraus (entsteht) das Einstimmen in einen einzigen Erfahrungsakt. Das ist Meditation.«

Meditation ist ein Bewußtseinszustand, eine Erfahrung, die sich von innen her aufschließt, und nicht mehr Handeln des Menschen.

Hinduistische Interpretatoren deuten *Dhyana* häufig als völlige Abwesenheit von *Vrittis* (Bewegung z.B. des Mentals, *Citta*) und damit als »Eingestimmtsein in diese einzige Erfahrung der reinen Leere des Raumes«, in der auch die »Zeit zum Stillstand« kommt[49].

Auch für den meditierenden Christen wird der Zeitpunkt kommen, an dem die Gedanken ruhen. Die große Mystikerin Theresa von Avila beschreibt diese Erfahrung, indem sie lehrt,

> »daß es sehr wohl während eines Vaterunsers oder eines anderen mündlichen Gebetes geschehen kann, daß uns der Herr zu vollkommener Beschauung (Kontemplation) erhebt. So zeigt seine Majestät, daß er den Sprechenden hört und ihm in seiner Größe antwortet: er setzt ihm den Verstand außer Kraft, indem er den Lauf der Gedanken anhält und ihm, wie man so sagt, das Wort aus dem Munde nimmt. Nur mit großer Anstrengung könnte er noch sprechen. Doch er begreift die wortgeräuschlose Unterweisung des göttlichen Meisters, der ihm Fähigkeiten aufhebt, die, würde er sich ihrer jetzt noch bedienen, eher schadeten als nützten. So ist er selig, ohne zu wissen, was ihn selig macht«[50]. »Im Gebet der Unio aber sind auch die drei Grundkräfte der Seele (Verstand, Wille, Gedächtnis) vereint, weil ihr Schöpfer ihre Eigentätigkeit aufhob. Sie sind ganz und gar beschäftigt mit der Seligkeit, die er schenkt, ohne daß sie verstehen, wie.«[51]

Die Überwindung der Subjekt-Objekt-Trennung und der Stillstand des Denkens wird vom Mystiker – wie aus den zitierten Texten eindeutig

---

49   Patanjali, Die Wurzeln des Yoga, a.a.O. S. 132.
50   Theresa von Avila, Weg der Vollkommenheit CV 25,1, zitiert nach: Theresa von Avila, Herderbücherei, a.a.O., S.57.
51   Ebd., CV 31,10; (S.67).

hervorgeht – nicht als Leere erfahren, sondern als innigste Verbindung mit Gott, der dem Menschen »innerlicher ist als sein Innerstes«, wie es Augustinus ausdrückt[52]. Der Mystiker versteht sich also radikal von Gott her. Dieses Sich-Verstehen bleibt jedoch nicht auf eine intellektuelle Ebene beschränkt, sondern es mündet hinein in eine den Menschen von Grund auf verändernde Erfahrung. Paulus schildert sie im Galaterbrief 2,20: »Nicht mehr ich lebe, sondern Christus lebt in mir.« Zu dieser Gewißheit gelangt Paulus über den Glauben: »Soweit ich aber jetzt noch in dieser Welt lebe, lebe ich im Glauben an den Sohn Gottes, der mich geliebt und sich für mich hingegeben hat.« (ebd.) Im Gegensatz zu manchen Yogapraktiken kommt also die christliche Mystik über den Weg des Glaubens und der Liebe zur Gottesbegegnung und zur Erkenntnis. Besonders Augustinus weist in seiner Illuminationslehre dem Glauben eine wichtige Rolle zu. In »*De Magistro*« 11 (37) beruft er sich auf Jesaja 7,9: »Wenn ihr nicht glaubt, so bleibt ihr nicht«, was er wiedergibt mit: »Wenn ihr nicht glaubt, so werdet ihr nicht verstehen.« Der große Mystiker fährt fort:

> »Über die Dinge in ihrer Gesamtheit aber, die wir verstehen sollen, befragen wir nicht eine von außen her zu uns dringende, sondern die von innen unseren Geist regierende Wahrheit, und Worte können höchstens zu dieser Befragung anleiten.« [Bis hierher stimmt Augustinus völlig mit der Lehre des Yoga überein.] »Jener aber, der da befragt wird und lehrt, das ist der, von dem es heißt, daß er im inneren Menschen wohnt (Eph 3,16f), das ist Christus, die unwandelbare, ewige Weisheit Gottes. Befragt wird sie freilich von jeder vernünftigen Seele, aber sie enthüllt sich jeweils nur so weit, als der Mensch imstande ist, sie mit seinem eigenen Willen zu erfassen... Auch das Licht befragen wir, damit es uns die sichtbaren Dinge zeigt, und wir wissen nur zu gut, daß es sie uns stets nur in dem Maße zeigt, wie wir zu sehen fähig sind.«[53]

Für Augustinus ist es der Glaube, der den Menschen schließlich zu einer Schau der allem zugrundeliegenden Wirklichkeit und zur Erkenntnis befähigt:

> »Auf diese Weise sollen wir nicht nur glauben, sondern auch zu verstehen beginnen, wie wahr die göttliche Autorität das

---

52   Vgl. Confessiones III, 6 (11).
53   Augustinus, De magistro 11 (38).

Verbot ausgesprochen hat, irgendjemanden auf Erden unseren Lehrer zu nennen, da es nur einen einzigen Lehrer von allen gibt, der im Himmel ist. (Mt 23,8-10) Der da aber im Himmel ist, der ist es selbst, der lehren wird, er, der uns durch die Menschen Unterweisung mit Hilfe der äußeren Zeichen zuteil werden läßt, damit wir, nach innen zu ihm zurückgekehrt, uns seine Lehren erwerben. Ihn zu lieben und zu erkennen, begründet das glückliche Leben, von dem alle beteuern, daß sie es suchen, das gefunden zu haben sich aber nur wenige wahrhaft erfreuen.«[54]

Aus den Worten des Kirchenlehrers wird deutlich, daß Glaube und Introspektion bzw. durch Innenschau erworbene Erkenntnis sich nicht widersprechen, sondern im Gegenteil einander bedingen. Der Christ wird darum nicht wie der Hindu nach innen blicken, um die Überwindung der kosmischen Illusion durch die Erleuchtungserfahrung zu suchen, sondern seine innere Suche hat ein Ziel: Christus, den *Logos*, den Lehrer, in sich selbst zu finden. Dies ist ein personales Geschehen, in dem der Liebe der Vorrang vor der Erkenntnis eingeräumt wird. Erkenntnis wird als Folge der Liebe zu Christus verstanden. In seinem Licht gewinnt der Mensch eine neue Weltsicht und manche Erkenntnis, die dann u.U. derjenigen des erleuchteten Yogin in vielem ähnlich sein wird.

Der personale Weg ist darüberhinaus auch in der indischen Spiritualität nicht unbekannt. Er ist das zentrale Thema der *Bhagavadgita*, des »Evangeliums« der Inder:

> »O Partha, wie du mit dem Geist (Manas) an Mir hängend, Yoga übend, zu Mir deine Zuflucht nehmend, Mich ohne Zweifel vollständig erkennen wirst, dies höre nun.«[55]
>
> »Den Menschen, die, an nichts anderes denkend, Mich hingebungsvoll verehren, diesen bringe Ich die Gewißheit des Yoga.«[56]

An die Sprache des Johannes-Evangeliums erinnert folgender Satz in der Gita:

> »Aber wer Mich mit ganzem Herzen liebt, der ist in Mir und ich bin gewiß auch in ihm.«[57]

---

54 Augustinus, De magistro 14 (46).
55 Bhagavadgita, 7,1.
56 Ebd., 9,22.
57 Ebd., 9,29b.

Ausgehend von der Lehre der Gita üben viele Hindus eine Meditationspraxis der liebenden Hingabe an Gott *(Bhakti-Yoga)*. Wenn der Gläubige in der Haltung der Hingabe ein kleines Gebet bzw. *Mantra* rezitiert, so spricht man von *Japa-Yoga.*

Ein auf Christus gerichteter *Japa-Yoga* prägt heute die Meditationspraxis in den christlichen Ashrams Indiens. Es bieten sich Hingabeformeln wie die oben aufgeführten an. In seinem Buch Yeshu-Abba-Consciousness hat Swami Amaldas, ein junger Benediktinermönch aus dem Shantivanam Ashram in Südindien, einen konkreten Weg christlich-yogischer Mediation beschrieben[58]:

Ziel des Yogin ist es, schrittweise im yogischen Bewußtsein zu wachsen. Dieses yogische Bewußtsein ist ein kosmisches Bewußtsein, das sich dem eröffnet, der sein individuelles Körperbewußtsein transzendiert hat. Christlicher Yoga bedeutet ein Hineinwachsen in ein kosmisches Bewußtsein *durch* das (und *im*) Christus-Bewußtsein. Swami Amaldas beschreibt dieses Bewußtsein aus eigener Erfahrung als einen Zustand, in dem der eigene Körper als der Körper des kosmischen Christus und das eigene Blut als das Blut des kosmischen Christus, d.h. als die Gesamtheit des Kosmos erfahren wird. »I was taken from my individual body consciousness to Cosmic Christ body Consciousness.« (S.4) Das mächtige Mantra Om Namaha Christaya, d.h. Om, ich grüße Dich Christus, und die vollständige Hingabe an Christus, analog dem hinduistischen *Bhakti-Yoga*, hilft dem Schüler, durch das Christusbewußtsein hindurch zum Bewußtsein des *kosmischen Körpers* Christi zu gelangen, so daß er schließlich wie Paulus sagen kann: »Nicht mehr ich lebe, sondern Christus lebt in mir.« Je mehr der christliche Yogin in diesem Bewußtsein wächst, um so leichter wird es ihm fallen, auch sein Verhalten zu ändern, d.h. er wird schrittweise lernen, zu handeln wie Christus, der stets den Willen des Vaters verwirklichte. Amaldas bezieht sich vor allem auf die johanneische Logos-Christologie, wo der kosmische Christus als Mittler der Schöpfung angesehen wird[59]. Zugleich spielt der christliche Yogin hier auch auf den indischen Mythos von *Prajapati* bzw. vom kosmischen *Purusha* (Ur-Mensch) an. Der berühmte Schöpfungshymnus des *Rgveda* (10,90) schildert, wie aus seinem Körper der Kosmos entstanden ist.

---

58 Swami Amaldas, Yeshu-Abba-Consciousness, Bangalore 1982.

59 Im letzten Kapitel dieses Buches werde ich versuchen, ausgehend von dieser Theologie einen Weg zum Yoga zu bahnen.

In einem zweiten Schritt lehrt der Swami eine Atem- und Meditations-technik, die den Übenden hineinnimmt in die Dynamik der Liebe zwischen Gott, Christus und dem Menschen. Amaldas leitet dazu an, darauf zu achten, woher der Atem kommt und wohin er geht. Im Einatem kann der Mensch erfahren, wie er von Gott her das Leben empfängt, während er im Ausatem zu Gott zurückkehrt[60]. So fühlt sich der christliche Yogin einbezogen in die Dynamik der Liebe Gottes, die in der Dogmatik als das inner-trinitarische Geschehen zwischen Vater, Sohn und Heiligem Geist beschrieben wird. Dieser Vorgang bedarf einer genaueren Erläuterung: Für Amaldas spielt auch hier die johanneische Konzeption, wie sie im Johannesprolog dargelegt ist, eine wichtige Rolle. Gott der Vater ist wesenhaft Geist (»...schwebte über den Wassern« Gen 1,1) Dieser Geist wird unter seinem dynamischen Aspekt als Lebensodem, als Atem verstanden, der vom Vater, vom Ursprung ausgeht. Analog dem gesprochenen Wort, das durch den Luftstrom des Atems im Kehlkopf erzeugt wird, bringt auch der Atem Gottes das Wort, den Logos hervor. Dieses Wort ist der Inbegriff aller möglichen Schwingung. Es gebiert den Kosmos, der nach den Erkenntnissen der modernen Physik durchaus als die Gesamtheit von Schwingungen verstanden werden kann. Im Mittelpunkt der Schöpfung steht der historische Jesus von Nazareth, der als der auferstandene Jesus Christus den kosmischen Menschen schlechthin verkörpert und der Menschheit das Wesen der Schöpfung vor Augen hält: Das Aus-Gott-Sein und das Zurück-zu-Gott. Christus sendet den Menschen den Heiligen Geist[61]. Im Atem wird dieser Geist für den Menschen erfahrbar. Er erweckt den Meditierenden aus seinem niederen Bewußtseinsstand, in dem der Mensch sich vollständig mit seinem psychophysischen Substrat identifiziert. Die Bewegung von Gott über Jesus zum Menschen, wie ich sie eben dargestellt habe, wird im Einatem nachvollzogen. Im Ausatem wird diese Bewegung umgekehrt. Man atmet also den gesamten Kosmos, dessen Ursprung Gott ist, in und durch Jesus Christus ein und gelangt im Ausatem durch Jesus Christus zur Erfahrung des »Vaters«, d.h. des Ursprungs. In dieser Dynamik lebt der christliche Yogin. Als

---

60 Ich habe bereits darauf hingewiesen, daß im hebräischen Begriff »ruah«, im griechischen Wort »pneuma« und im lateinischen Terminus »spiritus« immer auch die Erfahrung mitschwingt, daß Gott durch die vitale Kraft des Atems seinen Geist im Menschen wirksam werden läßt.

61 Spiritus (lat.), Pneuma (griech.), in der Apg. als großer Sturm beschrieben, oder in Joh 20,22 erwähnt, wo Jesus seine Jünger anhaucht und spricht: Empfanget den heiligen Geist.

Mantra empfiehlt der Swami: *Jesu* (einatmen) – *Abba* (ausatmen) bzw. die Kurzform: *JE-A*. Dies ist das *Maha-Mantra*, das große *Mantra* des christlichen Yogin.

Dem jungen indischen Benediktiner ist hier eine Verbindung von christlicher Theologie und östlicher Meditationspraxis gelungen. Die Erfahrung hat gezeigt, daß diese Art zu meditieren vielen »gestrandeten Suchern« aus dem Westen einen neuen Weg zum Christentum eröffnet hat[62].

---

62 Der Shantivanam Ashram, in dem Swami Amaldas lebt, war zeitweise ein Sammelbecken für solche Menschen, die aus vielerlei Gründen dem abendländischen Christentum gegenüber auf Distanz gegangen sind und in Indien das Heil suchten.

3) Die Vereinigung *(Samadhi)*

Wie eingangs dargestellt, ergibt sich der *Samadhi* aus der Konzentration und der Meditation. Wie bei der Meditation kommt also auch hier keine neue Technik hinzu. Da der Zustand des *Samadhi* zwar als etwas höchst Reales, jedoch durch Worte nicht hinreichend Beschreibbares erfahren wird, will ich mich hier kurz fassen.

Das Wort »*Samadhi*« bedeutet soviel wie die »*coincidentia oppositorum*« d.h. »das Ineinsfallen aller Gegensätze.«[63] In der Konzentration, wo die mentalen Aktivitäten zu einem Punkt gebündelt werden, erlebt sich der Übende noch als Subjekt gegenüber dem Meditationsobjekt. Diese Subjekt-Objekt-Spaltung wird im Prozess der Meditation abgebaut. Der Meditierende erfährt sich immer mehr als eins mit dem Meditationsobjekt (vgl.: *medium ire* = in die Mitte gehen). Er geht völlig darin auf wie ein Schauspieler, der sich völlig mit seiner Rolle identifiziert oder wie ein großer Musiker oder Maler, der sich ganz in sein Werk hineingibt. *Samadhi* ist erreicht, wenn das Bewußtsein der Subjekt-Objekt-Trennung restlos überwunden ist: das Ich-Bewußtsein *(Ahamkara)* des Meditierenden existiert nicht länger. Er ist völlig eins geworden mit dem »Objekt« seiner Meditation. Nichts außerhalb des reinen Seins wird als real wahrgenommen.

Man könnte nun einwenden, daß auch im Tiefschlaf das Ich-Bewußtsein ausgeschaltet ist, und nach dem Unterschied zwischen *Samadhi* und dem Tiefschlaf fragen. Während im Tiefschlaf keinerlei Bewußtsein vorhanden ist, wird der *Samadhi* als eine Art Über-Bewußtsein geschildert, das nichts mit dem Ich-Bewußtsein gemein hat. Im *Samadhi* blickt der Mensch gewissermaßen von einer höheren Ebene sich selbst an. Wenn er dann doch wieder in der Welt tätig wird, so geschieht dies stets von diesem Bewußtsein aus. Um es mit einem drastischen Bild zu verdeutlichen: Der *Ahamkara*, das Ich-Bewußtsein, ist zum Eunuchen geworden; er dient dem höheren Bewußtsein, kann jedoch kein weiteres Ich-Bewußtsein mehr zeugen. Damit ist von nun an keinerlei Fehlidentifikation des Ego-Bewußtseins mehr möglich. Von allen mir bekannten Versuchen, *Samadhi* zu schildern, scheint mir derjenige des Sri Aurobindo am anschaulichsten. Das »Ich«, von dem der Meister im folgenden spricht, muß als Chiffre für dieses Über-Bewußtsein verstanden werden und nicht als Ego *(Ahamkara)*:

---

63 »*sam*« = zusammen; »*dha*« = vereinigen, dazulegen; »*a*« = heran, herbei.

»Konkret sah und fühlte ich den sich annähernden Gedanken, als wenn er durch den Kopf von oben her einträte, und ich war konkret in der Lage, ihn zurückzustoßen, ehe er eintrat. In drei Tagen, genauer in einem, war mein Geist erfüllt von einer ewigen Stille. Sie ist noch heute da.«»Das Nirvana zu erreichen, das war also das erste radikale Ergebnis meines eigenen Yoga. Es warf mich plötzlich in einen Zustand oberhalb und ohne alle Gedanken, unbefleckt durch irgendeine mentale oder vitale Bewegung. Da war kein Ich, keine reale Welt. Nur wenn ich durch die unbeweglichen Sinne hindurchschaute, dann war da eine Welt leerer Formen, materialisierter Schatten ohne Substanz wahrzunehmen, hingelagert über die völlige Stille. Da war nicht das Eine oder gar das Viele, nur eben das absolute Das, eigenschaftslos, beziehungslos, völlig unbeschreiblich, undenkbar, absolut, gleichwohl zuhöchst real und allein real.«[64]

Später bezeichnet Aurobindo diesen Zustand als Vorstufe bzw. als Voraussetzung für seine Gotteserfahrung. Dem Aufstieg des Menschen im *Samadhi* kommt von oben die Herabkunft Gottes entgegen.
Ähnlich sieht es der Christ. *Samadhi* im christlichen Verständnis würde die innigste Verbindung des Menschen mit Gott bedeuten, die vollzogene *Unio Mystica*.
Ein kontemplativer christlicher Text beschreibt diesen Vorgang[65]:

> Entfernen des Hinderlichen,
> das ist die Methode
> für den Weg zu Gott.
> Entfernen alles Lauten, Grellen, Unreinen,
> Entfernen alles Weltlichen.
> Wenn wir aber alles Weltliche
> aus unserer Seele entfernt haben –
> Was bleibt uns dann noch,
> uns Weltlichen?
> Schweigen. Dunkel.
>
> Und in diesem Dunkel: Gott.

---

64 Aurobindo, On Himself and on the Mother, Pondicherry 1953, S.153f.

65 Mit diesen Versen versucht Volkmar Keil die Aussagen des Dionysius Areopagita über Gott für die Meditation zu erschließen. (Dionysius Areopagita, Ich schaute Gott im Schweigen, Übersetzt und für die Meditation erschlossen von Volkmar Keil. Herderbücherei, Reihe Texte zum Nachdenken 1985, S.59.)

Was der indische Yogin als Auflösung seines Ich-Bewußtseins und als das völlige Identisch-Werden mit dem *Atman* bzw. dem *Purusha* erfährt und beschreibt, wird vom christlichen Mystiker offensichtlich anders wahrgenommen und gedeutet: Er gibt sein Ich völlig an Gott hin und gewinnt dadurch erst seine wahre Identität (vgl. Mk 8,35). In der Tiefe seiner Seele entdeckt er Gott. »Gott selber« ist für ihn »das höhere Licht, durch welches der menschliche Geist erleuchtet wird.«[66] Während der yogische *Samadhi* eine Einung des Bewußtseins im Kernwesen des Menschen *(Purusha, Atman)* bezeichnet, muß die *Unio Mystica* als mystische Hochzeit des Menschen bzw. der Seele mit Gott verstanden werden. Beiden Erlebnissen ist gemeinsam, daß sie den Menschen von Grund auf läutern und verwandeln.

Das Gebet von Bruder Nikolaus von der Flüe gibt ein beredtes Zeugnis von der Hingabe des christlichen Mystikers:

Mein Herr und mein Gott, nimm alles von mir,
was mich hindert zu Dir.

Mein Herr und mein Gott, gib alles mir, was mich
fördert zu Dir.

Mein Herr und mein Gott, nimm mich mir und
gib mich ganz zu eigen Dir.

---

66 Augustinus, Joh. Ev. 15 (19).

V. Die Silbe OM und die Theologie vom kosmischen Christus

A. Die hinduistische Weltsicht

Der wichtigste Laut bzw. die wichtigste Silbe ist für die Hindus die Silbe *OM*. Sie wird durch ein eigenes Schriftzeichen wiedergegeben, das sonst im Sanskrit-Alphabet nicht vorkommt. Im YS 1,23-29 wird die Silbe *OM* als die Offenbarung des Wesens Gottes und der Welt beschrieben.

Die Silbe *OM* trägt das gesamte Mysterium des *Brahman*, des Urgrundes alles Seienden in sich, weswegen alle Deutungsversuche dieses Lautes marginal sind und rudimentär bleiben müssen. Sie mögen dem Suchenden eine Hilfe sein, werden jedoch niemals *OM* wirklich adäquat erfassen können.

Gemäß den *Upanishaden* ist es das Ziel des Menschen, zur Realisierung des *Brahman* zu gelangen. *Brahman*, das Absolute, das alle Namen und Formen übersteigt, wäre in seiner Absolutheit *(Nirguna-Brahman, Param Brahman)* vom Menschen nicht erkennbar. Es offenbart sich jedoch als »tönendes *Brahman*« *(Shabda Brahman, Saguna-Brahman)*. Über die Erfahrung des tönenden *Brahman* gelangt der Mensch schließlich zur Realisierung des höchsten *Brahman*.

Hierbei spielt die Silbe *OM* eine entscheidende Rolle. Sie birgt in sich die Quintessenz aller Namen und Formen, d.h. des ganzen Kosmos bzw. des tönenden *Brahman* und führt hinein in einen Zustand des Schweigens, der alle Namen und Formen übersteigt und sich jeglicher Beschreibung entzieht.

Nach den Erkenntnissen der modernen Physik besteht der gesamte Kosmos aus Schwingungen bzw. aus Energie, die gemäß der Korpuskel-Theorie je nach der Betrachtungsweise auch als Materie in Erscheinung tritt. Jenseits stimm-physiologischer Theorien sucht die indische Deutung der Silbe *OM* nach einer modellhaften Entsprechung. Danach setzt sich die mystische Silbe aus vier Teilen zusammen: A-U-M-Stille. A wird am zentralen Punkt des menschlichen

Stimmapparates erzeugt, das U gleichsam auf dem Wege zur relativen Stimmlosigkeit des Konsonantischen sozusagen auf der Mitte dieses Weges und das M schließlich an den geschlossenen Lippen, also dort, wo der Laut unseren Körper verlassen wird.

»AUM« entspricht so verstanden dem Gesamtrahmen menschlicher Lautproduktion und Lautwahrnehmung, mithin alldessen, was wir mittels Sprache oder Meta-Sprache benennen und mittels der Sinne akustisch wahrnehmen können – und es *meint* paradigmatisch die Gesamtheit der kontingenten Welt.

Die Stille schließlich, das was nach M folgt, führt in die Transzendenz.

Man hat versucht, auch das Zeichen für *OM* in diese Richtung zu deuten. Die untere Kurve symbolisiert den Traumzustand, die obere den Wachzustand, das Häkchen, das aus der Mitte entspringt, den traumlosen Tiefschlaf. Die Sichel, welche *Maya*, die kosmische Illusion versinnbildlicht, schiebt sich wie ein Schleier zwischen die Bewußtseinszustände des Menschen und den Punkt, der die Transzendenz andeutet. Ziel des Menschen ist es, die drei Zustände zu überwinden und schließlich in den vierten Zustand, in *Turiya* einzugehen.

Am besten ist die Silbe *OM* in der nur 12 Verse umfassenden *Mandukya Upanishad* beschrieben, die man als Quintessenz der *Upanishaden* bezeichnen kann. Sie soll darum vollständig wiedergegeben werden[1]:

1) OM! – Dieser unvergängliche Laut ist die Ganzheit des sichtbaren Weltalls. Es wird wie folgt erklärt: Was geworden ist, was wird und was werden wird – wahrlich, all das ist der Laut OM. Was diese drei Stadien übersteigt – wahrlich, auch das ist der Laut OM.

---

1   Die Übersetzung lehnt sich über weite Strecken an diejenige von Heinrich Zimmer an. Heinrich Zimmer, Philosophie und Religion Indiens, Suhrkamp TB Wissenschaft Nr.26, 1973, S.334-338.

Die Welt der Erscheinungen, d.h. die Welt von *Nama* (Name) und *Rupa* (Form), und die Transzendenz sind gleichermaßen in der Silbe *OM* gegenwärtig.

2) Alles das (gemeint ist der gesamte äußere Kosmos) ist Brahman. Dieses Selbst (gemeint ist das Innere des Menschen) ist ebenfalls Brahman.

Hier kommt die nicht-dualistische Doktrin der *Advaita*-Philosophie deutlich zum Tragen. Es gibt nur ein einziges Prinzip, das hinter allem steht und in allem wirkt.

3) Dieses Selbst hat vier Glieder. Das erste Glied ist Vaishvanara, das, was allen Menschen gemeinsam ist. Sein Ort ist der Wachzustand. Sein Bewußtsein ist (über die Sinne) nach außen gerichtet. Es hat sieben Gliedmaßen und neunzehn Münder und ernährt sich von der groben Materie.

Hier ist der Wachzustand gemeint, in dem sich das Selbst in der Erscheinungswelt bewegt. (Auf die Münder und Gliedmaßen soll hier nicht näher eingegangen werden[2].)

4) Das zweite Glied ist taijasa, das Glänzende. Sein Bereich ist der Traumzustand. Sein Bewußtsein ist nach innen gerichtet. Es hat sieben Glieder und neunzehn Münder. Es freut sich an feinstofflichen Dingen.

Auch im Zustand des Träumens sind wir noch an die Objekte unserer Wahrnehmung gebunden; Erinnerungen, Assoziationen, Phantasien gehen hier mit ein[3].

5) Wo aber der Schlafende sich weder etwas Begehrenswertes wünscht, noch einen Traum hat, da liegt er im Tiefschlaf (Sus-

---

2 Shankaracarya deutet die »sieben Gliedmaßen« in Anlehnung an die Chandogya-Upanishad 5,12,2, wo diese Glieder mit dem Welt-Atman gleichgesetzt werden: er besteht aus Kopf (Himmel), Auge (Sonne), Atem (Wind), Rumpf (Raum), Nieren (Wasser), Füßen (Erde) und Mund (Feuer). Die »neunzehn Münder« setzt er gleich mit den fünf Sinnesfähigkeiten, den fünf Tätigkeitsarten (Sprechen, Bewegung, Nahrungsaufnahme, Ausscheidung und Zeugung) den fünf *Pranas* (vgl. *Pranayama*) und den vier Bestandteilen des inneren Menschen: *Manas* (Verstand), *Buddhi* (Intellekt), *Ahamkara* (Ichbewußtsein) und *Citta*, dem Seelenstoff, den die Praktiken des Yoga auf das Transzendente hin transparent machen wollen. Im Zusammenhang mit der Mandukya-Upanishad geht es also darum, zu zeigen, daß *Vaishvanara* sich im psychophysischen Substrat des Menschen und in der Welt manifestiert. Näheres siehe Zimmer, a.a.O., S.334f.

3 »Seine 'Glieder' und 'Münder' sind die verfeinerten Gegenstücke derer, die dem Genießer im Raume des Wachbewußtseins zugehören.« Ebd., S.335.

hupta). Prajna, der Wisser, der in diesem Reich des traumlosen Schlafes zum Ungeteilten wurde, ist das dritte Glied des Selbst. Er ist eine undifferenzierte Ansammlung von Bewußtsein, bestehend aus Wonne und sich nährend von Wonne. Sein einziger Mund ist Geist.

6) Er ist der Herr über alles, der Allwissende, der innewohnende Lenker, der Ursprung (der gebärende Schoß) des Alls. Er ist Anfang und Ende der Wesen.

Im Tiefschlaf ist das Bewußtsein nicht mit den Objekten verbunden. Der Mensch ist sich hier weder seiner selbst noch irgendwelcher Objekte in der Außenwelt bewußt[4]. Dieses undifferenzierte Bewußtsein, das die Bedingung der Möglichkeit aller übrigen Bewußtseinsakte darstellt, wird in der *Gita* mit *Vishnu* in seiner universalen Form als Beherrscher des Makrokosmos, als Ursprung, Erhalter und Ende aller Wesen verglichen.

Nun geht die *Upanishad* ihrem Höhepunkt entgegen, indem sie sich *Turiya*, dem vierten Zustand zuwendet, der all die zuvor beschriebenen übersteigt:

7) Was als das vierte Glied erkannt wird – weder einwärts noch auswärts gekehrtes Bewußtsein, noch beides zusammen, keine undifferenzierte Masse schlummernder Allwissenheit, weder wissend noch unwissend – weil unsichtbar, unsagbar, unberührbar, ohne alle Kennzeichen, unfaßbar, undefinierbar, und weil die Gewißheit seines eigenen Selbst sein alleiniges Wesen ausmacht, Zu-Frieden-und-Ruhe-Kommen alles differenzierten relativen Seins, tiefste Ruhe, friedvoll-wonnevoll, ohne-ein-Zweites – das ist der Atman, das Selbst, das erkannt werden soll.

Es ist wichtig, sich bewußt zu machen, daß die übrigen drei Glieder nicht abgewertet werden. Sie bilden zusammen mit dem vierten eine Einheit des Seins, das das Selbst ist. Nicht Weltflucht ist das Ziel des Yogin, sondern das Eintreten in den vierten Zustand. Wer zu *Turiya* Zugang hat, wird in dem Bewußtsein leben, *in* dieser Welt, jedoch nicht *von* dieser Welt zu sein. Er wird sein Wachbewußtsein, das er mit den übrigen Menschen gemeinsam hat und das für das Leben in dieser Welt unentbehrlich ist, benutzen, wo es nötig ist. Er wird dabei

---

4 Man kann zwar sagen: »Ich habe gut geschlafen«, es sind jedoch keinerlei Aussagen über das möglich, was im Tiefschlaf vorgegangen ist.

jedoch immer aus der Perspektive des vierten Zustandes agieren, den er als seine eigentliche Heimstatt erkannt hat. Dieser vierte Zustand wird vom *Yogasutra* als Ziel des Yoga (*Citta Vritti Nirodha* = allmähliches Zur-Ruhe-Kommen der Bewegungen unseres Mentals) bezeichnet. So wird der Übende schließlich fähig, zu unterscheiden, was des »Kaisers und was Gottes« (vgl. Mt 22,21) ist und dementsprechend handeln. Jesus erscheint den Indern in diesem Kontext als Prototyp des Erleuchteten bzw. sogar als ein *Avatara*, eine göttliche Herabkunft, die ihr Wissen um den Ursprung nie verloren hat.

Die übrigen Strophen der *Mandukya Upanishad* zeigen die Verbindung der mit dem Selbst identischen Silbe *OM* mit den oben beschriebenen vier Zuständen auf:

8) Der identische Atman oder das Selbst im Reich der Laute ist die Silbe OM; dabei sind die oben beschriebenen vier Glieder des Selbst identisch mit den Bestandteilen der Silbe, und die Bestandteile der Silbe sind identisch mit den vier Gliedern des Selbst. Die Bestandteile der Silbe sind A, U, M.

9) Vaishvanara, das allen Gemeinsame, dessen Raum der Wachzustand ist, ist der Laut A, weil er alles umfaßt (zu allem hin ausstrahlt), und weil er der erste ist.
Wer solches weiß, umfaßt alles Erstrebenswerte; er wird der Erste.

Der an der zentralen Stelle unseres Stimmapparates gebildete Laut »A« ist nicht nur Ur-Laut, aus dem sich alle anderen Laute entwickeln, er ist auch der erste Buchstabe in den Alphabeten. Er steht für die sichtbare, mit Worten benennbare Welt von *Nama* und *Rupa*, Name und Form.

10) Tayasa, das Glänzende, dessen Reich der Traumzustand ist, ist der zweite Laut, das U – denn er ist ein Extrakt und enthält die Eigenschaften der anderen beiden.
Wer solches weiß, schöpft aus dem Fluß des Wissens und wird ihm gleich; in seiner Familie wird keiner geboren werden, dem das Brahman fremd ist.

Der Ort, wo das U gebildet wird, liegt anatomisch zwischen dem Kehlkopf, dem Ausgangspunkt des A, und den Lippen, die das M formen. Darum steht das U für den Traum, d.h. für den Zustand zwischen Wachbewußtsein und Tiefschlaf.

11) Prajna, der Wisser, dessen Reich der Tiefschlaf ist, ist der dritte Laut, das M, da er das Maß ist, in das alles einmündet. Wer solches weiß, kann alles ermessen und hat an allem teil.

Der geschlossene Mund, der das M bildet, ist das Maß allen Sprechens. Man muß den Mund öffnen, um die Worte hinauszulassen, und man schließt ihn, wenn man seine Rede beendet. Anfang und Ende jeden gesprochenen Lautes sind somit durch den geschlossenen Mund bestimmt.

12) Der Vierte ist lautlos: unaussprechlich, ein Verstummen all der differenzierten Manifestationen, voller Wonne und Frieden, nicht-dualistisch. So ist OM wahrhaftig der Atman. Wer solches weiß, taucht sein Selbst ins Selbst ein – fürwahr, wer solches weiß.

Alle vier Bestandteile des *OM* enthalten zusammen die Gesamtheit des *Atman-Brahman*, des individuellen sowie des universellen Aspektes des Selbst. So wie der Laut *OM* sich manifestiert, anwächst, sich stimmlich wandelt und schließlich ins Schweigen hineinmündet, so auch die vier Zustände des Seins, die nur in ihrer Zusammenschau die Ganzheit des Seins ausmachen. Trotz allem ist festzuhalten, daß die akustische Manifestation der Silbe *OM* flüchtig ist, während das Schweigen bleibt.

B. Christliche Analogien und Unterscheidendes

Im Hinduismus unterscheidet man also zwischen dem *Nirguna-Brahman*, der absolut transzendenten letzten Wirklichkeit und dem *Saguna-Brahman*, dem *Brahman* mit Eigenschaften, d.h. dem *Brahman*, das die Qualitäten der Materie angenommen bzw. sogar begründet hat. Während das erste sich jeglicher Anschauung oder Beschreibung aus der kategorialen Welt heraus entzieht, ist das zweite aus der Schöpfung heraus erkennbar. Es manifestiert sich vor allem als Klang in der Silbe *OM*. Ziel des Menschen ist es, über das *Brahman* mit Eigenschaften wieder zur letzten, transzendenten Realität zurückzufinden bzw. sich mit dieser zu vereinigen.

Wenngleich nach biblischer Lehre Gott nicht in seine Schöpfung eingeht, weist das Konzept der johanneischen Christologie doch auch gewisse Ähnlichkeiten zur *Nirguna-Saguna-Brahman*-Lehre auf:

Gott, der Unmanifeste, erschafft die manifeste Welt durch sein Wort. So berichtet es der Schöpfungmythos des Alten Testamentes (Gen 1). Hier knüpft die johanneische Logos-Christologie an. Das alttestamentliche Konzept wird aufgegriffen und vom Christusgeschehen her neu gedeutet: Johannes setzt das »Wort Gottes« dem kosmischen Christus gleich und bezeichnet ihn mit dem griechischen Begriff »*Logos*«. Dieser *Logos*, der von Anfang an bei Gott war und identisch mit Ihm ist, nimmt schließlich Gestalt in der durch Ihn aus dem Nichts geschaffenen – und darum kontingenten – Welt an. Als kosmischer Christus ist Er sowohl Mittler als auch Ziel, Alpha und Omega der Schöpfung. Als die historische Inkarnation des *Logos* in Jesus Christus führt Er die Schöpfung zurück zum Vater. Alles was ist, stammt somit von Gott. Das Wesen der Schöpfung ist damit »Gotteskindschaft«. Von diesem Blickpunkt aus wird man die Welt, so wie wir sie im Wachzustand erfahren, ernstnehmen müssen. Jesus geht den Weg über und durch die Welt voran und will die Menschen ins »Reich des Vaters« führen, also in den Zustand, der alle differenzierten, kategorialen Manifestationen übersteigt. Wer diesen »Ort« kennt, »taucht sein Selbst ins Selbst« Gottes (vgl. Mandukya Up. 12) ein und wird in bezug auf die Welt das verwirklichen, was Augustinus mit seinem »*uti – non frui*« (gebrauche die Dinge der Welt, aber koste sie nicht aus) meinte.

Der eben geschilderte Gedankengang soll im folgenden noch näher beleuchtet und auf seine Konsequenzen für eine christliche Yogapraxis hin befragt werden:

»Im Anfang war der Logos, und der Logos war bei Gott und der Logos war Gott.« (Joh 1,1) Dieser erste Zustand absoluter Transzendenz läßt sich mit dem des »*Brahman* ohne Eigenschaften« vergleichen. Johannes fährt fort: »Alles ist durch den Logos geworden...« Das bedeutet: Der *Logos* ist der Schöpfungsmittler[5]. Die ganze kontingente Welt, also das, was der Mensch aus seiner Perspektive als »alles« erfährt, ist durch den *Logos* geworden. Der Logos, die universelle Weltordnung, ist zugleich Wort, ist Klang, ist Schwingung[6]. Diese Gedanken erin-

---

5 Was im Johannes-Evangelium als »*Logos*« bezeichnet wird, begegnet uns bereits in der Weisheitsliteratur des Alten Testamentes, wo der weibliche Begriff »*Sophia*« (Weisheit) eingeführt wird. Diese *Sophia* war zugegen, als Gott seine Werke schuf (vgl. Buch der Weisheit 9,9). Es lassen sich hier durchaus Analogien finden zur göttlichen *Shakti*, der kreativen, weiblichen Energie Gottes, durch die der gesamte materielle Kosmos erschaffen und erhalten wird.

6 Die moderne Physik kommt immer mehr zu der Erkenntnis, daß unser Universum tatsächlich aus Energie besteht, auch das, was wir als feste Materie erfahren.

nern an die indische Vorstellung vom *Shabda Brahman* (dem *Brahman* als Klang), eine andere Bezeichnung für das *Saguna Brahman* (das *Brahman* mit Eigenschaften). Der *Logos* ist laut Joh 1,9 »das wahre Licht, das jeden Menschen erleuchtet«, der göttliche Funke im Menschen, der ihn zur Kenntnis seines wahren Wesens befähigt.

Das Absolute hat sich also sowohl nach biblischer als auch nach hinduistischer Auffassung über die von ihm aus dem Nichts geschaffene Welt geoffenbart. Im Gegensatz zum Hinduismus, der zumindest eine Teilidentität von Welt und Gott lehrt, betont die jüdisch-christliche Tradition stets die Unterscheidung von Gott und Schöpfung. Gemeinsam vertreten jedoch beide Weltanschauungen die Meinung, daß die Welt für den Menschen ihre Transparenz auf das Absolute verloren hat. So lebt er im Zustand der Entfremdung, den es durch die religiöse Praxis zu überwinden gilt. Die vielfältigen Eindrücke des Offensichtlichen, Greifbaren, Näherliegenden, Materiellen haben dem Menschen den Blick auf die allem *zugrundeliegende* Wirklichkeit verstellt. Darum, so sagt Johannes, erkannte die Welt Ihn (den *Logos*) nicht, obwohl Er »in der Welt« war, »und die Welt durch Ihn geworden« ist (vgl. Joh 1,10). Nach der christlichen Konzeption hat diese Welt durch den historischen Jesus Christus wieder Transparenz auf die letzte Realität hin gewonnen. Er gab denen, die Ihn aufnahmen, die verlorengegangene ursprüngliche Ausrichtung wieder. Man könnte, wenn man evolutiv denkt, auch sagen: Er schenkte der Welt die Erkenntnis ihres wahren Wesens, zu der sie bis dato noch gar nicht gelangt war und gab der Evolution damit eine neue Richtung. So wird er zur Mitte der Zeit und zum Mittler zwischen Mensch und Gott: »Allen aber, die Ihn aufnahmen, gab Er die Macht, Kinder Gottes zu werden, allen, die an Seinen Namen glauben, die nicht aus dem Blut, nicht aus dem Willen des Fleisches, nicht aus dem Willen des Mannes, sondern aus Gott geboren sind« – in indischer Terminologie: allen, die sich nicht durch die *Maya* täuschen lassen und nicht ihr Wesen mit dieser den drei *Gunas* unterworfenen Welt vollständig identifizieren[7]. Das sind alle, die durch Ihn zur unterscheidenden Erkenntnis ihres wahren Wesens, ihres *Atman* gelangt sind. Sie wissen, daß sie aus Ihm sind und in Ihn zurückkehren werden und daß weder der Tod noch die Freuden oder Leiden dieses Lebens vor dieser letzten Wirklichkeit bestehen können. Die Bibel bezeichnet ein Leben in diesem Bewußtsein als Gotteskind-

---

7 Wille des Fleisches: vgl. *Tamas*; Wille des Mannes, vgl. *Rajas*.

schaft. Aus biblischer Sicht muß die Geschichte des gesamten Kosmos als Heilsgeschichte aufgefaßt werden, als Geschichte der Dynamik der Liebe Gottes. Wenn Gott wirklich Liebe ist – was die christliche Theologie behauptet – so »sehnt er sich« nach einem Anderen, um es lieben zu können und um von ihm geliebt und erkannt zu werden. Darum entläßt Gott, der Eine, den »Sohn«, den »*Logos*« (im Sinne des kosmischen Christus) aus sich in die Personalität und schafft sich damit ein freies, ebenbürtiges Gegenüber, das Er erkennt und liebt und von dem Er erkannt und geliebt werden kann. Ziel dieses Prozesses ist es, daß sich beide schließlich in gegenseitiger Hingabe wieder vereinen. Wird Gott gar erst im Gegenüber des ihn erkennenden *Logos* zur Person? Ließe sich etwa unter diesem Gesichtspunkt der mühsame Prozeß der Differenzierung und der Bewußtwerdung, wie er sich in der Evolution – und ganz besonders in der Entwicklung menschlichen Bewußtseins – abspielt, als unverzichtbares Konstitutivum der kosmischen Heilsgeschichte verstehen, der Geschichte der Inkarnation des Sohnes? Besteht nicht das große Mysterium des christlichen Gottes – er wird wohl zu Recht von der Kirche als Beziehung, Kommunikation, d.h. als Trinität verstanden – darin, daß er aus sich heraus das Andere entläßt und sich damit ein individuelles Gegenüber schafft, das ihm antwortet, das in Freiheit auf ihn zugeht, ihn lobt und preist, seine Größe rühmt und sich schließlich in mystischer Hochzeit mit ihm vereint? Könnte nicht gerade dies Sinn und Zweck der Evolution und der vielfältigen Transformationen sein, die die Materie durchlaufen muß? Ist etwa gar die Heilsgeschichte um Gottes willen da? Sicherlich kann seiner Größe per definitionem nichts hinzugefügt werden. Dennoch bedeutet es in gewissem Sinne ein mystisch erfahrbares »Mehr«, wenn dieses Absolute von einem sich seiner selbst bewußten Gegenüber erkannt, ja mehr noch geliebt wird und wenn es selbst seine Liebe an sein Gegenüber verströmen kann. Solche wechselseitige, interdependente Liebe lebt aus zwei Voraussetzungen: einem adäquaten Gegenüber auf der einen und der Freiheit zur individuellen Entscheidung auf der anderen Seite. Liebe und Zwang schließen sich gegenseitig aus. Notwendigerweise impliziert der um Gott kreisende Prozeß, in dem der Mensch zum Gegenüber Gottes wird, die Freiheit, *nicht* auf Gott zu antworten.

Die Vollendung findet die Liebe im gegenseitigen Sich-Erkennen (im Sinne des hebräischen *yada*), d.h. in einer innigsten Verbindung und schließlich in der Ganzhingabe, der einzig angemessenen und im göttlichen Heilsplan gewollten Antwort des bewußten Individuums. Diese Hingabe in Christus, die in die *Unio*, die liebende Vereinigung mit Gott hineinführt, bedeutet den Tod des Ego und läßt den physischen Tod in anderem Licht erscheinen. Von hier aus läßt sich die Forderung Jesu zur Selbstverleugnung verstehen:

> »Denn wer sein Leben retten will, der wird es verlieren, wer aber sein Leben um meinetwillen und um des Evangeliums willen verliert, der wird es gewinnen. Was nützt es dem Menschen, wenn er die ganze Welt gewinnt, aber Schaden nimmt an seiner Seele?«[8]

Insoweit das Leben ein vertrauensvolles, liebendes Hineinsterben und Auferstehen in Gott zusammen mit Christus ist, verliert der physische Tod seinen Stachel. Wer keinen Zugang zu dieser Wahrheit findet, lebt in Angst vor dem Tod. Diese Angst treibt den Menschen dazu, zu raffen wie der reiche Kornbauer (vgl. Lk 12,13-21), der versucht, seine Identität, seine Sicherheit und sein Leben vom Äußeren und nicht von Gott abzuleiten.

Es kann nicht einfach gewesen sein, überhaupt ein Gegenüber Gottes zu erschaffen[9]. Dann kostete es nochmals eine unvorstellbar große Müheund viel Zeit bis sich dieser Vorgang im Bewußtsein des Menschen manifestieren und der Mensch zu einem wirklichen, zur Antwort fähigen Gegenüber Gottes werden konnte, im vollen Sinne zum Gotteskind.

Christus ist für das Neue Testament der Ur-Typus des Gotteskindes. Er sagt nach Johannes 14,20: »An jenem Tage werdet ihr erkennen: Ich bin in meinem Vater, ihr seid in mir, und ich bin in euch.« Er, der wahre Gottessohn, lebt im vollen Bewußtsein seines göttlichen Ursprungs. In Ihm wird sich der Mensch seines Wesens, der Gotteskindschaft, bewußt. Gotteskindschaft jedoch ist nicht nur das Wesen des Menschen – wenngleich sie hier ins volle Bewußtsein tritt –, sondern das der ganzen Schöpfung. Die ökologische Bedeutung dieser Aussage wird gleich noch erörtert werden. Christus, der Logos, der Gottessohn, ist das Kernwesen eines jeden Menschen. Er ist in jedem Menschen, und jeder Mensch ist in Ihm. Das gilt es nicht nur zu erkennen, son-

---

8 Mk 8,35f; vgl. Mt 10,39; 16,25; Lk 9,24; 17,33; Joh 12,25. Es dürfte sich hier um ein authentisches Logion Jesu handeln.

9 Die moderne Physik vermittelt Einblicke in die subatomaren Strukturen, wo Raum und Zeit, Materie und Energie z.T. nicht streng voneinander unterschieden werden können. Das gab Anlaß zu Spekulationen über die Ursprünge des Kosmos.

dern auch – und hier setzt die Bibel bewußt einen Schwerpunkt – im Handeln zu verwirklichen. So kann Jesus dann auch sagen: »Was ihr dem Geringsten meiner Brüder getan habt, das habt ihr mir getan.« (Mt 25,40) Wer aus dieser Einsicht heraus handelt, der ist in der Sprache des Neuen Testamentes »gerecht«, der hat das ewige Leben (vgl. Mt 25,46)[10].

Von besonderem Interesse für die von der ökologischen Krise bedrohte Welt ist die gemäß der johanneischen Christologie theologisch folgerichtige Ausweitung des Christuswesens auf die gesamte Schöpfung, die als solche ihrem Wesen nach »Kind Gottes« ist. Die subhumane Kreatur, die weder Personalität, noch Freiheit besitzt, gehorcht den Gesetzen des Kosmos und kann daher nicht schuldig werden. Sie kann jedoch auch nicht ebenbürtiger Partner Gottes sein. Dies ist nur dem Menschen aufgrund seines Bewußtseins möglich. Der Mensch, der sein wahres Wesen, die Sohn- bzw. Tochterschaft erkennt, wird der Schöpfung gegenüber ein geschwisterliches Verhältnis aufbauen: Er lebt dann im Bewußtsein des Mit-Seins, wie es Franz von Assisi tat, der auch von den Hindus als großer Heiliger verehrt wird. Der bekannte Sonnengesang gibt Zeugnis von seiner Haltung.

Aus der christlichen Perspektive eines göttlichen Heilsplanes, der über die Evolution des bewußten, des zum Lieben fähigen Individuums zur Hingabe führt, lassen sich die Yogatechniken differenzierter beurteilen: Meditationspraktiken, die eher ein Zurücktauchen in die vorindividuelle Sphäre eines All-Einheitsbewußtseins anstreben, bedeuten dann einen Rückschritt gegenüber dem personalen Akt der Hingabe. Der Christ glaubt, daß Christus die gültige Antwort und die Weisung Gottes an den Menschen ist. In Ihm, der Weg, Wahrheit und Leben ist (vgl. Joh 14,6), findet die Hingabe statt, die schließlich zur liebenden Vereinigung mit dem Vater führt. Christus hat nie behauptet: »Ich bin identisch mit dem Vater«. So wollen es manche Hindus deuten, indem sie die Aussage »ich und der Vater sind eins« mit der hinduistischen »*Tat tvam asi*«-Formel gleichsetzen, der Identität von *Brahman* und *Atman*. In einem solchen Monismus – er ist übrigens nicht, wie häufig angenommen, die durchgängige Doktrin im Hinduismus – kann der

---

10 Schopenhauer ist der Meinung, daß die zwischenmenschliche Deutung der »tat-tvam asi«-Formel, d.h. der Lehre von der Identität von *Brahman* und *Atman* die einzige Begründung für eine altruistische Ethik liefern kann (Arthur Schopenhauer, Über die Grundlage der Moral, § 22). Er hätte sie im Christentum johanneischer Prägung ebenso finden können.

Mensch nicht mehr Gegenüber Gottes und daher zum Antworten be-fähigtes Individuum sein. Er ist dann vielmehr Teil eines apersonalen Göttlichen. Dies bringt der Hindu-Christ Sadhu Sundar Singh zum Ausdruck, wenn er schreibt:»1. Gott ist unser Schöpfer und wir sind seine Geschöpfe; er ist unser Vater und wir sind seine Kinder. 2. Wenn wir selbst Gott sind, so ist kein Bedürfnis nach Anbetung mehr in uns vorhanden. 3. Wenn wir uns Gottes erfreuen wollen, so müssen wir von ihm verschieden sein; die Zunge könnte keine Süßigkeiten schmecken, wenn kein Unterschied zwischen ihr und ihnen bestün-de.«[11]

Wenn Paulus sagt:»Nicht mehr ich lebe, sondern Christus lebt in mir,« (Gal 2,20) so kommt das tiefste Mysterium des Christlichen zum Ausdruck. Sinn menschlicher Existenz ist nach christlicher Auffassung der innere Mitvollzug des Lebens und des Todes Christi und die darauffolgende Geburt des neuen Menschen: des Menschen, in dem Christus ganz zur Welt kommt. Es wird viel davon abhängen, ob der Mensch lernt, sei er nun Christ oder nicht, sich in dieses Mysterium hineinzuversetzen. Das Wissen um die zuvorkommende Gnade Gottes wird dem Glaubenden dabei eine große Hilfe sein.

Wenn die yogischen Methoden den Menschen dazu befähigen, sein Selbstbewußtsein und sein Selbstverständnis zu schärfen und zu vertiefen, solcherart, daß er sich ganzheitlich, d.h. mit Körper *und* Geist, seiner Personalität, seiner Freiheit und seiner Gotteskindschaft in Christus bewußt wird, dann ist ein wichtiger Schritt in der kosmischen Heilsgeschichte getan. Dann hat der Mensch einen Gipfel seiner Freiheit und seiner Personalität erreicht und kann den nächsten entscheidenden Schritt tun, nämlich sich Gott ganz hinzugeben. So wird er »das Leben gewinnen.« (Mt 10,39)

---

11   Friedrich Heiler, Sadhu Sundar Singh, München 1924, S.191.

Persönliches Nachwort

Diese Zeilen schreibe ich am Ende meiner Arbeit an diesem Buch. Ich möchte es nicht versäumen, die Leser und Leserinnen an einer Erfahrung teilhaben zu lassen, die ich während der vergangenen Monate machen konnte:

> Es ist etwas anderes, Yoga zu *üben*, als sich über Yoga Gedanken zu machen oder gar ein Buch darüber zu schreiben.

Was zählt, ist nicht die Theorie, sondern ausschließlich die Praxis. Die Arbeit an diesem Buch hat mich gezwungen, mich auf die Ebene der Reflexion zu begeben, gewissermaßen von außen auf den Yoga zu schauen. Ich habe bemerkt, daß dies seine Gefahren mit sich bringt: Bisweilen wurde mir dieses Nachdenken *über* den Yoga wichtiger als die Praxis selbst. Es hat mich selbst nicht viel weitergebracht, im Gegenteil, manchmal war ich in Gefahr, mich in der Faszination der Theorie zu verlieren.

Gottlob ist die Arbeit an dem Buch beendet. Ich weiß, daß es jetzt wieder allerhöchste Zeit ist, mehr zur Praxis zurückzukehren – und ich freue mich auf die Stille der Meditation. Nichts anderes möchte ich auch Ihnen raten. Nehmen Sie dieses Buch und alldie (vielleicht interessanten) Gedanken, Ratschläge und Tips nicht als letzte Konsequenz. Legen Sie es wieder beiseite – wie ich es im Moment auch tue – und beginnen Sie, sich in die Haltung des Nach-Innen-Lauschens einzuüben und zu meditieren. Der wahre Lehrer ist *in* uns selbst, wie Augustinus es ausdrückt. Diesen Lehrer, der uns in alle Wahrheit einführt, gilt es zu entdecken. Ihm gilt das ständige Suchen unseres unruhigen Geistes. Noch ein Buch, noch ein Workshop, noch ein Kurs – letztlich bleibt alles an der Peripherie. Wenn Sie sich dessen bewußt sind, dann wird dieses Buch vielleicht eine kleine Hilfe für Sie darstellen auf dem Wege nach innen.

Anhang I

Zeittafel

7.-4. Jahrtsd.	Vorläufer der Induskultur	
3.-2. Jahrtsd.	Blüte der Induskultur	Schamanismus, frühe yogische Praktiken
ca.1750 v.Chr.	Verfall der Induskultur	
ca.1700-1200	Arische Einwanderung	Entstehung des Rig-Veda
ca.1000		Rig-Veda abgeschlossen, Sama- und Yajur-Veda folgen
ca.1000-850	Arier im oberen Gangestal	Ältere Brahmanas, Blüte des Opferkultes, magischer Yoga
ca.850-500	Arier am unteren Ganges	Ältere Upanishaden, Brahman-Atman-Lehre, Reinkarnationslehre, Karman-Theorie, Erlösung durch Wissen, Jnana-Yoga, Homologisierung von Opfer und asketischen Praktiken durch Rishis und Yogins, Introspektion statt Kult
ca.600-300	Antibrahmanische Tendenzen	Reformversuche Buddhas u. Mahaviras (Jaina) und Vorläufer der Volksreligionen
268-233	Kaiser Ashoka Maurya	Buddhismus favorisierte Religion
3.Jh. v.Chr. - 3.Jh. n.Chr.		Beginn der »brahmanischen Synthese«: Entstehung des Hinduismus; Shivaismus und Vishnuismus als Hauptströmungen; Entstehung die großen Epen: Mahabharata und Ramayana; Entstehung der Bhagavadgita (Karma-Yoga Ideal, Svadharma); Fixierung der sechs philosophischen Systeme, darunter das Yogasutra des Patanjali, Grundlage des klassischen Yoga
320-500	Gupta-Dynastie herrscht in Nordindien	Blüte der Hindu-Religionen
ab 500	Hunneneinfälle	
ca.600-900		Verfall des Buddhismus in Indien

712	Vordringen des Islam bis nach Sind; Verlagerung des religiösen und kulturellen Schwerpunktes nach Süden	Integration von prä-arischen Elementen (Mutterkult) der Dekanstämme; Vordringen von Shaktismus und Tantrismus, Kundalini- und Hatha-Yoga
788-820	Shankara	Blüte der Advaita-Philosophie
ab 1000	Verstärktes Vordringen des Islam (1206 Sultanat v.Delhi)	
um 1300	Mongoleneinfälle unter Dschingis Khan	
1498	Vasco da Gama in Indien	
15.-17.Jh.	Moghul-Kaiser (1526-1858); Akbar d.Gr. versucht Religionsausgleich (1582)	Intensivierung des Bhakti-Yoga, bezogen auf Vishnu (Caitanya) und Rama (Ramananda)
1469-1539		Guru Nanak Begründer der Sikh-Religion
1600	Gründung der East India Company	
19.-20.Jh.	Neohinduistische Reformbewegung	1828 Brahma Samaj 1836-1886 Ramakrishna 1897 Gründung der Ramakrishna-Mission durch Vivekananda 1875 Theosophische Gesellschaft 1869-1948 Mahatma Gandhi 1872-1950 Sri Aurobindo (integraler Yoga) 1887-1960 Sivananda 1893-1952 Yogananda Tantrischer Yoga, Raja-, Karma-, Bhakti-, Jnana-, Hatha-Yoga und Mischformen
15.8.1947	Unabhängigkeit Indiens; Teilung in Indien und Pakistan	Seit Beginn der 60er Jahre christliche Ashrams in Indien.

Das Weltbild der Samkhya-Philosophie im Überblick

PURUSHA
reines Bewußtsein, völlig abgetrennt, stiller Beobachter

PRAKRITI
Materie (den drei Gunas unterworfen). Sie manifestiert sich wie folgt:

1.Buddhi
tiefste Erfahrungsschicht des Menschen, »Seelengrund« (sattvisch).

2.Ahamkara
Ichbewußtsein; stellt Dualitäten her, unterscheidet zwischen Ich und Nicht-Ich, schafft Identifikationen mit der Welt der Dinge und Abhängigkeiten (von Rajas geprägt).

3.Manas
Denkvermögen

4.-8.	9.-13.	14.-18.
fünf *Karmindriya*	fünf *Buddhindriya*	fünf *Tanmatra*
Tatvermögen	Wahrnehmungsvermögen	feinstoffliche Grundelemente
		19.-23.
		fünf *Sthulabuthani*
		grobstoffliche Elemente (von Tamas dominiert)

Glossar wichtiger Sanskrit-Begriffe

Die indischen Wörter sind im Glossar in der heute allgemein üblichen Umschrift aufgeführt, wie sie das »Wörterbuch Sanskrit - Deutsch« von Klaus Mylius (Leipzig, 3.Aufl. 1987) verwendet. Im Textteil sind die Sanskrit-Begriffe in vereinfachter Schreibung wiedergegeben. Dort sind auch die dem Sanskrit entsprechenden Deklinations- und Konjugationsformen – vor allem die Pluralendungen – *nicht* berücksichtigt bzw. sind der Verständlichkeit halber dem Deutschen angepaßt.

Zur Umschreibung und Aussprache der indischen Laute:

c	wie das deutsche »tsch« (»cakra« sprich Tschakra).
j	wie das deutsche »dsch« (»japa« sprich Dschapa).
jñ	wie »nj« (»jnana« sprich njana).
ñ	sprich wie spanisch »señor«.
v	sprich wie »w«.
y	sprich wie »j«.
h	nach Konsonanten (bh,ch,dh,jh,kh,ph,th) als deutlicher Hauchlaut zu sprechen (»buddhi« sprich Budd-hi).
ḥ	als Schlußlaut verschmilzt mit dem vorhergehenden Vokal (»nirodhah« sprich Nirodha).
ḍ,ṇ,ṭ	sind Patallaute, d.h. sie werden mit zurückgebogener, gegen das Gaumendach gepreßter Zunge gesprochen.
ṁ,ṅ	sind Nasallaute.
ṛ	vokalisches »r«, sprich wie »ri« (»krsna« sprich Krischna). Bei im Abendland geläufigeren Sanskrit-Begriffen habe ich im Textteil das »r« mit »ri« wiedergegeben.
ś und ṣ	sind Zischlaute, wie das deutsche »sch« zu sprechen. Der einfacheren Lesbarkeit halber habe ich diese Konsonanten im Textteil mit »sh« wiedergegeben, wie es in den populären Büchern üblich ist (»siva« »Shiva« sprich Schiwa).
s	sprich wie ein scharfes deutsches »ß«.

Die Vokale »e« und »o« werden stets lang gesprochen. »A«, »i« und »u« kommen kurz oder gedehnt vor. Im Glossar sind die gedehnten Vokale durch einen Balken über dem betreffenden Buchstaben gekennzeichnet. Die Betonung liegt im allgemeinen auf den langen Silben, d.h. auf dem Vokal, dem ein Doppelkonsonant folgt. Bei zweisilbigen Wörtern liegt sie auf der ersten Silbe, bei mehrsilbigen Wörtern meist auf der drittletzten. Ich habe die für den Yoga wichtigen Bedeutungen der Wörter in der folgenden Auflistung durchwegs an erster Stelle erklärt. Es folgen die wörtlichen Bedeutungen und weitere Erläuterungen.

abhyāsa (m)	beständige Übung, Sich-Bemühen, Praxis des Yoga (vgl. YS I,12-15).
ācāryā (m)	Lehrer der Philosophie und Religion.
advaita (m)	Nicht-Dualität, Lehre, die betont, daß Atman und Brahman keine getrennten Entitäten sind, sondern die eine Wirklichkeit bilden.
ahaṁkāra (m)	Ich-Bewußtsein, Individualisator (*wörtl.* »Ich-Macher«), Selbstsucht, Hochmut.
ahiṁsā (f)	Gewaltlosigkeit (vgl. YS II,35).
ākāśa (m,n)	Äther, Raum (eines der fünf Elemente).
ānanda (m)	Glückseligkeit, Wonne.
apāna (m)	mit dem Ausatem verbundene Energie, regelt Ausscheidungsfunktionen im Körper, nach unten gerichtet.
aparigrahā (m)	Nichthorten (vgl. YS II,39).
artha (n)	Zweck, materieller Nutzen, Geld, Vermögen (einer der vier Lebenszwecke im Hinduismus).
āsanā (n)	ursprüngl. Sitz, Sich-Setzen, Sitzweise; im Yoga: Körperstellung (vgl. YS II,46f).
asmitā (f)	»Ichbinheit«, Egoismus, völlige Identifizierung mit dem Ego (vgl. YS II,6).
āśrama (m,n)	Einsiedelei, hinduistisches »Kloster« (Ashram); eine der vier Perioden im Leben des Hindu.
astānga yoga (m)	Bezeichnung für den achtgliedrigen Yogapfad nach Patanjali.
asteya (n)	Nichtstehlen (vgl. YS II,37).
ātman (m)	Seele, Selbst, Weltseele, Wesen.
avatāra (m)	*wörtl.* Herabkunft (meist des Gottes Vishnu).
avidyā (f)	existentielle Unwissenheit, Grundübel, falsche Anschauung, aufgrund derer der Mensch das Vergängliche für unvergänglich, das Unreine für rein, das Leidvolle für Freude und das Nicht-Selbst für das Selbst hält, d.h. versucht, seine Identität aus der sichtbaren Welt herzuleiten. (vgl. YS II,3ff).
bandha (m)	yogische Technik, Atemwege und Anus fest zu verschließen, *wörtl.* Fessel, Verbindung.
bhakti (f)	Hingabe, Liebe, Demut, Ergebenheit, vor allem im religiösen Bereich.
bhakti-yoga (m)	Yoga der liebenden Hingabe an Gott.
bhastrikā (f)	Blasebalg-Atmung (kontrollierte Hyperventilation).

bhoga (m)	Weltlichkeit, innerweltliche Erfahrung, geprägt durch den Genuß weltlicher Freuden; *wörtl.* Essen, Genuß (vgl. YS II,13).
bīja (m)	Samen, Keim.
Brahma (m)	Schöpfergott.
brahmacarya (n)	Enthaltsamkeit, Keuschheit, *wörtl.* »Sich-Bewegen in Gott« (vgl. YS II,38).
Brahman (n)	höchstes Prinzip, das Absolute, alldurchdringende göttliche Wirklichkeit.
buddhi (f)	Einsicht, Intelligenz, höchste geistige Fähigkeit des Menschen, feinste Seelenschicht, in der keine Subjekt-Objekt-Spaltung vorhanden ist.
cakra (n/m)	*wörtl.* Rad, Kreis; Energiezentren im menschlichen Körper, vor allem in der Wirbelsäule. Diese Zentren können vom geübten Yogin als Farbwirbel wahrgenommen werden, darum der Begriff »Rad«.
cit (f)	Bewußtsein, Geist, Intellekt.
citta (n)	Denken, Verstand, Wille, Bewußtsein, Absicht; im Yoga: einheitliches Denkorgan, bestehend aus Einsicht, Ich-Bewußtsein und Denkfähigkeit.
darśana (n)	Schau, Vision Gottes, eines Heiligen oder eines Götterbildes, wobei es zu einer intensiven Kommunikation kommt und Gnade gewährt wird; Erkenntnis; philosophisches System.
dhāranā (f)	Konzentration auf eine Sache (drittletzte Stufe im achtfachen Yogapfad des Patanjali, der christlichen Meditation entsprechend), Halten, Tragen (vgl. YS III,1).
dharma (m)	allumfassendes (kosmisches) Gesetz, kosmische Ordnung, Recht, Sitte, Pflicht (zentrales Konzept der Philosophien und Religionen Indiens); gesellschaftliche und religiöse Pflichten.
dhyāna (n)	Meditation, Andacht; vorletzte Stufe im achtfachen Yogapfad des Patanjali, der christlichen Kontemplation entsprechend, (vgl. YS III,2).
duhkha (m)	Leid, Plage, Kummer; existentielle Grundbefindlichkeit des seinem Selbst entfremdeten, erdverhafteten Menschen (vgl. YS II,15-17).
dveṣa (m)	Haß, Abneigung.
ekāgratā (f)	Gerichtetheit (des Geistes) auf eine Sache, Fokussierung, Folge der Konzentration (vgl. YS III,12).
grhastha (m)	Hausvater; Bezeichnung für die zweite Periode im Leben des Hindu.

guna (m)	Grundeigenschaft, Qualität, im Samkhya-System zentrales Konzept von den drei ständig wechselnden Grundeigenschaften der Prakriti: Tamas, Rajas und Sattva; *wörtl.* Faden.
guru (m)	spiritueller Lehrer, Meister, geistiger Führer.
idā (f)	linkes Nadi, Bahn für pranische Energie.
indriya (n)	Sinnesvermögen, Sinnesorgan.
īshvara-pranidhāna (n)	Hingabe an Gott (vgl. YS I, 23-28; II,45).
isvara (n)	der Herr, Gott; der Welt zugewandter Aspekt des absoluten Brahman.
japa (m)	rituelles bzw. meditatives Murmeln von kurzen Gebeten oder der Silbe OM, wie in YS I,28 beschrieben.
jāti (f)	Kaste, Geburt, Rang, Familie, Geschlecht.
jīva (m)	Individualseele.
jñāna (n)	(geistige) Erkenntnis, Wissen, Bewußtsein.
kaivalya (n)	vollkommene Erlösung, Loslösung, *wörtl.* Isolation, völlige Abgeschiedenheit; Ziel des Yogin.
Kālī (f)	schwarze Göttin, Patronin von Kalkutta.
kāliyuga (n)	letzte, »eiserne« Weltperiode. Zeitalter der zerstörenden Göttin Kali.
kāma (m)	Begehren, sinnliche Liebe, Trieb, Wunsch.
kaphālabāti (f)	»schädelreinigender« Pranayama, bestehend aus einer schnellen Abfolge von kurzen Ausatemstößen.
karman (n)	Handlung, Werk, Tat, kultischer Akt; die Ergebnisse guter und schlechter Handlungen, die sich in verschiedenen Existenzen ansammeln und das Leben des Menschen bestimmen; Schicksal.
karma-yoga (m)	Yoga der Tat; vor allem in der Bhagavadgita vertreten.
kleśa (n)	Plage, Mühe, Hindernis, Leid (vgl. YS II,3ff).
kriyā-yoga (m)	bei Patanjali: Yoga der Askese, des Selbststudiums und der liebenden Hingabe an Gott (vgl. YS II,1-3); bei Yogananda: technischer Yoga, der vor allem mit den Chakren und Energien arbeitet und die Kundalini-Kraft erwecken will.
Kṛṣna (m)	hohe Herabkunft Vishnus, Offenbarer der Bhagavadgita.
kundalinī śakti (f)	»Schlangenkraft«, weibliche Energie, die am unteren Ende der Wirbelsäule ruht und durch bestimmte yogische Techniken dazu gebracht werden soll, daß sie aufsteigt und sich mit der männlichen Energie im Scheitelpunkt vereinigt.

mahābhārata (n)	großer Kampf zwischen den Geschlechtern der Pandavas und Kauravas; Titel des größten indischen Epos.
mahāvrata (n)	großes Gelübde des Yogin (vgl. YS II,31).
manas (n)	Verstand, Denken, Gedanke, Erinnerung, Wunsch, Wille, Gesinnung, Vorstellung, Mental, d.h. der menschliche Geist.
mantra (m)	Im Kontext des Yoga: Meditationsformel; sonst Lied, Zauberspruch; Bezeichnung für die Sprüche der Veden.
manu (m)	Mensch(heit); mythologischer Autor des indischen Gesetzbuches. (In diesem Sinne Eigenname.)
mārga (m)	Weg (spiritueller).
māyā (f)	Täuschung, Trugbild, das Unwirkliche, Wunder, Zauber; in der Advaita-Philosophie als Bezeichnung für die sichtbare Welt gebraucht, die als unbeständig und letztlich nicht real angesehen wird.
moksa (m)	endgültige Befreiung, Erlösung aus dem Kreislauf der Geburten.
mudrā (f)	Siegel, Verschluß, Mysterium; bestimmte Körpergesten im Yoga.
nādi (f)	Leitung für pranische Energie; Röhre, Ader.
nāma	dem Namen nach.
nirbīja samādhi (m)	keimlose Versenkung, d.h. ein irreversibler Erleuchtungszustand. Wer ihn erreicht hat, kann keine falschen Identifikationen mehr aufbauen (vgl. YS I,51).
nirodhah (m)	Hinderung, Anhalten, Unterdrückung, Vernichtung; vgl. im Yoga: Anhalten der Bewegungen (Vritti) des Mentals (vgl. YS I,2).
nirvāna (n)	Erlöschen, Erlösung.
niyama (m)	Gelübde, (yogische Gelübde: Reinheit, Genügsamkeit, Askese, Schriftstudium und Hingabe an Gott), Notwendigkeit, Regel, religiöse Pflicht (vgl. YS II,31).
pāda (n)	Vers, Viertel.
pingalā (f)	rechtes Nadi, Bahn für pranische Energie.
prakrti (f)	Materie, Urmaterie, Urnatur; im dualistischen Samkhya-System zweites Grundprinzip.
prāna (m)	Atem, Lebensodem, Hauch, Wind; Sammelbezeichnung für die fünf Atemenergien, prana, apana, udana, vyana und samana.
prānāyāma (m)	Atemkontrolle.

pratyāhāra (m)	Rückzug (der Sinne von den Objekten), Verinnerlichung; fünftes Glied im achtfachen Yogapfad des Patanjali (vgl. YS II,54f).
purusa (m)	Geist (im Samkhya-System eines der beiden Grundprinzipien), höchstes geistiges Prinzip; innerer Mensch; *wörtl.* Mensch.
rāga (m)	Leidenschaft, (sexuelle) Liebe, Neid, (rote) Farbe, Grundmelodie in der indischen Musik, *med.* Entzündung.
rāja-yoga (m)	»der königliche Yogapfad«, Bezeichnung für den achtfachen Pfad nach Patanjali.
rajas (n)	das energetische, unruhige, leidenschaftliche, zornesmütige Grundprinzip (Guna); Staub, Nebel.
Rāma (m)	Herabkunft des Gottes Vishnu.
recaka (m)	Ausatmung.
rna (n)	Schuld, Verpflichtung.
rsi (m)	Heiliger, Seher, Sänger der vedischen Hymnen.
rta (n)	(kosmische) Ordnung, Wahrheit, Rechtsordnung.
rūpa (n)	Aussehen, Form, äußere Gestalt, Symbol.
sabīja samādhi (m)	»keimhafte« Versenkung, reversibler, noch nicht endgültiger Samadhi (vgl. YS I,46).
sādhaka (m)	Übender, Verehrer (eines Gottes oder eines Guru).
sādhana (n)	das, was zum Ziel führt, Durchführung, Vollendung, Praxis des achtfachen Yogapfades.
sādhu (m)	Tüchtiger, Edler, Heiliger.
śakti (f)	kreative, dynamische (weibliche) Energie, komplementär zur statischen, männlichen Energie; schöpferisches Prinzip; Gattin des Gottes Shiva.
samādhi (m)	Versenkung, *wörtl.* Vereinigung (letzte Stufe im achtfachen Yogapfad des Patanjali) (vgl. YS III,3ff).
samāna (m)	ausgleichender Atem, bestimmt Verdauungs- und Assimilisationsprozesse im Körper.
samkhya (n)	eines der sechs philosophischen Systeme Indiens; leitet seine Bezeichnung her von der Aufzählung der Grundprinzipien bzw. Grundkonstitutiva der Welt.
samnyāsa (m)	Entsagung.
samnyāsin (m)	auf der vierten und letzten Lebensstufe Befindlicher, weltflüchtiger Asket, der sich ganz dem spirituellen Leben widmet.

saṃsāra (m)	Seelenwanderung, Geburtenkreislauf, Dasein, Existenz in der kontingenten Welt.
saṃskāra (m)	latente, unbewußte, durch physische und psychische Aktivitäten verursachte Eindrücke (»Narben«) in der Seele, die jederzeit wieder aufbrechen können und den Menschen zum Handeln antreiben (vgl. YS II,15).
saṃtoṣa (m)	Zufriedenheit (vgl. YS II,42).
saṃyama (m)	Konzentration, Zusammenhalten, Sammlung; Sammelbegriff für die letzten drei Glieder des achtfachen Yogapfades nach Patañjali (vgl. YS III,4).
śaṅkara (m)	berühmter indischer Theologe des Mittelalters, bekanntester Vertreter der Advaita-Philosophie.
sat (m)	das Sein, reines Seinsprinzip.
sattva (n)	das gute, helle, freundliche, lichte Grundprinzip *(Guna)*; Sein, Dasein, Existenz.
satya (n) ·	Wahrhaftigkeit, Wirklichkeit, Wahrheit, das, was mit dem Sein *(sat)* übereinstimmt (vgl. YS II,36).
śauca (n)	Reinigung, Reinheit (vgl. YS II,40).
siddhi (f)	(durch yogische Praktiken erworbene) Zauberkraft, Wunderkraft, Glück, Erfolg, Vollendung.
Sītā (f)	Name der Gattin des Gottes Rama, *wörtl.* Ackerfurche.
śītalī und śītkarī pranayama (m)	kühlende Pranayamas.
Śiva (m)	*wörtl.* »der Gütige« höchster Gott der Asketen; schafft und zerstört die Welt in seinem kosmischen Tanz.
śloka (m)	wichtigstes Versmaß der klassischen Zeit Indiens.
smriti (f)	das Erinnerte, die Erinnerung, das Gedächtnis, die Tradition, die tradierten heiligen Schriften, die nicht auf Offenbarung (Shruti) beruhen.
śruti (f)	*wörtl.* Hören, Gehör, Ohr, das Gehörte, die Nachricht; die offenbarten Texte des Veda.
suṣumnā (f)	Haupt-Nadi, Energiebahn, die in der Gegend des Wirbelkanales, also in der Mitte der Wirbelsäule verläuft und durch die die Kundalini-Kraft aufsteigen soll.
sūtra (n)	aphoristischer Lehrsatz oder Sammlung von solchen kurzen Lehrsätzen, die stets der Auslegung bedürfen; Lehrbuch, Leitfaden; *wörtl.* Faden. Diese Literaturgattung war nicht zum Selbststudium geschrieben, sondern als Ergänzung bzw. als Gedankenstütze für den Schüler.

svādhyāya (m)	Studium des Selbst im Spiegel heiliger Schriften (vgl. YS II,1;44).
taijasa	lichtvoll, glänzend, leidenschaftlich.
tamas (n)	das dunkle, düstere, depressive Grundprinzip (Guna); Finsternis, Verblendung, Unwissenheit.
tantra (n)	Magie, Zauberformel, *wörtl.* Gewebe, Webstuhl, Regel, Lehre, Norm; mittelalterliche Yogatechniken magischen Charakters, die vor allem mit sexuellen Praktiken arbeiten, die Gegensätze von männlich und weiblich und Raum und Zeit überwinden wollen.
tapas (n)	Askese, *wörtl.* Glut, Hitze; Symbol für die spirituelle Glut des Asketen und Ausdruck der Hitze, die durch bestimmte asketische Yogapraktiken im Körper erzeugt werden kann (vgl. YS II,43).
tattva (n)	Grundprinzip, wahres Wesen, Essenz. In der Samkhya-Philosophie unterscheidet man 23 Tattvas, aus denen das sichtbare und unsichtbare Universum besteht.
udāna (m)	aufsteigender Atem, regelt Kommunikation und Sprache.
ujjāyi pranayama (m)	Atemtechnik, bei der ein reibendes Geräusch erzeugt wird.
Upaniṣad (f)	Geheimlehre, Wortwurzeln: sitzen, nahe bei, hingabevoll, was auf die geheimen Initiationspraktiken verweist, in denen die Lehre vom Meister auf den Schüler weitergegeben wurde; ab ca. 800 v. Chr. literarische Gattung (siehe Vedanta).
vāc (f)	Stimme, Sprache, Wort, Rede.
vairāgya (n)	Gleichmut, Gleichgültigkeit Erfolg oder Mißerfolg gegenüber, wichtige Tugend im Yoga; *wörtl.* Erbleichen, Entfärbung (vgl. YS I,12-15).
vana (n)	Wald, Baum.
vanaprastha (n)	drittes Lebensstadium, in dem sich der fromme Hindu, der seine Pflicht als Familienvater erfüllt hat, in der Waldeinsamkeit der religiösen Praxis widmet; *wörtl.* »hochgelegener Wald«.
varṇa (m)	Kaste, Stand, Geschlecht; ursprüngl: Farbe.
varnāśrama-dharma (m)	die Pflicht, die dem Menschen aufgrund der Zugehörigkeit zu einer bestimmten Kaste und aufgrund seines Lebensstadiums zukommt.
vāsanā (f)	Gedanke, psychische Vorstellung, Idee, Eindruck (in der Seele).

vāyu (m)	Wind, Hauch; Gott des Windes.
vedānta (m)	das »Ende des Veda«, Bezeichnung für die Periode der Upanishaden, welche auf die vedische Zeit folgte.
vibhūti (f)	Macht, paranormale Fähigkeit, Wunderkraft. Solche Kräfte können dem Schüler auf seinem Weg zuwachsen, sie werden jedoch nicht als Zeichen spiritueller Reife anerkannt, sondern häufig als eher hinderlich auf dem Weg zur Befreiung angesehen (vgl. YS III,14-55).
Viṣnu (m)	höchster Gott der Bhaktas, Beschützer und Bewahrer, sich in den Avataras (z.B. Krishna oder Rama) verkörpernd.
viveka (m)	Unterscheidung (zwischen Realität und Illusion); Grundvoraussetzung und Lernziel des Yoga (vgl.YS II,15;28).
vṛtti (f)	Tätigsein, Bewegung, Unruhe, Eifer. Im Yoga sollen die Vrittis des Mentals, d.h. die Denkbewegungen schrittweise zur Ruhe (Nirodha) gebracht werden (vgl. YS I,2).
vyāna (m)	durchdringender Atem; er hat die Funktion der Verteilung der Energien über den ganzen Körper.
yama (m)	Selbstbezwingung, yogische Disziplin, die fünf Lebensregeln, Gewaltlosigkeit, Wahrhaftigkeit, Enthaltsamkeit, Nichthorten und Nichtstehlen umfassend; Lenker, Zügel, Hemmung (vgl. YS II,30).
yoga (m)	von der Wurzel »yuj«, verbinden, vereinigen, anjochen: Geistige Disziplin, Methode der Vereinigung mit dem Gegenstand der Meditation (Gott); Aufmerksamkeit, Fleiß, Konzentration; Geschirr, Gespann.
yuga (n)	Weltperiode; Generation; Lebensdauer.

Quellenverzeichnis

Christliche Quellen:

Augustinus, Aurelius, Gesamtwerk, Migne, J.P., Patrologiae cursus completus. Series Latina. Bd.32-47, Paris 1861/62.

Augustinus, Aurelius, Miscellanea Agostiniana, Rom, 1930/32.

Cassian, Johannes, Spannkraft der Seele, Einweisung in das christliche Leben I, Gertrude und Thomas Sartory (Hrsg.), Freiburg 1981.

Dionysius Areopagita, Ich schaute Gott im Schweigen, Übersetzt und für die Meditation erschlossen von Volkmar Keil. Herderbücherei, Reihe Texte zum Nachdenken 1985.

Miller, Bonifaz, (Hrsg.) Weisung der Väter, Trier (o.D.).

Rahner/Vorgrimler, Kleines Konzilskompendium, Freiburg, [13]1979.

Hinduistische Quellen:

Aurobindo, Shri, On Himself and on the Mother, Pondicherry 1953.

Bhagavadgita, Das Hohelied Indiens, Sanskrit-Deutsch, hrsg., übers. u. kommentiert von Helmuth Maldoner, Papyrus-Verlag Hamburg 1986.

Quellen des Yoga, hrsg., übers. und kommentiert von Hartmut Weiss, Bern-München-Wien 1986.

Upanishaden: 60 Upanishads des Veda, hrsg. u. übersetzt von Paul Deussen, Leipzig 1926.

Upanishaden, Befreiung zum Sein, hrsg., übersetzt und kommentiert von Bettina Bäumer, Benzinger Verlag 1986.

Yogasutra: Translation of Patanjali's Yogasutras with Commentary of Vyasa and the Gloss of Vacaspati Misra, Hrsg. u. Übers. Rama Prasada, Delhi 1982.

Yogasutra: James Haughton Woods, The Yoga-System of Patanjali, Or the Ancient Hindu Doctrine of Concentration of Mind, Embracing: The Mnemonic Rules, Called Yoga-Sutras of Patanjali, The Comment, Called Yoga-Bhashya, Attributed to Veda Vyasa and the Explanation Called Tattva- Vaicaradi, of Vacaspati-Micra; Harvard Univ. Series, 1.Ed. 1914, Delhi Reprint 1977.

Yogasutra: Patanjali, Die Wurzeln des Yoga, Die Yoga-Sutren des Patanjali mit einem Kommentar von P.Y. Deshpande. Mit einer neuen Übertragung der Sutren aus dem Sanskrit, hrsg. von Bettina Bäumer, Bern-München-Wien [4]1982.

Literaturverzeichnis

Amaldas, Swami, Yeshu Abba Consciousness, Bangalore 1982.

Benz, Ernst, Ideen zu einer Theologie der Religionsgeschichte, Mainz 1960.

Biser, Eugen, Die glaubensgeschichtliche Wende, Styria Verlag 1986.

Boros, Ladislaus, Aurelius Augustinus, Aufstieg zu Gott, Olten 1982.

Buber, Martin, Werke Bd.1, München 1962.

Bühlmann, W., Alle haben denselben Gott, Frankfurt 1978.

Bürkle, Horst, Meeting of Religions II, in T.A. Aykara, (Hrsg.) Meeting of Religions, Bangalore 1978, S.25-30.

Bürkle, Horst, Der Dialog mit dem Osten, Stuttgart 1965.

Cardenal, Ernesto, Das Buch von der Liebe, Vollständige Neuausgabe 1985, Peter Hammer Verlag, Wuppertal 1971.

Dasgupta, Surendranath, A History of Indian Philosophy, Cambridge 1922.

Einstein, Albert, Die Evolution der Physik, RdE Nr. 12, Hamburg 1957.

Eliade, Mircea, Yoga. Unsterblichkeit und Freiheit, Insel Verlag 1977.

Frenz, Albrecht, Christlicher Yoga, Christliche Begründung einer indischen Meditationsweise, Stuttgart 1985.

Fromm, Erich, Haben oder Sein dtv Sachbuch, Stuttgart 1979.

Gebser, Jean, Verfall und Teilhabe, Salzburg 1964.

Glasenapp, Helmut v., Die Philosophie der Inder, Stuttgart [4]1985.

Griffiths, Bede, Die Hochzeit von Ost und West, Hoffnung für die Menschheit, Salzburg 1983.

Hacker, Paul, Schopenhauer und die Ethik des Hinduismus, in: Saeculum 12 (1961), S.366-399.

Hauer, J.W., Der Yoga, Ein indischer Weg zum Selbst, Stuttgart 1958.

Heiler, Friedrich, Sadhu Sundar Singh, München 1924.

Hummel, R., Indische Mission u. neue Frömmigkeit im Westen, Stuttgart 1980.

Iyengar, B.K.S., Licht auf Pranayama, München 1984.

Iyengar, B.K.S., Licht auf Yoga, München 1983.

Jung, Carl Gustav, Aionion, Zürich 1951.

Jungclaussen, Emanuel, Aufrichtige Erzählungen eines russischen Pilgers, Freiburg 1984.

Klostermaier, Klaus, Hinduismus, Köln 1965.

Kugler, Johann, Meditation und Naturwissenschaft, in: Udo Reiter, (Hrsg.) Meditation – Wege zum Selbst. Goldmann Sachbuch [2]1983.

Le Saux, Henry (Abhishiktananda), Der Weg zum anderen Ufer. Die Spiritualität der Upanishaden, Diederichs Gelbe Reihe, Köln 1980.

Luby, Sue, Hatha Yoga. Das Programm für Ihre Gesundheit, München 1984.

Lysebeth, André van, Die große Kraft des Atems, O.W. Barth Verlag, 1983.

Margull, H., S.J. Samartha (Hrsg.), Dialog mit anderen Religionen, Frankfurt 1972.

Mehta, Rohit, Yoga: The Art of Integration, Madras 1982.

Mildenberger, M., Denkpause im Dialog, Frankfurt 1978.

Mitscherlich, Alexander, Auf dem Weg zur vaterlosen Gesellschaft, Ideen zur Sozialpsychologie, Piper Verlag München, [16]1986.

Nicol, Martin, Meditation bei Luther, Göttingen 1984.

Oberhammer, Gerhard, Strukturen yogischer Meditation, Wien 1977.

Ohm, Th., Asiens Ja und Nein zum westlichen Christentum, München 1960.

Panjikaran, Sebastian, Ansätze zu einer ganzheitlichen Spiritualität aufgrund des Yoga, St. Ottilien 1983.

Rahner, Karl, Schriften zur Theologie Bd.V u. VII, Einsiedeln 1964/66

Rahner, Karl, Der Dialog in der pluralistischen Gesellschaft, in: Joh. B. Metz (Hrsg.), Weltverständnis im Glauben, Mainz 1965, S.287-297.

Reiter, Udo, (Hrsg.) Meditation – Wege zum Selbst. Goldmann TB [2]1983.

Sartory, Thomas u. Gertrude, Johannes Cassian, Spannkraft der Seele, Einweisung in das christliche Leben I, Freiburg 1981.

Samartha, S.J., Courage for Dialogue, Genf 1981.

Schmid, Wieland, Christ und Yoga, Stuttgart 1975.

Schopenhauer, Arthur, Über die Grundlage der Moral, Manfred Plawak Taschenbuch Verlagsgesellschaft, Herrsching o.D.

Sölle, Dorothee, Die Hinreise, Stuttgart [6]1981.

Sundaresan, C.S., Christlicher Yoga, Eine Erklärung, übers. von Christoph Veigl, hrsg. von Albrecht Frenz, Ulm 1981.

Theresa von Avila, »Ich bin ein Weib – und obendrein kein Gutes«, Ein Portrait der Heiligen in ihren Texten, ausgewählt, übers. und eingeleitet von Erika Lorenz, Herderbücherei [5]1987.

Ware, Kallistos und Jungclaussen, E., Hinführung zum Herzensgebet, Freiburg 1982.

Watzlawick, Paul, Anleitung zum Unglücklichsein, Piper Verlag 1983.

Weiss, Hartmut, Yoga Meditation, Schule zur Selbstverwirklichung, Econ TB [2]1987.

Weizsäcker, Carl Friedrich von, in: Meditation – Wege zum Selbst, Hrsg. Udo Reiter, Goldmann Sachbuch [2]1983.

Werner, Karel, Yoga and Indian Philosophy, Delhi, 2. Aufl. 1980.

Wolff, Otto, Christus unter den Hindus, Gütersloh 1965.

Wunderli, Jürg, Yoga und Meditation, in: Udo Reiter, (Hrsg.) Meditation, Wege zum Selbst. Goldmann TB [2]1983, S.29-54.

Zimmer, Heinrich, Philosophie und Religion Indiens, Suhrkamp Taschenbuch Wissenschaft Bd.26, 1973.

Personen- und Sachregister

Abhyasa 70, 89, 90
Abwehrmechanismen 87
Acedia 238
Advaita-Philosophie 269
Aggression 103
Ahamkara 60, 61, 62, 64, 263
Ahimsa 50, 75, 100
Aktivität 90
Alienatio 231
Amaldas, Swami 216, 260
Anandamaya Kosha 193
Annamaya Kosha 193
Apana 195
Aparigraha 75, 84, 114
Arbeit und Kontemplation 238
Arier 35
Artha 42
Asana 50, 76, 102, 143, 146, 220
Ashoka 36
Ashram, christlicher 40
Ashrama-Dharma 41
Askese 35, 76, 130, 133
Asmita 84
Asteya 75, 84, 114
Aszetik 85
Atem 46, 142, 253, 261
Atem, natürlicher 197, 253
Atemkontrolle 191
Atemphasen 192
Atemtechniken 220
Atemverhaltung 208
Athos 209
Atman 35, 45
Atmen, in Christus 216
Atmung, horizontale 239
Aufstieg 264
Augustinus 14, 52, 55, 59, 211,
    231, 258, 259
Aurobindo 263
Avatara 271
Avidya 73, 83
Bahiranga 220

Bauchentspannungslage 180
Baum 162
Befreiungstheologie 237
Benz, Ernst 25
Bergpredigt 50
Besitzstreben 217
Bewußtseinszustände 268
Bhagavadgita 36, 48, 91, 140,
    213, 259
Bhakti-Yoga 37, 40, 139, 260
Bhastrika 200
Bhujangasana 181
Biser, Eugen 15, 27
Bogen 186
Brahmacarya 41, 42, 75, 108
Brahman 28, 35, 45, 267, 273
Brahmanen 35
Buber, Martin 23
Buddha 36
Buddhi 46, 51, 62, 193, 234
Cardenal, Ernesto 55
Chakra 39, 193
Christentum 22
Christus 27
Christus, kosmischer 34, 216,
    260, 273, 275
Christus-Bewußtsein 260
Citta 62, 69, 222
Dämonen 239
Depressionen 239
Deussen, Paul 29
Dhanurasana 186
Dharana 77, 251
Dharma 37, 42, 93, 230
Dhyana 78, 257
Dialog 20, 23, 25
Drehsitz 188
Dreieck 158
Dualismus 58, 121, 132, 224, 225
Duhkha 58
Dvesa 84
Ego 51, 60, 83, 132f, 138, 263

296

298